COLLECTION
FOLIO CLASSIQUE

Jean de La Fontaine

Contes et Nouvelles en vers

Édition présentée,
établie et annotée
par Alain-Marie Bassy

Gallimard

PRÉFACE

Est-il bon ? Est-il méchant ?
DENIS DIDEROT.

La Fontaine partage avec Dieu — le Père et le Fils — et Napoléon Bonaparte le privilège de réunir, pour des générations d'écoliers, deux personnes en une seule. Une tenace tradition critique lui a, dès longtemps, réglé son compte, en prononcant à la hâte un jugement digne de Salomon : d'une part le « bonhomme », celui des Fables, *paré de toutes les grâces et de toutes les vertus ; d'autre part, et sans grand rapport avec lui, l'indécent et malhonnête auteur des* Contes. *Le jugement n'est pas seulement moral. Il est aussi littéraire*[1]. *Si nombre des contemporains du poète ont admiré son art de conteur, jusqu'au très prude et très officiel Chapelain*[2] *; si, de*

1. Il suffirait pour s'en convaincre d'examiner comment sont présentés les *Contes* dans les manuels de littérature contemporains : « Sans trop se soucier de l'histoire proprement dite, La Fontaine s'attarde aux digressions et sans cesse intervient pour placer une réflexion piquante ou narquoise » (Pierre-Georges Castex et Paul Surer, *Manuel des études littéraires francaises*, III, XVIIe siècle, Paris, Hachette, 1947, p. 140). En d'autres termes, La Fontaine joint l'impertinence à un goût prononcé du hors-sujet. Bons élèves s'abstenir.

2. Jean Chapelain, l'auteur de *La Pucelle,* bientôt dispensateur des faveurs royales, écrivait à La Fontaine en 1666 : « Je n'ai trouvé en aucun écrivain de nouvelles tant de naïveté, tant de pureté, tant de gaieté, tant de bons choix de matières, ni tant de jugement à ménager les expressions ou antiques ou populaires qui sont les seules couleurs vives et naturelles de cette sorte de composition » (lettre à La Fontaine du 12 février 1666, in Chapelain, *Lettres,* éd. Tamizey de Larroque, t. II, 1883, p. 439).

Vergier à Grécourt, ses continuateurs ou ses imitateurs furent légion, les critiques, souvent insinuantes, parfois violentes, n'ont guère manqué non plus.

Qui considérerait toutefois les critiques portées depuis trois siècles contre les Contes *risquerait de demeurer perplexe : elles ne sont pas loin d'être aussi ambiguës et contradictoires que le personnage qu'aima jouer leur auteur. Risquons-nous à rouvrir le dossier d'instruction, trop tôt fermé peut-être par le procureur du roi en 1675.*

La première et la plus ancienne critique formulée contre les Contes *est celle d'immoralité et de licence. La Fontaine, instruit par l'exemple, l'avait bien pressenti. Ses préfaces ont pour objet de l'en garantir : « J'ai lieu d'appréhender des objections bien plus importantes. On m'en peut faire deux principales : l'une que ce livre est licencieux[3]... » Trop de femmes troussées, de maris cocus, de moines paillards, ou d'amants rusés, trop de scènes suggestives et de postures scabreuses. Surtout, dans les* Nouveaux Contes, *quelques années après la cabale de* Tartuffe *et celle de* Dom Juan, *trop de nonnes et de moines, trop d'ermites et trop d'abbés entraînés dans ces gaillardes aventures. On s'émeut. On craint pour la morale. On tremble pour les mœurs. Dieu préserve les jeunes cœurs d'une telle lecture[4] ! L'immoralité des* Contes *sera le chef d'accusation requis — sur dénonciation — par le procureur du roi en 1674. L'arrêt du lieutenant de police, l'année suivante, interdira le débit de ce « petit livre » « qui se trouve rempli de termes indiscrets et malhonnêtes, et dont la lecture ne peut avoir d'autre effet que celui de corrompre les bonnes mœurs et d'inspirer le libertinage[5] ».*

Cependant, cette « malhonnêteté » et cette « indiscrétion » n'éveillent, plus près de nous, aucun élan de la sensualité. La critique prend un autre ton : loin de reprocher aux Contes *leur licence, on déplore leur platitude. Ce qui passait autrefois pour un*

3. Préface des *Contes et Nouvelles en vers de M. de La Fontaine,* Paris, Barbin, 1665. Voir infra, p. 30.

4. Aujourd'hui encore, les manuels de littérature destinés à l'enseignement secondaire ne donnent aucun extrait des *Contes.*

5. Cité par Antoine Furetière, in *Recueil des factums d'Antoine Furetière,* éd. Charles Asselineau, tome II, 1859, p. 198.

chef-d'œuvre de littérature érotique est reconnu coupable d'assassiner le désir. « Je ne puis souffrir, écrit Paul Valéry, le ton rustique et faux [*de ces contes*], *les vers d'une facilité répugnante,*

> Nos deux époux, à ce que dit l'histoire,
> Sans disputer n'étaient pas un moment..., *etc.*,

leur bassesse générale, et tout l'ennui que respire un libertinage si contraire à la volupté et si mortel à la poésie[6]. »

Des deux plaideurs, qui croire? Celui qui juge le livre « abominable », ou celui qu'il laisse froid? Le poète en eut sans doute fait une fable :

> Les délicats sont malheureux :
> Rien ne saurait les satisfaire[7].

*Rien ne les satisfait en effet. Outre la morale, l'*inventio *est mise en cause. Les éditions savantes*[8] *ont assez montré ce que La Fontaine devait à ses devanciers : il puise, à pleines pages, chez les Anciens — Anacréon ou Athénée —, chez les conteurs italiens — Boccace, bien sûr, mais aussi Le Pogge, L'Arioste, Machiavel, L'Arétin, Straparole, Parabosco ou Brusoni —, ou dans la tradition facétieuse française —* Les Cent Nouvelles Nouvelles, *Marot, Rabelais, Marguerite de Navarre, Bonaventure des Périers, Brédin le Cocu, René de Menou, Le Métel d'Ouville, et d'autres*[9]*... On pourrait croire parfois, devant l'accumulation*

6. Paul Valéry, *Au sujet d'Adonis,* in *Variété,* Paris, Gallimard, 1924, p. 94.

7. La Fontaine, *Fables,* II, 1, *Contre ceux qui ont le goût difficile,* v. 55-56.

8. En particulier l'édition Régnier, et l'édition Collinet/Ferrier, citées dans les *Indications bibliographiques* (v. infra).

9. Anacréon, *Odes,* VIe siècle avant J.-C. ; Athénée, *Banquet des sophistes,* IIIe siècle après J.-C. ; Boccace, *Décaméron,* 1350-1355 ; Le Pogge, *Facéties,* 1438-1452 ; L'Arioste, *Roland furieux,* 1516 ; Machiavel, *La Mandragore,* 1518 ; L'Arétin, *Ragionamenti,* 1534 ; Parabosco, *Passe-temps,* 1550 ; Brusoni, *Curiosissime Novelle amorose,* 1655 ; *Les Cent Nouvelles Nouvelles,* 1486 ; Marot, *Épîtres, Épigrammes,* 1532-1534 ; Rabelais, *Pantagruel, Gargantua, Le Tiers Livre, Le Quart Livre, Le Cinquième Livre,* 1532-1564 ; Marguerite de Navarre, *Heptaméron,* 1559 ; Bonaventure des Périers,

de ces références, que rien n'ait pu partir de la main du poète qui n'ait été, en quelque manière, déjà dit avant lui. Étrange travail de compilation pour le champion de la négligence et de l'inconstance !

Si La Fontaine n'est pas original dans ses thèmes, il ne l'est pas non plus en rimant des contes : il ne fait que profiter d'une mode qui, depuis le début du siècle, de Bruscambille à Tabarin, de Du Souhait à Ouville, exploite, par bénéfice d'inventaire, la veine du comique galant.

Pourtant, qu'il s'écarte de ses modèles, la critique tonne à nouveau. Il ajoute des « circonstances » aux récits de L'Arioste, il les abrège en d'autres lieux, il a moins de vivacité, de naturel, de truculence que Boccace. Voltaire s'en désole[10]*. La Fontaine, prévoyant l'objection, avait cependant — mais en vain — consacré deux préfaces*[11] *à s'en justifier.*

Étrange dossier d'accusation en fin de compte, qui repose sur des témoignages contradictoires : chacun paraît l'absoudre dans le temps qu'il le charge. Sensualité ou froideur ? Imitation ou novation ? La Fontaine ne détestait pas le paradoxe : il eût aimé celui-ci. La réponse est pourtant simple : toutes ces critiques sont simultanément *justifiées. C'est la raison pour laquelle le poète mérite d'être absous. Et non d'être condamné.*

Avant de justifier la chose « en droit », plaidons les circonstances atténuantes : on demeure frappé, voire ému, par l'attachement que La Fontaine a toujours porté à ses Contes. *Ce poète qui méconnaît longtemps ses propres dons, et qu'un caractère instable fait hésiter dans ses choix* [12]*, donne* a contrario, *par son entêtement à « rimer des contes », une admirable preuve de constance. Dès que s'éveille sa*

Nouvelles Récréations et joyeux devis, 1558 ; Brédin le Cocu, *Formulaire fort récréatif de tous contrats, donations, testaments, codicilles et autres actes qui sont faits et passés devant notaire et témoings, fait par Brédin le Cocu, notaire rural et controlleur des basses marches du Royaume d'Utopie,* 1594 ; René de Menou, *Heures perdues de R.D.M., cavalier francais,* 1615 ; Le Métel d'Ouville, *L'Élite des contes,* 1641. On pourrait citer encore Malespini, Morlini, Nicolas de Troyes, Guillaume Bouchet, etc.

10. Voir Laharpe, *Lycée,* an VII, tome VI, p. 364.

11. Celles de la Première et de la Deuxième Partie des *Contes.*

12. Jusqu'à la fin de sa vie, La Fontaine s'adonnera à des genres, tel l'opéra, pour lesquels il n'est pas fait.

vocation littéraire, il se sent, il se sait conteur. Dans cette voie, rien ne saurait désormais l'arrêter. Il n'y a pas lieu de rappeler ici l'histoire de la publication des Contes[13]. Qu'on y songe pourtant : à la fin de l'année 1664, lorsqu'il publie conjointement deux contes, Joconde et Le Cocu, battu, et content, il sollicite l'avis du public. Il lui soumet en effet, pour « rimer des contes », deux solutions acceptables, mais, semble-t-il, inconciliables : la versification libérée, mise à la mode depuis plus de trente années par les « petits genres » poétiques ; ou le vieux langage, le pastiche de style « rétro », qui, lui, s'accommode mieux du décasyllabe marotique à rimes plates. Il semble que le public se soit refusé à trancher puisque, jusqu'au dernier conte, La Fontaine usera indifféremment de l'une ou de l'autre manière. Mais, sans même attendre l'avis qu'il avait sollicité, le poète produit, quelques mois plus tard, un recueil complet de contes versifiés. Puis, en 1666, la préface de la Deuxième Partie proclame : « Voici les derniers ouvrages de cette nature qui partiront des mains de l'auteur. » Pourtant, dès l'année suivante paraissent à Cologne trois contes inédits suivis quatre ans plus tard de la Troisième Partie, et trois ans après des Nouveaux Contes. Ce dernier recueil est saisi et interdit à la vente par le lieutenant de police. La Fontaine n'en continue pas moin d'écrire des contes qui, en 1682, seront joints au Poème du Quinquina. La Fontaine brigue alors un siège à l'Académie. Son admission ne se fait pas sans peine[14]. Il doit promettre à l'illustre compagnie d'abandonner l'écriture d'ouvrages aussi honteux. Moins de deux ans après sa réception paraissent toutefois cinq contes fort lestes. Enfin, au terme du parcours, après le reniement public, en présence d'une délégation de l'Académie, de ce « livre abominable », sa compagne des derniers jours, Mme Ulrich, trouvera encore, un an après sa mort, un conte récent à publier : Les Quiproquos.

Gageons que La Fontaine a toujours eu plus d'affection pour ses Contes que pour ses Fables. S'il croit devoir évoquer dans la dédicace A Madame de Montespan qui ouvre le septième livre des Fables, en 1678,

13. Cette histoire figure dans le Dossier. Voir infra, Notice sur la publication des *Contes*.

14. Voir infra, Chronologie succincte.

> … le livre favori,
> Par qui j'ose espérer une seconde vie [15]

il faut néanmoins se garder d'une méprise sur le terme « favori ». Participe — d'un vieux verbe « favorir » — et non simplement adjectif, le mot indique alors que les Fables *ont recu les faveurs officielles et l'approbation du public. Il ne signifie pas pour autant que le livre est le « favori du poète ». La Fontaine réserve pour les* Contes *une tendresse que justifie le plaisir de l'écriture, et qu'accroît peut-être obscurément le goût du péché.*

Ce plaisir et ce péché, toutefois, ne sont pas goûtés par le poète en solitaire. Il n'aurait sans doute pas montré une telle constance, un tel acharnement à poursuivre dans cette voie, s'il n'avait pas disposé d'une approbation sociale. Les Contes *sont emplis de ces clins d'œil à l'adresse des « partisans », ce petit groupe de complices dont la présence se laisse deviner au détour d'une phrase ou d'un vers. Ici, « l'auteur a voulu éprouver lequel caractère est le plus propre pour rimer des contes [16] ». Là, « quelques personnes m'ont conseillé de donner dès à présent ce qui me reste de ces bagatelles [17] ». Ailleurs, « Hier je mis chez Cloris en train de discourir/Sur le fait des romans Alizon la sucrée [18] », ou encore « On m'engage à conter d'une manière honnête/Le sujet d'un de ces tableaux/Sur lesquels on met des rideaux [19] ». Ces discrets apartés évoquent pour nous un « âge d'or » de la création littéraire, qui faisait de la production et de la diffusion des œuvres une réelle communication sociale. Si le mot de « feed-back », employé aujourd'hui par les spécialistes des sciences de la communication, n'était pas alors en usage, c'est pourtant à cette époque qu'il avait lieu d'être inventé. L'existence des* Contes *est inséparable de ces « micro-milieux » littéraires, qui suggéraient parfois, écoutaient souvent, et jugeaient toujours. Les*

15. *Fables,* VII, *A Madame de Montespan,* v. 31-32.
16. Avertissement des *Nouvelles en vers tirée* [sic] *de Boccace et de l'Arioste, Par M. de L.F.*,Paris, Barbin, 1665 (infra, p. 27).
17. Préface des *Contes et Nouvelles en vers de M. de La Fontaine,* Paris, Barbin, 1665 (infra, p. 29).
18. Première partie, *Ballade,* v. 1-2 (infra, p. 78).
19. Infra, *Nouveaux Contes, Le Tableau,* v. 1-3 (infra, p. 394).

œuvres littéraires y faisaient, en première lecture, leur « galop d'essai ». La Fontaine, dès ses débuts, est introduit dans ces cénacles littéraires : groupe des jeunes poètes de la Table ronde, réunis sous l'autorité de Conrart, fin connaisseur de littérature italienne[20] *; cour de Fouquet à Saint-Mandé puis à Vaux ; soirées de la jeune duchesse de Bouillon, née Marie-Anne Mancini, que la verdeur de ton n'effarouche pas ; salon de Mme de La Sablière, d'où l'enjouement n'est pas non plus exclu. Les* Contes *portent la marque de cette relation intime et familière avec un public cultivé, qui a fait ses classes dans* L'Astrée, *et a trouvé dans la préciosité les premiers fondements de sa sociabilité nouvelle.*

Littérature de classe, les Contes *ont une fonction mondaine. Cette fonction explique, et justifie en même temps, leur « fonctionnement » littéraire. On s'est en effet souvent interrogé sur la différence qu'établit La Fontaine entre les termes de « conte » et de « nouvelle*[21] *». On parvient trop hâtivement à la conclusion que La Fontaine emploie indifféremment l'un pour l'autre. C'est faire trop peu de cas du lien qui unit, dès l'origine, le « conte » à l'oralité. Si la « nouvelle » constitue le fondement du récit, si elle est, à proprement parler, l'intrigue, l'enchaînement des événements de l'histoire, et si, à ce titre, elle peut être empruntée à un autre auteur*[22]*, le conte en est l'inimitable forme orale que lui prête le poète dans l'espace de sociabilité où s'exerce son talent. La distinction que fait La Fontaine dans ses préfaces*[23] *et dans ses sous-titres rhabille sur le patron de la galanterie la très ancienne*

20. Valentin Conrart (1603-1675) jouissait auprès de la jeune génération littéraire d'une estime et d'une autorité certaines. La Fontaine, comme d'autres jeunes poètes, lui soumit en première lecture des contes ou des fables, sous forme manuscrite, que Conrart consignait dans des registres qui nous sont conservés aujourd'hui (Bibliothèque de l'Arsenal). Conrart, chez qui se réunissaient peut-être les poètes de la Table ronde, possédait une bibliothèque largement fournie en ouvrages italiens.

21. Voir *Contes*, éd. Georges Couton, Paris, Garnier, 1961, p. XVIII.

22. D'où les sous-titres du type « Nouvelle tirée de Boccace », mais, en revanche, *Conte d'une chose arrivée à Château-Thierry*.

23. Dans l'avertissement de la première publication, La Fontaine emploie les deux mots, mais alors qu'il évoque « *les nouvelles* en vers dont l'une est tirée de l'Arioste, l'autre de Boccace », il dispute de la meilleure manière de « rimer des *contes* ».

séparation, dans la rhétorique, de l'*inventio* et de l'*elocutio* ou de l'*oratio*. Pour être goûtés, les *Contes* doivent être replacés dans cette atmosphère de théâtralité mondaine, et toutefois intime, qui donne à la performance du poète la qualité de ton d'un récital privé. Que l'élément naturel où évoluent les *Contes* soit l'oralité, tout, dans ces vers, nous le montre : suspensions, attentes déjouées, équivoques, suggestions de mimiques, dialogues simulés avec un interlocuteur fictif, et surtout incursions inopinées du poète, qui, sans craindre d'interrompre le fil du récit, donne sans vergogne son opinion sur la chose[24]. Cette présence du conteur, l'écart sans cesse souligné entre le narrateur et le narré, dénoncent avec un plaisir « carnivore » l'illusion du récit.

La fonction sociale des *Contes* justifie deux traits de leur caractère : la performance et la distanciation. Toute la production littéraire de La Fontaine, au long de sa vie, se résume en une succession de défis. Le poète affectionne la position de « challenger » : il se bat en terrain connu, mais ses coups sont inattendus. Le souci de la performance littéraire le mène à refaire ce que d'autres ont déjà fait, mais en s'efforçant de le faire mieux ou de le faire différemment. Le premier conte paru sous les initiales de La Fontaine, *Joconde*, est probablement le produit d'un de ses premiers défis. Un peu plus d'un an auparavant, en 1663, avait été publiée chez Billaine, dans les *Œuvres* posthumes d'un médiocre poète, Bouillon, une plate traduction versifiée de cette nouvelle de L'Arioste. La Fontaine, lui, prend des libertés à l'égard de son modèle, et entend faire mieux que ce versificateur sans génie. Ce défi passionnera les gens de lettres. Le *Journal des Savants* sera le témoin de ces débats. La *Dissertation sur Joconde* accordera à La Fontaine une victoire aux points. On s'étonne aujourd'hui que ces rivalités littéraires aient pu à ce point passionner l'opinion et chauffer les esprits. On mesure mal la nouveauté et l'audace de La Fontaine. Pourtant celui qui, plus tard, lors de la querelle des Anciens et des Modernes, devait prendre parti pour les Anciens,

24. Suspensions, attentes déjouées, voir note 30, p. 377 ; équivoques, voir note 12, p. 142 ; suggestions de mimiques, voir note 22, p. 142 ; dialogues simulés, voir p. 275 ; interventions du poète, voir note 4, p. 362.

réussit, à sa manière, une silencieuse révolution littéraire. Ce conformiste de l'esprit est un révolutionnaire dans l'âme : c'est de là que naît son embarras. Car, en 1660, la poésie est dans une impasse :

Chacun forge des vers ; mais pour la poésie,
Cette princesse est morte, aucun ne s'en soucie[25].

Toutes les issues sont bloquées : les poètes libertins ont épuisé la description, les petits genres ont épuisé la finesse, la rhétorique a épuisé l'expression, la préciosité a épuisé le vocabulaire. Impasse du tableau. Impasse du récit. Impasse de la rhétorique. Impasse du langage. Quelle voie choisir, quand, tel La Fontaine, on « considère le goût du siècle[26] » et qu'il ne vous engage pas aux révolutions bruyantes ? Comment concilier le désir de plaire, le conformisme social, et le refus de l'imitation :

C'est un bétail servile et sot, à mon avis,
Que les imitateurs[27].

Il ne reste au poète qu'une seule solution : conserver les cartes que lui ont laissées ses devanciers, n'en refuser aucune, mais, à l'insu de tous, brouiller subtilement le jeu. Manège de bonneteur : chaque couleur, chaque valeur a pris la place qu'on croyait être celle d'une autre. Si La Fontaine est révolutionnaire, c'est dans l'art des déplacements, non dans l'art des retournements. Il joue chaque fois de l'écart entre le genre et le goût. Quand il paraît s'inscrire dans la tradition d'un genre littéraire, il s'y applique dans un style qui appartient à un autre genre. De ce contraste réussi entre le fond et la forme naissent une surprise sans étonnement, une innovation sans scandale, propres à séduire sans irriter. Les aventures de Psyché, « pleines de merveilleux (...) demandaient quelque chose d'héroïque

25. Troisième Partie, *Clymène*, voir infra, p. 300.
26. « Mon principal but est toujours de plaire : pour en venir là, je considère le goût du siècle », préface des *Amours de Psyché et de Cupidon*, 1669.
27. Troisième Partie, *Clymène*, voir infra, p. 292.

et de relevé[28] ». La Fontaine, lui, préfère la légèreté et la galanterie. Les fables, instrument d'éducation, appelaient, au service de la morale et de la pédagogie, les ressources de la rhétorique. La Fontaine, lui, livre à une société étonnée une suite de tableaux de genre, inspirés des petits maîtres hollandais, et disposés dans une architecture surprenante qui, seule, donne en fin de compte la clef d'une « morale » très personnelle[29].

Les Contes sont le premier terrain d'essai pour cet « art des déplacements ». Sans doute La Fontaine ne fait-il, comme tant d'autres en ce siècle, qu'exploiter une mode, celle de la galanterie volontiers grivoise. Celle-ci avait le double avantage de plaire et d'assurer, à l'auteur comme au libraire, un profitable succès commercial. Mais le genre obéit à des règles ; et La Fontaine inverse les règles du jeu. De Boccace à Brusoni, des Cent Nouvelles Nouvelles à L'Élite des contes du sieur d'Ouville, la littérature facétieuse vise à produire des effets sur les sens. Elle sollicite à cette fin l'imagination et l'affectivité. Elle est une littérature de l'affectus. La Fontaine en fait une littérature de l'intellectus. Il substitue les jeux de l'esprit et du sens aux jeux de l'émotion et des sens. Il détourne l'origine du plaisir qu'on prend aux contes de l'émoi sensuel à l'exercice même du langage. Entre la réalité du récit — c'est-à-dire de la « nouvelle » — et l'auditeur ou le lecteur, le « conte », chez La Fontaine, introduit l'épaisseur du langage ou de l'écriture :

> Ce n'est ni le vrai, ni le vraisemblable qui font la beauté et la grâce de ces choses-ci ; c'est seulement la manière de les conter[30].

Le conte n'a d'autre propos que d'effectuer un subtil détournement. L'évocation licencieuse est si habilement déguisée qu'elle suscite moins l'émotion sensuelle que l'admiration esthétique pour l'art du

28. Préface des *Amours de Psyché et de Cupidon* (1669).
29. Voir Alain-Marie Bassy, « Les *Fables* de La Fontaine et le labyrinthe de Versailles », in *Revue francaise d'histoire du livre*, n° 12, 1976, p. 1-63.
30. Préface de la Première Partie des *Contes* (1665), voir infra, p. 31.

conteur. Détournés du contenu, les yeux ne doivent que s'émerveiller de la forme, de cet art consommé de l'effeuillage littéraire :

Contons, mais contons bien ; c'est le point principal ;
C'est tout [31].

Paradoxe des Contes *de La Fontaine : maillon de la littérature sensuelle, cet ouvrage tient les sens en respect. Si la préciosité a pour objet la substitution d'une relation sociale dominée aux relations naturelles, et la recherche, par la maîtrise du langage, d'une protection contre les incursions du réel, les* Contes *méritent d'être qualifiés d'œuvre précieuse. Où l'on attendait des évocations gaillardes, un ton rabelaisien, une langue qui, comme un vin bien vieilli, aurait eu « du corps », on ne trouve que de l'esprit. Il ne faut pas à La Fontaine, dans* Les Lunettes [32], *moins de vingt-deux vers et le rappel du vieux mythe de l'androgyne, rapporté par Platon dans* Le Banquet, *pour désigner le membre viril de son héros. Il en fallait moins à Bonaventure des Périers* [33]. *Dans les* Contes, *le sexe est voilé de langage. Le plaisir du texte remplace les plaisirs du sexe.*

C'est en effet par la maîtrise du verbe que La Fontaine se prémunit contre l'émotion sensuelle. La langue des Contes *n'est jamais simple : elle est chargée de connotations multiples ; elle ne signifie que dans la référence ; elle est toujours renvoyée à l'extérieur d'elle-même. C'est par là qu'elle acquiert une troisième dimension et qu'elle mobilise l'entendement (*intellectus*).*

Cette troisième dimension du langage, le poète la trouve dans l'anachronie ou dans l'équivoque du sens. Pastichant, à l'instar de Vincent Voiture, le vocabulaire et les tours du vieux langage, semant çà et là les expressions marotiques, les Contes *portent en eux*

31. Troisième Partie, *Les Oies de frère Philippe,* infra, p. 194.

32. *Nouveaux Contes, Les Lunettes,* infra, p. 373-374.

33. Ce conte est en effet inspiré des *Nouvelles Récréations et joyeux devis* de Bonaventure des Périers, 1558. Que l'on compare également la façon dont La Fontaine évoque, dans *La Jument du compère Pierre* (*Nouveaux Contes,* infra, p. 361), l'ultime « opération » de Messire Jean sur la femme de Pierre, et celle dont Boccace, avant lui, avait usé (*Décaméron,* IX, 10).

une histoire de la langue. En contraignant le lecteur à cette démarche anachronique, en l'invitant à remonter, non sans effort parfois, le cours de l'histoire d'une langue, ils le préservent d'un contact trop aisé et trop naturel avec l'objet du récit. Le vieillissement volontaire de la langue donne au fait une vraisemblance historique — accréditée par une tradition littéraire —, mais, dans le même temps, empêche le lecteur de croire à sa vérité :

Le conte est du bon temps, non du siècle où nous sommes [34].

A cette référence diachronique, à cette distanciation historique, La Fontaine associe, dans la synchronie, le double ou le triple jeu du sens. Dans chaque mot, dans chaque expression, le poète laisse, volontairement, se déposer et se recouvrir des niveaux de signification différents. Au-delà du sens apparent, de l'évidence textuelle, se profilent souvent un sens libre — référé à la littérature facétieuse vulgaire — et un sens savant — référé à la littérature cultivée. Il n'existe pas une lecture possible des Contes, mais une multiplicité de lectures imaginables, dont l'auteur a volontairement semé les germes [35]. Écriture piégée, les Contes induisent le lecteur vers des significations qu'ils feignent de déjouer ensuite [36]. Ce jeu de l'équivoque a tout les caractères d'un jeu de société. Il justifie pleinement l'espérance formulée par Térence dans le prologue de L'Andrienne, et reprise pour son propre compte par La Fontaine dans l'avertissement de la première édition :

Populo ut placerent quas fecisset fabulas [37].

Dans l'espace social où ils voient le jour, les Contes de La Fontaine ne prennent toute leur signification que par le jeu constant de la référence et de la citation. Ils « fonctionnent » littérairement, comme fonctionnera, un siècle plus tard, le système de l'iconographie

34. *Fables, Le Berger et le Roi,* X, 9, v. 10.
35. Pour cette multiplicité de significations et de lectures, voir, par exemple, note 12, p. 187, ou note 4, p. 372.
36. Voir, par exemple, note 12, p. 247.
37. « En sorte que les pièces qu'il avait composées puissent séduire tous les publics. » Voir infra, p. 27.

galante[38]. *Cette écriture qui, comme l'image, simule et dissimule à la fois est l'instrument efficace de la transgression. Or cette transgression du désir et de l'interdit moral s'effectue par la mise en place d'un système qui repose également sur ce que les sémiologues appellent l'intratextualité et l'intertextualité.*

Les Contes, *comme plus tard les* Fables, *ne sont pas le recueil hasardeux de pièces galantes logées à l'enseigne de « La Fontaine ». Rien de semblable aux guirlandes littéraires et aux florilèges dont le milieu du siècle est prodigue. La Fontaine érige en système son recueil de* Contes. *Il souligne dans ses préfaces combien l'apparente disparate des morceaux est le masque d'une cohérence interne plus profonde. Celle-ci s'affirme par des signes visibles : La Fontaine se cite lui-même en maint endroit*[39], *il pastiche au besoin, avec humour, un de ses textes antérieurs*[40], *il rappelle, dans le prologue de certains contes, la fortune d'un thème à travers tout son ouvrage*[41], *enfin il classe dans chaque partie ses contes selon un ordre qui n'est pas l'ordre chronologique, mais plutôt la géographie de l'univers des contes : comme si, récits de gîtes d'étape, les contes s'ordonnaient selon l'itinéraire d'un pèlerin de la galanterie, accomplissant à plusieurs reprises le voyage qui le mène en Italie et le ramène en France*[42].

Ainsi l'itération des thèmes, la répétition ou l'inversion terme à terme des situations galantes, l'organisation des pièces, le jeu de la référence interne assurent-ils aux Contes *la cohérence et la solidité*

38. Voir Alain Guillerm, « Le Système de l'iconographie galante », in *XVIIIe siècle*, n° 12, 1980, p. 177-194.

39. Voir, par exemple, note 18, p. 336; note 16, p. 397; note 9, p. 411; note 19, p. 413, etc.

40. Voir, par exemple, note 7, p. 335.

41. Voir, par exemple, *Nouveaux Contes, Le Psautier*, p. 340.

42. Ainsi, dans la Première Partie, La Fontaine a pris le soin de réintroduire *Richard Minutolo*, entre *Joconde* et *Le Cocu, battu, et content*, publiés à la suite dans la première publication. En fait, sur les pas d'Astolphe et de Joconde, nous faisons le voyage d'Italie, du nord au sud, de la Lombardie à Naples *(Richard Minutolo)*. La remontée s'effectue ensuite par Rome *(Le Cocu, battu, et content)*. Nous rentrons en France dans les fourgons de François Ier, au retour des guerres d'Italie *(Le Mari confesseur)*, pour parvenir enfin à Château-Thierry (*Conte d'une chose arrivée à Château-Thierry*), sorte de « point focal » de cette Première partie.

d'un système. Mais cette définition interne reste insuffisante. Ce système n'a d'existence autonome que parce qu'il est lui-même constamment référé à l'actualité littéraire, c'est-à-dire au système contemporain de la production écrite. Ainsi les Contes *ne peuvent-ils se définir que par référence à la littérature graveleuse de l'époque — que les grands ne dédaignaient pas*[43] *— et à la littérature mondaine : les allusions à* L'Astrée *d'Honoré d'Urfé, à la* Clélie *ou au* Grand Cyrus *de Madeleine de Scudéry, aux œuvres de Sorel, de Furetière ou de Le Pays sont constamment discernables au détour d'un vers. On voit se multiplier, sans qu'on prête à ce terme de valeur péjorative, des « lieux communs »* (topoï) *à toutes ces littératures. Le vocabulaire, les figures, les scènes représentées dans les* Contes *fonctionnent comme symboles, ou plus proprement comme « indices » dans un jeu de la référence. L'ensemble de ces « lieux communs », ce lexique symbolique ne se révèlent qu'à qui considère la totalité de cette production littéraire. Le plaisir du texte ne s'acquiert ici, dans une société cultivée, que par la connaissance et la fréquentation assidue de l'ensemble de ces productions. La jouissance qu'éprouve, à la lecture d'un conte de La Fontaine, le public du* XVIIe *siècle naît avant tout de la maîtrise du code qui lui permet d'enfreindre, en le tournant, l'interdit moral. La transgression de l'interdit est le prix du jeu des références, et le plaisir se mesure à l'aune de l'épaisseur du code.*

Peut-être est-il moins important, en fin de compte, de dresser l'inventaire des sources de chaque « nouvelle », que de repérer les modèles culturels auxquels le « conte » se réfère. La Fontaine propose, dans cet ouvrage, une suite systématique d'« études de scènes galantes », comme un peintre produit une suite d' « études de nus ». Son travail est aussi étranger à l'univers moral que celui du peintre. Si, dans les Nouveaux Contes, *il introduit presque systématiquement dans ses aventures gaillardes des personnages*

43. Les œuvres graveleuses ne manquent pas au XVIIe siècle : telles celles de Pierre-Corneille Blessebois. Fouquet, apparemment, ne dédaignait pas ce genre de littérature, puisqu'on retrouva dans l'appartement qu'il avait meublé pour l'une de ses maîtresses un ouvrage érotique interdit fort connu au XVIIe siècle : *L'École des filles.* Voir R. Birn, « Les pornographes du collège d'Harcourt », *Revue française d'histoire du livre,* n° 33, 1982, p. 593-623.

religieux, son souci unique est celui de la performance et de la virtuosité formelle. Les situations grivoises sont en nombre fini. Pour aller plus loin dans la voie qu'il s'est tracée, le poète n'a d'autre solution que de souligner l'écart entre la situation licencieuse et les personnages qu'il y confronte. La norme morale ne sert en quelque sorte que d'appui, de référence, à l'art du détournement esthétique. Le code précieux avait déjà tenté, en matière de relation amoureuse, de substituer aux valeurs morales des valeurs sociales. La Fontaine, de la même facon, rime des contes jugés immoraux ou malhonnêtes, pour que le lecteur qui l'aura suivi découvre, au terme du parcours, que la morale est étrangère à cet univers : sa place n'est pas ici.

Parodierai-je, pour finir, l'auteur des Contes *? Mes censeurs me diront : « Vous vous interrogiez naguère. Sensualité ou froideur ? Imitation ou novation ? » Je répondrai : sensualité* et *froideur. Imitation* et *novation. Le procès des* Contes *est à refaire. Le meilleur avocat serait sans doute celui qui choisirait de plaider coupable. Les juges, perplexes, devraient bientôt en cette matière renoncer à la norme morale. Nul doute alors que le défenseur ne « fasse aller cette affaire au bonnet »* [44].

Alain-Marie Bassy

44. *Nouveaux Contes, Les Troqueurs,* voir infra note 46, p. 322.

Contes et Nouvelles
en vers

PREMIÈRE PARTIE

AVERTISSEMENT [1]

Les nouvelles en vers dont ce livre fait part au public [2], et dont l'une est tirée de l'Arioste, l'autre de Boccace, quoique d'un style bien différent, sont toutefois d'une même main. L'auteur a voulu éprouver lequel caractère est le plus propre pour rimer des contes. Il a cru que les vers irréguliers ayant un air qui tient beaucoup de la prose, cette manière pourrait sembler la plus naturelle, et par conséquent la meilleure. D'autre part aussi le vieux langage, pour les choses de cette nature, a des grâces que celui de notre siècle n'a pas. Les *Cent Nouvelles nouvelles,* les vieilles traductions de Boccace [3] et des Amadis, Rabelais, nos anciens poètes nous en fournissent des preuves infaillibles. L'auteur a donc tenté ces deux voies sans être encore certain laquelle est la bonne. C'est au lecteur à le déterminer là-dessus ; car il ne prétend pas en demeurer là, et il a déjà jeté les yeux sur d'autres nouvelles pour les rimer. Mais auparavant il faut qu'il soit assuré du succès de celles-ci, et du goût de la plupart des personnes qui les liront. En cela comme en d'autres choses, Térence [4] lui doit servir de modèle. Ce poète n'écrivait pas pour se satisfaire seulement, ou pour satisfaire un petit nombre de gens choisis ; il avait pour but, *Populo ut placerent quas fecisset fabulas* [5].

PRÉFACE [1]

J'avais résolu de ne consentir à l'impression de ces contes, qu'après que j'y pourrais joindre ceux de Boccace, qui sont le plus à mon goût ; mais quelques personnes m'ont conseillé de donner dès à présent ce qui me reste de ces bagatelles ; afin de ne pas laisser refroidir la curiosité de les voir qui est encore en son premier feu. Je me suis rendu à cet avis sans beaucoup de peine ; et j'ai cru pouvoir profiter de l'occasion. Non seulement cela m'est permis mais ce serait vanité à moi de mépriser un tel avantage. Il me suffit de ne pas vouloir qu'on impose en ma faveur à qui que ce soit ; et de suivre un chemin contraire à celui de certaines gens qui ne s'acquièrent des amis que pour s'acquérir des suffrages par leur moyen ; créatures de la cabale, bien différents de cet Espagnol qui se piquait d'être fils de ses propres œuvres [2]. Quoique j'aie autant de besoin de ces artifices que pas un autre, je ne saurais me résoudre à les employer : seulement, je m'accommoderai, s'il m'est possible, au goût de mon siècle, instruit que je suis par ma propre expérience, qu'il n'y a rien de plus nécessaire. En effet on ne peut pas dire que toutes saisons soient favorables pour toutes sortes de livres. Nous avons vu les rondeaux, les métamorphoses, les bouts-rimés, régner tour à tour [3] : maintenant ces galanteries sont hors de mode, et personne ne s'en soucie : tant il est certain que ce qui plaît en un temps peut ne pas plaire en un autre. Il n'appartient qu'aux ouvrages vraiment solides, et d'une souveraine beauté, d'être bien reçus de tous les esprits, et dans tous les siècles, sans avoir d'autre passeport que le seul mérite dont ils sont pleins. Comme les miens sont fort éloignés d'un si haut degré de perfection, la prudence veut que je les garde en mon cabinet, à moins que de bien prendre mon temps pour les en tirer. C'est ce que j'ai fait, ou que j'ai cru faire dans cette seconde édition[4], où je n'ai ajouté de nouveaux contes, que parce qu'il m'a semblé qu'on était en train d'y prendre plaisir. Il y en a que j'ai étendus, et d'autres que j'ai accourcis ; seulement pour diversifier, et me rendre moins ennuyeux. On en trouvera même quelques-uns que j'ai prétendu mettre en épigrammes. Tout cela n'a fait qu'un petit recueil, aussi peu considérable par sa grosseur, que par la qualité des ouvrages qui le composent. Pour le grossir j'ai tiré de mes papiers je ne sais quelle *Imitation des Arrêts d'amour,* avec un fragment où l'on me raconte le tour que Vulcan fit à Mars et à Vénus, et celui que Mars et Vénus lui avaient fait. Il est vrai que ces deux pièces n'ont ni le sujet ni le caractère du tout semblables au reste du livre ; mais à mon sens elles n'en sont pas entièrement éloignées. Quoi que c'en soit, elles passeront : je ne sais même si la variété n'était point plus à rechercher en cette rencontre qu'un assortissement si exact. Mais je m'amuse à des choses auxquelles on ne prendra peut-être pas garde, tandis que j'ai lieu d'appréhender des objections bien plus importantes. On m'en peut faire deux principales : l'une que ce livre est licencieux ; l'autre qu'il n'épargne pas assez le beau sexe. Quant à la première, je dis hardiment que la nature du conte le voulait ainsi ; étant une loi indispensable selon Horace[5], ou plutôt selon la raison et le sens commun, de se conformer aux choses dont on écrit. Or qu'il ne m'ait été permis d'écrire de celles-ci, comme tant d'autres l'ont fait, et avec succès, je ne crois pas qu'on le mette en doute : et l'on ne me saurait condamner que l'on ne condamne aussi l'Arioste devant moi, et les anciens devant l'Arioste. On me dira que j'eusse mieux fait de supprimer quelques circonstances[6], ou tout au moins de les déguiser. Il n'y avait rien de plus facile ; mais cela aurait affaibli le conte, et lui aurait ôté de sa grâce. Tant de circonspection n'est nécessaire que dans les ouvrages qui promettent beaucoup de retenue dès l'abord, ou par leur sujet, ou par la manière dont on les traite. Je confesse qu'il faut garder en cela des bornes, et que les plus étroites sont les meilleures : aussi faut-il m'avouer que trop de scrupule gâterait tout. Qui voudrait réduire Boccace à la même pudeur que Virgile, ne ferait assurément rien qui vaille ; et pécherait contre les lois de la bienséance en prenant à tâche de les observer. Car afin que l'on ne s'y trompe pas, en matière de vers et de prose, l'extrême pudeur et la bienséance sont deux choses bien différentes. Cicéron[7] fait consister la dernière à dire ce qu'il est à propos qu'on die, eu égard au lieu, au temps, et aux personnes qu'on entretient. Ce principe une fois posé ce n'est pas une faute de jugement que d'entretenir les gens d'aujourd'hui de contes un peu libres. Je ne pèche pas non plus en cela contre la morale. S'il y a quelque chose dans nos écrits qui puisse faire impression sur les âmes, ce n'est nullement la gaieté de ces contes ; elle passe légèrement : je craindrais plutôt une douce mélancolie, où les romans les plus chastes et les plus modestes sont très capables de nous plonger, et qui est une grande préparation pour l'amour. Quant à la seconde objection, par laquelle on me reproche que ce livre fait tort aux femmes ; on aurait raison si je parlais sérieusement ; mais qui ne voit que ceci est jeu, et par conséquent ne peut porter coup ? il ne faut pas avoir peur que les mariages en soient à l'avenir moins fréquents, et les maris plus fort sur leurs gardes. On me peut encore objecter que ces contes ne sont pas fondés, ou qu'ils ont partout un fondement aisé à détruire, enfin qu'il y a des absurdités, et pas la moindre teinture de vraisemblance. Je réponds en peu de mots que j'ai mes garants : et puis ce n'est ni le vrai ni le vraisemblable qui font la beauté et la grâce de ces choses-ci ; c'est seulement la manière de les conter. Voilà les principaux points sur quoi j'ai cru être obligé de me défendre. J'abandonne le reste aux censeurs : aussi bien serait-ce une entreprise infinie que de prétendre répondre à tout. Jamais la critique ne demeure court, ni ne manque de sujets de s'exercer : quand ceux que je puis prévoir lui seraient ôtés, elle en aurait bientôt trouvé d'autres[8].

[illegible] le [illegible] contre les [illegible] comme celui [illegible] les bornes [illegible] que les plus [illegible] les meilleurs [illegible] de [illegible] Qui voudrait [illegible] et de même [illegible] ne serait [illegible] les lois de la [illegible] en prenant à tâche de les observer ? [illegible] la [illegible] bien différentes. [illegible] s'il est [illegible] aux personnes qu'on [illegible] Ce principe une fois posé, ce n'est pas une façon de juger [illegible] que de [illegible] d'aujourd'hui, de [illegible] un peu [illegible] plus [illegible] contre la morale. S'il y a quelque chose dans [illegible] impression [illegible] de ces poètes, elle passe [illegible] une [illegible] les plus [illegible] de [illegible] et qui est [illegible] grande [illegible] pour l'amour. [illegible] femmes [illegible] qui n'avoir [illegible] en [illegible] sans [illegible] On [illegible] ne sont pas [illegible] enfin qu'il y [illegible] la moindre [illegible] la [illegible] de la [illegible]

JOCONDE[1]

NOUVELLE TIRÉE DE L'ARIOSTE[2]

Jadis régnait en Lombardie,
Un prince aussi beau que le jour,
Et tel, que des beautés qui régnaient à sa cour,
La moitié lui portait envie,
L'autre moitié brûlait pour lui d'amour.
Un jour en se mirant : Je fais, dit-il, gageure
Qu'il n'est mortel dans la nature,
Qui me soit égal en appas ;
Et gage, si l'on veut, la meilleure province
De mes états ;
Et s'il s'en rencontre un, je promets foi de prince,
De le traiter si bien, qu'il ne s'en plaindra pas.
A ce propos s'avance un certain gentilhomme
D'auprès de Rome.
Sire, dit-il, si Votre Majesté
Est curieuse de beauté,
Qu'elle fasse venir mon frère ;
Aux plus charmants il n'en doit guère :
Je m'y connais un peu ; soit dit sans vanité.
Toutefois en cela pouvant m'être flatté,
Que je n'en sois pas cru, mais les cœurs de vos dames :
Du soin de guérir leurs flammes
Il vous soulagera, si vous le trouvez bon :
Car de pourvoir vous seul au tourment de chacune,
Outre que tant d'amour vous serait importune,
Vous n'auriez jamais fait, il vous faut un second.

Là-dessus Astolphe répond
(C'est ainsi qu'on nommait ce roi de Lombardie) :
Votre discours me donne une terrible envie
De connaître ce frère : amenez-le-nous donc.
Voyons si nos beautés en seront amoureuses,
Si ses appas le mettront en crédit :
Nous en croirons les connaisseuses,
Comme très bien vous avez dit.
Le gentilhomme part, et va querir Joconde.
C'est le nom que ce frère avait.
A la campagne il vivait,
Loin du commerce et du monde.
Marié depuis peu : content, je n'en sais rien.
Sa femme avait de la jeunesse,
De la beauté, de la délicatesse ;
Il ne tenait qu'à lui qu'il ne s'en trouvât bien.
Son frère arrive, et lui fait l'ambassade ;
Enfin il le persuade.
Joconde d'une part regardait l'amitié
D'un roi puissant, et d'ailleurs fort aimable ;
Et d'autre part aussi, sa charmante moitié
Triomphait d'être inconsolable[3],
Et de lui faire des adieux
A tirer les larmes des yeux.
Quoi tu me quittes, disait-elle,
As-tu bien l'âme assez cruelle,
Pour préférer à ma constante amour,
Les faveurs de la cour ?
Tu sais qu'à peine elles durent un jour ;
Qu'on les conserve avec inquiétude,
Pour les perdre avec désespoir.
Si tu te lasses de me voir,
Songe au moins qu'en ta solitude
Le repos règne jour et nuit :
Que les ruisseaux n'y font du bruit,
Qu'afin de t'inviter à fermer la paupière.
Crois-moi, ne quitte point les hôtes de tes bois,
Ces fertiles vallons, ces ombrages si cois,

Enfin moi qui devrais me nommer la première :
Mais ce n'est plus le temps, tu ris de mon amour :
Va cruel, va montrer ta beauté singulière,
Je mourrai, je l'espère, avant la fin du jour.
L'histoire ne dit point, ni de quelle manière
Joconde put partir, ni ce qu'il répondit,
    Ni ce qu'il fit, ni ce qu'il dit ;
Je m'en tais donc aussi de crainte de pis faire.
Disons que la douleur l'empêcha de parler ;
C'est un fort bon moyen de se tirer d'affaire.
Sa femme le voyant tout prêt de s'en aller,
L'accable de baisers, et pour comble lui donne
  Un bracelet de façon fort mignonne ;
    En lui disant : Ne le perds pas ;
    Et qu'il soit toujours à ton bras,
Pour te ressouvenir de mon amour extrême :
Il est de mes cheveux, je l'ai tissu moi-même ;
    Et voilà de plus mon portrait,
    Que j'attache à ce bracelet.
Vous autres bonnes gens eussiez cru que la dame
    Une heure après eût rendu l'âme ;
Moi qui sais ce que c'est que l'esprit d'une femme,
  Je m'en serais à bon droit défié.
Joconde partit donc ; mais ayant oublié
    Le bracelet et la peinture,
    Par je ne sais quelle aventure.
    Le matin même il s'en souvient.
  Au grand galop sur ses pas il revient,
Ne sachant quelle excuse il ferait à sa femme :
Sans rencontrer personne, et sans être entendu,
Il monte dans sa chambre, et voit près de la dame
Un lourdaud de valet sur son sein étendu.
  Tous deux dormaient : dans cet abord, Joconde
Voulut les envoyer dormir en l'autre monde :
    Mais cependant il n'en fit rien ;
    Et mon avis est qu'il fit bien.
    Le moins de bruit que l'on peut faire
        En telle affaire,

Est le plus sûr de la moitié.
Soit par prudence, ou par pitié,
Le Romain ne tua personne.
D'éveiller ces amants, il ne le fallait pas :
Car son honneur l'obligeait en ce cas,
De leur donner le trépas.
Vis méchante, dit-il tout bas ;
A ton remords je t'abandonne.
Joconde là-dessus se remet en chemin,
Rêvant à son malheur tout le long du voyage.
Bien souvent il s'écrie au fort de son chagrin :
Encor si c'était un blondin !
Je me consolerais d'un si sensible outrage ;
Mais un gros lourdaud de valet !
C'est à quoi j'ai plus de regret,
Plus j'y pense, et plus j'en enrage.
Ou l'Amour est aveugle, ou bien il n'est pas sage,
D'avoir assemblé ces amants,
Ce sont hélas ses divertissements !
Et possible est-ce par gageure
Qu'il a causé cette aventure.
Le souvenir fâcheux d'un si perfide tour
Altérait fort la beauté de Joconde ;
Ce n'était plus ce miracle d'amour
Qui devait charmer tout le monde.
Les dames le voyant arriver à la cour,
Dirent d'abord : Est-ce là ce Narcisse
Qui prétendait tous nos cœurs enchaîner ?
Quoi le pauvre homme a la jaunisse !
Ce n'est pas pour nous la donner.
A quel propos nous amener
Un galant qui vient de jeûner
La quarantaine[4] ?
On se fût bien passé de prendre tant de peine.
Astolphe était ravi : le frère était confus,
Et ne savait que penser là-dessus.
Car Joconde cachait avec un soin extrême
La cause de son ennui :

On remarquait pourtant en lui,
Malgré ses yeux cavés, et son visage blême,
De fort beaux traits ; mais qui ne plaisaient point,
Faute d'éclat et d'embonpoint.
Amour en eut pitié ; d'ailleurs cette tristesse
Faisait perdre à ce dieu trop d'encens et de vœux ;
L'un des plus grands suppôts de l'empire amoureux
Consumait en regrets la fleur de sa jeunesse.
Le Romain se vit donc à la fin soulagé
Par le même pouvoir qui l'avait affligé.
Car un jour étant seul en une galerie,
Lieu solitaire, et tenu fort secret :
Il entendit en certain cabinet,
Dont la cloison n'était que de menuiserie,
Le propre discours que voici :
Mon cher Curtade, mon souci,
J'ai beau t'aimer, tu n'es pour moi que glace :
Je ne vois pourtant Dieu merci
Pas une beauté qui m'efface :
Cent conquérants voudraient avoir ta place,
Et tu sembles la mépriser ;
Aimant beaucoup mieux t'amuser
A jouer avec quelque page
Au lansquenet [5],
Que me venir trouver seule en ce cabinet.
Dorimène tantôt t'en a fait le message ;
Tu t'es mis contre elle à jurer,
A la maudire, à murmurer,
Et n'as quitté le jeu que ta main étant faite [6],
Sans te mettre en souci de ce que je souhaite.
Qui fut bien étonné, ce fut notre Romain.
Je donnerais jusqu'à demain,
Pour deviner qui tenait ce langage,
Et quel était le personnage
Qui gardait tant son quant-à-moi.
Ce bel Adon [7] était le nain du roi,
Et son amante était la reine.
Le Romain, sans beaucoup de peine,

Les vit en approchant les yeux
Des fentes que le bois laissait en divers lieux.
Ces amants se fiaient au soin de Dorimène ;
Seule elle avait toujours la clef de ce lieu-là,
Mais la laissant tomber, Joconde la trouva [8],
Puis s'en servit, puis en tira
Consolation non petite :
Car voici comme il raisonna :
Je ne suis pas le seul, et puisque même on quitte
Un prince si charmant, pour un nain contrefait,
Il ne faut pas que je m'irrite,
D'être quitté pour un valet.
Ce penser le console : il reprend tous ses charmes,
Il devient plus beau que jamais ;
Telle pour lui verse des larmes,
Qui se moquait de ses attraits.
C'est à qui l'aimera, la plus prude s'en pique ;
Astolphe y perd mainte pratique.
Cela n'en fut que mieux ; il en avait assez.
Retournons aux amants que nous avons laissés.
Après avoir tout vu le Romain se retire,
Bien empêché de ce secret.
Il ne faut à la cour ni trop voir, ni trop dire ;
Et peu se sont vantés du don qu'on leur a fait
Pour une semblable nouvelle :
Mais quoi, Joconde aimait avecque trop de zèle
Un prince libéral qui le favorisait,
Pour ne pas l'avertir du tort qu'on lui faisait.
Or comme avec les rois il faut plus de mystère
Qu'avecque d'autres gens sans doute il n'en faudroit,
Et que de but en blanc leur parler d'une affaire,
Dont le discours leur doit déplaire,
Ce serait être maladroit ;
Pour adoucir la chose, il fallut que Joconde,
Depuis l'origine du monde,
Fît un dénombrement des rois et des césars [9],
Qui sujets comme nous à ces communs hasards,
Malgré les soins dont leur grandeur se pique,

Avaient vu leurs femmes tomber
En telle ou semblable pratique,
Et l'avaient vu sans succomber
A la douleur, sans se mettre en colère,
Et sans en faire pire chère [10].
Moi qui vous parle, Sire, ajouta le Romain,
Le jour que pour vous voir je me mis en chemin,
Je fus forcé par mon destin,
De reconnaître Cocuage
Pour un des dieux du mariage,
Et comme tel de lui sacrifier.
Là-dessus il conta, sans en rien oublier,
Toute sa déconvenue ;
Puis vint à celle du roi.
Je vous tiens, dit Astolphe, homme digne de foi ;
Mais la chose, pour être crue,
Mérite bien d'être vue :
Menez-moi donc sur les lieux.
Cela fut fait, et de ses propres yeux
Astolphe vit des merveilles,
Comme il en entendit de ses propres oreilles.
L'énormité du fait le rendit si confus,
Que d'abord tous ses sens demeurèrent perclus :
Il fut comme accablé de ce cruel outrage :
Mais bientôt il le prit en homme de courage,
En galant homme, et pour le faire court,
En véritable homme de cour.
Nos femmes, ce dit-il, nous en ont donné d'une [11] ;
Nous voici lâchement trahis :
Vengeons-nous-en, et courons le pays ;
Cherchons partout notre fortune.
Pour réussir dans ce dessein,
Nous changerons nos noms, je laisserai mon train,
Je me dirai votre cousin,
Et vous ne me rendrez aucune déférence :
Nous en ferons l'amour avec plus d'assurance,
Plus de plaisir, plus de commodité,
Que si j'étais suivi selon ma qualité.

Joconde approuva fort le dessein du voyage.
Il nous faut dans notre équipage,
Continua le prince, avoir un livre blanc :
Pour mettre les noms de celles
Qui ne seront pas rebelles,
Chacune selon son rang.
Je consens de perdre la vie,
Si devant que sortir des confins d'Italie
Tout notre livre ne s'emplit ;
Et si la plus sévère à nos vœux ne se range :
Nous sommes beaux ; nous avons de l'esprit ;
Avec cela bonnes lettres de change [12] ;
Il faudrait être bien étrange,
Pour résister à tant d'appas,
Et ne pas tomber dans les lacs
De gens qui sèmeront l'argent et la fleurette,
Et dont la personne est bien faite.
Leur bagage étant prêt, et le livre surtout,
Nos galants se mettent en voie.
Je ne viendrais jamais à bout
De nombrer les faveurs que l'Amour leur envoie :
Nouveaux objets, nouvelle proie :
Heureuses les beautés qui s'offrent à leurs yeux !
Et plus heureuse encor celle qui peut leur plaire !
Il n'est en la plupart des lieux
Femme d'échevin, ni de maire,
De podestat, de gouverneur,
Qui ne tienne à fort grand honneur
D'avoir en leur registre place.
Les cœurs que l'on croyait de glace
Se fondent tous à leur abord.
J'entends déjà maint esprit fort
M'objecter que la vraisemblance
N'est pas en ceci tout à fait.
Car, dira-t-on, quelque parfait
Que puisse être un galant dedans cette science,
Encor faut-il du temps pour mettre un cœur à bien.
S'il en faut, je n'en sais rien ;

Ce n'est pas mon métier de cajoler personne :
Je le rends comme on me le donne ;
Et l'Arioste ne ment pas.
Si l'on voulait à chaque pas
Arrêter un conteur d'histoire,
Il n'aurait jamais fait, suffit qu'en pareil cas
Je promets à ces gens quelque jour de les croire.
Quand nos aventuriers eurent goûté de tout,
(De tout un peu, c'est comme il faut l'entendre)
Nous mettrons, dit Astolphe, autant de cœurs à bout
Que nous voudrons en entreprendre ;
Mais je tiens qu'il vaut mieux attendre.
Arrêtons-nous pour un temps quelque part ;
Et cela plus tôt que plus tard ;
Car en amour, comme à la table,
Si l'on en croit la Faculté,
Diversité de mets peut nuire à la santé.
Le trop d'affaires nous accable ;
Ayons quelque objet en commun ;
Pour tous les deux c'est assez d'un.
J'y consens, dit Joconde, et je sais une dame
Près de qui nous aurons toute commodité.
Elle a beaucoup d'esprit, elle est belle, elle est femme
D'un des premiers de la cité.
Rien moins, reprit le roi, laissons la qualité :
Sous les cotillons des grisettes,
Peut loger autant de beauté,
Que sous les jupes des coquettes.
D'ailleurs, il n'y faut point faire tant de façon,
Être en continuel soupçon,
Dépendre d'une humeur fière, brusque, ou volage :
Chez les dames de haut parage
Ces choses sont à craindre, et bien d'autres encor.
Une grisette est un trésor ;
Car sans se donner de la peine,
Et sans qu'aux bals on la promène,
On en vient aisément à bout ;
On lui dit ce qu'on veut, bien souvent rien du tout.

Le point est d'en trouver une qui soit fidèle
Choisissons-la toute nouvelle,
Qui ne connaisse encor ni le mal ni le bien.
Prenons, dit le Romain, la fille de notre hôte ;
Je la tiens pucelle sans faute,
Et si pucelle, qu'il n'est rien
De plus puceau que cette belle ;
Sa poupée en sait autant qu'elle.
J'y songeais, dit le roi, parlons-lui dès ce soir.
Il ne s'agit que de savoir
Qui de nous doit donner à cette jouvencelle,
Si son cœur se rend à nos vœux,
La première leçon du plaisir amoureux.
Je sais que cet honneur est pure fantaisie ;
Toutefois étant roi, l'on me le doit céder ;
Du reste il est aisé de s'en accommoder.
Si c'était, dit Joconde, une cérémonie,
Vous auriez droit de prétendre le pas [13],
Mais il s'agit d'un autre cas.
Tirons au sort, c'est la justice ;
Deux pailles en feront l'office.
De la chape à l'évêque hélas ils se battaient [14],
Les bonnes gens qu'ils étaient.
Quoi qu'il en soit, Joconde eut l'avantage
Du prétendu pucelage.
La belle étant venue en leur chambre le soir,
Pour quelque petite affaire ;
Nos deux aventuriers près d'eux la firent seoir,
Louèrent sa beauté, tâchèrent de lui plaire,
Firent briller une bague à ses yeux.
A cet objet si précieux
Son cœur fit peu de résistance.
Le marché se conclut, et dès la même nuit,
Toute l'hôtellerie étant dans le silence,
Elle les vient trouver sans bruit.
Au milieu d'eux ils lui font prendre place,
Tant qu'enfin la chose se passe
Au grand plaisir des trois, et surtout du Romain,

Qui crut avoir rompu la glace.
Je lui pardonne, et c'est en vain
Que de ce point on s'embarrasse.
Car il n'est si sotte après tout
Qui ne puisse venir à bout
De tromper à ce jeu le plus sage du monde :
Salomon qui grand clerc étoit
Le reconnaît en quelque endroit [15],
Dont il ne souvint pas au bonhomme Joconde.
Il se tint content pour le coup,
Crut qu'Astolphe y perdait beaucoup ;
Tout alla bien, et maître Pucelage
Joua des mieux son personnage.
Un jeune gars pourtant en avait essayé.
Le temps à cela près fut fort bien employé,
Et si bien que la fille en demeura contente.
Le lendemain elle le fut encor,
Et même encor la nuit suivante.
Le jeune gars s'étonna fort
Du refroidissement qu'il remarquait en elle :
Il se douta du fait, la guetta, la surprit,
Et lui fit fort grosse querelle.
Afin de l'apaiser la belle lui promit,
Foi de fille de bien, que sans aucune faute,
Leurs hôtes délogés, elle lui donnerait
Autant de rendez-vous qu'il en demanderait.
Je n'ai souci, dit-il, ni d'hôtesse ni d'hôte :
Je veux cette nuit même, ou bien je dirai tout.
Comment en viendrons-nous à bout ?
(Dit la fille fort affligée)
De les aller trouver je me suis engagée :
Si j'y manque, adieu l'anneau,
Que j'ai gagné bien et beau [16].
Faisons que l'anneau vous demeure,
Reprit le garçon tout à l'heure.
Dites-moi seulement, dorment-ils fort tous deux ?
Oui, reprit-elle, mais entre eux
Il faut que toute nuit je demeure couchée :

Et tandis que je suis avec l'un empêchée,
L'autre attend sans mot dire, et s'endort bien souvent,
Tant que le siège soit vacant[17],
C'est là leur mot. Le gars dit à l'instant :
Je vous irai trouver pendant leur premier somme.
Elle reprit : Ah ! gardez-vous-en bien ;
Vous seriez un mauvais homme.
Non, non, dit-il, ne craignez rien,
Et laissez ouverte la porte.
La porte ouverte elle laissa ;
Le galant vint, et s'approcha
Des pieds du lit ; puis fit en sorte,
Qu'entre les draps il se glissa :
Et Dieu sait comme il se plaça ;
Et comme enfin tout se passa :
Et de ceci, ni de cela,
Ne se douta le moins du monde,
Ni le roi lombard ni Joconde.
Chacun d'eux pourtant s'éveilla
Bien étonné de telle aubade.
Le roi lombard dit à part soi :
Qu'a donc mangé mon camarade ?
Il en prend trop ; et sur ma foi,
C'est bien fait s'il devient malade.
Autant en dit de sa part le Romain.
Et le garçon ayant repris haleine,
S'en donna pour le jour, et pour le lendemain ;
Enfin pour toute la semaine.
Puis les voyant tous deux rendormis à la fin,
Il s'en alla de grand matin,
Toujours par le même chemin,
Et fut suivi de la donzelle,
Qui craignait fatigue nouvelle.
Eux éveillés, le roi dit au Romain :
Frère, dormez jusqu'à demain :
Vous en devez avoir envie,
Et n'avez à présent besoin que de repos.
Comment ? dit le Romain : mais vous-même, à propos,

Vous avez fait tantôt une terrible vie.
Moi ? dit le roi, j'ai toujours attendu :
Et puis voyant que c'était temps perdu,
Que sans pitié ni conscience
Vous vouliez jusqu'au bout tourmenter ce tendron,
Sans en avoir d'autre raison
Que d'éprouver ma patience,
Je me suis, malgré moi, jusqu'au jour rendormi.
Que s'il vous eût plu, notre ami,
J'aurais couru volontiers quelque poste.
C'eût été tout, n'ayant pas la riposte
Ainsi que vous : qu'y ferait-on ?
Pour Dieu, reprit son compagnon,
Cessez de vous railler, et changeons de matière.
Je suis votre vassal, vous l'avez bien fait voir.
C'est assez que tantôt il vous ait plu d'avoir
La fillette tout entière :
Disposez-en ainsi qu'il vous plaira ;
Nous verrons si ce feu toujours vous durera.
Il pourra, dit le roi, durer toute ma vie,
Si j'ai beaucoup de nuits telles que celle-ci.
Sire, dit le Romain, trêve de raillerie,
Donnez-moi mon congé, puisqu'il vous plaît ainsi.
Astolphe se piqua de cette repartie ;
Et leurs propos s'allaient de plus en plus aigrir,
Si le roi n'eût fait venir
Tout incontinent la belle.
Ils lui dirent : Jugez-nous,
En lui contant leur querelle.
Elle rougit, et se mit à genoux ;
Leur confessa tout le mystère.
Loin de lui faire pire chère,
Ils en rirent tous deux : l'anneau lui fut donné,
Et maint bel écu couronné,
Dont peu de temps après on la vit mariée [18],
Et pour pucelle employée.
Ce fut par là que nos aventuriers
Mirent fin à leurs aventures,

Se voyant chargés de lauriers
Qui les rendront fameux chez les races futures :
Lauriers d'autant plus beaux, qu'il ne leur en coûta
Qu'un peu d'adresse, et quelques feintes larmes ;
Et que loin des dangers et du bruit des alarmes,
L'un et l'autre les remporta.
Tout fiers d'avoir conquis les cœurs de tant de belles,
Et leur livre étant plus que plein,
Le roi lombard dit au Romain :
Retournons au logis par le plus court chemin :
Si nos femmes sont infidèles,
Consolons-nous, bien d'autres le sont qu'elles.
La constellation [19] changera quelque jour :
Un temps viendra que le flambeau d'Amour
Ne brûlera les cœurs que de pudiques flammes :
A présent on dirait que quelque astre malin
Prend plaisir aux bons tours des maris et des femmes.
D'ailleurs tout l'univers est plein
De maudits enchanteurs, qui des corps et des âmes,
Font tout ce qu'il leur plaît : savons-nous si ces gens
(Comme ils sont traîtres et méchants,
Et toujours ennemis, soit de l'un, soit de l'autre)
N'ont point ensorcelé mon épouse et la vôtre ?
Et si par quelque étrange cas,
Nous n'avons point cru voir chose qui n'était pas ?
Ainsi que bons bourgeois achevons notre vie,
Chacun près de sa femme, et demeurons-en là.
Peut-être que l'absence, ou bien la jalousie,
Nous ont rendu leurs cœurs, que l'Hymen nous ôta.
Astolphe rencontra [20] dans cette prophétie.
Nos deux aventuriers, au logis retournés,
Furent très bien reçus, pourtant un peu grondés ;
Mais seulement par bienséance.
L'un et l'autre se vit de baisers régalé :
On se récompensa des pertes de l'absence,
Il fut dansé, sauté, ballé ;
Et du nain nullement parlé,
Ni du valet comme je pense.

Chaque époux s'attachant auprès de sa moitié,
Vécut en grand soulas[21], en paix, en amitié,
  Le plus heureux, le plus content du monde.
La reine à son devoir ne manqua d'un seul point :
  Autant en fit la femme de Joconde :
  Autant en font d'autres qu'on ne sait point.

RICHARD MINUTOLO

NOUVELLE TIRÉE DE BOCCACE [1]

C'est de tout temps qu'à Naples on a vu
Régner l'amour et la galanterie :
De beaux objets cet état est pourvu,
Mieux que pas un qui soit en Italie.
Femmes y sont, qui font venir l'envie
D'être amoureux, quand on ne voudrait pas.
Une surtout ayant beaucoup d'appas
Eut pour amant un jeune gentilhomme,
Qu'on appelait Richard Minutolo :
Il n'était lors de Paris jusqu'à Rome
Galant qui sût si bien le numéro [2].
Force lui fut ; d'autant que cette belle
(Dont sous le nom de madame Catelle
Il est parlé dans le Décaméron)
Fut un long temps si dure et si rebelle,
Que Minutol n'en sut tirer raison.
Que fait-il donc ? comme il voit que son zèle
Ne produit rien, il feint d'être guéri [3] ;
Il ne va plus chez madame Catelle ;
Il se déclare amant d'une autre belle ;
Il fait semblant d'en être favori.
Catelle en rit ; pas grain de jalousie.
Sa concurrente était sa bonne amie :
Si bien qu'un jour qu'ils étaient en devis,
Minutolo pour lors de la partie,
Comme en passant mit dessus le tapis

Certains propos de certaines coquettes,
Certain mari, certaines amourettes,
Qu'il controuva sans personne nommer ;
Et fit si bien que madame Catelle
De son époux commence à s'alarmer,
Entre en soupçon, prend le morceau pour elle.
Tant en fut dit, que la pauvre femelle,
Ne pouvant plus durer en tel tourment,
Voulut savoir de son défunt amant,
Qu'elle tira dedans une ruelle,
De quelles gens il entendait parler :
Qui, quoi, comment, et ce qu'il voulait dire.
Vous avez eu, lui dit-il, trop d'empire
Sur mon esprit pour vous dissimuler.
Votre mari voit Madame Simone :
Vous connaissez la galande[4] que c'est :
Je ne le dis pour offenser personne ;
Mais il y va tant de votre intérêt,
Que je n'ai pu me taire davantage.
Si je vivais dessous votre servage,
Comme autrefois, je me garderais bien
De vous tenir un semblable langage,
Qui de ma part ne serait bon à rien.
De ses amants toujours on se méfie.
Vous penseriez que par supercherie
Je vous dirais du mal de votre époux ;
Mais grâce à Dieu je ne veux rien de vous.
Ce qui me meut n'est du tout que bon zèle.
Depuis un jour j'ai certaine nouvelle,
Que votre époux chez Janot le baigneur[5]
Doit se trouver avecque sa donzelle.
Comme Janot n'est pas fort grand seigneur,
Pour cent ducats vous lui ferez tout dire ;
Pour cent ducats il fera tout aussi.
Vous pouvez donc tellement vous conduire,
Qu'au rendez-vous trouvant votre mari,
Il sera pris sans s'en pouvoir dédire.
Voici comment. La dame a stipulé

Qu'en une chambre, où tout sera fermé,
L'on les mettra ; soit craignant qu'on ait vue
Sur le baigneur ; soit que sentant son cas[6],
Simone encor n'ait toute honte bue.
Prenez sa place, et ne marchandez pas :
Gagnez Janot ; donnez-lui cent ducats ;
Il vous mettra dedans la chambre noire[7] ;
Non pour jeûner, comme vous pouvez croire :
Trop bien ferez tout ce qu'il vous plaira.
Ne parlez point, vous gâteriez l'histoire,
Et vous verrez comme tout en ira.
L'expédient plus très fort à Catelle.
De grand dépit Richard elle interrompt :
Je vous entends, c'est assez, lui dit-elle,
Laissez-moi faire ; et le drôle et sa belle
Verront beau jeu si la corde ne rompt[8].
Pensent-ils donc que je sois quelque buse ?
Lors pour sortir elle prend une excuse,
Et tout d'un pas s'en va trouver Janot,
A qui Richard avait donné le mot.
L'argent fait tout : si l'on en prend en France
Pour obliger en de semblables cas,
On peut juger avec grande apparence,
Qu'en Italie on n'en refuse pas.
Pour tout carquois, d'une large escarcelle
En ce pays le dieu d'amour se sert.
Janot en prend de Richard, de Catelle ;
Il en eût pris du grand diable d'enfer.
Pour abréger, la chose s'exécute
Comme Richard s'était imaginé.
Sa maîtresse eut d'abord quelque dispute
Avec Janot qui fit le réservé :
Mais en voyant bel argent bien compté,
Il promet plus que l'on ne lui demande.
Le temps venu d'aller au rendez-vous,
Minutolo s'y rend seul de sa bande ;
Entre en la chambre ; et n'y trouve aucuns trous
Par où le jour puisse nuire à sa flamme.

Guère n'attend : il tardait à la dame
D'y rencontrer son perfide d'époux,
Bien préparée à lui chanter sa gamme[9].
Pas n'y manqua, l'on peut s'en assurer.
Dans le lieu dit Janot la fit entrer,
Là ne trouva ce qu'elle allait chercher :
Point de mari, point de Dame Simone ;
Mais au lieu d'eux Minutol en personne,
Qui sans parler se mit à l'embrasser.
Quant au surplus je le laisse à penser :
Chacun s'en doute assez sans qu'on le die.
De grand plaisir notre amant s'extasie.
Que si le jeu plut beaucoup à Richard,
Catelle aussi, toute rancune à part,
Le laissa faire, et ne voulut mot dire.
Il en profite, et se garde de rire ;
Mais toutefois ce n'est pas sans effort.
De figurer le plaisir qu'a le sire,
Il me faudrait un esprit bien plus fort.
Premièrement il jouit de sa belle ;
En second lieu il trompe une cruelle ;
Et croit gagner les pardons[10] en cela.
Mais à la fin Catelle s'emporta :
C'est trop souffrir, traître, ce lui dit-elle,
Je ne suis pas celle que tu prétends.
Laisse-moi là ; sinon à belles dents
Je te déchire, et te saute à la vue.
C'est donc cela que tu te tiens en mue[11],
Fais le malade et te plains tous les jours ;
Te réservant sans doute à tes amours.
Parle, méchant, dis-moi, suis-je pourvue
De moins d'appas ? ai-je moins d'agrément,
Moins de beauté que ta dame Simone ?
Le rare oiseau ! ô la belle friponne !
T'aimais-je moins ? je te hais à présent ;
Et plût à Dieu que je t'eusse vu pendre.
Pendant cela Richard pour l'apaiser
La caressait, tâchait de la baiser ;

Mais il ne put ; elle s'en sut défendre.
Laisse-moi là, se mit-elle à crier,
Comme un enfant penses-tu me traiter ?
N'approche point, je ne suis plus ta femme :
Rends-moi mon bien, va-t'en trouver ta dame ;
Va déloyal, va-t'en, je te le dis.
Je suis bien sotte, et bien de mon pays [12],
De te garder la foi de mariage :
A quoi tient-il, que pour te rendre sage,
Tout sur-le-champ, je n'envoie querir
Minutolo qui m'a si fort chérie ?
Je le devrais afin de te punir ;
Et sur ma foi, j'en ai presque l'envie.
A ce propos le galant éclata.
Tu ris, dit-elle, ô dieux ! quelle insolence !
Rougira-t-il ? voyons sa contenance.
Lors de ses bras la belle s'échappa ;
D'une fenêtre à tâtons approcha ;
L'ouvrit de force ; et fut bien étonnée
Quand elle vit Minutol son amant :
Elle tomba plus d'à demi pâmée.
Ah ! qui t'eût cru, dit-elle, si méchant ?
Que dira-t-on ? me voilà diffamée.
Qui le saura ? dit Richard à l'instant ;
Janot est sûr, j'en réponds sur ma vie.
Excusez donc si je vous ai trahie ;
Ne me sachez mauvais gré d'un tel tour :
Adresse, force, et ruse, et tromperie ;
Tout est permis en matière d'amour.
J'étais réduit avant ce stratagème
A vous servir sans plus pour vos beaux yeux :
Ai-je failli [13] de me payer moi-même ?
L'eussiez-vous fait ? non sans doute ; et les dieux
En ce rencontre [14] ont tout fait pour le mieux :
Je suis content ; vous n'êtes point coupable ;
Est-ce de quoi paraître inconsolable ?
Pourquoi gémir ? j'en connais, Dieu merci,
Qui voudraient bien qu'on les trompât ainsi.

Tout ce discours n'apaisa point Catelle.
Elle se mit à pleurer tendrement.
En cet état elle parut si belle,
Que Minutol de nouveau s'enflammant
Lui prit la main. Laisse-moi, lui dit-elle ;
Contente-toi [15], veux-tu donc que j'appelle
Tous les voisins, tous les gens de Janot ?
Ne faites point, dit-il, cette folie ;
Votre plus court est de ne dire mot.
Pour de l'argent, et non par tromperie,
(Comme le monde est à présent bâti)
L'on vous croirait venue en ce lieu-ci.
Que si d'ailleurs cette supercherie
Allait jamais jusqu'à votre mari,
Quel déplaisir ! songez-y je vous prie ;
En des combats n'engagez point sa vie ;
Je suis du moins aussi mauvais que lui [16].
A ces raisons enfin Catelle cède.
La chose étant, poursuit-il, sans remède,
Le mieux sera que vous vous consoliez.
N'y pensez plus. Si pourtant vous vouliez...
Mais bannissons bien loin toute espérance ;
Jamais mon zèle et ma persévérance
N'ont eu de vous que mauvais traitement.
Si vous vouliez, vous feriez aisément,
Que le plaisir de cette jouissance
Ne serait pas, comme il est, imparfait :
Que reste-t-il ? le plus fort en est fait.
Tant bien sut dire, et prêcher, que la dame
Séchant ses yeux, rassérénant son âme,
Plus doux que miel à la fin l'écouta.
D'une faveur en une autre il passa,
Eut un souris, puis après autre chose,
Puis un baiser, puis autre chose encor ;
Tant que la belle, après un peu d'effort,
Vient à son point, et le drôle en dispose.
Heureux cent fois plus qu'il n'avait été !
Car quand l'Amour d'un et d'autre côté

Veut s'entremettre, et prend part à l'affaire,
Tout va bien mieux, comme m'ont assuré
Ceux que l'on tient savants en ce mystère.
Ainsi Richard jouit de ses amours,
Vécut content, et fit force bons tours,
Dont celui-ci peut passer à la montre[17].
Pas ne voudrais en faire un plus rusé :
Que plût à Dieu qu'en certaine rencontre
D'un pareil cas je me fusse avisé !

LE COCU, BATTU, ET CONTENT

NOUVELLE TIRÉE DE BOCCACE [1]

N'a pas longtemps de Rome revenait
Certain cadet qui n'y profita guère ;
Et volontiers en chemin séjournait,
Quand par hasard le galant rencontrait
Bon vin, bon gîte, et belle chambrière.
Avint qu'un jour en un bourg arrêté
Il vit passer une dame jolie,
Leste, pimpante, et d'un page suivie,
En la voyant, il en fut enchanté.
La convoita ; comme bien savait faire.
Prou de pardons [2] il avait rapporté ;
De vertu peu ; chose assez ordinaire.
La dame était de gracieux maintien,
De doux regard, jeune, fringante et belle ;
Somme qu'enfin il ne lui manquait rien,
Fors que d'avoir un ami digne d'elle.
Tant se la mit le drôle en la cervelle,
Que dans sa peau peu ni point ne durait [3] :
Et s'informant comment on l'appelait :
C'est, lui dit-on, la dame du village.
Messire Bon l'a prise en mariage,
Quoiqu'il n'ait plus que quatre cheveux gris :
Mais comme il est des premiers du pays,
Son bien supplée au défaut de son âge.
Notre cadet tout ce détail apprit,
Dont il conçut espérance certaine.

Voici comment le pèlerin s'y prit.
Il renvoya dans la ville prochaine
Tous ses valets ; puis s'en fut au château :
Dit qu'il était un jeune jouvenceau,
Qui cherchait maître, et qui savait tout faire.
Messire Bon fort content de l'affaire
Pour fauconnier le loua bien et beau.
(Non toutefois sans l'avis de sa femme)
Le fauconnier plut très fort à la dame ;
Et n'étant homme en tel pourchas[4] nouveau,
Guère ne mit à déclarer sa flamme.
Ce fut beaucoup[5] ; car le vieillard était
Fou de sa femme, et fort peu la quittait,
Sinon les jours qu'il allait à la chasse.
Son fauconnier, qui pour lors le suivait,
Eût demeuré volontiers en sa place.
La jeune dame en était bien d'accord,
Ils n'attendaient que le temps de mieux faire.
Quand je dirai qu'il leur en tardait fort,
Nul n'osera soutenir le contraire.
Amour enfin, qui prit à cœur l'affaire,
Leur inspira la ruse que voici.
La dame dit un soir à son mari :
Qui croyez-vous le plus rempli de zèle
De tous vos gens ? Ce propos entendu
Messire Bon lui dit : J'ai toujours cru
Le fauconnier garçon sage et fidèle ;
Et c'est à lui que plus je me fierois.
Vous auriez tort, repartit cette belle ;
C'est un méchant : il me tint l'autre fois
Propos d'amour, dont je fus si surprise,
Que je pensai tomber tout de mon haut ;
Car qui croirait une telle entreprise ?
Dedans l'esprit il me vint aussitôt
De l'étrangler, de lui manger la vue :
Il tint à peu ; je n'en fus retenue,
Que pour n'oser un tel cas publier :
Même, à dessein qu'il ne le pût nier,

Je fis semblant d'y vouloir condescendre ;
Et cette nuit sous un certain poirier
Dans le jardin je lui dis de m'attendre.
Mon mari, dis-je, est toujours avec moi,
Plus par amour que doutant de ma foi ;
Je ne me puis dépêtrer de cet homme,
Sinon la nuit pendant son premier somme :
D'auprès de lui tâchant de me lever,
Dans le jardin je vous irai trouver.
Voilà l'état où j'ai laissé l'affaire.
Messire Bon se mit fort en colère.
Sa femme dit : Mon mari, mon époux,
Jusqu'à tantôt cachez votre courroux ;
Dans le jardin attrapez-le vous-même ;
Vous le pourrez trouver fort aisément ;
Le poirier est à main gauche en entrant.
Mais il vous faut user de stratagème :
Prenez ma jupe, et contrefaites-vous ;
Vous entendrez son insolence extrême :
Lors d'un bâton donnez-lui tant de coups,
Que le galant demeure sur la place.
Je suis d'avis que le friponneau fasse
Tel compliment à des femmes d'honneur !
L'époux retint cette leçon par cœur.
Onc il ne fut une plus forte dupe
Que ce vieillard, bon homme au demeurant.
Le temps venu d'attraper le galant,
Messire Bon se couvrit d'une jupe,
S'encorneta[6], courut incontinent
Dans le jardin, où ne trouva personne :
Garde n'avait[7] : car, tandis qu'il frissonne,
Claque des dents, et meurt quasi de froid,
Le pèlerin, qui le tout observoit,
Va voir la dame ; avec elle se donne
Tout le bon temps qu'on a, comme je croi,
Lorsqu'Amour seul étant de la partie
Entre deux draps on tient femme jolie ;
Femme jolie, et qui n'est point à soi.

Quand le galant un assez bon espace
Avec la dame eut été dans ce lieu,
Force lui fut d'abandonner la place :
Ce ne fut pas sans le vin de l'adieu.
Dans le jardin il court en diligence.
Messire Bon rempli d'impatience
A tous moments sa paresse maudit.
Le pèlerin, d'aussi loin qu'il le vit,
Feignit de croire apercevoir la dame,
Et lui cria : Quoi donc méchante femme !
A ton mari tu brassais un tel tour !
Est-ce le fruit de son parfait amour !
Dieu soit témoin que pour toi j'en ai honte :
Et de venir ne tenais quasi compte,
Ne te croyant le cœur si perverti,
Que de vouloir tromper un tel mari.
Or bien, je vois qu'il te faut un ami ;
Trouvé ne l'as en moi, je t'en assure.
Si j'ai tiré ce rendez-vous de toi,
C'est seulement pour éprouver ta foi :
Et ne t'attends de m'induire à luxure :
Grand pécheur suis ; mais j'ai, la Dieu merci [8],
De ton honneur encor quelque souci.
A Monseigneur ferais-je un tel outrage ?
Pour toi, tu viens avec un front de page :
Mais, foi de Dieu, ce bras te châtiera ;
Et Monseigneur puis après le saura.
Pendant ces mots l'époux pleurait de joie,
Et tout ravi disait entre ses dents :
Loué soit Dieu, dont la bonté m'envoie
Femme et valet si chastes, si prudents.
Ce ne fut tout ; car à grands coups de gaule
Le pèlerin vous lui froisse une épaule ;
De horions laidement l'accoutra [9] ;
Jusqu'au logis ainsi le convoya.
Messire Bon eût voulu que le zèle
De son valet n'eût été jusque-là ;
Mais le voyant si sage et si fidèle,

Le bonhommeau des coups se consola.
Dedans le lit sa femme il retrouva ;
Lui conta tout, en lui disant : M'amie,
Quand nous pourrions vivre cent ans encor,
Ni vous ni moi n'aurions de notre vie
Un tel valet ; c'est sans doute un trésor.
Dans notre bourg je veux qu'il prenne femme :
A l'avenir traitez-le ainsi [10] que moi.
Pas n'y faudrai [11], lui repartit la dame ;
Et de ceci je vous donne ma foi.

LE MARI CONFESSEUR

CONTE TIRÉ DES CENT NOUVELLES NOUVELLES [1]

Messire Artus sous le grand roi François [2]
Alla servir aux guerres d'Italie ;
Tant qu'il se vit, après maints beaux exploits,
Fait chevalier en grand' cérémonie.
Son général lui chaussa l'éperon :
Dont il croyait [3] que le plus haut baron
Ne lui dût plus contester le passage.
Si s'en revient tout fier en son village,
Où ne surprit sa femme en oraison.
Seule il l'avait laissée à la maison ;
Il la retrouve en bonne compagnie,
Dansant, sautant, menant joyeuse vie,
Et des muguets [4] avec elle à foison.
Messire Artus ne prit goût à l'affaire ;
Et ruminant sur ce qu'il devait faire :
Depuis que j'ai mon village quitté,
Si j'étais crû [5], dit-il, en dignité
De cocuage et de chevalerie :
C'est moitié trop, sachons la vérité.
Pour ce s'avise, un jour de confrérie [6],
De se vêtir en prêtre, et confesser.
Sa femme vient à ses pieds se placer.
De prime abord sont par la bonne dame
Expédiés tous les péchés menus ;
Puis à leur tour les gros étant venus,
Force lui fut qu'elle changeât de gamme.

Père, dit-elle, en mon lit sont reçus
Un gentilhomme, un chevalier, un prêtre.
Si le mari ne se fût fait connaître,
Elle en allait enfiler beaucoup plus ;
Courte n'était pour sûr la kyrielle[7].
Son mari donc l'interrompt là-dessus ;
Dont bien lui prit : Ah, dit-il, infidèle !
Un prêtre même ! à qui crois-tu parler ?
A mon mari, dit la fausse femelle,
Qui d'un tel pas se sut bien démêler.
Je vous ai vu dans ce lieu vous couler,
Ce qui m'a fait douter du badinage[8].
C'est un grand cas qu'étant homme si sage,
Vous n'ayez su l'énigme débrouiller.
On vous a fait, dites-vous, chevalier :
Auparavant vous étiez gentilhomme :
Vous êtes prêtre avecque ces habits.
Béni soit Dieu ! dit alors le bon homme :
Je suis un sot[9] de l'avoir si mal pris.

CONTE D'UNE CHOSE ARRIVÉE À CHÂTEAU-THIERRY [1]

Un savetier, que nous nommerons Blaise,
Prit belle femme ; et fut très avisé.
Les bonnes gens [2] qui n'étaient à leur aise,
S'en vont prier un marchand peu rusé,
Qu'il leur prêtât dessous bonne promesse
Mi-muid [3] de grain ; ce que le marchand fait.
Le terme échu, ce créancier les presse.
Dieu sait pourquoi : le galant, en effet,
Crut que par là baiserait la commère.
Vous avez trop de quoi me satisfaire,
(Ce lui dit-il) et sans débourser rien :
Accordez-moi ce que vous savez bien.
Je songerai, répond-elle, à la chose.
Puis vient trouver Blaise tout aussitôt,
L'avertissant de ce qu'on lui propose.
Blaise lui dit : Par bieu [4], femme, il nous faut
Sans coup férir rattraper notre somme.
Tout de ce pas allez dire à cet homme
Qu'il peut venir, et que je n'y suis point.
Je veux ici me cacher tout à point.
Avant le coup demandez la cédule [5].
De la donner je ne crois qu'il recule.
Puis tousserez afin de m avertir ;
Mais haut et clair, et plutôt deux fois qu'une.
Lors de mon coin vous me verrez sortir
Incontinent, de crainte de fortune.

Ainsi fut dit, ainsi s'exécuta.
Dont le mari puis après se vanta ;
Si que[6] chacun glosait sur ce mystère.
Mieux eût valu tousser après l'affaire,
(Dit à la belle un des plus gros bourgeois)
Vous eussiez eu votre compte tous trois.
N'y manquez plus, sauf après de se taire[7].
Mais qu'en est-il ? or çà, belle, entre nous[8].
Elle répond : Ah Monsieur ! croyez-vous
Que nous ayons tant d'esprit que vos dames ?
(Notez qu'illec[9] avec deux autres femmes,
Du gros bourgeois l'épouse était aussi)
Je pense bien, continua la belle,
Qu'en pareil cas Madame en use ainsi ;
Mais quoi, chacun n'est pas si sage qu'elle.

CONTE TIRÉ D'ATHÉNÉE [1]

Axiochus avec Alcibiades
Jeunes, bien faits, galants, et vigoureux.
Par bon accord comme grands camarades,
En même nid furent pondre tous deux.
Qu'arrive-t-il ? l'un de ces amoureux
Tant bien exploite [2] autour de la donzelle,
Qu'il en naquit une fille si belle,
Qu'ils s'en vantaient tous deux également.
Le temps venu que cet objet charmant
Put pratiquer les leçons de sa mère ;
Chacun des deux en voulut être amant ;
Plus n'en voulut l'un ni l'autre être père.
Frère, dit l'un, ah ! vous ne sauriez faire
Que cet enfant ne soit vous tout craché.
Parbieu, dit l'autre, il est à vous, compère :
Je prends sur moi le hasard du péché.

AUTRE CONTE TIRÉ D'ATHÉNÉE [1]

A son souper un glouton,
Commande que l'on apprête
Pour lui seul un esturgeon,
Sans en laisser que la tête.
Il soupe ; il crève ; on y court ;
On lui donne maints clystères.
On lui dit, pour faire court,
Qu'il mette ordre à ses affaires.
Mes amis, dit le goulu,
M'y voilà tout résolu ;
Et puisqu'il faut que je meure,
Sans faire tant de façon,
Qu'on m'apporte tout à l'heure [2]
Le reste de mon poisson.

CONTE DE **** [1]

Sœur Jeanne ayant fait un poupon,
Jeûnait, vivait en sainte fille,
Toujours était en oraison.
Et toujours ses sœurs à la grille [2].
Un jour donc l'abbesse leur dit :
Vivez comme sœur Jeanne vit ;
Fuyez le monde et sa séquelle [3].
Toutes reprirent à l'instant :
Nous serons aussi sages qu'elle
Quand nous en aurons fait autant.

CONTE DU JUGE DE MESLE[1]

Deux avocats qui ne s'accordaient point
Rendaient perplexe un juge de province :
Si ne put onc[2] découvrir le vrai point ;
Tant lui semblait que fût obscur et mince.
Deux pailles prend d'inégale grandeur :
Du doigt les serre ; il avait bonne pince[3].
La longue échet sans faute au défendeur,
Dont renvoyé s'en va gai comme un prince.
La cour s'en plaint, et le juge repart :
Ne me blâmez, Messieurs, pour cet égard[4] :
De nouveauté dans mon fait il n'est maille[5] ;
Maint d'entre vous souvent juge au hasard,
Sans que pour ce tire à la courte paille.

CONTE D'UN PAYSAN QUI AVAIT OFFENSÉ SON SEIGNEUR[1]

Un paysan son seigneur offensa.
L'histoire dit que c'était bagatelle :
Et toutefois ce seigneur le tança
Fort rudement ; ce n'est chose nouvelle.
Coquin, dit-il, tu mérites la hart[2] :
Fais ton calcul d'y venir tôt ou tard ;
C'est une fin à tes pareils commune.
Mais je suis bon ; et de trois peines l'une
Tu peux choisir. Ou de manger trente aulx[3],
J'entends sans boire, et sans prendre repos ;
Ou de souffrir trente bons coups de gaules,
Bien appliqués sur tes larges épaules ;
Ou de payer sur-le-champ cent écus.
Le paysan consultant là-dessus :
Trente aulx sans boire ! ah, dit-il en soi-même,
Je n'appris onc à les manger ainsi.
De recevoir les trente coups aussi,
Je ne le puis sans un péril extrême.
Les cent écus c'est le pire de tous.
Incertain donc il se mit à genoux,
Et s'écria : Pour Dieu, miséricorde.
Son seigneur dit : Qu'on apporte une corde ;
Quoi le galant m'ose répondre encor ?
Le paysan de peur qu'on ne le pende
Fait choix de l'ail ; et le seigneur commande
Que l'on en cueille, et surtout du plus fort.

Un après un lui-même il fait le compte :
Puis quand il voit que son calcul se monte
A la trentaine, il les met dans un plat.
Et cela fait le malheureux pied-plat[4]
Prend le plus gros ; en pitié le regarde ;
Mange, et rechigne, ainsi que fait un chat
Dont les morceaux sont frottés de moutarde.
Il n'oserait de la langue y toucher.
Son seigneur rit, et surtout il prend garde
Que le galant n'avale sans mâcher.
Le premier passe ; aussi fait le deuxième :
Au tiers il dit : Que le diable y ait part.
Bref il en fut à grand'peine au douzième,
Que s'écriant : Haro la gorge m'ard[5]
Tôt, tôt, dit-il, que l'on m'apporte à boire.
Son seigneur dit : Ah, ah, sire Grégoire,
Vous avez soif ! je vois qu'en vos repas
Vous humectez volontiers le lampas[6].
Or buvez donc ; et buvez à votre aise :
Bon prou[7] vous fasse : Holà, du vin, holà.
Mais mon ami, qu'il ne vous en déplaise,
Il vous faudra choisir après cela
Des cent écus, ou de la bastonnade,
Pour suppléer au défaut de l'aillade.
Qu'il plaise donc, dit l'autre, à vos bontés
Que les aulx soient sur les coups précomptés[8] :
Car pour l'argent, par trop grosse est la somme :
Où la trouver moi qui suis un pauvre homme ?
Hé bien, souffrez les trente horions,
Dit le seigneur ; mais laissons les oignons.
Pour prendre cœur, le vassal en sa panse
Loge un long trait ; se munit le dedans ;
Puis souffre un coup avec grande constance.
Au deux, il dit : Donnez-moi patience,
Mon doux Jésus, en tous ces accidents.
Le tiers est rude, il en grince les dents,
Se courbe tout, et saute de sa place.
Au quart il fait une horrible grimace :

Au cinq un cri : mais il n'est pas au bout ;
Et c'est grand cas[9] s'il peut digérer tout.
On ne vit onc si cruelle aventure.
Deux forts paillards[10] ont chacun un bâton,
Qu'ils font tomber par poids et par mesure,
En observant la cadence et le ton.
Le malheureux n'a rien qu'une chanson.
Grâce, dit-il : mais las ! point de nouvelle ;
Car le seigneur fait frapper de plus belle,
Juge des coups, et tient sa gravité,
Disant toujours qu'il a trop de bonté.
Le pauvre diable enfin craint pour sa vie.
Après vingt coups d'un ton piteux il crie :
Pour Dieu cessez : hélas ! je n'en puis plus.
Son seigneur dit : Payez donc cent écus,
Net et comptant : je sais qu'à la desserre
Vous êtes dur ; j'en suis fâché pour vous.
Si tout n'est prêt, votre compère Pierre
Vous en peut bien assister entre nous.
Mais pour si peu vous ne vous feriez tondre.
Le malheureux n'osant presque répondre,
Court au mugot[11], et dit : C'est tout mon fait[12].
On examine, on prend un trébuchet[13].
L'eau cependant lui coule de la face :
Il n'a point fait encor telle grimace.
Mais que lui sert ? il convient tout payer.
C'est grand'pitié quand on fâche son maître !
Ce paysan eut beau s'humilier ;
Et pour un fait, assez léger peut-être,
Il se sentit enflammer le gosier,
Vuider la bourse, émoucher[14] les épaules ;
Sans qu'il lui fût, dessus les cent écus,
Ni pour les aulx, ni pour les coups de gaules,
Fait seulement grâce d'un carolus[15].

IMITATION D'UN LIVRE INTITULÉ LES ARRÊTS D'AMOUR [1]

Les gens tenant le Parlement d'Amours
Informaient pendant les Grands Jours [2],
D'aucuns abus commis en l'Ile de Cythère.
Par devant eux se plaint un amant maltraité,
Disant que de longtemps il s'efforce de plaire
A certaine ingrate beauté.
Qu'il a donné des sérénades,
Des concerts et des promenades :
Item mainte collation,
Maint bal, et mainte comédie :
A consacré le plus beau de sa vie
A l'objet de sa passion :
S'est tourmenté le corps et l'âme,
Sans pouvoir obliger la dame
A payer seulement d'un souris son amour.
Partant [3] conclut que cette belle
Soit condamnée à l'aimer à son tour.
Fut allégué d'autre part [4] à la Cour
Que plus la dame était cruelle,
Plus elle avait d'embonpoint et d'attraits :
Que perdant ses appas Amour perdait ses traits :
Qu'il avait intérêt au repos de son âme :
Que quand on a le cœur en flamme
Le teint n'en est jamais si frais.
Qu'il était à propos pour la grandeur du prince [5],
Qu'elle traitât ainsi toute cette province,

Fît mille soupirants sans faire un bienheureux,
Dormît à son plaisir, conservât tous ses charmes,
Augmentât les tributs de l'empire amoureux,
Qui sont les soupirs et les larmes.
Que souffrir tels procès était un grand abus :
Et que le cas méritait une amende :
Concluant pour le surplus
Au renvoi de la demande.
Le procureur d'Amours intervint là-dessus,
Et conclut aussi pour la belle.
La Cour, leurs moyens [6] entendus,
La renvoya : permis d'être cruelle ;
Avec dépens [7] ; et tout ce qui s'ensuit.
Cet arrêt fit un peu de bruit
Parmi les gens de la province.
La raison de douter était tous les cadeaux,
Bijoux donnés, et des plus beaux :
Qui prend se vend : mais l'intérêt du prince [8]
Souvent plus fort qu'aucunes lois
L'emporta de quatre ou cinq voix [9].

LES AMOURS DE MARS ET DE VÉNUS

FRAGMENT [1]

Gélaste montre à Acante [2] une tapisserie, où sont représentées les Amours de Mars et de Vénus, et lui parle ainsi.

Vous devez avoir lu qu'autrefois le dieu Mars,
Blessé par Cupidon d'une flèche dorée,
Après avoir dompté les plus fermes remparts,
Mit le camp devant Cythérée [3].
Le siège ne fut pas de fort longue durée :
A peine Mars se présenta,
Que la belle parlementa.

Dans les formes pourtant il entreprit l'affaire :
Par tous moyens tâcha de plaire :
De son ajustement prit d'abord un grand soin.
Considérez-le en ce coin,
Qui quitte sa mine fière.
Il se fait attacher son plus riche harnois [4].
Quand ce serait pour des jours de tournois,
On ne le verrait pas vêtu d'autre manière.
L'éclat de ses habits fait honte à l'œil du jour.
Sans cela, fît-on mordre aux Géants la poussière,
Il est bien malaisé de rien faire en amour.

En peu de temps Mars emporta la dame.
Il la gagna peut-être, en lui contant sa flamme :
Peut-être conta-t-il ses sièges, ses combats ;

Parla de contrescarpe[5], et cent autres merveilles,
Que les femmes n'entendent pas,
Et dont pourtant les mots sont doux à leurs oreilles.
Voyez combien Vénus en ces lieux écartés
Aux yeux de ce guerrier étale de beautés[6] :
Quels longs baisers! la gloire a bien des charmes;
Mais Mars en la servant ignore ces douceurs.
Son harnois est sur l'herbe : Amour pour toutes armes
Veut des soupirs et des larmes :
C'est ce qui triomphe des cœurs.

Phébus pour la déesse avait même dessein;
Et charmé de l'espoir d'une telle conquête
Couvait plus de feux dans son sein,
Qu'on n'en voyait à l'entour de sa tête.
C'était un dieu pourvu de cent charmes divers.
Il était beau; mais il faisait des vers;
Avait un peu trop de doctrine[7] ;
Et qui pis est, savait la médecine.
Or soyez sûr qu'en amours,
Entre l'homme d'épée et l'homme de science,
Les dames au premier inclineront toujours;
Et toujours le plumet[8] aura la préférence.
Ce fut donc le guerrier qu'on aima mieux choisir.
Phébus outré de déplaisir
Apprit à Vulcan[9] ce mystère[10] ;
Et dans le fond d'un bois voisin de son séjour,
Lui fit voir avec Mars la reine de Cythère,
Qui n'avaient en ces lieux pour témoins que l'amour.

La peine de Vulcan se voit représentée :
Et l'on ne dirait pas que les traits en sont feints.
Il demeure immobile, et son âme agitée
Roule mille pensers qu'en ses yeux on voit peints.
Son marteau lui tombe des mains.
Il a martel en tête[11], et ne sait que résoudre,
Frappé comme d'un coup de foudre.
Le voici dans cet autre endroit[12]

Qui querelle et qui bat sa femme.
Voyez-vous ce galant qui les montre du doigt ?
Au palais de Vénus il s'en allait tout droit,
Espérant y trouver le sujet qui l'enflamme.
La dame d'un logis, quand elle fait l'amour,
Met le tapis [13] chez elle à toutes les coquettes.
Dieu sait si les galants lui font aussi la cour.
Ce ne sont que jeux et fleurettes,
Plaisants devis et chansonnettes :
Mille bons mots, sans compter les bons tours,
Font que sans s'ennuyer chacun passe les jours.
Celle que vous voyez apportait une lyre,
Ne songeant qu'à se réjouir.
Mais Vénus pour le coup ne la saurait ouïr :
Elle est trop empêchée, et chacun se retire.
Le vacarme que fait Vulcan,
A mis l'alarme au camp.

Mais avec tout ce bruit que gagne le pauvre homme ?
Quand les cœurs ont goûté les délices d'Amour,
Ils iraient plutôt jusqu'à Rome,
Que de s'en passer un seul jour.
Sur un lit de repos voyez Mars et sa dame [14].
Quand l'Hymen les joindrait de son nœud le plus fort,
Que l'un fût le mari, que l'autre fût la femme,
On ne pourrait entre eux voir un plus bel accord.
Considérez plus bas les trois Grâces pleurantes :
La maîtresse a failli, l'on punit les suivantes.
Vulcan veut tout chasser. Mais quels dragons veillants
Pourraient contre tant d'assaillants,
Garder une toison [15] si chère ?
Il accuse sur tous l'enfant qui fait aimer :
Et se prenant au fils des péchés de la mère
Menace Cupidon de le faire enfermer.

Ce n'est pas tout : plein d'un dépit extrême
Le voilà qui se plaint au monarque des dieux [16] ;
Et de ce qu'il devrait se cacher à soi-même,

Importune sans cesse et la terre et les cieux.
L'adultère Jupin, d'un ris malicieux,
Lui dit que ce malheur est pure fantaisie,
Et que de s'en troubler les esprits sont bien fous.
Plaise au ciel que jamais je n'entre en jalousie ;
Car c'est le plus grand mal, et le moins plaint de tous.

Que fait Vulcan ? car pour se voir vengé,
Encor faut-il qu'il fasse quelque chose.
Un rets d'acier par ses mains est forgé :
Ce fut Momus [17] qui je pense en fut cause.
Avec ce rets le galant lui propose
D'envelopper nos amants bien et beau [18].
L'enclume sonne ; et maint coup de marteau,
Dont maint chaînon l'un à l'autre s'assemble,
Prépare aux dieux un spectacle nouveau
De deux Amants qui reposent ensemble [19].

Les noires sœurs [20] apprêtèrent le lit :
Et nos amants trouvant l'heure opportune,
Sous le réseau pris en flagrant délit,
De s'échapper n'eurent puissance aucune.
Vulcan fait lors éclater sa rancune :
Tout en clopant le vieillard éclopé
Semond [21] les dieux, jusqu'au plus occupé,
Grands et petits, et toute la séquelle.
Demandez-moi qui fut bien attrapé ;
Ce fut, je crois, le galant et la belle [22].

Cet ouvrage est demeuré imparfait pour de secrètes raisons [23] : et par malheur ce qui y manque est l'endroit le plus important ; je veux dire les réflexions que firent les dieux, même les déesses, sur une si plaisante aventure. Quand j'aurai repris l'idée et le caractère de cette pièce, je l'achèverai [24]. Cependant comme le dessein de ce recueil a été fait à plusieurs reprises, je me suis souvenu d'une ballade qui pourra encore trouver sa place parmi ces contes, puisqu'elle en contient un en quelque façon. Je l'abandonne donc ainsi que le reste au jugement du public. Si l'on trouve qu'elle soit hors de son lieu, et qu'il y ait du manquement en cela ; je prie le lecteur de l'excuser avecque les autres fautes que j'aurai faites.

BALLADE [1]

Hier je mis chez Cloris [2] en train de discourir
Sur le fait des romans Alizon la sucrée.
N'est-ce pas grand pitié, dit-elle, de souffrir
Que l'on méprise ainsi la Légende dorée [3],
Tandis que les romans sont si chère denrée ?
Il vaudrait beaucoup mieux qu'avec maint vers du temps,
De messire Honoré [4] l'histoire fût brûlée.
— Oui pour vous, dit Cloris, qui passez cinquante ans :
Moi qui n'en ai que vingt, je prétends que l'Astrée
Fasse en mon cabinet encor quelque séjour :
Car pour vous découvrir le fond de ma pensée,
Je me plais aux livres d'amour.

Cloris eut quelque tort de parler si crûment,
Non que Monsieur d'Urfé n'ait fait une œuvre exquise.
Étant petit garçon je lisais son roman,
Et je le lis encore ayant la barbe grise.
Aussi contre Alizon je faillis d'avoir prise [5] ;
Et soutins haut et clair, qu'Urfé par-ci, par-là,
De préceptes moraux nous instruit à sa guise.
De quoi, dit Alizon, peut servir tout cela ?
Vous en voit-on aller plus souvent à l'église ?
Je hais tous les menteurs [6] ; et pour vous trancher court [7],
Je ne puis endurer qu'une femme me dise :
Je me plais aux livres d'amour.

Alizon dit ces mots avec tant de chaleur,
Que je crus qu'elle était en vertus accomplie ;
Mais ses péchés écrits [8] tombèrent par malheur :
Elle n'y prit pas garde. Enfin étant sortie,
Nous vîmes que son fait était papelardie [9],
Trouvant entre autres points dans sa confession :
J'ai lu maître Louis [10] mille fois en ma vie ;
Et même quelquefois j'entre en tentation,
Lorsque l'ermite trouve Angélique endormie [11] :
Rêvant à tels fatras [12] souvent le long du jour.
Bref sans considérer censure ni demie [13],
Je me plais aux livres d'amour [13].

Ah ! ah ! dis-je, Alizon ! vous lisez les romans !
Et vous vous arrêtez à l'endroit de l'ermite !
Je crois qu'ainsi que vous pleine d'enseignements
Oriane [14] prêchait faisant la chattemite [15].
Après mille façons, cette bonne hypocrite,
Un pain sur la fournée emprunta [16], dit l'auteur [17] :
Pour un petit poupon l'on sait qu'elle en fut quitte :
Mainte belle sans doute en a ri dans son cœur.
Cette histoire, Cloris, est du pape maudite :
Quiconque y met le nez devient noir comme un four.
Parmi ceux qu'on peut lire [18], et dont voici l'élite,
Je me plais aux livres d'amour.

Clitophon [19] a le pas par droit d'antiquité :
Héliodore [20] peut par son prix le prétendre :
Le roman d'Ariane [21] est très bien inventé :
J'ai lu vingt et vingt fois celui de Polexandre [22] :
En fait d'événements, Cléopâtre et Cassandre [23],
Entre les beaux premiers doivent être rangés :
Chacun prise Cyrus [24], et la Carte du Tendre [25] ;
Et le frère et la sœur ont les cœurs partagés [26].
Même dans les plus vieux je tiens qu'on peut apprendre.
Perceval le Gallois [27] vient encore à son tour :
Cervantès me ravit [28] ; et pour tout y comprendre [29],
Je me plais aux livres d'amour.

Envoi

A Rome on ne lit point Boccace sans dispense[30] :
Je trouve en ses pareils bien du contre et du pour.
Du surplus (honni soit celui qui mal y pense)
    Je me plais aux livres d'amour.

DEUXIÈME PARTIE

PRÉFACE

Voici les derniers ouvrages de cette nature qui partiront des mains de l'auteur ; et par conséquent la dernière occasion de justifier ses hardiesses, et les licences qu'il s'est données. Nous ne parlons point des mauvaises rimes, des vers qui enjambent, des deux voyelles sans élision ; ni en général de ces sortes de négligences qu'il ne se pardonnerait pas lui-même en un autre genre de poésie ; mais qui sont inséparables, pour ainsi dire, de celui-ci. Le trop grand soin de les éviter jetterait un faiseur de contes en de longs détours, en des récits aussi froids que beaux, en des contraintes fort inutiles ; et lui ferait négliger le plaisir du cœur pour travailler à la satisfaction de l'oreille. Il faut laisser les narrations étudiées pour les grands sujets, et ne pas faire un poème épique des aventures de Renaud d'Ast[1]. Quand celui qui a rimé ces nouvelles y aurait apporté tout le soin et l'exactitude qu'on lui demande ; outre que ce soin s'y remarquerait d'autant plus qu'il y est moins nécessaire, et que cela contrevient aux préceptes de Quintilien[2] ; encore l'auteur n'aurait-il pas satisfait au principal point, qui est d'attacher le lecteur, de le réjouir, d'attirer malgré lui son attention, de lui plaire enfin. Car, comme l'on sait, le secret de plaire ne consiste pas toujours en l'ajustement ; ni même en la régularité[3] : il faut du piquant et de l'agréable, si l'on veut toucher. Combien voyons-nous de ces beautés régulières qui ne touchent point, et dont personne n'est amoureux ? Nous ne voulons pas ôter aux modernes la louange qu'ils ont méritée. Le beau tour de vers, le beau langage, la justesse, les bonnes rimes sont des perfections en un poète ; cependant que l'on considère quelques-unes de nos épigrammes[4] où tout cela se rencontre ; peut-être y trouvera-t-on beaucoup moins de sel, j'oserais dire encore, bien moins de grâces, qu'en celles de Marot et de Saint-Gelais ; quoique les ouvrages de ces derniers soient presque tout pleins de ces mêmes fautes qu'on nous impute. On dira que ce n'étaient pas des fautes en leur siècle, et que c'en sont de très grandes au nôtre. A cela nous répondons par un même raisonnement, et disons, comme nous avons déjà dit, que c'en serait en effet dans un autre genre de poésie, mais que ce n'en sont point dans celui-ci. Feu Monsieur de Voiture en est le garant. Il ne faut que lire ceux de ses ouvrages où il fait revivre le caractère de Marot. Car notre auteur ne prétend pas que la gloire lui en soit due, ni qu'il ait mérité non plus de grands applaudissements du public pour avoir rimé quelques contes. Il s'est véritablement engagé dans une carrière toute nouvelle, et l'a fournie le mieux qu'il a pu ; prenant tantôt un chemin, tantôt l'autre ; et marchant toujours plus assurément quand il a suivi la manière de nos vieux poètes, *Quorum in hac re imitari neglegentiam exoptat, potius quam istorum diligentiam*[5]. Mais en disant que nous voulions passer ce point-là, nous nous sommes insensiblement engagés à l'examiner : et possible[6] n'a-ce pas été inutilement ; car il n'y a rien qui ressemble mieux à des fautes que ces licences. Venons à la liberté que l'auteur se donne de tailler dans le bien d'autrui ainsi que dans le sien propre, sans qu'il en excepte les nouvelles même les plus connues, ne s'en trouvant point d'inviolable pour lui. Il retranche, il amplifie, il change les incidents et les circonstances, quelquefois le principal événement et la suite : enfin, ce n'est plus la même chose ; c'est proprement une nouvelle nouvelle ; et celui qui l'a inventée aurait bien de la peine à reconnaître son propre ouvrage. *Non sic decet contaminari fabulas*[7], diront les critiques. Et comment ne le diraient-ils pas ? ils ont bien fait le même reproche à Térence ; mais Térence s'est moqué d'eux ; et a prétendu avoir droit d'en user ainsi. Il a mêlé du sien parmi les sujets qu'il a tirés de Ménandre, comme Sophocle et Euripide ont mêlé du leur parmi ceux qu'ils ont tirés des écrivains qui les précédaient, n'épargnant histoire ni fable où il s'agissait de la bienséance et des règles du dramatique. Ce privilège cessera-t-il à l'égard des contes faits à plaisir ? et faudra-t-il avoir dorénavant plus de respect, et plus de religion, s'il est permis d'ainsi dire, pour le mensonge, que les anciens n'en ont eu pour la vérité ? jamais ce qu'on appelle un bon conte ne passe d'une main à l'autre sans recevoir quelque nouvel embellissement. D'où vient donc, nous pourra-t-on dire, qu'en beaucoup d'endroits l'auteur retranche au lieu d'enchérir ? nous en demeurons d'accord, et il le fait pour éviter la longueur et l'obscurité, deux défauts intolérables dans ces matières, le dernier surtout : car si la clarté est recommandable en tous les ouvrages de l'esprit, on peut dire qu'elle est nécessaire dans les récits, où une chose, la plupart du temps, est la suite et la dépendance d'une autre, où le moindre fonde quelquefois le plus important ; en sorte que si le fil vient une fois à se rompre, il est impossible au lecteur de le renouer. D'ailleurs, comme les narrations en vers sont très malaisées, il se faut charger de circonstances [8] le moins qu'on peut : par ce moyen vous vous soulagez vous-même, et vous soulagez aussi le lecteur, à qui l'on ne saurait manquer d'apprêter des plaisirs sans peine. Que si l'auteur a changé quelques incidents, et même quelque catastrophe, ce qui préparait cette catastrophe et la nécessité de la rendre heureuse l'y ont contraint. Il a cru que dans ces sortes de contes chacun devait être content à la fin : cela plaît toujours au lecteur ; à moins qu'on ne lui ait rendu les personnes trop odieuses : mais il n'en faut point venir là si l'on peut, ni faire rire et pleurer dans une même nouvelle. Cette bigarrure déplaît à Horace sur toutes choses : il ne veut pas que nos compositions ressemblent aux crotesques [9], et que nous fassions un ouvrage moitié femme, moitié poisson [10]. Ce sont les raisons générales que l'auteur a eues : on en pourrait encore alléguer de particulières, et défendre chaque endroit ; mais il faut laisser quelque chose à faire à l'habileté et à l'indulgence des lecteurs. Ils se contenteront donc de ces raisons-ci. Nous les aurions mises un peu plus en jour, et fait valoir davantage, si l'étendue des préfaces l'avait permis.

LE FAISEUR D'OREILLES ET LE RACCOMMODEUR DE MOULES

CONTE TIRÉ DES CENT NOUVELLES NOUVELLES, ET D'UN CONTE DE BOCCACE [1]

Sire Guillaume allant en marchandise [2],
Laissa sa femme enceinte de six mois ;
Simple, jeunette, et d'assez bonne guise [3],
Nommée Alix, du pays champenois.
Compère André l'allait voir quelquefois :
A quel dessein, besoin n'est de le dire,
Et Dieu le sait : c'était un maître sire ;
Il ne tendait guère en vain ses filets ;
Ce n'était pas autrement [4] sa coutume.
Sage eût été l'oiseau qui de ses rets
Se fût sauvé sans laisser quelque plume.
Alix était fort neuve sur ce point.
Le trop d'esprit ne l'incommodait point :
De ce défaut on n'accusait la belle.
Elle ignorait les malices d'Amour.
La pauvre dame allait tout devant elle,
Et n'y savait ni finesse ni tour.
Son mari donc se trouvant en emplette,
Elle au logis, en sa chambre seulette,
André survient, qui sans long compliment
La considère ; et lui dit froidement :
Je m'ébahis comme au bout du royaume
S'en est allé le compère Guillaume,
Sans achever l'enfant que vous portez :
Car je vois bien qu'il lui manque une oreille :
Votre couleur me le démontre assez,

En ayant vu mainte épreuve pareille.
Bonté de Dieu ! reprit-elle aussitôt,
Que dites-vous ? quoi d'un enfant monaut [5]
J'accoucherais ? n'y savez-vous remède ?
Si da, fit-il, je vous puis donner aide
En ce besoin, et vous jurerai bien,
Qu'autre que vous ne m'en ferait tant faire.
Le mal d'autrui ne me tourmente en rien ;
Fors excepté ce qui touche au compère :
Quant à ce point je m'y ferais mourir.
Or essayons, sans plus en discourir,
Si je suis maître à forger des oreilles.
Souvenez-vous de les rendre pareilles,
Reprit la femme. Allez, n'ayez souci,
Répliqua-t-il, je prends sur moi ceci.
Puis le galant montre ce qu'il sait faire.
Tant ne fut nice [6] (encor que nice fût)
Madame Alix, que ce jeu ne lui plût.
Philosopher ne faut pour cette affaire.
André vaquait de grande affection [7]
A son travail ; faisant ore [8] un tendon,
Ore un repli, puis quelque cartilage ;
Et n'y plaignant [9] l'étoffe et la façon.
Demain, dit-il, nous polirons l'ouvrage ;
Puis le mettrons en sa perfection ;
Tant et si bien qu'en ayez bonne issue.
Je vous en suis, dit-elle, bien tenue [10] :
Bon fait avoir ici-bas un ami.
Le lendemain, pareille heure venue,
Compère André ne fut pas endormi.
Il s'en alla chez la pauvre innocente.
Je viens, dit-il, toute affaire cessante,
Pour achever l'oreille que savez.
Et moi, dit-elle, allais par un message
Vous avertir de hâter cet ouvrage :
Montons en haut. Dès qu'ils furent montés,
On poursuivit la chose encommencée.
Tant fut ouvré [11], qu'Alix dans la pensée

Sur cette affaire un scrupule se mit ;
Et l'innocente au bon apôtre dit :
Si cet enfant avait plusieurs oreilles,
Ce ne serait à vous bien besogné.
Rien, rien, dit-il ; à cela j'ai soigné ;
Jamais ne faux [12] en rencontres pareilles.
Sur le métier l'oreille était encor,
Quand le mari revient de son voyage ;
Caresse Alix, qui du premier abord :
Vous aviez fait, dit-elle, un bel ouvrage.
Nous en tenions sans le compère André ;
Et notre enfant d'une oreille eût manqué.
Souffrir n'ai pu chose tant indécente.
Sire André donc, toute affaire cessante,
En a fait une : il ne faut oublier
De l'aller voir, et l'en remercier :
De tels amis on a toujours affaire.
Sire Guillaume, au discours qu'elle fit,
Ne comprenant comme il se pouvait faire
Que son épouse eût eu si peu d'esprit,
Par plusieurs fois lui fit faire un récit
De tout le cas ; puis outré de colère
Il prit une arme à côté de son lit ;
Voulut tuer la pauvre Champenoise,
Qui prétendait ne l'avoir mérité.
Son innocence et sa naïveté
En quelque sorte apaisèrent la noise [13].
Hélas Monsieur, dit la belle en pleurant,
En quoi vous puis-je avoir fait du dommage ?
Je n'ai donné vos draps ni votre argent ;
Le compte y est ; et quant au demeurant [14],
André me dit quand il parfit l'enfant,
Qu'en trouveriez plus que pour votre usage :
Vous pouvez voir, si je mens tuez-moi ;
Je m'en rapporte à votre bonne foi.
L'époux sortant quelque peu de colère,
Lui répondit : Or bien, n'en parlons plus ;
On vous l'a dit, vous avez cru bien faire,

J'en suis d'accord, contester là-dessus
Ne produirait que discours superflus :
Je n'ai qu'un mot. Faites demain en sorte
Qu'en ce logis j'attrape le galant :
Ne parlez point de notre différend ;
Soyez secrète, ou bien vous êtes morte.
Il vous le faut avoir adroitement ;
Me feindre absent en un second voyage,
Et lui mander, par lettre ou par message,
Que vous avez à lui dire deux mots.
André viendra ; puis de quelques propos
L'amuserez ; sans toucher à l'oreille ;
Car elle est faite, il n'y manque plus rien.
Notre innocente exécuta très bien
L'ordre donné ; ce ne fut pas merveille ;
La crainte donne aux bêtes de l'esprit.
André venu, l'époux guère ne tarde,
Monte, et fait bruit. Le compagnon regarde
Où se sauver : nul endroit il ne vit,
Qu'une ruelle [15] en laquelle il se mit.
Le mari frappe ; Alix ouvre la porte ;
Et de la main fait signe incontinent,
Qu'en la ruelle est caché le galant.
Sire Guillaume était armé de sorte
Que quatre Andrés n'auraient pu l'étonner.
Il sort pourtant, et va querir main forte,
Ne le voulant sans doute assassiner ;
Mais quelque oreille au pauvre homme couper
Peut-être pis, ce qu'on coupe en Turquie,
Pays cruel et plein de barbarie.
C'est ce qu'il dit à sa femme tout bas :
Puis l'emmena sans qu'elle osât rien dire ;
Ferma très bien la porte sur le sire.
André se crut sorti d'un mauvais pas,
Et que l'époux ne savait nulle chose.
Sire Guillaume, en rêvant à son cas
Change d'avis, en soi-même propose
De se venger avecque moins de bruit,

Moins de scandale, et beaucoup plus de fruit.
Alix, dit-il, allez querir la femme
De sire André ; contez-lui votre cas
De bout en bout ; courez, n'y manquez pas.
Pour l'amener vous direz à la dame
Que son mari court un péril très grand ;
Que je vous ai parlé d'un châtiment
Qui la regarde, et qu'aux faiseurs d'oreilles
On fait souffrir en rencontres pareilles :
Chose terrible, et dont le seul penser
Vous fait dresser les cheveux à la tête ;
Que son époux est tout près d'y passer ;
Qu'on n'attend qu'elle afin d'être à la fête.
Que toutefois, comme elle n'en peut mais [16],
Elle pourra faire changer la peine ;
Amenez-la, courez ; je vous promets
D'oublier tout moyennant qu'elle vienne.
Madame Alix, bien joyeuse s'en fut
Chez sire André dont la femme accourut
En diligence, et quasi hors d'haleine ;
Puis monta seule, et ne voyant André,
Crut qu'il était quelque part enfermé.
Comme la dame était en ces alarmes,
Sire Guillaume ayant quitté ses armes
La fait asseoir, et puis commence ainsi :
L'ingratitude est mère de tout vice.
André m'a fait un notable service ;
Par quoi, devant que vous sortiez d'ici,
Je lui rendrai si je puis la pareille.
En mon absence il a fait une oreille
Au fruit d'Alix : je veux d'un si bon tour
Me revancher, et je pense une chose :
Tous vos enfants ont le nez un peu court :
Le moule en est assurément la cause.
Or je les sais des mieux raccommoder.
Mon avis donc est que sans retarder
Nous pourvoyions de ce pas à l'affaire.
Disant ces mots, il vous prend la commère,

Et près d'André la jeta sur le lit,
Moitié raisin, moitié figue [17], en jouit.
La dame prit le tout en patience ;
Bénit le ciel de ce que la vengeance
Tombait sur elle, et non sur sire André ;
Tant elle avait pour lui de charité.
Sire Guillaume était de son côté
Si fort ému, tellement irrité,
Qu'à la pauvrette il ne fit nulle grâce
Du talion, rendant à son époux
Fèves pour pois, et pain blanc pour fouace [18].
Qu'on dit bien vrai que se venger est doux !
Très sage fut d'en user de la sorte :
Puisqu'il voulait son honneur réparer,
Il ne pouvait mieux que par cette porte
D'un tel affront à mon sens se tirer.
André vit tout, et n'osa murmurer ;
Jugea des coups ; mais ce fut sans rien dire ;
Et loua Dieu que le mal n'était pire.
Pour une oreille il aurait composé [19].
Sortir à moins, c'était pour lui merveilles :
Je dis à moins ; car mieux vaut, tout prisé,
Cornes gagner que perdre ses oreilles.

LES FRÈRES DE CATALOGNE

NOUVELLE TIRÉE DES CENT NOUVELLES NOUVELLES [1]

Je vous veux conter la besogne
Des bons frères [2] de Catalogne ;
Besogne où ces frères [3] en Dieu
Témoignèrent en certain lieu
Une charité si fervente,
Que mainte femme en fut contente,
Et crut y gagner Paradis.
Telles gens, par leurs bons avis,
Mettent à bien les jeunes âmes,
Tirent à soi filles et femmes,
Se savent emparer du cœur,
Et dans la vigne du Seigneur
Travaillent [4] ainsi qu'on peut croire,
Et qu'on verra par cette histoire.
Au temps que le sexe vivait
Dans l'ignorance [5], et ne savait
Gloser encor sur l'Évangile,
(Temps à coter [6] fort difficile)
Un essaim de frères dîmeurs [7],
Pleins d'appétit et beaux dîneurs,
S'alla jeter dans une ville,
En jeunes beautés très fertile.
Pour des galants, peu s'en trouvait ;
De vieux maris, il en plouvait [8].
A l'abord une confrérie,
Par les bons pères fut bâtie [9],

Femme n'était qui n'y courût,
Qui ne s'en mît [10], et qui ne crût
Par ce moyen être sauvée :
Puis quand leur foi fut éprouvée,
On vint au véritable point [11].
Frère André ne marchanda point ;
Et leur fit ce beau petit prêche :
Si quelque chose vous empêche
D'aller tout droit en paradis,
C'est d'épargner pour vos maris,
Un bien dont ils n'ont plus que faire,
Quand ils ont pris leur nécessaire ;
Sans que jamais il vous ait plu
Nous faire part du superflu.
Vous me direz que notre usage
Répugne aux dons du mariage ;
Nous l'avouons, et Dieu merci
Nous n'aurions que voir en ceci,
Sans le soin de vos consciences.
La plus griève des offenses,
C'est d'être ingrate : Dieu l'a dit.
Pour cela Satan fut maudit.
Prenez-y garde ; et de vos restes
Rendez grâce aux bontés célestes,
Nous laissant dîmer sur un bien,
Qui ne vous coûte presque rien.
C'est un droit, ô troupe fidèle,
Qui vous témoigne notre zèle ;
Droit authentique [12] et bien signé,
Que les papes nous ont donné ;
Droit enfin, et non pas aumône :
Toute femme doit en personne
S'en acquitter trois fois le mois
Vers les frères catalanois [13].
Cela fondé sur l'Écriture,
Car il n'est bien dans la nature,
(Je le répète, écoutez-moi)
Qui ne subisse cette loi

De reconnaissance et d'hommage :
Or les œuvres du mariage,
Etant un bien, comme savez
Ou savoir chacune devez,
Il est clair que dîme en est due.
Cette dîme sera reçue
Selon notre petit pouvoir.
Quelque peine qu'il faille avoir,
Nous la prendrons en patience :
N'en faites point de conscience;
Nous sommes gens qui n'avons pas
Toutes nos aises ici-bas.
Au reste, il est bon qu'on vous dise,
Qu'entre la chair et la chemise
Il faut cacher le bien qu'on fait :
Tout ceci doit être secret,
Pour vos maris et pour tout autre.
Voici trois mots d'un bon apôtre
Qui font à notre intention [14] :
Foi, charité, discrétion [15].
Frère André par cette éloquence
Satisfit fort son audience,
Et passa pour un Salomon,
Peu dormirent à son sermon.
Chaque femme, ce dit l'histoire,
Garda très bien dans sa mémoire,
Et mieux encor dedans son cœur,
Le discours du prédicateur.
Ce n'est pas tout, il s'exécute :
Chacune accourt; grande dispute
A qui la première paiera.
Mainte bourgeoise murmura
Qu'au lendemain on l'eût remise.
La gent qui n'aime pas la bise [16]
Ne sachant comme renvoyer
Cet escadron prêt à payer,
Fut contrainte enfin de leur dire :
De par Dieu souffrez qu'on respire,

C'en est assez pour le présent ;
On ne peut faire qu'en faisant.
Réglez votre temps sur le nôtre ;
Aujourd'hui l'une, et demain l'autre.
Tout avec ordre et croyez-nous :
On en va mieux quand on va doux.
  Le sexe suit cette sentence.
Jamais de bruit pour la quittance,
Trop bien [17] quelque collation,
Et le tout par dévotion.
Puis de trinquer [18] à la commère.
Je laisse à penser quelle chère
Faisait alors frère Frappart [19].
Tel d'entre eux avait pour sa part
Dix jeunes femmes bien payantes,
Frisques [20], gaillardes, attrayantes.
Tel aux douze et quinze passait.
Frère Roc à vingt se chaussait.
Tant et si bien que les donzelles,
Pour se montrer plus ponctuelles,
Payaient deux fois assez souvent :
Dont il avint que le couvent,
Las enfin d'un tel ordinaire,
Après avoir à cette affaire
Vaqué cinq ou six mois entiers,
Eût fait crédit bien volontiers :
Mais les donzelles scrupuleuses,
De s'acquitter étaient soigneuses,
Croyant faillir en retenant
Un bien à l'ordre appartenant.
Point de dîmes accumulées :
Il s'en trouva de si zélées,
Que par avance elles payaient.
Les beaux pères n'expédiaient
Que les fringantes et les belles,
Enjoignant aux sempiternelles [21]
De porter en bas leur tribut :
Car dans ces dîmes de rebut

Les lais trouvaient encore à frire.
Bref à peine il se pourrait dire
Avec combien de charité
Le tout était exécuté.
Il avint qu'une de la bande,
Qui voulait porter son offrande,
Un beau soir, en chemin faisant,
Et son mari la conduisant,
Lui dit : Mon Dieu, j'ai quelque affaire
Là dedans avec certain frère,
Ce sera fait dans un moment.
L'époux répondit brusquement :
Quoi ? quelle affaire ? êtes-vous folle ?
Il est minuit sur ma parole :
Demain vous direz vos péchés :
Tous les bons pères sont couchés.
Cela n'importe, dit la femme ;
Et par Dieu si, dit-il, Madame,
Je tiens qu'il importe beaucoup ;
Vous ne bougerez pour ce coup.
Qu'avez-vous fait, et quelle offense
Presse ainsi votre conscience ?
Demain matin j'en suis d'accord.
Ah ! Monsieur, vous me faites tort,
Reprit-elle, ce qui me presse,
Ce n'est pas d'aller à confesse,
C'est de payer ; car si j'attends,
Je ne le pourrai de longtemps ;
Le frère aura d'autres affaires.
Quoi payer ? La dîme aux bons pères.
Quelle dîme ? Savez-vous pas ?
Moi je le sais ! c'est un grand cas[22],
Que toujours femme aux moines donne.
Mais cette dîme, ou cette aumône,
La saurai-je point à la fin ?
Voyez, dit-elle, qu'il est fin,
N'entendez-vous pas ce langage ?
C'est des œuvres de mariage.

Quelles œuvres ? reprit l'époux.
Et là, Monsieur, c'est ce que nous...
Mais j'aurais payé depuis l'heure.
Vous êtes cause qu'en demeure
Je me trouve présentement ;
Et cela je ne sais comment ;
Car toujours je suis coutumière
De payer toute la première.
L'époux rempli d'étonnement,
Eut cent pensers en un moment.
Il ne sut que dire et que croire.
Enfin pour apprendre l'histoire,
Il se tut, il se contraignit,
Du secret sans plus se plaignit ;
Par tant d'endroits tourna sa femme,
Qu'il apprit que mainte autre dame
Payait la même pension :
Ce lui fut consolation.
Sachez, dit la pauvre innocente,
Que pas une n'en est exempte :
Votre sœur paie à frère Aubry ;
La baillie[23] au père Fabry ;
Son Altesse[24] à frère Guillaume,
Un des beaux moines du royaume :
Moi qui paie à frère Girard,
Je voulais lui porter ma part.
Que de maux la langue nous cause !
Quand ce mari sut toute chose,
Il résolut premièrement
D'en avertir secrètement
Monseigneur, puis les gens de ville ;
Mais comme il était difficile
De croire un tel cas dès l'abord,
Il voulut avoir le rapport
Du drôle à qui payait sa femme.
Le lendemain devant la dame
Il fait venir frère Girard ;
Lui porte à la gorge un poignard ;

Lui fait conter tout le mystère :
Puis ayant enfermé ce frère
A double clef, bien garrotté,
Et la dame d'autre côté,
Il va partout conter sa chance.
Au logis du prince il commence ;
Puis il descend chez l'échevin [25] ;
Puis il fait sonner le tocsin.
  Toute la ville en est troublée.
On court en foule à l'assemblée ;
Et le sujet de la rumeur,
N'est point su du peuple dîmeur.
  Chacun opine à la vengeance.
L'un dit qu'il faut en diligence
Aller massacrer ces cagots [26] ;
L'autre dit qu'il faut de fagots
Les entourer dans leur repaire,
Et brûler gens et monastère.
Tel veut qu'ils soient à l'eau jetés,
Dedans leurs frocs empaquetés ;
Afin que cette pépinière [27],
Flottant ainsi sur la rivière,
S'en aille apprendre à l'univers,
Comment on traite les pervers.
Tel invente un autre supplice,
Et chacun selon son caprice.
Bref tous conclurent à la mort :
L'avis du feu fut le plus fort.
On court au couvent tout à l'heure :
Mais, par respect de la demeure,
L'arrêt ailleurs s'exécuta :
Un bourgeois sa grange prêta.
La penaille [28], ensemble enfermée,
Fut en peu d'heures consumée,
Les maris sautants alentour,
Et dansants au son du tambour.
Rien n'échappa de leur colère,
Ni moinillon, ni béat père.

Robes, manteaux, et cocluchons [29],
Tout fut brûlé comme cochons.
Tous périrent dedans les flammes.
Je ne sais ce qu'on fit des femmes.
Pour le pauvre frère Girard,
Il avait eu son fait à part.

LE BERCEAU

NOUVELLE TIRÉE DE BOCCACE [1]

Non loin de Rome un hôtelier était,
Sur le chemin qui conduit à Florence :
Homme sans bruit, et qui ne se piquait
De recevoir gens de grosse dépense :
Même chez lui rarement on gîtait [2].
Sa femme était encor de bonne affaire,
Et ne passait de beaucoup les trente ans.
Quant au surplus, ils avaient deux enfants ;
Garçon d'un an, fille en âge d'en faire.
Comme il arrive, en allant et venant,
Pinucio jeune homme de famille,
Jeta si bien les yeux sur cette fille,
Tant la trouva gracieuse et gentille,
D'esprit si doux, et d'air tant attrayant,
Qu'il s'en piqua [3] : très bien le lui sut dire ;
Muet n'était, elle sourde non plus :
Dont il avint qu'il sauta par-dessus
Ces longs soupirs, et tout ce vain martyre.
Se sentir pris, parler, être écouté,
Ce fut tout un ; car la difficulté
Ne gisait pas à plaire à cette belle :
Pinuce était gentilhomme bien fait ;
Et jusque-là la fille n'avait fait
Grand cas des gens de même étoffe qu'elle.
Non qu'elle crût pouvoir changer d'état ;
Mais elle avait, nonobstant son jeune âge,

Le cœur trop haut, le goût trop délicat,
Pour s'en tenir aux amours de village.
Colette donc (ainsi l'on l'appelait)
En mariage à l'envi demandée,
Rejetait l'un, de l'autre ne voulait ;
Et n'avait rien que Pinuce en l'idée.
Longs pourparlers avecque son amant
N'étaient permis ; tout leur faisait obstacle.
Les rendez-vous et le soulagement
Ne se pouvaient à moins que d'un miracle.
Cela ne fit qu'irriter leurs esprits.
Ne gênez point, je vous en donne avis,
Tant vos enfants, ô vous pères et mères ;
Tant vos moitiés, vous époux et maris ;
C'est où l'amour fait le mieux ses affaires.
Pinucio, certain soir qu'il faisait
Un temps fort brun, s'en vient, en compagnie
D'un sien ami dans cette hôtellerie
Demander gîte. On lui dit qu'il venait
Un peu trop tard. Monsieur, ajouta l'hôte,
Vous savez bien comme on est à l'étroit
Dans ce logis ; tout est plein jusqu'au toit :
Mieux vous vaudrait passer outre, sans faute :
Ce gîte n'est pour gens de votre état.
N'avez-vous point encor quelque grabat,
Reprit l'amant, quelque coin de réserve ?
L'hôte repart : il ne nous reste plus
Que notre chambre, où deux lits sont tendus ;
Et de ces lits il n'en est qu'un qui serve
Aux survenants ; l'autre nous l'occupons.
Si vous voulez coucher de compagnie
Vous et Monsieur, nous vous hébergerons.
Pinuce dit : Volontiers ; je vous prie
Que l'on nous serve à manger au plus tôt.
Leur repas fait, on les conduit en haut.
Pinucio, sur l'avis de Colette,
Marque de l'œil comme la chambre est faite.
Chacun couché, pour la belle on mettait

Un lit de camp : celui de l'hôte était
Contre le mur, à tenant[4] de la porte ;
Et l'on avait placé de même sorte,
Tout vis-à-vis, celui du survenant :
Entre les deux un berceau pour l'enfant ;
Et toutefois plus près du lit de l'hôte.
Cela fit faire une plaisante faute
A cet ami qu'avait notre galant.
Sur le minuit que l'hôte apparemment
Devait dormir, l'hôtesse en faire autant,
Pinucio qui n'attendait que l'heure,
Et qui comptait les moments de la nuit,
Son temps venu ne fait longue demeure,
Au lit de camp s'en va droit et sans bruit.
Pas ne trouva la pucelle endormie ;
J'en jurerais. Colette apprit un jeu
Qui comme on sait lasse plus qu'il n'ennuie.
Trêve se fit ; mais elle dura peu :
Larcins d'amour ne veulent longue pause.
Tout à merveille allait au lit de camp ;
Quand cet ami qu'avait notre galant,
Pressé d'aller mettre ordre à quelque chose
Qu'honnêtement exprimer je ne puis,
Voulut sortir, et ne put ouvrir l'huis,
Sans enlever le berceau de sa place,
L'enfant avec, qu'il mit près de leur lit ;
Le détourner aurait fait trop de bruit.
Lui revenu, près de l'enfant il passe,
Sans qu'il daignât le remettre en son lieu ;
Puis se recouche, et quand il plut à Dieu
Se rendormit. Après un peu d'espace
Dans le logis je ne sais quoi tomba :
Le bruit fut grand ; l'hôtesse s'éveilla ;
Puis alla voir ce que ce pouvait être.
A son retour le berceau la trompa.
Ne le trouvant joignant le lit du maître :
Saint Jean, dit-elle en soi-même aussitôt,
J'ai pensé faire une étrange bévue :

Près de ces gens je me suis, peu s'en faut,
Remise au lit en chemise ainsi nue :
C'était pour faire un bon charivari.
Dieu soit loué que ce berceau me montre
Que c'est ici qu'est couché mon mari.
Disant ces mots, auprès de cet ami
Elle se met. Fol ne fut, n'étourdi,
Le compagnon dedans un tel rencontre[5] :
La mit en œuvre, et sans témoigner rien
Il fit l'époux ; mais il le fit trop bien.
Trop bien ! je faux ; et c'est tout le contraire .
Il le fit mal ; car qui le veut bien faire
Doit en besogne aller plus doucement.
Aussi l'hôtesse eut quelque étonnement :
Qu'a mon mari, dit-elle, et quelle joie
Le fait agir en homme de vingt ans ?
Prenons ceci, puisque Dieu nous l'envoie ;
Nous n'aurons pas toujours tel passe-temps.
Elle n'eut dit ces mots entre ses dents,
Que le galant recommence la fête.
La dame était de bonne emplette encor :
J'en ai, je crois, dit un mot dans l'abord :
Chemin faisant c'était fortune honnête.
Pendant cela Colette appréhendant
D'être surprise avecque son amant,
Le renvoya le jour venant à poindre.
Pinucio voulant aller rejoindre
Son compagnon, tomba tout de nouveau
Dans cette erreur que causait le berceau ;
Et pour son lit il prit le lit de l'hôte.
Il n'y fut pas, qu'en abaissant sa voix,
(Gens trop heureux font toujours quelque faute)
Ami, dit-il, pour beaucoup je voudrois
Te pouvoir dire à quel point va ma joie.
Je te plains fort que le Ciel ne t'envoie
Tout maintenant même bonheur qu'à moi.
Ma foi Colette est un morceau de roi.
Si tu savais ce que vaut cette fille !

J'en ai bien vu ; mais de telle, entre nous,
Il n'en est point. C'est bien le cuir plus doux[6],
Le corps mieux fait, la taille plus gentille ;
Et des tétons ! je ne te dis pas tout.
Quoi qu'il en soit, avant que d'être au bout
Gaillardement six postes[7] se sont faites ;
Six de bon compte, et ce ne sont sornettes.
D'un tel propos l'hôte tout étourdi,
D'un ton confus gronda quelques paroles.
L'hôtesse dit tout bas à cet ami,
Qu'elle prenait toujours pour son mari :
Ne reçois plus chez toi ces têtes folles.
N'entends-tu point comme ils sont en débat ?
En son séant l'hôte sur son grabat
S'étant levé, commence à faire éclat :
Comment, dit-il, d'un ton plein de colère,
Vous veniez donc ici pour cette affaire ?
Vous l'entendez ! et je vous sais bon gré
De vous moquer encor comme vous faites.
Prétendez-vous, beau Monsieur que vous êtes,
En demeurer quitte à si bon marché ?
Quoi ! ne tient-il qu'à honnir des familles ?
Pour vos ébats nous nourrirons nos filles,
J'en suis d'avis. Sortez de ma maison :
Je jure Dieu que j'en aurai raison.
Et toi, coquine, il faut que je te tue.
A ce discours proféré brusquement,
Pinucio plus froid qu'une statue,
Resta sans pouls, sans voix, sans mouvement.
Chacun se tut l'espace d'un moment.
Colette entra dans des peurs nonpareilles.
L'hôtesse ayant reconnu son erreur,
Tint quelque temps le loup par les oreilles[8].
Le seul ami se souvint par bonheur
De ce berceau principe de la chose.
Adressant donc à Pinuce sa voix :
T'en tiendras-tu[9], dit-il, une autre fois ?
T'ai-je averti que le vin serait cause

De ton malheur ? tu sais que quand tu bois
Toute la nuit tu cours, tu te démènes,
Et vas contant mille chimères vaines,
Que tu te mets dans l'esprit en dormant.
Reviens au lit. Pinuce au même instant
Fait le dormeur, poursuit le stratagème,
Que le mari prit pour argent comptant.
Il ne fut pas jusqu'à l'hôtesse même
Qui n'y voulût aussi contribuer.
Près de sa fille elle alla se placer,
Et dans ce poste elle se sentit forte.
Par quel moyen, comment, de quelle sorte,
S'écria-t-elle, aurait-il pu coucher
Avec Colette, et la déshonorer ?
Je n'ai bougé toute nuit d'auprès d'elle :
Elle n'a fait ni pis ni mieux que moi.
Pinucio nous l'allait donner belle.
L'hôte reprit : c'est assez ; je vous croi.
On se leva, ce ne fut pas sans rire ;
Car chacun d'eux en avait sa raison.
Tout fut secret : et quiconque eut du bon
Par devers soi le garda sans rien dire.

LE MULETIER

NOUVELLE TIRÉE DE BOCCACE [1]

Un roi lombard [2] (les rois de ce pays
Viennent souvent s'offrir à ma mémoire)
Ce dernier-ci, dont parle en ses écrits
Maître Boccace auteur de cette histoire,
Portait le nom d'Agiluf en son temps.
Il épousa Teudelingue la Belle,
Veuve du roi dernier mort sans enfants,
Lequel laissa l'état sous la tutelle
De celui-ci, prince sage et prudent.
Nulle beauté n'était alors égale
A Teudelingue ; et la couche royale
De part et d'autre était assurément
Aussi complète, autant bien assortie
Qu'elle fut onc. Quand Messer Cupidon
En badinant fit choir de son brandon [3]
Chez Agiluf, droit dessus l'écurie :
Sans prendre garde, et sans se soucier
En quel endroit ; dont avecque furie
Le feu se prit au cœur d'un muletier.
Ce muletier était homme de mine,
Et démentait en tout son origine,
Bien fait et beau, même ayant du bon sens.
Bien le montra ; car, s'étant de la reine
Amouraché, quand il eut quelque temps
Fait ses efforts et mis toute sa peine
Pour se guérir, sans pouvoir rien gagner,
Le compagnon fit un tour d'homme habile.

Maître ne sais meilleur pour enseigner
Que Cupidon[4] ; l'âme la moins subtile
Sous sa férule apprend plus en un jour,
Qu'un maître ès arts[5] en dix ans aux écoles.
Aux plus grossiers par un chemin bien court
Il sait montrer les tours et les paroles.
Le présent conte en est un bon témoin.
Notre amoureux ne songeait près ni loin
Dedans l'abord à jouir de sa mie.
Se déclarer de bouche ou par écrit
N'était pas sûr. Si[6] se mit dans l'esprit,
Mourût ou non, d'en passer son envie ;
Puisqu'aussi bien plus vivre ne pouvait ;
Et mort pour mort, toujours mieux lui valait,
Auparavant que sortir de la vie,
Éprouver tout, et tenter le hasard.
L'usage était chez le peuple lombard
Que quand le roi, qui faisait lit à part
(Comme tous font) voulait avec sa femme
Aller coucher, seul il se présentait,
Presque en chemise, et sur son dos n'avait
Qu'une simarre[7] ; à la porte il frappait
Tout doucement ; aussitôt une dame
Ouvrait sans bruit ; et le roi lui mettait
Entre les mains la clarté qu'il portait ;
Clarté n'ayant grand'lueur ni grand'flamme.
D'abord la dame éteignait en sortant
Cette clarté ; c'était le plus souvent
Une lanterne, ou de simples bougies.
Chaque royaume a ses cérémonies.
Le muletier remarqua celle-ci ;
Ne manqua pas de s'ajuster ainsi ;
Se présenta comme c'était l'usage,
S'étant caché quelque peu le visage.
La dame ouvrit dormant plus qu'à demi.
Nul cas n'était à craindre en l'aventure
Fors que le roi ne vînt pareillement.
Mais ce jour-là s'étant heureusement

Mis à chasser, force était que nature
Pendant la nuit cherchât quelque repos.
Le muletier frais, gaillard, et dispos,
Et parfumé, se coucha sans rien dire.
Un autre point, outre ce qu'avons dit,
C'est qu'Agiluf, s'il avait en l'esprit
Quelque chagrin, soit touchant son empire,
Ou sa famille, ou pour quelque autre cas,
Ne sonnait mot en prenant ses ébats.
A tout cela Teudelingue était faite.
Notre amoureux fournit plus d'une traite[8].
Un muletier à ce jeu vaut trois rois.
Dont Teudelingue entra par plusieurs fois
En pensement[9], et crut que la colère
Rendait le prince outre son ordinaire
Plein de transport, et qu'il n'y songeait pas.
En ses présents le Ciel est toujours juste :
Il ne départ à gens de tous états
Mêmes talents. Un empereur auguste
A les vertus propres pour commander :
Un avocat sait les points décider :
Au jeu d'amour le muletier fait rage :
Chacun son fait ; nul n'a tout en partage.
Notre galant s'étant diligenté,
Se retira sans bruit et sans clarté,
Devant l'aurore. Il en sortait à peine,
Lorsqu'Agiluf alla trouver la reine ;
Voulut s'ébattre, et l'étonna bien fort.
Certes, Monsieur, je sais bien, lui dit-elle,
Que vous avez pour moi beaucoup de zèle ;
Mais de ce lieu vous ne faites encor
Que de sortir : même outre l'ordinaire
En avez pris, et beaucoup plus qu'assez.
Pour Dieu, Monsieur, je vous prie, avisez
Que ne soit trop ; votre santé m'est chère.
Le roi fut sage, et se douta du tour ;
Ne sonna mot, descendit dans la cour ;
Puis de la cour entra dans l'écurie ;

Jugeant en lui que le cas provenait
D'un muletier, comme l'on lui parlait [10].
Toute la troupe était lors endormie,
Fors le galant, qui tremblait pour sa vie.
Le roi n'avait lanterne ni bougie.
En tâtonnant il s'approcha de tous ;
Crut que l'auteur de cette tromperie
Se connaîtrait au battement du pouls.
Pas ne faillit dedans sa conjecture [11] ;
Et le second qu'il tâta d'aventure
Était son homme ; à qui d'émotion,
Soit pour la peur, ou soit pour l'action,
Le cœur battait, et le pouls tout ensemble.
Ne sachant pas où devait aboutir
Tout ce mystère, il feignait de dormir.
Mais quel sommeil ! le roi, pendant qu'il tremble,
En certain coin va prendre des ciseaux
Dont on coupait le crin à ses chevaux.
Faisons, dit-il, au galant une marque,
Pour le pouvoir demain connaître mieux.
Incontinent de la main du monarque
Il se sent tondre. Un toupet de cheveux
Lui fut coupé, droit vers le front du sire.
Et cela fait le prince se retire.
Il oublia de serrer le toupet ;
Dont le galant s'avisa d'un secret
Qui d'Agiluf gâta le stratagème.
Le muletier alla sur l'heure même
En pareil lieu tondre ses compagnons.
Le jour venu, le roi vit ces garçons
Sans poil au front. Lors le prince en son âme :
Qu'est ceci donc ! qui croirait que ma femme
Aurait été si vaillante au déduit [12] ?
Quoi Teudelingue a-t-elle cette nuit
Fourni d'ébat à plus de quinze ou seize ?
Autant en vit vers le front de tondus.
Or bien, dit-il, qui l'a fait si se taise [13] :
Au demeurant qu'il n'y retourne plus.

L'ORAISON DE SAINT JULIEN

NOUVELLE TIRÉE DE BOCCACE [1]

Beaucoup de gens ont une ferme foi
Pour les brevets, oraisons, et paroles [2].
Je me ris d'eux ; et je tiens, quant à moi,
Que tous tels sorts sont recettes frivoles.
Frivoles sont ; c'est sans difficulté.
Bien est-il vrai, qu'auprès d'une beauté
Paroles ont des vertus nonpareilles ;
Paroles font en amour des merveilles :
Tout cœur se laisse à ce charme amollir.
De tels brevets je veux bien me servir ;
Des autres non. Voici pourtant un conte,
Où l'oraison de Monsieur saint Julien
A Renaud d'Ast produisit un grand bien.
S'il ne l'eût dite, il eût trouvé mécompte
A son argent, et mal passé la nuit.
Il s'en allait devers Château-Guillaume [3] :
Quand trois quidams (bonnes gens, et sans bruit,
Ce lui semblait, tels qu'en tout un royaume
Il n'aurait cru trois aussi gens de bien)
Quand n'ayant dis-je aucun soupçon de rien,
Ces trois quidams tout pleins de courtoisie,
Après l'abord, et l'ayant salué
Fort humblement : Si notre compagnie,
Lui dirent-ils, vous pouvait être à gré,
Et qu'il vous plût achever cette traite
Avecque nous, ce nous serait honneur.

En voyageant, plus la troupe est complète,
Mieux elle vaut ; c'est toujours le meilleur.
Tant de brigands infectent la province,
Que l'on ne sait à quoi songe le prince
De le souffrir : mais quoi les malvivants
Seront toujours. Renaud dit à ces gens,
Que volontiers. Une lieue étant faite,
Eux discourant, pour tromper le chemin,
De chose et d'autre, ils tombèrent enfin
Sur ce qu'on dit de la vertu secrète
De certains mots, caractères [4], brevets,
Dont les aucuns [5] ont de très bons effets ;
Comme de faire aux insectes la guerre,
Charmer les loups, conjurer le tonnerre :
Ainsi du reste ; où sans pact ni demi [6]
(De quoi l'on soit pour le moins averti)
L'on se guérit, l'on guérit sa monture,
Soit du farcin [7], soit de la mémarchure [8] ;
L'on fait souvent ce qu'un bon médecin
Ne saurait faire avec tout son latin [9].
Ces survenants de mainte expérience
Se vantaient tous ; et Renaud en silence
Les écoutait. Mais vous, ce lui dit-on,
Savez-vous point aussi quelque oraison ?
De tels secrets, dit-il, je ne me pique,
Comme homme simple, et qui vis à l'antique.
Bien vous dirai qu'en allant par chemin
J'ai certains mots que je dis au matin
Dessous le nom d'oraison ou d'antienne
De saint Julien ; afin qu'il ne m'avienne
De mal gîter : et j'ai même éprouvé
Qu'en y manquant cela m'est arrivé.
J'y manque peu : c'est un mal que j'évite
Par-dessus tous, et que je crains autant.
Et ce matin, Monsieur, l'avez-vous dite ?
Lui repartit l'un des trois en riant.
Oui, dit Renaud. Or bien, répliqua l'autre,
Gageons un peu quel sera le meilleur,

Pour ce jour d'hui, de mon gîte ou du vôtre.
Il faisait lors un froid plein de rigueur.
La nuit de plus était fort approchante,
Et la couchée encore assez distante.
Renaud reprit : Peut-être ainsi que moi
Vous servez-vous de ces mots en voyage.
Point, lui dit l'autre ; et vous jure ma foi
Qu'invoquer saints n'est pas trop mon usage.
Mais si je perds, je le pratiquerai.
En ce cas-là volontiers gagerai,
Reprit Renaud, et j'y mettrais ma vie :
Pourvu qu'alliez en quelque hôtellerie ;
Car je n'ai là nulle maison d'ami.
Nous mettrons donc cette clause au pari,
Poursuivit-il, si l'avez agréable :
C'est la raison. L'autre lui répondit :
J'en suis d'accord ; et gage votre habit,
Votre cheval, la bourse au préalable ;
Sûr de gagner, comme vous allez voir.
Renaud dès lors put bien s'apercevoir
Que son cheval avait changé d'étable [10].
Mais quel remède ? en côtoyant un bois,
Le parieur ayant changé de voix :
Çà, descendez, dit-il, mon gentilhomme :
Votre oraison vous fera bon besoin.
Château-Guillaume est encore un peu loin.
Fallut descendre. Ils lui prirent en somme
Chapeau, casaque, habit [11], bourse, et cheval ;
Bottes aussi. Vous n'aurez tant de mal
D'aller à pied, lui dirent les perfides.
Puis de chemin (sans qu'ils prissent de guides)
Changeant tous trois, ils furent aussitôt
Perdus de vue ; et le pauvre Renaud,
En caleçons, en chausses, en chemise,
Mouillé, fangeux, ayant au nez la bise
Va tout dolent ; et craint avec raison
Qu'il n'ait ce coup, malgré son oraison,
Très mauvais gîte ; hormis qu'en sa valise

Il espérait. Car il est à noter,
Qu'un sien valet contraint de s'arrêter,
Pour faire mettre un fer à sa monture,
Devait le joindre. Or il ne le fit pas ;
Et ce fut là le pis de l'aventure.
Le drôle ayant vu de loin tout le cas,
(Comme valets souvent ne valent guères)
Prend à côté, pourvoit à ses affaires,
Laisse son maître, à travers champs s'enfuit,
Donne des deux [12], gagne devant la nuit
Château-Guillaume, et dans l'hôtellerie
La plus fameuse, enfin la mieux fournie,
Attend Renaud près d'un foyer ardent,
Et fait tirer du meilleur [13] cependant.
Son maître était jusqu'au cou dans les boues ;
Pour en sortir avait fort à tirer.
Il acheva de se désespérer,
Lorsque la neige en lui donnant aux joues
Vint à flocons, et le vent qui fouettait.
Au prix du mal que le pauvre homme avait,
Gens que l'on pend sont sur des lits de roses.
Le sort se plaît à dispenser les choses
De la façon : c'est tout mal ou tout bien.
Dans ses faveurs il n'a point de mesures :
Dans son courroux de même il n'omet rien
Pour nous mater : témoin les aventures
Qu'eut cette nuit Renaud qui n'arriva
Qu'une heure après qu'on eut fermé la porte [14].
Du pied du mur enfin il s'approcha.
Dire comment, je n'en sais pas la sorte.
Son bon destin, par un très grand hasard,
Lui fit trouver une petite avance
Qu'avait un toit ; et ce toit faisait part
D'une maison voisine du rempart.
Renaud ravi de ce peu d'allégeance [15]
Se met dessous. Un bonheur, comme on dit,
Ne vient point seul : quatre ou cinq brins de paille
Se rencontrant, Renaud les étendit.

Dieu soit loué dit-il, voilà mon lit.
Pendant cela le mauvais temps l'assaille
De toutes parts : il n'en peut presque plus.
Transi de froid, immobile, et perclus,
Au désespoir bientôt il s'abandonne,
Claque des dents, se plaint, tremble, et frissonne,
Si hautement que quelqu'un l'entendit.
Ce quelqu'un-là c'était une servante ;
Et sa maîtresse une veuve galante
Qui demeurait au logis que j'ai dit ;
Pleine d'appas, jeune, et de bonne grâce.
Certain marquis gouverneur de la place
L'entretenait ; et de peur d'être vu,
Troublé, distrait, enfin interrompu
Dans son commerce au logis de la dame,
Il se rendait souvent chez cette femme,
Par une porte aboutissante aux champs ;
Allait, venait, sans que ceux de la ville
En sussent rien ; non pas même ses gens.
Je m'en étonne ; et tout plaisir tranquille
N'est d'ordinaire un plaisir de marquis :
Plus il est su, plus il leur semble exquis.
Or il avint que la même soirée
Où notre Job sur la paille étendu
Tenait déjà sa fin toute assurée,
Monsieur était de Madame attendu :
Le souper prêt, la chambre bien parée ;
Bons restaurants [16], champignons, et ragoûts [17] ;
Bains, et parfums ; matelas blancs et mous ;
Vin du coucher ; toute l'artillerie
De Cupidon, non pas le langoureux,
Mais celui-là qui n'a fait en sa vie
Que de bons tours, le patron des heureux,
Des jouissants. Étant donc la donzelle
Prête à bien faire, avint que le marquis
Ne put venir : elle en reçut l'avis
Par un sien page, et de cela la belle
Se consola : tel était leur marché.

Renaud y gagne : il ne fut écouté
Plus d'un moment, que pleine de bonté
Cette servante et confite en tendresse,
Par aventure autant que sa maîtresse,
Dit à la veuve : Un pauvre souffreteux
Se plaint là-bas, le froid est rigoureux,
Il peut mourir : vous plaît-il pas, Madame,
Qu'en quelque coin l'on le mette à couvert ?
Oui, je le veux, répondit cette femme.
Ce galetas qui de rien ne nous sert
Lui viendra bien : dessus quelque couchette
Vous lui mettrez un peu de paille nette ;
Et là dedans il faudra l'enfermer :
De nos reliefs vous le ferez souper
Auparavant, puis l'envoyrez coucher.
Sans cet arrêt c'était fait de la vie
Du bon Renaud. On ouvre, il remercie ;
Dit qu'on l'avait retiré du tombeau,
Conte son cas, reprend force et courage :
Il était grand, bien fait, beau personnage,
Ne semblait même homme en amour nouveau,
Quoiqu'il fût jeune. Au reste il avait honte
De sa misère, et de sa nudité :
L'Amour est nu, mais il n'est pas crotté.
Renaud dedans, la chambrière monte ;
Et va conter le tout de point en point.
La dame dit : Regardez si j'ai point
Quelque habit d'homme encor dans mon armoire :
Car feu Monsieur en doit avoir laissé.
Vous en avez, j'en ai bonne mémoire,
Dit la servante. Elle eut bientôt trouvé
Le vrai ballot. Pour plus d'honnêteté,
La dame ayant appris la qualité
De Renaud d'Ast (car il s'était nommé)
Dit qu'on le mît au bain chauffé pour elle.
Cela fut fait ; il ne se fit prier.
On le parfume avant que l'habiller.
Il monte en haut, et fait à la donzelle

Son compliment, comme homme bien appris.
On sert enfin le souper du marquis.
Renaud mangea tout ainsi qu'un autre homme ;
Même un peu mieux ; la chronique le dit :
On peut à moins gagner de l'appétit.
Quant à la veuve, elle ne fit en somme
Que regarder, témoignant son désir :
Soit que déjà l'attente du plaisir
L'eût disposée ; ou soit par sympathie ;
Ou que la mine, ou bien le procédé
De Renaud d'Ast eussent son cœur touché.
De tous côtés se trouvant assaillie,
Elle se rend aux semonces d'Amour.
Quand je ferai, disait-elle, ce tour,
Qui l'ira dire ? il n'y va rien du nôtre [18].
Si le marquis est quelque peu trompé,
Il le mérite, et doit l'avoir gagné,
Ou gagnera ; car c'est un bon apôtre.
Homme pour homme, et péché pour péché,
Autant me vaut celui-ci que cet autre.
Renaud n'était si neuf qu'il ne vît bien
Que l'oraison de Monsieur saint Julien
Ferait effet, et qu'il aurait bon gîte.
Lui hors de table, on dessert au plus vite.
Les voilà seuls : et pour le faire court
En beau début. La dame s'était mise
En un habit à donner de l'amour.
La négligence à mon gré si requise,
Pour cette fois fut sa dame d'atour.
Point de clinquant, jupe simple et modeste,
Ajustement moins superbe que leste ;
Un mouchoir noir de deux grands doigts trop court ;
Sous ce mouchoir ne sais quoi fait au tour :
Par là Renaud s'imagina le reste.
Mot n'en dirai : mais je n'omettrai point
Qu'elle était jeune, agréable, et touchante ;
Blanche surtout, et de taille avenante,
Trop ni trop peu de chair et d'embonpoint.

A cet objet qui n'eût eu l'âme émue !
Qui n'eût aimé ! qui n'eût eu des désirs !
Un philosophe, un marbre, une statue,
Auraient senti comme nous ces plaisirs.
Elle commence à parler la première,
Et fait si bien que Renaud s'enhardit.
Il ne savait comme entrer en matière ;
Mais pour l'aider la marchande [19] lui dit :
Vous rappelez en moi la souvenance
D'un qui s'est vu mon unique souci :
Plus je vous vois, plus je crois voir aussi
L'air et le port, les yeux, la remembrance [20]
De mon époux ; que Dieu lui fasse paix :
Voilà sa bouche, et voilà tous ses traits.
Renaud reprit : Ce m'est beaucoup de gloire :
Mais vous, Madame, à qui ressemblez-vous ?
A nul objet, et je n'ai point mémoire
D'en avoir vu qui m'ait semblé si doux.
Nulle beauté n'approche de la vôtre.
Or me voici d'un mal chu dans un autre :
Je transissais, je brûle maintenant.
Lequel vaut mieux ? la belle l'arrêtant,
S'humilia pour être contredite.
C'est une adresse à mon sens non petite.
Renaud poursuit : louant par le menu
Tout ce qu'il voit, tout ce qu'il n'a point vu,
Et qu'il verrait volontiers si la belle
Plus que le droit ne se montrait cruelle.
Pour vous louer comme vous méritez,
Ajouta-t-il, et marquer les beautés
Dont j'ai la vue avec le cœur frappée,
(Car près de vous l'un et l'autre s'ensuit)
Il faut un siècle, et je n'ai qu'une nuit,
Qui pourrait être encor mieux occupée.
Elle sourit ; il n'en fallut pas plus.
Renaud laissa les discours superflus.
Le temps est cher en amour comme en guerre.
Homme mortel ne s'est vu sur la terre

De plus heureux ; car nul point n'y manquait.
On résista tout autant qu'il fallait,
Ni plus ni moins, ainsi que chaque belle
Sait pratiquer, pucelle ou non pucelle.
Au demeurant je n'ai pas entrepris
De raconter tout ce qu'il obtint d'elle ;
Menu détail, baisers donnés et pris,
La petite oie [21] ; enfin ce qu'on appelle
En bon français les préludes d'amour ;
Car l'un et l'autre y savait plus d'un tour.
Au souvenir de l'état misérable
Où s'était vu le pauvre voyageur,
On lui faisait toujours quelque faveur :
Voilà, disait la veuve charitable,
Pour le chemin, voici pour les brigands,
Puis pour la peur, puis pour le mauvais temps ;
Tant que le tout pièce à pièce s'efface.
Qui ne voudrait se racquitter [22] ainsi ?
Conclusion, que Renaud sur la place
Obtint le don d'amoureuse merci [23].
Les doux propos recommencent ensuite,
Puis les baisers, et puis la noix confite [24].
On se coucha. La dame ne voulant
Qu'il s'allât mettre au lit de sa servante,
Le mit au sien, ce fut fait prudemment,
En femme sage, en personne galante.
Je n'ai pas su ce qu'étant dans le lit
Ils avaient fait ; mais comme avec l'habit
On met à part certain reste de honte,
Apparemment le meilleur de ce conte
Entre deux draps pour Renaud se passa.
Là plus à plein il se récompensa
Du mal souffert, de la perte arrivée ;
De quoi s'étant la veuve bien trouvée,
Il fut prié de la venir revoir :
Mais en secret ; car il fallait pourvoir
Au gouverneur [25]. La belle non contente
De ses faveurs, étala son argent.

Renaud n'en prit qu'une somme bastante[26]
Pour regagner son logis promptement.
Il s'en va droit à cette hôtellerie,
Où son valet était encore au lit.
Renaud le rosse, et puis change d'habit,
Ayant trouvé sa valise garnie.
Pour le combler, son bon destin voulut
Qu'on attrapât les quidams ce jour même.
Incontinent chez le juge il courut :
Il faut user de diligence extrême
En pareil cas ; car le greffe tient bon,
Quand une fois il est saisi des choses :
C'est proprement la caverne au Lion[27].
Rien n'en revient : là les mains ne sont closes.
Pour recevoir, mais pour rendre trop bien :
Fin celui-là qui n'y laisse du sien.
Le procès fait, une belle potence
A trois côtés fut mise en plein marché :
L'un des quidams harangua[28] l'assistance
Au nom de tous, et le trio branché
Mourut contrit et fort bien confessé.
Après cela, doutez de la puissance
Des oraisons, dira quelqu'un de ceux
Dont j'ai parlé ; trois gens par devers eux
Ont un roussin, et nombre de pistoles :
Qui n'aurait cru ces gens-là fort chanceux ?
Aussi font-ils florès et caprioles[29],
(Mauvais présage) et tout gais et joyeux
Sont sur le point de partir leur chevance[30],
Lorsqu'on les vient prier d'une autre danse.
En contr'échange un pauvre malheureux
S'en va périr selon toute apparence,
Quand sous la main lui tombe une beauté
Dont un prélat se serait contenté.
Il recouvra son argent, son bagage,
Et son cheval, et tout son équipage,
Et grâce à Dieu et Monsieur saint Julien,
Eut une nuit qui ne lui coûta rien.

LA SERVANTE JUSTIFIÉE

NOUVELLE TIRÉE DES CONTES DE LA REINE DE NAVARRE [1]

Boccace n'est le seul qui me fournit.
Je vas parfois en une autre boutique.
Il est bien vrai que ce divin esprit
Plus que pas un me donne de pratique [2].
Mais comme il faut manger de plus d'un pain,
Je puise encore en un vieux magasin ;
Vieux, des plus vieux [3], où nouvelles nouvelles
Sont jusqu'à cent, bien déduites [4] et belles
Pour la plupart, et de très bonne main.
Pour cette fois la reine de Navarre,
D'un *c'était moi* [5] naïf autant que rare,
Entretiendra dans ces vers le lecteur.
Voici le fait, quiconque en soit l'auteur.
J'y mets du mien selon les occurrences :
C'est ma coutume ; et sans telles licences
Je quitterais la charge de conteur.
Un homme donc avait belle servante.
Il la rendit au jeu d'amour savante.
Elle était fille à bien armer un lit,
Pleine de suc [6], et donnant appétit ;
Ce qu'on appelle en français bonne robe [7].
Par un beau jour cet homme se dérobe
D'avec sa femme ; et d'un très grand matin
S'en va trouver sa servante au jardin.
Elle faisait un bouquet pour madame :
C'était sa fête. Voyant donc de la femme

Le bouquet fait, il commence à louer
L'assortiment ; tâche à s'insinuer :
S'insinuer en fait de chambrière,
C'est proprement couler sa main au sein[8] :
Ce qui fut fait. La servante soudain
Se défendit : mais de quelle manière ?
Sans rien gâter : c'était une façon
Sur le marché[9] ; bien savait sa leçon.
La belle prend les fleurs qu'elle avait mises
En un monceau, les jette au compagnon.
Il la baisa pour en avoir raison :
Tant et si bien qu'ils en vinrent aux prises.
En cet étrif[10] la servante tomba.
Lui d'en tirer aussitôt avantage.
Le malheur fut que tout ce beau ménage
Fut découvert d'un logis près de là.
Nos gens n'avaient pris garde à cette affaire.
Une voisine aperçut le mystère.
L'époux la vit, je ne sais pas comment.
Nous voilà pris, dit-il à sa servante.
Notre voisine est languarde[11] et méchante.
Mais ne soyez en crainte aucunement.
Il va trouver sa femme en ce moment :
Puis fait si bien que s'étant éveillée
Elle se lève ; et sur l'heure habillée,
Il continue à jouer son rôlet :
Tant qu'à dessein d'aller faire un bouquet,
La pauvre épouse au jardin est menée.
Là fut par lui procédé de nouveau.
Même débat, même jeu se commence.
Fleurs de voler ; tétons d'entrer en danse.
Elle y prit goût ; le jeu lui sembla beau.
Somme, que l'herbe en fut encor froissée.
La pauvre dame alla l'après-dînée
Voir sa voisine, à qui ce secret-là
Chargeait le cœur : elle se soulagea
Tout dès l'abord : Je ne puis, ma commère,
Dit cette femme avec un front sévère,

Laisser passer sans vous en avertir
Ce que j'ai vu. Voulez-vous vous servir
Encor longtemps d'une fille perdue ?
A coups de pied, si j'étais que de vous,
Je l'envoyrais ainsi qu'elle est venue.
Comment ! elle est aussi brave [12] que nous.
Or bien, je sais celui de qui procède
Cette piaffe [13] : apportez-y remède
Tout au plus tôt : car je vous avertis
Que ce matin étant à la fenêtre,
(Ne sais pourquoi) j'ai vu de mon logis
Dans son jardin votre mari paraître,
Puis la galande ; et tous deux se sont mis
A se jeter quelques fleurs à la tête.
Sur ce propos l'autre l'arrêta coi.
Je vous entends, dit-elle ; c'était moi.

LA VOISINE

Voire [14] ! écoutez le reste de la fête :
Vous ne savez où je veux en venir.
Les bonnes gens se sont pris à cueillir
Certaines fleurs que baisers on appelle.

LA FEMME

C'est encor moi que vous preniez pour elle.

LA VOISINE

Du jeu des fleurs à celui des tétons
Ils sont passés : après quelques façons
A pleine main l'on les a laissé prendre.

LA FEMME

Et pourquoi non ? c'était moi : votre époux
N'a-t-il donc pas les mêmes droits sur vous ?

LA VOISINE

Cette personne enfin sur l'herbe tendre
Est trébuchée, et, comme je le croi,
Sans se blesser ; vous riez ?

LA FEMME

C'était moi.

LA VOISINE

Un cotillon a paré la verdure.

LA FEMME

C'était le mien.

LA VOISINE

Sans vous mettre en courroux :
Qui le portait de la fille ou de vous ?
C'est là le point : car monsieur votre époux
Jusques au bout a poussé l'aventure.

LA FEMME

Qui ? c'était moi : votre tête est bien dure.

LA VOISINE

Ah ; c'est assez. Je ne m'informe plus :
J'ai pourtant l'œil assez bon ce me semble :
J'aurais juré que je les avais vus
En ce lieu-là se divertir ensemble.
Mais excusez ; et ne la chassez pas.

LA FEMME

Pourquoi chasser ? j'en suis très bien servie.

LA VOISINE

Tant pis pour vous : c'est justement le cas.
Vous en tenez [15], ma commère m'amie.

LA GAGEURE DES TROIS COMMÈRES

OÙ SONT DEUX NOUVELLES TIRÉES DE BOCCACE [1]

Après bon vin, trois commères un jour
S'entretenaient de leurs tours et prouesses.
Toutes avaient un ami par amour,
Et deux étaient au logis les maîtresses.
L'une disait : J'ai le roi des maris :
Il n'en est point de meilleur dans Paris.
Sans son congé je vas partout m'ébattre.
Avec ce tronc j'en ferais un plus fin.
Il ne faut pas se lever trop matin,
Pour lui prouver que trois et deux font quatre.
Par mon serment, dit une autre aussitôt,
Si je l'avais j'en ferais une étrenne [2] ;
Car quant à moi, du plaisir ne me chaut [3],
A moins qu'il soit mêlé d'un peu de peine.
Votre époux va tout ainsi qu'on le mène :
Le mien n'est tel, j'en rends grâces à Dieu.
Bien saurait prendre et le temps et le lieu,
Qui tromperait à son aise un tel homme [4].
Pour tout cela ne croyez que je chomme.
Le passe-temps en est d'autant plus doux :
Plus grand en est l'amour des deux parties.
Je ne voudrais contre aucune de vous,
Qui vous vantez d'être si bien-loties,
Avoir troqué de galant ni d'époux.
Sur ce débat la troisième commère

Les mit d'accord ; car elle fut d'avis
Qu'Amour se plaît avec les bons maris,
Et veut aussi quelque peine légère[5].
Ce point vuidé, le propos s'échauffant,
Et d'en conter toutes trois triomphant[6],
Celle-ci dit : Pourquoi tant de paroles ?
Voulez-vous voir qui l'emporte de nous ?
Laissons à part les disputes frivoles :
Sur nouveaux frais attrapons nos époux.
Le moins bon tour payera quelque amende.
Nous le voulons, c'est ce que l'on demande,
Dirent les deux. Il faut faire serment,
Que toutes trois, sans nul déguisement,
Rapporterons[7], l'affaire étant passée,
Le cas au vrai ; puis pour le jugement
On en croira la commère Macée.
Ainsi fut dit, ainsi l'on l'accorda.
Voici comment chacune y procéda.
Celle des trois qui plus était contrainte,
Aimait alors un beau jeune garçon,
Frais, délicat, et sans poil au menton :
Ce qui leur fit mettre en jeu cette feinte.
Les pauvres gens n'avaient de leurs amours
Encor joui, sinon par échappées :
Toujours fallait forger de nouveaux tours,
Toujours chercher des maisons empruntées
Pour plus à l'aise ensemble se jouer.
La bonne dame habille en chambrière
Le jouvenceau, qui vient pour se louer,
D'un air modeste, et baissant la paupière.
Du coin de l'œil l'époux le regardait,
Et dans son cœur déjà se proposait
De rehausser le linge[8] de la fille.
Bien lui semblait, en la considérant,
N'en avoir vu jamais de si gentille.
On la retient ; avec peine pourtant :
Belle servante, et mari vert galant,
C'était matière à feindre du scrupule.

Les premiers jours le mari dissimule,
Détourne l'œil, et ne fait pas semblant[9]
De regarder sa servante nouvelle ;
Mais tôt après il tourna[10] tant la belle,
Tant lui donna, tant encor lui promit,
Qu'elle feignit à la fin de se rendre ;
Et de jeu fait, à dessein de le prendre,
Un certain soir la galande lui dit :
Madame est mal, et seule elle veut être
Pour cette nuit : incontinent le maître
Et la servante ayant fait leur marché
S'en vont au lit, et le drôle couché,
Elle en cornette, et dégrafant sa jupe,
Madame vient : qui fut bien empêché,
Ce fut l'époux cette fois pris pour dupe.
Oh, oh, lui dit la commère en riant,
Votre ordinaire est donc trop peu friand
A votre goût ; et par saint Jean, beau sire,
Un peu plus tôt vous me le deviez dire :
J'aurais chez moi toujours eu des tendrons.
De celui-ci pour certaines raisons
Vous faut passer ; cherchez autre aventure.
Et vous, la belle au dessein si gaillard,
Merci de moi[11], chambrière d'un liard[12],
Je vous rendrai plus noire qu'une mûre.
Il vous faut donc du même pain qu'à moi :
J'en suis d'avis[13] ; non pourtant qu'il m'en chaille[14],
Ni qu'on ne puisse en trouver qui le vaille :
Grâces à Dieu, je crois avoir de quoi
Donner encore à quelqu'un dans la vue ;
Je ne suis pas à jeter dans la rue.
Laissons ce point ; je sais un bon moyen :
Vous n'aurez plus d'autre lit que le mien.
Voyez un peu ; dirait-on qu'elle y touche[15] ?
Vite, marchons, que du lit où je couche
Sans marchander on prenne le chemin :
Vous chercherez vos besognes[16] demain.
Si ce n'était le scandale et la honte,

Je vous mettrais dehors en cet état.
Mais je suis bonne, et ne veux point d'éclat :
Puis je rendrai de vous un très bon compte
A l'avenir, et vous jure ma foi
Que nuit et jour vous serez près de moi.
Qu'ai-je besoin de me mettre en alarmes,
Puisque je puis empêcher tous vos tours ?
La chambrière écoutant ce discours
Fait la honteuse, et jette une ou deux larmes ;
Prend son paquet, et sort sans consulter ;
Ne se le fait pas deux fois répéter ;
S'en va jouer un autre personnage ;
Fait au logis deux métiers tour à tour ;
Galant de nuit, chambrière de jour,
En deux façons elle a soin du ménage [17].
Le pauvre époux se trouve tout heureux
Qu'à si bon compte il en ait été quitte.
Lui couché seul, notre couple amoureux
D'un temps si doux à son aise profite.
Rien ne s'en perd ; et des moindres moments
Bons ménagers furent nos deux amants,
Sachant très bien que l'on n'y revient guères.
Voilà le tour de l'une des commères.
L'autre de qui le mari croyait tout,
Avecque lui sous un poirier assise,
De son dessein vint aisément à bout.
En peu de mots j'en vas conter la guise.
Leur grand valet près d'eux était debout,
Garçon bien fait, beau parleur, et de mise [18],
Et qui faisait les servantes trotter.
La dame dit : Je voudrais bien goûter
De ce fruit-là : Guillot, monte, et secoue
Notre poirier. Guillot monte à l'instant.
Grimpé qu'il est, le drôle fait semblant
Qu'il lui paraît que le mari se joue
Avec la femme ; aussitôt le valet
Frottant ses yeux comme étonné du fait :
Vraiment, Monsieur, commence-t-il à dire,

Si vous vouliez Madame caresser,
Un peu plus loin vous pouviez aller rire,
Et moi présent du moins vous en passer.
Ceci me cause une surprise extrême.
Devant les gens prendre ainsi vos ébats !
Si d'un valet vous ne faites nul cas,
Vous vous devez du respect à vous-même.
Quel taon vous point ? attendez à tantôt :
Ces privautés en seront plus friandes ;
Tout aussi bien, pour le temps qu'il vous faut,
Les nuits d'été sont encore assez grandes.
Pourquoi ce lieu ? vous avez pour cela
Tant de bons lits, tant de chambres si belles.
La dame dit : Que conte celui-là ?
Je crois qu'il rêve : où prend-il ces nouvelles ?
Qu'entend ce fol avecque ses ébats ?
Descends, descends, mon ami, tu verras.
Guillot descend. Hé bien, lui dit son maître,
Nous jouons-nous ?

GUILLOT

Non pas pour le présent.

LE MARI

Pour le présent ?

GUILLOT

Oui Monsieur, je veux être
Écorché vif, si tout incontinent
Vous ne baisiez Madame sur l'herbette.

LA FEMME

Mieux te vaudrait laisser cette sornette ;
Je te le dis ; car elle sent les coups.

LE MARI

Non non, m'amie, il faut qu'avec les fous
Tout de ce pas par mon ordre on le mette.

GUILLOT

Est-ce être fou que de voir ce qu'on voit ?

LA FEMME

Et qu'as-tu vu ?

GUILLOT

J'ai vu, je le répète,
Vous et Monsieur qui dans ce même endroit
Jouiez tous deux au doux jeu d'amourette :
Si ce poirier n'est peut-être charmé.

LA FEMME

Voire [19], charmé ; tu nous fais un beau conte.

LE MARI

Je le veux voir ; vraiment faut que j'y monte :
Vous en saurez bientôt la vérité.
Le maître à peine est sur l'arbre monté,
Que le valet embrasse la maîtresse.
L'époux qui voit comme l'on se caresse
Crie, et descend en grand'hâte aussitôt.
Il se rompit le col, ou peu s'en faut,
Pour empêcher la suite de l'affaire :
Et toutefois il ne put si bien faire
Que son honneur ne reçut quelque échec.
Comment, dit-il, quoi même à mon aspect ?
Devant mon nez ? à mes yeux ? Sainte Dame,
Que vous faut-il ? qu'avez-vous ? dit la femme.

LE MARI

Oses-tu bien le demander encor ?

LA FEMME

Et pourquoi non ?

LE MARI

Pourquoi ? n'ai-je pas tort
De t'accuser de cette effronterie ?

LA FEMME

Ah ! c'en est trop, parlez mieux, je vous prie.

LE MARI

Quoi, ce coquin ne te caressait pas ?

LA FEMME

Moi ? vous rêvez.

LE MARI

D'où viendrait donc ce cas ?
Ai-je perdu la raison ou la vue ?

LA FEMME

Me croyez-vous de sens si dépourvue,
Que devant vous je commisse un tel tour ?
Ne trouverais-je assez d'heures au jour
Pour m'égayer, si j'en avais envie ?

LE MARI

Je ne sais plus ce qu'il faut que j'y die.
Notre poirier m'abuse assurément.
Voyons encor. Dans le même moment
L'époux remonte, et Guillot recommence.
Pour cette fois le mari voit la danse
Sans se fâcher, et descend doucement.
Ne cherchez plus, leur dit-il, d'autres causes ;
C'est ce poirier, il est ensorcelé.
Puisqu'il fait voir de si vilaines choses,
Reprit la femme, il faut qu'il soit brûlé.
Cours au logis ; dis qu'on le vienne abattre.
Je ne veux plus que cet arbre maudit
Trompe les gens. Le valet obéit.
Sur le pauvre arbre ils se mettent à quatre,
Se demandant l'un l'autre sourdement
Quel si grand crime a ce poirier pu faire ?
La dame dit : Abattez seulement ;
Quant au surplus, ce n'est pas votre affaire.

Par ce moyen la seconde commère
Vint au-dessus de ce qu'elle entreprit.
Passons au tour que la troisième fit.

Les rendez-vous chez quelque bonne amie
Ne lui manquaient non plus que l'eau du puits.
Là tous les jours étaient nouveaux déduits[20].
Notre donzelle y tenait sa partie.
Un sien amant étant lors de quartier[21],
Ne croyant pas qu'un plaisir fût entier
S'il n'était libre, à la dame propose
De se trouver seuls ensemble une nuit.
Deux, lui dit-elle, et pour si peu de chose
Vous ne serez nullement éconduit.
Jà de par moi[22] ne manquera l'affaire.
De mon mari je saurai me défaire
Pendant ce temps. Aussitôt fait que dit.
Bon besoin eut d'être femme d'esprit ;
Car pour époux elle avait pris un homme
Qui ne faisait en voyages grands frais ;
Il n'allait pas querir pardons à Rome[23],
Quand il pouvait en rencontrer plus près.
Tout au rebours de la bonne donzelle,
Qui pour montrer sa ferveur et son zèle,
Toujours allait au plus loin s'en pourvoir.
Pèlerinage avait fait son devoir
Plus d'une fois ; mais c'était le vieux style[24] :
Il lui fallait, pour se faire valoir,
Chose qui fût plus rare et moins facile.
Elle s'attache à l'orteil dès ce soir
Un brin de fil, qui rendait à la porte[25]
De la maison ; et puis se va coucher
Droit au côté d'Henriet Berlinguier
(On appelait son mari de la sorte.)
Elle fit tant qu'Henriet se tournant
Sentit le fil. Aussitôt il soupçonne
Quelque dessein, et sans faire semblant
D'être éveillé, sur ce fait il raisonne ;

Se lève enfin, et sort tout doucement,
De bonne foi son épouse dormant,
Ce lui semblait ; suit le fil dans la rue ;
Conclut de là que l'on le trahissait :
Que quelque amant que la donzelle avait,
Avec ce fil par le pied la tirait,
L'avertissant ainsi de sa venue :
Que la galande aussitôt descendait,
Tandis que lui pauvre mari dormait.
Car autrement pourquoi ce badinage ?
Il fallait bien que Messer Cocuage
Le visitât ; honneur dont à son sens
Il se serait passé le mieux du monde.
Dans ce penser il s'arme jusqu'aux dents ;
Hors la maison fait le guet et la ronde,
Pour attraper quiconque tirera
Le brin de fil. Or le lecteur saura
Que ce logis avait sur le derrière
De quoi pouvoir introduire l'ami :
Il le fut donc par une chambrière.
Tout domestique en trompant un mari
Pense gagner indulgence plénière.
Tandis qu'ainsi Berlinguier fait le guet,
La bonne dame, et le jeune muguet
En sont aux mains, et Dieu sait la manière.
En grand soulas[26] cette nuit se passa.
Dans leurs plaisirs rien ne les traversa.
Tout fut des mieux grâces à la servante,
Qui fit si bien devoir de surveillante,
Que le galant tout à temps délogea.
L'époux revint quand le jour approcha ;
Reprit sa place, et dit que la migraine
L'avait contraint d'aller coucher en haut.
Deux jours après la commère ne faut
De mettre un fil ; Berlinguier aussitôt
L'ayant senti, rentre en la même peine,
Court à son poste, et notre amant au sien.
Renfort de joie : on s'en trouva si bien,

Qu'encore un coup on pratiqua la ruse ;
Et Berlinguier prenant la même excuse
Sortit encore, et fit place à l'amant.
Autre renfort de tout contentement.
On s'en tint là. Leur ardeur refroidie,
Il en fallut venir au dénoûment ;
Trois actes eut sans plus la comédie.
Sur le minuit l'amant s'étant sauvé,
Le brin de fil aussitôt fut tiré
Par un des siens [27] sur qui l'époux se rue,
Et le contraint en occupant la rue
D'entrer chez lui, le tenant au collet,
Et ne sachant que ce fût un valet.
Bien à propos lui fut donné le change.
Dans le logis est un vacarme étrange.
La femme accourt au bruit que fait l'époux.
Le compagnon se jette à leurs genoux ;
Dit qu'il venait trouver la chambrière ;
Qu'avec ce fil il la tirait à soi
Pour faire ouvrir ; et que depuis naguère [28]
Tous deux s'étaient entre-donné la foi [29].
C'est donc cela, poursuivit la commère
En s'adressant à la fille, en colère,
Que l'autre jour je vous vis à l'orteil
Un brin de fil : je m'en mis un pareil,
Pour attraper avec ce stratagème
Votre galant. Or bien, c'est votre époux :
A la bonne heure : il faut cette nuit même
Sortir d'ici. Berlinguier fut plus doux ;
Dit qu'il fallait au lendemain attendre.
On les dota l'un et l'autre amplement ;
L'époux, la fille ; et le valet, l'amant [30] :
Puis au moutier [31] le couple s'alla rendre ;
Se connaissant tous deux de plus d'un jour.
Ce fut la fin qu'eut le troisième tour.
Lequel vaut mieux ? Pour moi, je m'en rapporte [32].
Macée ayant pouvoir de décider,
Ne sut à qui la victoire accorder

Tant cette affaire à résoudre était forte.
Toutes avaient eu raison de gager.
Le procès pend, et pendra de la sorte
Encor longtemps, comme l'on peut juger.

LE CALENDRIER DES VIEILLARDS

NOUVELLE TIRÉE DE BOCCACE [1]

Plus d'une fois je me suis étonné
Que ce qui fait la paix du mariage
En est le point le moins considéré,
Lorsque l'on met une fille en ménage.
Les père et mère ont pour objet le bien ;
Tout le surplus, ils le comptent pour rien,
Jeunes tendrons à vieillards apparient.
Et cependant je vois qu'ils se soucient
D'avoir chevaux à leur char attelés
De même taille, et mêmes chiens couplés :
Ainsi des bœufs, qui de force pareille
Sont toujours pris : car ce serait merveille
Si sans cela la charrue allait bien.
Comment pourrait celle du mariage
Ne mal aller, étant un attelage
Qui bien souvent ne se rapporte en rien [2] ?
J'en vas conter un exemple notable.
On sait qui fut Richard de Quinzica,
Qui mainte fête à sa femme allégua,
Mainte vigile, et maint jour fériable [3],
Et du devoir [4] crut s'échapper par là.
Très lourdement il errait en cela.
Cestui Richard était juge dans Pise,
Homme savant en l'étude des lois,
Riche d'ailleurs ; mais dont la barbe grise

Montrait assez qu'il devait faire choix
De quelque femme à peu près de même âge ;
Ce qu'il ne fit, prenant en mariage
La mieux séante, et la plus jeune d'ans
De la cité, fille bien alliée,
Belle surtout ; c'était Bartholomée
De Galandi, qui parmi ses parents
Pouvait compter les plus gros de la ville.
En ce ne fit Richard tour d'homme habile :
Et l'on disait communément de lui,
Que ses enfants ne manqueraient de pères.
Tel fait métier de conseiller autrui,
Qui ne voit goutte en ses propres affaires.
Quinzica donc n'ayant de quoi servir
Un tel oiseau qu'était Bartholomée,
Pour s'excuser, et pour la contenir,
Ne rencontrait point de jour en l'année,
Selon son compte, et son calendrier,
Où l'on se pût sans scrupule appliquer
Au fait d'hymen ; chose aux vieillards commode ;
Mais dont le sexe abhorre la méthode.
Quand je dis point, je veux dire très peu :
Encor ce peu lui donnait de la peine.
Toute en féries [5] il mettait la semaine ;
Et bien souvent faisait venir en jeu
Saint qui ne fut jamais dans la légende [6].
Le vendredi, disait-il, nous demande
D'autres pensers, ainsi que chacun sait :
Pareillement il faut que l'on retranche
Le samedi, non sans juste sujet,
D'autant que c'est la veille du dimanche.
Pour ce dernier, c'est un jour de repos.
Quant au lundi, je ne trouve à propos
De commencer par ce point la semaine ;
Ce n'est le fait d'une âme bien chrétienne.
Les autres jours autrement s'excusait :
Et quand venait aux fêtes solennelles,
C'était alors que Richard triomphait,

Et qu'il donnait les leçons les plus belles.
Longtemps devant toujours il s'abstenait,
Longtemps après il en usait de même ;
Aux Quatre-Temps autant il en faisait ;
Sans oublier l'Avent ni le Carême.
Cette saison pour le vieillard était
Un temps de Dieu, jamais ne s'en lassait.
De patrons même il avait une liste.
Point de quartier pour un évangéliste,
Pour un apôtre, ou bien pour un docteur :
Vierge n'était, martyr, et confesseur
Qu'il ne chommât ; tous les savait par cœur.
Que s'il était au bout de son scrupule,
Il alléguait les jours malencontreux[7] ;
Puis les brouillards, et puis la canicule,
De s'excuser n'étant jamais honteux.
La chose ainsi presque toujours égale,
Quatre fois l'an, de grâce spéciale,
Notre docteur régalait sa moitié,
Petitement ; enfin c'était pitié.
A cela près, il traitait bien sa femme.
Les affiquets[8], les habits à changer,
Joyaux, bijoux, ne manquaient à la dame ;
Mais tout cela n'est que pour amuser
Un peu de temps des esprits de poupée ;
Droit au solide allait Bartholomée.
Son seul plaisir dans la belle saison,
C'était d'aller à certaine maison
Que son mari possédait sur la côte :
Ils y couchaient tous les huit jours sans faute.
Là quelquefois sur la mer ils montaient,
Et le plaisir de la pêche goûtaient,
Sans s'éloigner que bien peu de la rade.
Arrive donc, qu'un jour de promenade,
Bartholomée et Messer le docteur,
Prennent chacun une barque à pêcheur,
Sortent sur mer ; ils avaient fait gageure
A qui des deux aurait plus de bonheur,

Et trouverait la meilleure aventure
Dedans sa pêche, et n'avaient avec eux,
Dans chaque barque, en tout qu'un homme ou deux.
Certain corsaire aperçut la chaloupe
De notre épouse, et vint avec sa troupe
Fondre dessus ; l'emmena bien et beau[9] ;
Laissa Richard : soit que près du rivage
Il n'osât pas hasarder davantage ;
Soit qu'il craignît qu'ayant dans son vaisseau
Notre vieillard, il ne pût de sa proie
Si bien jouir ; car il aimait la joie
Plus que l'argent, et toujours avait fait
Avec honneur son métier de corsaire ;
Au jeu d'amour était homme d'effet,
Ainsi que sont gens de pareille affaire.
Gens de mer sont toujours prêts à bien faire,
Ce qu'on appelle autrement bons garçons :
On n'en voit point qui les fêtes allègue.
Or tel était celui dont nous parlons,
Ayant pour nom Pagamin de Monègue[10].
La belle fit son devoir de pleurer
Un demi-jour, tant qu'il se put étendre :
Et Pagamin de la réconforter ;
Et notre épouse à la fin de se rendre.
Il la gagna ; bien savait son métier.
Amour s'en mit, Amour ce bon apôtre,
Dix mille fois plus corsaire que l'autre,
Vivant de rapt, faisant peu de quartier.
La belle avait sa rançon toute prête :
Très bien lui prit d'avoir de quoi payer ;
Car là n'était ni vigile ni fête.
Elle oublia ce beau calendrier
Rouge partout[11], et sans nul jour ouvrable :
De la ceinture on le lui fit tomber[12] ;
Plus n'en fut fait mention qu'à la table[13].
Notre légiste eût mis son doigt au feu
Que son épouse était toujours fidèle,
Entière, et chaste ; et que moyennant Dieu

Pour de l'argent on lui rendrait la belle.
De Pagamin il prit un sauf-conduit,
L'alla trouver, lui mit la carte blanche [14].
Pagamin dit : Si je n'ai pas bon bruit [15],
C'est à grand tort : je veux vous rendre franche
Et sans rançon votre chère moitié.
Ne plaise à Dieu que si belle amitié
Soit par mon fait de désastre ainsi pleine.
Celle pour qui vous prenez tant de peine
Vous reviendra selon votre désir.
Je ne veux point vous vendre ce plaisir.
Faites-moi voir seulement qu'elle est vôtre ;
Car si j'allais vous en rendre quelque autre,
Comme il m'en tombe assez entre les mains,
Ce me serait une espèce de blâme.
Ces jours passés je pris certaine dame,
Dont les cheveux sont quelque peu châtains,
Grande de taille, en bon point, jeune, et fraîche.
Si cette belle après vous avoir vu
Dit être à vous, c'est autant de conclu :
Reprenez-la : rien ne vous en empêche.
Richard reprit : Vous parlez sagement :
Et me traitez trop généreusement.
De son métier il faut que chacun vive.
Mettez un prix à la pauvre captive,
Je le payrai comptant, sans hésiter.
Le compliment n'est ici nécessaire :
Voilà ma bourse, il ne faut que compter.
Ne me traitez que comme on pourrait faire
En pareil cas l'homme le moins connu.
Serait-il dit que vous m'eussiez vaincu
D'honnêteté ? non sera sur mon âme.
Vous le verrez. Car, quant à cette dame,
Ne doutez point qu'elle ne soit à moi.
Je ne veux pas que vous m'ajoutiez foi,
Mais aux baisers que de la pauvre femme
Je recevrai, ne craignant qu'un seul point :
C'est qu'à me voir de joie elle ne meure.

On fait venir l'épouse tout à l'heure,
Qui froidement et ne s'émouvant point,
Devant ses yeux voit son mari paraître,
Sans témoigner seulement le connaître,
Non plus qu'un homme arrivé du Pérou.
Voyez, dit-il, la pauvrette est honteuse
Devant les gens ; et sa joie amoureuse
N'ose éclater : soyez sûr qu'à mon cou,
Si j'étais seul, elle serait sautée.
Pagamin dit : Qu'il ne tienne à cela :
Dedans sa chambre allez, conduisez-la.
Ce qui fut fait : et la chambre fermée ;
Richard commence : Et là[16], Bartholomée,
Comme tu fais ! je suis ton Quinzica,
Toujours le même à l'endroit de sa femme.
Regarde-moi. Trouves-tu, ma chère âme,
En mon visage un si grand changement !
C'est la douleur de ton enlèvement
Qui me rend tel ; et toi seule en es cause.
T'ai-je jamais refusé nulle chose,
Soit pour ton jeu, soit pour tes vêtements ?
En était-il quelqu'une de plus brave[17] ?
De ton vouloir ne me rendais-je esclave ?
Tu le seras étant avec ces gens.
Et ton honneur, que crois-tu qu'il devienne ?
Ce qu'il pourra, répondit brusquement
Bartholomée. Est-il temps maintenant
D'en avoir soin ? s'en est-on mis en peine
Quand malgré moi l'on m'a jointe avec vous ?
Vous vieux penard[18], moi fille jeune et drue[19],
Qui méritais d'être un peu mieux pourvue,
Et de goûter ce qu'Hymen a de doux.
Pour cet effet j'étais assez aimable ;
Et me trouvais aussi digne, entre nous,
De ces plaisirs, que j'en étais capable.
Or est le cas allé d'autre façon.
J'ai pris mari qui pour toute chanson
N'a jamais eu que ses jours de férie ;

Mais Pagamin, sitôt qu'il m'eut ravie,
Me sut donner bien une autre leçon.
J'ai plus appris des choses de la vie
Depuis deux jours, qu'en quatre ans avec vous.
Laissez-moi donc, Monsieur mon cher époux.
Sur mon retour n'insistez davantage.
Calendriers ne sont point en usage
Chez Pagamin : je vous en avertis.
Vous et les miens avez mérité pis.
Vous pour avoir mal mesuré vos forces
En m'épousant ; eux pour s'être mépris
En préférant les légères amorces
De quelque bien à cet autre point-là.
Mais Pagamin pour tous y pourvoira.
Il ne sait loi, ni digeste [20], ni code ;
Et cependant très bonne est sa méthode.
De ce matin lui-même il vous dira
Du quart en sus comme la chose en va [21].
Un tel aveu vous surprend et vous touche :
Mais faire ici de la petite bouche [22]
Ne sert de rien ; l'on n'en croira pas moins.
Et puisque enfin nous voici sans témoins :
Adieu vous dis, vous, et vos jours de fête.
Je suis de chair, les habits rien n'y font :
Vous savez bien, Monsieur, qu'entre la tête
Et le talon d'autres affaires sont.
A tant [23] se tut. Richard tombé des nues,
Fut tout heureux de pouvoir s'en aller.
Bartholomée ayant ses hontes bues
Ne se fit pas tenir pour demeurer.
Le pauvre époux en eut tant de tristesse,
Outre les maux qui suivent la vieillesse,
Qu'il en mourut à quelques jours de là ;
Et Pagamin prit à femme sa veuve.
Ce fut bien fait : nul des deux ne tomba
Dans l'accident du pauvre Quinzica,
S'étant choisis l'un et l'autre à l'épreuve.

Belle leçon pour gens à cheveux gris ;
Sinon qu'ils soient d'humeur accommodante :
Car en ce cas Messieurs les favoris
Font leur ouvrage, et la dame est contente.

À FEMME AVARE GALANT ESCROC

NOUVELLE TIRÉE DE BOCCACE [1]

Qu'un homme soit plumé par des coquettes,
Ce n'est pour faire au miracle crier.
Gratis est mort [2] : plus d'amour sans payer :
En beaux louis se content [3] les fleurettes.
Ce que je dis, des coquettes s'entend.
Pour notre honneur si me faut-il pourtant
Montrer qu'on peut nonobstant leur adresse
En attraper au moins une entre cent ;
Et lui jouer quelque tour de souplesse.
Je choisirai pour exemple Gulphar.
Le drôle fit un trait de franc soudard,
Car aux faveurs d'une belle il eut part
Sans débourser, escroquant la chrétienne.
Notez ceci, et qu'il vous en souvienne
Galants d'épée ; encor bien que ce tour
Pour vous styler soit fort peu nécessaire ;
Je trouverais maintenant à la cour
Plus d'un Gulphar si j'en avais affaire.
Celui-ci donc chez sire Gasparin
Tant fréquenta, qu'il devint à la fin
De son épouse amoureux sans mesure.
Elle était jeune, et belle créature,
Plaisait beaucoup, fors un point qui gâtait
Toute l'affaire, et qui seul rebutait
Les plus ardents ; c'est qu'elle était avare.
Ce n'est pas chose en ce siècle fort rare.

Je l'ai jà dit, rien n'y font les soupirs.
Celui-là parle une langue barbare
Qui l'or en main n'explique ses désirs[4].
Le jeu, la jupe, et l'amour des plaisirs[5],
Sont les ressorts que Cupidon emploie :
De leur boutique il sort chez les François
Plus de cocus que du cheval de Troie
Il ne sortit de héros autrefois.
Pour revenir à l'humeur de la belle,
Le compagnon ne put rien tirer d'elle
Qu'il ne parlât[6]. Chacun sait ce que c'est
Que de parler : le lecteur s'il lui plaît,
Me permettra de dire ainsi la chose.
Gulphar donc parle, et si bien qu'il propose
Deux cents écus. La belle l'écouta :
Et Gasparin à Gulphar les prêta
(Ce fut le bon[7]), puis aux champs s'en alla,
Ne soupçonnant aucunement sa femme.
Gulphar les donne en présence de gens.
Voilà, dit-il, deux cents écus comptants,
Qu'à votre époux vous donnerez, Madame.
La belle crut qu'il avait dit cela
Par politique, et pour jouer son rôle.
Le lendemain elle le régala
Tout de son mieux, en femme de parole.
Le drôle en prit ce jour et les suivants
Pour son argent, et même avec usure :
A bon payeur on fait bonne mesure.
Quand Gasparin fut de retour des champs,
Gulphar lui dit, son épouse présente :
J'ai votre argent à Madame rendu,
N'en ayant eu pour une affaire urgente
Aucun besoin, comme je l'avais cru :
Déchargez-en votre livre de grâce.
A ce propos aussi froide que glace,
Notre galande avoua le reçu.
Qu'eût-elle fait ? on eût prouvé la chose.
Son regret fut d'avoir enflé la dose

De ses faveurs ; c'est ce qui la fâchait :
Voyez un peu la perte que c'était !
En la quittant, Gulphar alla tout droit
Conter ce cas, le corner par la ville,
Le publier, le prêcher sur les toits.
De l'en blâmer il serait inutile :
Ainsi vit-on chez nous autres François.

ON NE S'AVISE JAMAIS DE TOUT

CONTE TIRÉ DES CENT NOUVELLES NOUVELLES [1]

Certain jaloux ne dormant que d'un œil,
Interdisait tout commerce à sa femme.
Dans le dessein de prévenir la dame,
Il avait fait un fort ample recueil
De tous les tours que le sexe sait faire.
Pauvre ignorant ! comme si cette affaire
N'était une hydre, à parler franchement.
Il captivait [2] sa femme cependant ;
De ses cheveux voulait savoir le nombre [3] ;
La faisait suivre, à toute heure, en tous lieux,
Par une vieille au corps tout rempli d'yeux,
Qui la quittait aussi peu que son ombre.
Ce fou tenait son recueil fort entier ;
Il le portait en guise de psautier,
Croyant par là cocuage hors de gamme [4].
Un jour de fête, arrive que la dame
En revenant de l'église passa
Près d'un logis, d'où quelqu'un lui jeta
Fort à propos plein un panier d'ordure.
On s'excusa : la pauvre créature
Toute vilaine [5] entra dans le logis.
Il lui fallut dépouiller ses habits.
Elle envoya querir une autre jupe,
Dès en entrant, par cette douagna [6],
Qui hors d'haleine à Monsieur raconta
Tout l'accident. Foin, dit-il, celui-là

N'est dans mon livre, et je suis pris pour dupe :
Que le recueil au diable soit donné.
Il disait bien ; car on n'avait jeté
Cette immondice, et la dame gâté,
Qu'afin qu'elle eût quelque valable excuse
Pour éloigner son dragon quelque temps.
Un sien galant ami de là-dedans [7]
Tout aussitôt profita de la ruse.
Nous avons beau sur ce sexe avoir l'œil :
Ce n'est coup sûr encontre tous esclandres.
Maris jaloux, brûlez votre recueil
Sur ma parole, et faites-en des cendres.

LE VILLAGEOIS QUI CHERCHE SON VEAU

CONTE TIRÉ DES CENT NOUVELLES NOUVELLES [1]

Un villageois ayant perdu son veau,
L'alla chercher dans la forêt prochaine.
Il se plaça sur l'arbre le plus beau,
Pour mieux entendre, et pour voir dans la plaine.
Vient une dame avec un jouvenceau.
Le lieu leur plaît, l'eau leur vient à la bouche
Et le galant, qui sur l'herbe la couche,
Crie en voyant je ne sais quels appas :
O dieux, que vois-je, et que ne vois-je pas !
Sans dire quoi ; car c'étaient lettres closes [2].
Lors le manant les arrêtant tout coi .
Homme de bien, qui voyez tant de choses,
Voyez-vous point mon veau ? dites-le moi.

L'ANNEAU D'HANS CARVEL

CONTE TIRÉ DE R.[1]

Hans Carvel prit sur ses vieux ans
Femme jeune en toute manière ;
Il prit aussi soucis cuisants ;
Car l'un sans l'autre ne va guère.
Babeau (c'est la jeune femelle,
Fille du bailli Concordat)
Fut du bon poil, ardente, et belle,
Et propre à l'amoureux combat.
Carvel craignant de sa nature
Le cocuage et les railleurs,
Alléguait à la créature
Et la Légende[2], et l'Écriture,
Et tous les livres les meilleurs :
Blâmait les visites secrètes ;
Frondait l'attirail des coquettes ;
Et contre un monde de recettes,
Et de moyens de plaire aux yeux,
Invectivait tout de son mieux.
A tous ces discours la galande
Ne s'arrêtait aucunement ;
Et de sermons n'était friande
A moins qu'ils fussent d'un amant.
Cela faisait que le bon sire
Ne savait tantôt plus qu'y dire ;
Eût voulu souvent être mort.
Il eut pourtant dans son martyre

Quelques moments de réconfort :
L'histoire en est très véritable.
Une nuit, qu'ayant tenu table[3],
Et bu force bon vin nouveau,
Carvel ronflait près de Babeau,
Il lui fut avis que le diable
Lui mettait au doigt un anneau ;
Qu'il lui disait : Je sais la peine
Qui te tourmente, et qui te gêne[4] ;
Carvel, j'ai pitié de ton cas ;
Tiens cette bague, et ne la lâches.
Car tandis qu'au doigt tu l'auras,
Ce que tu crains point ne seras,
Point ne seras sans que le saches.
Trop ne puis vous remercier,
Dit Carvel, la faveur est grande.
Monsieur Satan, Dieu vous le rende,
Grand merci Monsieur l'aumônier[5].
Là-dessus achevant son somme,
Et les yeux encore aggravés[6],
Il se trouva que le bon homme
Avait le doigt où vous savez.

LE GASCON PUNI

NOUVELLE [1]

Un Gascon, pour s'être vanté
De posséder certaine belle,
Fut puni de sa vanité
D'une façon assez nouvelle.
Il se vantait à faux, et ne possédait rien.
Mais quoi ! tout médisant est prophète en ce monde :
On croit le mal d'abord ; mais à l'égard du bien,
Il faut qu'un public en réponde.
La dame cependant du Gascon se moquait :
Même au logis pour lui rarement elle était :
Et bien souvent qu'il la traitait
D'incomparable, et de divine,
La belle aussitôt s'enfuyait,
S'allant sauver chez sa voisine.
Elle avait nom Philis, son voisin Eurilas,
La voisine Cloris, le Gascon Dorilas,
Un sien ami, Damon : c'est tout, si j'ai mémoire.
Ce Damon, de Cloris, à ce que dit l'histoire,
Était amant aimé, galant, comme on voudra,
Quelque chose de plus encor que tout cela.
Pour Philis, son humeur libre, gaie, et sincère
Montrait qu'elle était sans affaire [2],
Sans secret, et sans passion.
On ignorait le prix de sa possession :
Seulement à l'user [3] chacun la croyait bonne.
Elle approchait vingt ans ; et venait d'enterrer

Un mari (de ceux-là que l'on perd sans pleurer,
Vieux barbon qui laissait d'écus plein une tonne[4].)
En mille endroits de sa personne
La belle avait de quoi mettre un Gascon aux cieux,
Des attraits par-dessus les yeux,
Je ne sais quel air de pucelle,
Mais le cœur tant soit peu rebelle ;
Rebelle toutefois de la bonne façon.
Voilà Philis. Quant au Gascon,
Il était Gascon, c'est tout dire.
Je laisse à penser si le sire
Importuna la veuve, et s'il fit des serments.
Ceux des Gascons et des Normands
Passent peu pour mots d'Évangile.
C'était pourtant chose facile
De croire Dorilas de Philis amoureux ;
Mais il voulait aussi que l'on le crût heureux.
Philis dissimulant, dit un jour à cet homme :
Je veux un service de vous :
Ce n'est pas d'aller jusqu'à Rome ;
C'est que vous nous aidiez à tromper un jaloux.
La chose est sans péril, et même fort aisée.
Nous voulons que cette nuit-ci
Vous couchiez avec le mari
De Cloris, qui m'en a priée.
Avec Damon s'étant brouillée,
Il leur faut une nuit entière, et par-delà,
Pour démêler entre eux tout ce différend-là.
Notre but est qu'Eurilas pense,
Vous sentant près de lui, que ce soit sa moitié.
Il ne lui touche point, vit dedans l'abstinence,
Et, soit par jalousie, ou bien par impuissance,
A retranché d'hymen certains droits d'amitié ;
Ronfle toujours, fait la nuit d'une traite :
C'est assez qu'en son lit il trouve une cornette[5].
Nous vous ajusterons : enfin, ne craignez rien :
Je vous récompenserai bien.
Pour se rendre Philis un peu plus favorable,

Le Gascon eût couché, dit-il, avec le diable.
La nuit vient, on le coiffe, on le met au grand lit[6],
On éteint les flambeaux, Eurilas prend sa place ;
Du Gascon la peur se saisit ;
Il devient aussi froid que glace ;
N'oserait tousser ni cracher,
Beaucoup moins encor s'approcher :
Se fait petit, se serre, au bord se va nicher,
Et ne tient que moitié de la rive occupée :
Je crois qu'on l'aurait mis dans un fourreau d'épée.
Son coucheur cette nuit se retourna cent fois ;
Et jusque sur le nez lui porta certains doigts
Que la peur lui fit trouver rudes.
Le pis de ses inquiétudes,
C'est qu'il craignait qu'enfin un caprice amoureux
Ne prît à ce mari : tels cas sont dangereux,
Lorsque l'un des conjoints se sent privé du somme.
Toujours nouveaux sujets alarmaient le pauvre homme.
L'on étendait un pied ; l'on approchait un bras :
Il crut même sentir la barbe d'Eurilas.
Mais voici quelque chose à mon sens de terrible.
Une sonnette était près du chevet du lit :
Eurilas de sonner, et faire un bruit horrible.
Le Gascon se pâme à ce bruit ;
Cette fois-là se croit détruit ;
Fait un vœu, renonce à sa dame ;
Et songe au salut de son âme.
Personne ne venant, Eurilas s'endormit.
Avant qu'il fût jour on ouvrit.
Philis l'avait promis ; quand voici de plus belle
Un flambeau comble de tous maux.
Le Gascon après ces travaux
Se fût bien levé sans chandelle.
Sa perte était alors un point tout assuré.
On approche du lit. Le pauvre homme éclairé
Prie Eurilas qu'il lui pardonne.
Je le veux, dit une personne
D'un ton de voix rempli d'appas.

C'était Philis, qui d'Eurilas
Avait tenu la place, et qui sans trop attendre
Tout en chemise s'alla rendre
Dans les bras de Cloris qu'accompagnait Damon.
C'étais, dis-je, Philis, qui conta du Gascon
La peine et la frayeur extrême ;
Et qui pour l'obliger à se tuer soi-même,
En lui montrant ce qu'il avait perdu,
Laissait son sein à demi-nu.

LA FIANCÉE DU ROI DE GARBE

NOUVELLE [1]

Il n'est rien qu'on ne conte en diverses façons :
On abuse du vrai comme on fait de la feinte :
Je le souffre aux récits qui passent pour chansons ;
Chacun y met du sien sans scrupule et sans crainte.
Mais aux événements de qui la vérité
Importe à la postérité,
Tels abus méritent censure.
Le fait d'Alaciel est d'une autre nature.
Je me suis écarté de mon original.
On en pourra gloser ; on pourra me mécroire [2] :
Tout cela n'est pas un grand mal :
Alaciel et sa mémoire
Ne sauraient guère perdre à tout ce changement.
J'ai suivi mon auteur en deux points seulement :
Points qui font véritablement
Le plus important de l'histoire.
L'un est que par huit mains Alaciel passa
Avant que d'entrer dans la bonne :
L'autre que son fiancé ne s'en embarrassa,
Ayant peut-être en sa personne [3]
De quoi négliger ce point-là.
Quoi qu'il en soit, la belle en ses traverses,
Accidents, fortunes diverses,
Eut beaucoup à souffrir, beaucoup à travailler ;
Changea huit fois de chevalier :
Il ne faut pas pour cela qu'on l'accuse :

Ce n'était après tout que bonne intention,
Gratitude, ou compassion,
Crainte de pis, honnête excuse.
Elle n'en plut pas moins aux yeux de son fiancé.
Veuve de huit galants, il la prit pour pucelle,
Et dans son erreur par la belle
Apparemment il fut laissé.
Qu'on n'y puisse être pris, la chose est toute claire [4],
Mais après huit, c'est une étrange affaire :
Je me rapporte de cela
A quiconque a passé par là.

Zaïr soudan d'Alexandrie,
Aima sa fille Alaciel
Un peu plus que sa propre vie :
Aussi ce qu'on se peut figurer sous le ciel,
De bon, de beau, de charmant et d'aimable,
D'accommodant, j'y mets encor ce point,
La rendait d'autant estimable :
En cela je n'augmente point.

Au bruit qui courait d'elle en toutes ces provinces,
Mamolin roi de Garbe [5] en devint amoureux.
Il la fit demander, et fut assez heureux
Pour l'emporter sur d'autres princes.
La belle aimait déjà ; mais on n'en savait rien.
Filles de sang royal ne se déclarent guères.
Tout se passe en leur cœur ; cela les fâche bien ;
Car elles sont de chair ainsi que les bergères.
Hispal, jeune Seigneur de la cour du soudan,
Bien fait, plein de mérite, honneur de l'Alcoran [6],
Plaisait fort à la dame, et d'un commun martyre,
Tous deux brûlaient sans oser se le dire ;
Ou s'ils se le disaient, ce n'était que des yeux.
Comme ils en étaient là, l'on accorda la belle.
Il fallut se résoudre à partir de ces lieux.
Zaïr fit embarquer son amant avec elle.
S'en fier à quelque autre eût peut-être été mieux.

Après huit jours de traite[7], un vaisseau de corsaires
Ayant pris le dessus du vent[8],
Les attaqua ; le combat fut sanglant ;
Chacun des deux partis y fit mal ses affaires.
Les assaillants, faits aux combats de mer,
Etaient les plus experts en l'art de massacrer ;
Joignaient l'adresse au nombre : Hispal par sa vaillance
Tenait les choses en balance.
Vingt corsaires pourtant montèrent sur son bord.
Grifonio le gigantesque
Conduisait l'horreur et la mort
Avecque cette soldatesque.
Hispal en un moment se vit environné.
Maint corsaire sentit son bras déterminé.
De ses yeux il sortait des éclairs et des flammes.
Cependant qu'il était au combat acharné,
Grifonio courut à la chambre des femmes.
Il savait que l'infante était dans ce vaisseau ;
Et l'ayant destinée à ses plaisirs infâmes,
Il l'emportait comme un moineau ;
Mais la charge pour lui n'étant pas suffisante,
Il prit aussi la cassette aux bijoux,
Aux diamants, aux témoignages doux
Que reçoit et garde une amante :
Car quelqu'un m'a dit, entre nous,
Qu'Hispal en ce voyage avait fait à l'infante
Un aveu dont d'abord elle parut contente,
Faute d'avoir le temps de s'en mettre en courroux.

Le malheureux corsaire, emportant cette proie,
N'en eut pas longtemps de la joie.
Un des vaisseaux, quoiqu'il fût accroché,
S'étant quelque peu détaché,
Comme Grifonio passait d'un bord à l'autre,
Un pied sur son navire, un sur celui d'Hispal,
Le héros d'un revers coupe en deux l'animal :
Part du tronc tombe en l'eau, disant sa patenôtre,

Et reniant Mahom, Jupin, et Tarvagant[9],
Avec maint autre dieu non moins extravagant :
Part demeure sur pieds, en la même posture.
On aurait ri de l'aventure,
Si la belle avec lui n'eût tombé dedans l'eau.
Hispal se jette après : l'un et l'autre vaisseau,
Malmené du combat, et privé de pilote,
Au gré d'Eole et de Neptune flotte.
La mort fit lâcher prise au géant pourfendu.
L'infante par sa robe en tombant soutenue,
Fut bientôt d'Hispal secourue.
Nager vers les vaisseaux eût été temps perdu :
Ils étaient presque à demi-mille.
Ce qu'il jugea de plus facile,
Fut de gagner certains rochers,
Qui d'ordinaire étaient la perte des nochers[10],
Et furent le salut d'Hispal et de l'infante.
Aucuns ont assuré comme chose constante,
Que même du péril la cassette échappa ;
Qu'à des cordons étant pendue,
La belle après soi la tira ;
Autrement elle était perdue.

Notre nageur avait l'infante sur son dos.
Le premier roc gagné, non pas sans quelque peine,
La crainte de la faim suivit celle des flots ;
Nul vaisseau ne parut sur la liquide plaine.
Le jour s'achève ; il se passe une nuit ;
Point de vaisseau près d'eux par le hasard conduit ;
Point de quoi manger sur ces roches :
Voilà notre couple réduit
A sentir de la faim les premières approches.
Tous deux privés d'espoir, d'autant plus malheureux,
Qu'aimés aussi bien qu'amoureux,
Ils perdaient doublement en leur mésaventure.
Après s'être longtemps regardés sans parler,
Hispal, dit la princesse, il se faut consoler ;
Les pleurs ne peuvent rien près de la Parque dure.

Nous n'en mourrons pas moins ; mais il dépend de nous
D'adoucir l'aigreur de ses coups ;
C'est tout ce qui nous reste en ce malheur extrême.
Se consoler ! dit-il, le peut-on quand on aime ?
Ah ! si… mais non, Madame, il n'est pas à propos
Que vous aimiez ; vous seriez trop à plaindre.
Je brave à mon égard et la faim et les flots ;
Mais jetant l'œil sur vous je trouve tout à craindre.
La princesse à ces mots ne se put plus contraindre.
Pleurs de couler, soupirs d'être poussés,
Regards d'être au ciel adressés,
Et puis sanglots, et puis soupirs encore :
En ce même langage Hispal lui repartit :
Tant qu'enfin un baiser suivit :
S'il fut pris ou donné c'est ce que l'on ignore.

Après force vœux impuissants,
Le héros dit : Puisqu'en cette aventure
Mourir nous est chose si sûre,
Qu'importe que nos corps des oiseaux ravissants
Ou des monstres marins deviennent la pâture ?
Sépulture pour sépulture,
La mer est égale, à mon sens :
Qu'attendons-nous ici qu'une fin languissante ?
Serait-il point plus à propos
De nous abandonner aux flots ?
J'ai de la force encor, la côte est peu distante,
Le vent y pousse ; essayons d'approcher ;
Passons de rocher en rocher :
J'en vois beaucoup où je puis prendre haleine.
Alaciel s'y résolut sans peine.
Les revoilà sur l'onde ainsi qu'auparavant,
La cassette en laisse suivant,
Et le nageur poussé du vent,
De roc en roc portant la belle,
Façon de naviger[11] nouvelle.
Avec l'aide du Ciel, et de ces reposoirs,
Et du dieu qui préside aux liquides manoirs,

Hispal n'en pouvant plus, de faim, de lassitude,
De travail et d'inquiétude,
(Non pour lui, mais pour ses amours),
Après avoir jeûné deux jours,
Prit terre à la dixième traite,
Lui, la princesse, et la cassette.

Pourquoi, me dira-t-on, nous ramener toujours
Cette cassette ? est-ce une circonstance
Qui soit de si grande importance ?
Oui selon mon avis ; on va voir si j'ai tort.
Je ne prends point ici l'essor [12],
Ni n'affecte de railleries.
Si j'avais mis nos gens à bord
Sans argent et sans pierreries,
Seraient-ils pas demeurés court ?
On ne vit ni d'air ni d'amour.
Les amants ont beau dire et faire,
Il en faut revenir toujours au nécessaire.
La cassette y pourvut avec maint diamant.
Hispal vendit les uns, mit les autres en gages ;
Fit achat d'un château le long de ces rivages ;
Ce château, dit l'histoire, avoit un parc fort grand,
Ce parc un bois, ce bois de beaux ombrages,
Sous ces ombrages nos amants
Passaient d'agréables moments :
Voyez combien voilà de choses enchaînées,
Et par la cassette amenées.

Or au fond de ce bois un certain antre était,
Sourd et muet, et d'amoureuse affaire [13],
Sombre surtout ; la nature semblait
L'avoir mis là non pour autre mystère.
Nos deux amants se promenant un jour,
Il arriva que ce fripon d'Amour
Guida leurs pas vers ce lieu solitaire.
Chemin faisant Hispal expliquait ses désirs,

Moitié par ses discours, moitié par ses soupirs,
Plein d'une ardeur impatiente ;
La princesse écoutait incertaine et tremblante.

Nous voici, disait-il, en un bord étranger,
Ignorés du reste des hommes ;
Profitons-en ; nous n'avons à songer
Qu'aux douceurs de l'amour en l'état où nous sommes.
Qui vous retient ? on ne sait seulement
Si nous vivons ; peut-être en ce moment
Tout le monde nous croit au corps d'une baleine.
Ou favorisez votre amant,
Ou qu'à votre époux il vous mène.
Mais pourquoi vous mener ? vous pouvez rendre heureux
Celui dont vous avez éprouvé la constance.
Qu'attendez-vous pour soulager ses feux ?
N'est-il point assez amoureux,
Et n'avez-vous point fait assez de résistance ?

Hispal haranguait de façon
Qu'il aurait échauffé des marbres,
Tandis qu'Alaciel, à l'aide d'un poinçon [14],
Faisait semblant d'écrire sur les arbres.
Mais l'amour la faisait rêver
A d'autres choses qu'à graver
Des caractères sur l'écorce.
Son amant et le lieu l'assuraient du secret :
C'était une puissante amorce.
Elle résistait à regret :
Le printemps par malheur était lors en sa force.
Jeunes cœurs sont bien empêchés
A tenir leurs désirs cachés,
Etant pris par tant de manières.
Combien en voyons-nous se laisser pas à pas
Ravir jusqu'aux faveurs dernières,
Qui dans l'abord ne croyaient pas
Pouvoir accorder les premières ?

Amour, sans qu'on y pense, amène ces instants.
Mainte fille a perdu ses gants [15],
Et femme au partir s'est trouvée,
Qui ne sait la plupart du temps
Comme la chose est arrivée.

Près de l'antre venus, notre amant proposa
D'entrer dedans ; la belle s'excusa ;
Mais malgré soi, déjà presque vaincue.
Les services d'Hispal en ce même moment
Lui reviennent devant la vue.
Ses jours sauvés des flots, son honneur d'un géant :
Que lui demandait son amant ?
Un bien dont elle était à sa valeur tenue [16].
Il vaut mieux, disait-il, vous en faire un ami,
Que d'attendre qu'un homme à la mine hagarde
Vous le vienne enlever ; Madame, songez-y ;
L'on ne sait pour qui l'on le garde.
L'infante à ces raisons se rendant à demi,
Une pluie acheva l'affaire :
Il fallut se mettre à l'abri :
Je laisse à penser où. Le reste du mystère
Au fond de l'antre est demeuré.
Que l'on la blâme ou non, je sais plus d'une belle
A qui ce fait est arrivé
Sans en avoir moitié d'autant d'excuses qu'elle.

L'antre ne les vit seul de ces douceurs jouir :
Rien ne coûte en amour que la première peine.
Si les arbres parlaient, il ferait bel ouïr
Ceux de ce bois ; car la forêt n'est pleine
Que des monuments amoureux
Qu'Hispal nous a laissés, glorieux de sa proie.
On y verrait écrit : *Ici pâma de joie*
Des mortels le plus heureux ;
Là mourut un amant sur le sein de sa dame,
En cet endroit, mille baisers de flamme
Furent donnés, et mille autres rendus.

Le parc dirait beaucoup, le château beaucoup plus,
Si châteaux avaient une langue.
La chose en vint au point que, las de tant d'amour
Nos amants à la fin regrettèrent la cour.
La belle s'en ouvrit, et voici sa harangue :

Vous m'êtes cher, Hispal ; j'aurais du déplaisir,
Si vous ne pensiez pas que toujours je vous aime.
Mais qu'est-ce qu'un amour sans crainte et sans désir ?
Je vous le demande à vous-même.
Ce sont des feux bientôt passés,
Que ceux qui ne sont point dans leur cours traversés ;
Il y faut un peu de contrainte.
Je crains fort qu'à la fin ce séjour si charmant
Ne nous soit un désert, et puis un monument ;
Hispal, ôtez-moi cette crainte.
Allez-vous-en voir promptement
Ce qu'on croira de moi dedans Alexandrie,
Quand on saura que nous sommes en vie.
Déguisez bien notre séjour :
Dites que vous venez préparer mon retour,
Et faire qu'on m'envoie une escorte si sûre,
Qu'il n'arrive plus d'aventure.
Croyez-moi, vous n'y perdrez rien :
Trouvez seulement le moyen
De me suivre en ma destinée,
Ou de fillage [17], ou d'hyménée ;
Et tenez pour chose assurée
Que si je ne vous fais du bien
Je serai de près éclairée [18].

Que ce fût ou non son dessein,
Pour se servir d'Hispal, il fallait tout promettre.
Dès qu'il trouve à propos de se mettre en chemin,
L'infante pour Zaïr le charge d'une lettre.
Il s'embarque, il fait voile, il vogue, il a bon vent ;
Il arrive à la cour, où chacun lui demande
S'il est mort, s'il est vivant,

Tant la surprise fut grande ;
En quels lieux est l'infante, enfin ce qu'elle fait.
Dès qu'il eut à tout satisfait,
On fit partir une escorte puissante.
Hispal fut retenu ; non qu'on eût en effet
Le moindre soupçon de l'infante.
Le chef de cette escorte était jeune et bien fait.
Abordé près du parc, avant tout il partage
Sa troupe en deux, laisse l'une au rivage,
Va droit avec l'autre au château.
La beauté de l'infante était beaucoup accrue :
Il en devint épris à la première vue ;
Mais tellement épris, qu'attendant qu'il fît beau [19],
Pour ne point perdre temps, il lui dit sa pensée.
Elle s'en tint fort offensée ;
Et l'avertit de son devoir.
Témoigner en tels cas un peu de désespoir,
Est quelquefois une bonne recette.
C'est ce que fait notre homme ; il forme le dessein
De se laisser mourir de faim ;
Car de se poignarder, la chose est trop tôt faite :
On n'a pas le temps d'en venir
Au repentir.
D'abord Alaciel riait de sa sottise.
Un jour se passe entier, lui sans cesse jeûnant,
Elle toujours le détournant
D'une si terrible entreprise.
Le second jour commence à la toucher.
Elle rêve à cette aventure.
Laisser mourir un homme, et pouvoir l'empêcher !
C'est avoir l'âme un peu trop dure.
Par pitié donc elle condescendit
Aux volontés du capitaine ;
Et cet office lui rendit
Gaîment, de bonne grâce, et sans montrer de peine ;
Autrement le remède eût été sans effet.
Tandis que le galant se trouve satisfait,
Et remet les autres affaires,

Disant tantôt que les vents sont contraires,
Tantôt qu'il faut radouber[20] ses galères,
Pour être en état de partir,
Tantôt qu'on vient de l'avertir
Qu'il est attendu des corsaires :
Un corsaire en effet arrive, et surprenant
Ses gens demeurés à la rade,
Les tue, et va donner au château l'escalade :
Du fier[21] Grifonio c'était le lieutenant.

Il prend le château d'emblée.
Voilà la fête troublée.
Le jeûneur maudit son sort.
Le corsaire apprend d'abord
L'aventure de la belle,
Et la tirant à l'écart,
Il en veut avoir sa part.
Elle fit fort la rebelle.
Il ne s'en étonna pas,
N'étant novice en tels cas.
Le mieux que vous puissiez faire,
Lui dit tout franc ce corsaire,
C'est de m'avoir pour ami ;
Je suis corsaire et demi.
Vous avez fait jeûner un pauvre misérable
Qui se mourait pour vous d'amour ;
Vous jeûnerez à votre tour,
Ou vous me serez favorable.
La justice le veut : nous autres gens de mer
Savons rendre à chacun selon ce qu'il mérite ;
Attendez-vous de n'avoir à manger
Que quand de ce côté vous aurez été quitte.
Ne marchandez point tant, Madame, et croyez-moi.
Qu'eût fait Alaciel ? force n'a point de loi.
S'accommoder à tout est chose nécessaire.
Ce qu'on ne voudrait pas souvent il le faut faire.
Quand il plaît au destin que l'on en vienne là,
Augmenter sa souffrance est une erreur extrême ;

Si par pitié d'autrui la belle se força,
Que ne point essayer par pitié de soi-même ?
Elle se force donc, et prend en gré [22] le tout.
Il n'est affliction dont on ne vienne à bout.
        Si le corsaire eût été sage,
Il eût mené l'infante en un autre rivage.
    Sage en amour ? hélas, il n'en est point.
Tandis que celui-ci croit avoir tout à point,
    Vent pour partir, lieu propre pour attendre,
Fortune qui ne dort que lorsque nous veillons,
        Et veille quand nous sommeillons,
        Lui trame en secret cet esclandre [23].

Le seigneur d'un château voisin de celui-ci,
        Homme fort ami de la joie,
        Sans nulle attache, et sans souci
Que de chercher toujours quelque nouvelle proie,
        Ayant eu le vent des beautés,
        Perfections, commodités [24],
        Qu'en sa voisine on disait être,
Ne songeait nuit et jour qu'à s'en rendre le maître.
Il avait des amis, de l'argent, du crédit ;
        Pouvait assembler deux mille hommes ;
Il les assemble donc un beau jour, et leur dit :
    Souffrirons-nous, braves gens que nous sommes,
Qu'un pirate à nos yeux se gorge de butin ?
Qu'il traite comme esclave une beauté divine ?
        Allons tirer notre voisine
        D'entre les griffes du mâtin.
        Que ce soir chacun soit en armes ;
    Mais doucement et sans donner d'alarmes :
        Sous les auspices de la nuit,
        Nous pourrons nous rendre sans bruit
Au pied de ce château, dès la petite pointe
                Du jour.
        La surprise à l'ombre étant jointe
Nous rendra sans hasard maîtres de ce séjour.
Pour ma part du butin je ne veux que la dame :

Non pas pour en user ainsi que ce voleur ;
Je me sens un désir en l'âme,
De lui restituer ses biens et son honneur.
Tout le reste est à vous, hommes, chevaux, bagage,
Vivres, munitions, enfin tout l'équipage
Dont ces brigands ont rempli la maison.
Je vous demande encor un don ;
C'est qu'on pende aux créneaux haut et court le corsaire.

Cette harangue militaire
Leur sut tant d'ardeur inspirer,
Qu'il en fallut une autre afin de modérer
Le trop grand désir de bien faire.
Chacun repaît [25] le soir étant venu :
L'on mange peu ; l'on boit en récompense :
Quelques tonneaux sont mis sur cu [26].
Pour avoir fait cette dépense,
Il s'est gagné plusieurs combats,
Tant en Allemagne qu'en France.
Ce seigneur donc n'y manqua pas ;
Et ce fut un trait de prudence.
Mainte échelle est portée, et point d'autre embarras.
Point de tambours, force bons coutelas.
On part sans bruit, on arrive en silence.
L'orient venait de s'ouvrir.
C'est un temps où le somme est dans sa violence,
Et qui par sa fraîcheur nous contraint de dormir.
Presque tout le peuple corsaire
Du sommeil à la mort n'ayant qu'un pas à faire,
Fut assommé sans le sentir.
Le chef pendu, l'on amène l'infante.
Son peu d'amour pour le voleur,
Sa surprise et son épouvante,
Et les civilités de son libérateur
Ne lui permirent pas de répandre des larmes.
Sa prière sauva la vie à quelques gens.
Elle plaignit les morts, consola les mourants,
Puis quitta sans regret ces lieux remplis d'alarmes.

On dit même qu'en peu de temps
Elle perdit la mémoire
De ses deux derniers galants ;
Je n'ai pas peine à le croire.

Son voisin la reçut en un appartement
Tout brillant d'or, et meublé richement.
On peut s'imaginer l'ordre qu'il y fit mettre.
Nouvel hôte, et nouvel amant,
Ce n'était pas pour rien omettre ;
Grande chère surtout, et des vins fort exquis.
Les dieux ne sont pas mieux servis.
Alaciel qui de sa vie
Selon sa Loi n'avait bu vin,
Goûta ce soir par compagnie [27]
De ce breuvage si divin.
Elle ignorait l'effet d'une liqueur si douce,
Insensiblement fit carrousse [28] :
Et comme amour jadis lui troubla la raison,
Ce fut lors un autre poison.
Tous deux sont à craindre des dames.
Alaciel mise au lit par ses femmes,
Ce bon seigneur s'en fut la trouver tout d'un pas.
Quoi trouver ? dira-t-on ; d'immobiles appas [29] ?
Si j'en trouvais autant je saurais bien qu'en faire,
Disait l'autre jour un certain :
Qu'il me vienne une même affaire,
On verra si j'aurai recours à mon voisin.
Bacchus donc, et Morphée [30], et l'hôte de la belle,
Cette nuit disposèrent d'elle.
Les charmes des premiers dissipés à la fin,
La princesse au sortir du somme
Se trouva dans les bras d'un homme.
La frayeur lui glaça la voix :
Elle ne put crier, et de crainte saisie
Permit tout à son hôte, et pour un autrefois [31]
Lui laissa lier la partie.
Une nuit, lui dit-il, est de même que cent ;

Ce n'est que la première à quoi l'on trouve à dire.
Alaciel le crut. L'hôte enfin se lassant
Pour d'autres conquêtes soupire.

Il part un soir, prie un de ses amis
De faire cette nuit les honneurs du logis,
Prendre sa place, aller trouver la belle,
Pendant l'obscurité se coucher auprès d'elle,
Ne point parler ; qu'il était fort aisé ;
Et qu'en s'acquittant bien de l'emploi proposé
L'infante assurément agrérait son service.
L'autre bien volontiers lui rendit cet office.
Le moyen qu'un ami puisse être refusé ?
A ce nouveau venu la voilà donc en proie.
Il ne put sans parler contenir cette joie.
La belle se plaignit d'être ainsi leur jouet :
Comment l'entend Monsieur mon hôte ?
Dit-elle, et de quel droit me donner comme il fait ?
L'autre confessa qu'en effet
Ils avaient tort ; mais que toute la faute
Etait au maître du logis.
Pour vous venger de son mépris,
Poursuivit-il, comblez-moi de caresses.
Enchérissez sur les tendresses
Que vous eûtes pour lui tant qu'il fut votre amant :
Aimez-moi par dépit et par ressentiment,
Si vous ne pouvez autrement.
Son conseil fut suivi, l'on poussa les affaires,
L'on se vengea, l'on n'omit rien.
Que si l'ami s'en trouva bien,
L'hôte ne s'en tourmenta guères.

Et de cinq si j'ai bien compté.
Le sixième incident des travaux de l'infante
Par quelques-uns est rapporté
D'une manière différente.
Force gens concluront de là
Que d'un galant au moins je fais grâce à la belle.

C'est médisance que cela :
Je ne voudrais mentir pour elle.
Son époux n'eut assurément
Que huit précurseurs seulement.
Poursuivons donc notre nouvelle.
L'hôte revint quand l'ami fut content.
Alaciel lui pardonnant,
Fit entre eux les choses égales :
La clémence sied bien aux personnes royales.

Ainsi de main en main Alaciel passait,
Et souvent se divertissait
Aux menus ouvrages des filles
Qui la servaient, toutes assez gentilles.
Elle en aimait fort une à qui l'on en contait ;
Et le conteur était un certain gentilhomme
De ce logis, bien fait et galant homme,
Mais violent dans ses désirs,
Et grand ménager de soupirs [32],
Jusques à commencer près de la plus sévère
Par où l'on finit d'ordinaire.
Un jour au bout du parc le galant rencontra
Cette fillette ;
Et dans un pavillon fit tant qu'il l'attira
Toute seulette.
L'infante était fort près de là :
Mais il ne la vit point, et crut en assurance
Pouvoir user de violence.
Sa médisante humeur, grand obstacle aux faveurs,
Peste d'amour, et des douceurs
Dont il tire sa subsistance,
Avait de ce galant souvent grêlé [33] l'espoir.
La crainte lui nuisait autant que le devoir [34].
Cette fille l'aurait selon toute apparence
Favorisé,
Si la belle eût osé.
Se voyant craint de cette sorte,
Il fit tant qu'en ce pavillon

Elle entra par occasion ;
Puis le galant ferme la porte :
Mais en vain, car l'infante avait de quoi l'ouvrir.
La fille voit sa faute, et tâche de sortir.
Il la retient : elle crie, elle appelle :
L'infante vient, et vient comme il fallait,
Quand sur ses fins [35] la demoiselle était.
Le galant indigné de la manquer si belle
Perd tout respect, et jure par les dieux,
Qu'avant que sortir de ces lieux,
L'une ou l'autre payra sa peine ;
Quand il devrait leur attacher les mains.
Si loin de tous secours humains,
Dit-il, la résistance est vaine.
Tirez au sort sans marchander ;
Je ne saurais vous accorder
Que cette grâce ;
Il faut que l'une ou l'autre passe
Pour aujourd'hui.
Qu'a fait Madame ? dit la belle,
Pâtira-t-elle pour autrui ?
Oui si le sort tombe sur elle,
Dit le galant, prenez-vous-en à lui.
Non non, reprit alors l'infante,
Il ne sera pas dit que l'on ait, moi présente,
Violenté cette innocente.
Je me résous plutôt à toute extrémité.
Ce combat plein de charité
Fut par le sort à la fin terminé.
L'infante en eut toute la gloire :
Il lui donna sa voix, à ce que dit l'histoire :
L'autre sortit, et l'on jura
De ne rien dire de cela.
Mais le galant se serait laissé pendre
Plutôt que de cacher un secret si plaisant ;
Et pour le divulguer il ne voulut attendre
Que le temps qu'il fallait pour trouver seulement
Quelqu'un qui le voulût entendre.

Ce changement de favoris
Devint à l'infante une peine ;
Elle eut regret d'être l'Hélène
D'un si grand nombre de Pâris.
Aussi l'Amour se jouait d'elle.
Un jour entre autres que la belle
Dans un bois dormait à l'écart,
Il s'y rencontra par hasard
Un chevalier errant, grand chercheur d'aventures.
De ces sortes de gens que sur des palefrois
Les belles suivaient autrefois,
Et passaient pour chastes et pures.
Celui-ci qui donnait à ses désirs l'essor,
Comme faisaient jadis Rogel et Galaor[36],
N'eut vu la princesse endormie,
Que de prendre un baiser il forma le dessein :
Tout prêt à faire choix de la bouche ou du sein,
Il était sur le point d'en passer son envie,
Quand tout d'un coup il se souvint
Des lois de la chevalerie.
A ce penser il se retint,
Priant toutefois en son âme
Toutes les puissances d'amour,
Qu'il pût courir en ce séjour
Quelque aventure avec la dame.
L'infante s'éveilla surprise au dernier point.
Non non, dit-il, ne craignez point ;
Je ne suis géant ni sauvage,
Mais chevalier errant, qui rends grâces aux dieux
D'avoir trouvé dans ce bocage
Ce qu'à peine on pourrait rencontrer dans les cieux.
Après ce compliment, sans plus longue demeure,
Il lui dit en deux mots l'ardeur qui l'embrasait ;
C'était un homme qui faisait
Beaucoup de chemin en peu d'heure.
Le refrain fut d'offrir sa personne et son bras,
Et tout ce qu'en semblables cas

On a de coutume de dire
A celles pour qui l'on soupire.
Son offre fut reçue, et la belle lui fit
Un long roman de son histoire,
Supprimant, comme l'on peut croire,
Les six galants. L'aventurier en prit
Ce qu'il crut à propos d'en prendre ;
Et comme Alaciel de son sort se plaignit,
Cet inconnu s'engagea de la rendre
Chez Zaïr ou dans Garbe, avant qu'il fût un mois.
Dans Garbe ? non, reprit-elle, et pour cause :
Si les dieux avaient mis la chose
Jusques à présent à mon choix,
J'aurais voulu revoir Zaïr et ma patrie.
Pourvu qu'Amour me prête vie,
Vous les verrez, dit-il. C'est seulement à vous
D'apporter remède à vos coups,
Et consentir que mon ardeur s'apaise :
Si j'en mourais (à vos bontés ne plaise)
Vous demeureriez seule ; et pour vous parler franc
Je tiens ce service assez grand,
Pour me flatter d'une espérance
De récompense.
Elle en tomba d'accord, promit quelques douceurs,
Convint d'un nombre de faveurs,
Qu'afin que la chose fût sûre,
Cette princesse lui payrait,
Non tout d'un coup, mais à mesure
Que le voyage se ferait ;
Tant chaque jour, sans nulle faute.
Le marché s'étant ainsi fait,
La princesse en croupe se met,
Sans prendre congé de son hôte.
L'inconnu qui pour quelque temps
S'était défait de tous ses gens,
Les rencontra bientôt. Il avait dans sa troupe
Un sien neveu fort jeune, avec son gouverneur.
Notre héroïne prend en descendant de croupe

Un palefroi. Cependant le seigneur
Marche toujours à côté d'elle,
Tantôt lui conte une nouvelle,
Et tantôt lui parle d'amour,
Pour rendre le chemin plus court.

Avec beaucoup de foi le traité s'exécute :
Pas la moindre ombre de dispute :
Point de faute au calcul, non plus qu'entre marchands.
De faveur en faveur (ainsi comptaient ces gens)
Jusqu'au bord de la mer enfin ils arrivèrent,
Et s'embarquèrent.
Cet élément ne leur fut pas moins doux
Que l'autre avait été ; certain calme au contraire
Prolongeant le chemin, augmenta le salaire.
Sains et gaillards ils débarquèrent tous
Au port de Joppe[37], et là se rafraîchirent ;
Au bout de deux jours en partirent,
Sans autre escorte que leur train :
Ce fut aux brigands une amorce :
Un gros d'Arabes en chemin
Les ayant rencontrés, ils cédaient à la force,
Quand notre aventurier fit un dernier effort,
Repoussa les brigands, reçut une blessure
Qui le mit dans la sépulture ;
Non sur-le-champ ; devant sa mort
Il pourvut à la belle, ordonna du voyage,
En chargea son neveu jeune homme de courage,
Lui léguant par même moyen
Le surplus des faveurs, avec son équipage,
Et tout le reste de son bien.
Quand on fut revenu de toutes ces alarmes,
Et que l'on eut versé certain nombre de larmes,
On satisfit au testament du mort ;
On paya les faveurs, dont enfin la dernière
Echut justement sur le bord
De la frontière.
En cet endroit le neveu la quitta,

Pour ne donner aucun ombrage ;
Et le gouverneur la guida
Pendant le reste du voyage.
Au soudan il la présenta.
D'exprimer ici la tendresse,
Ou pour mieux dire les transports,
Que témoigna Zaïr en voyant la princesse,
Il faudrait de nouveaux efforts ;
Et je n'en puis plus faire : il est bon que j'imite
Phébus [38], qui sur la fin du jour
Tombe d'ordinaire si court
Qu'on dirait qu'il se précipite.
Le gouverneur aimait à se faire écouter ;
Ce fut un passe-temps de l'entendre conter
Monts et merveilles de la dame
Qui riait sans doute en son âme.

Seigneur, dit le bon homme en parlant au soudan,
Hispal étant parti, Madame incontinent,
Pour fuir oisiveté, principe de tout vice,
Résolut de vaquer nuit et jour au service
D'un dieu qui chez ces gens a beaucoup de crédit.
Je ne vous aurais jamais dit
Tous ses temples et ses chapelles,
Nommés pour la plupart alcôves et ruelles.
Là les gens pour idole ont un certain oiseau [39],
Qui dans ses portraits est fort beau,
Quoiqu'il n'ait des plumes qu'aux ailes.
Au contraire des autres dieux,
Qu'on ne sert que quand on est vieux,
La jeunesse lui sacrifie.
Si vous saviez l'honnête vie
Qu'en le servant menait Madame Alaciel,
Vous béniriez cent fois le Ciel
De vous avoir donné fille tant accomplie.
Au reste en ces pays on vit d'autre façon
Que parmi vous ; les belles vont et viennent :
Point d'eunuques qui les retiennent ;

Les hommes en ces lieux ont tous barbe au menton.
Madame dès l'abord s'est faite à leur méthode,
Tant elle est de facile humeur ;
Et je puis dire à son honneur
Que de tout elle s'accommode.

Zaïr était ravi. Quelques jours écoulés,
La princesse partit pour Garbe en grande escorte.
Les gens qui la suivaient furent tous régalés
De beaux présents ; et d'une amour si forte
Cette belle toucha le cœur de Mamolin,
Qu'il ne se tenait pas. On fit un grand festin,
Pendant lequel, ayant belle audience,
Alaciel conta tout ce qu'elle voulut.
Dit les mensonges qu'il lui plut.
Mamolin et sa cour écoutaient en silence.
La nuit vint : on porta la reine dans son lit.
A son honneur elle en sortit :
Le prince en rendit témoignage.
Alaciel, à ce qu'on dit,
N'en demandait pas davantage.
Ce conte nous apprend que beaucoup de maris,
Qui se vantent de voir fort clair en leurs affaires,
N'y viennent bien souvent qu'après les favoris,
Et tout savants qu'ils sont ne s'y connaissent guères.
Le plus sûr toutefois est de se bien garder,
Craindre tout, ne rien hasarder.
Filles maintenez-vous[40] ; l'affaire est d'importance.
Rois de Garbe ne sont oiseaux communs en France.
Vous voyez que l'hymen y suit l'accord[41] de près :
C'est là l'un des plus grands secrets
Pour empêcher les aventures.
Je tiens vos amitiés fort chastes et fort pures ;
Mais Cupidon alors fait d'étranges leçons :
Rompez-lui toutes ses mesures[42] :
Pourvoyez à la chose aussi bien qu'aux soupçons.
Ne m'allez point conter : c'est le droit des garçons ;
Les garçons sans ce droit ont assez où se prendre.

Si quelqu'une pourtant ne s'en pouvait défendre,
Le remède sera de rire en son malheur.
    Il est bon de garder sa fleur ;
Mais pour l'avoir perdue, il ne se faut pas pendre.

L'ERMITE

NOUVELLE TIRÉE DE BOCCACE [1]

Dame Vénus [2], et Dame Hypocrisie,
Font quelquefois ensemble de bons coups ;
Tout homme est homme, les ermites sur tous [3] ;
Ce que j'en dis, ce n'est point par envie.
Avez-vous sœur, fille, ou femme jolie,
Gardez le froc [4] ; c'est un maître Gonin [5] ;
Vous en tenez [6] s'il tombe sous sa main
Belle qui soit quelque peu simple et neuve :
Pour vous montrer que je ne parle en vain,
Lisez ceci, je ne veux autre preuve.
  Un jeune ermite était tenu pour saint :
On lui gardait place dans la Légende [7].
L'homme de Dieu d'une corde était ceint
Pleine de nœuds ; mais sous sa houppelande
Logeait le cœur d'un dangereux paillard.
Un chapelet pendait à sa ceinture
Long d'une brasse, et gros outre mesure ;
Une clochette était de l'autre part.
Au demeurant, il faisait le cafard [8],
Se renfermait voyant une femelle,
Dedans sa coque, et baissait la prunelle :
Vous n'auriez dit qu'il eût mangé le lard [9].
Un bourg était dedans son voisinage,
Et dans ce bourg une veuve fort sage,
Qui demeurait tout à l'extrémité.
Elle n'avait pour tout bien qu'une fille,

Jeune, ingénue, agréable et gentille ;
Pucelle encor ; mais à la vérité
Moins par vertu que par simplicité ;
Peu d'entregent [10], beaucoup d'honnêteté,
D'autre dot point, d'amants pas davantage.
Du temps d'Adam qu'on naissait tout vêtu,
Je pense bien que la belle en eût eu,
Car avec rien on montait un ménage.
Il ne fallait matelas ni linceul [11] :
Même le lit n'était pas nécessaire.
Ce temps n'est plus. Hymen qui marchait seul,
Mène à présent à sa suite un notaire.
L'anachorète, en quêtant par le bourg,
Vit cette fille, et dit sous son capuce :
Voici de quoi ; si tu sais quelque tour,
Il te le faut employer, frère Luce.
Pas n'y manqua, voici comme il s'y prit.
Elle logeait, comme j'ai déjà dit,
Tout près des champs, dans une maisonnette,
Dont la cloison par notre anachorète
Etant percée aisément et sans bruit,
Le compagnon par une belle nuit
(Belle, non pas, le vent et la tempête
Favorisaient le dessein du galant)
Une nuit donc, dans le pertuis [12] mettant
Un long cornet, tout du haut de la tête [13]
Il leur cria : Femmes écoutez-moi.
A cette voix, toutes pleines d'effroi,
Se blottissant, l'une et l'autre est en transe.
Il continue, et corne à toute outrance :
Réveillez-vous créatures de Dieu,
Toi femme veuve, et toi fille pucelle :
Allez trouver mon serviteur fidèle
L'ermite Luce, et partez de ce lieu
Demain matin sans le dire à personne ;
Car c'est ainsi que le Ciel vous l'ordonne.
Ne craignez point, je conduirai vos pas,
Luce est bénin. Toi veuve tu feras

Que de ta fille il ait la compagnie ;
Car d'eux doit naître un pape, dont la vie
Réformera tout le peuple chrétien.
La chose fut tellement prononcée,
Que dans le lit l'une et l'autre enfoncée,
Ne laissa pas de l'entendre fort bien.
La peur les tint un quart d'heure en silence.
La fille enfin met le nez hors des draps,
Et puis tirant sa mère par le bras,
Lui dit d'un ton tout rempli d'innocence :
Mon Dieu ! maman, y faudra-t-il aller ?
Ma compagnie ? hélas ! qu'en veut-il faire ?
Je ne sais pas comment il faut parler ;
Ma cousine Anne est bien mieux son affaire
Et retiendrait bien mieux tous ses sermons.
Sotte, tais-toi, lui repartit la mère,
C'est bien cela ; va, va, pour ces leçons
Il n'est besoin de tout l'esprit du monde :
Dès la première, ou bien dès la seconde,
Ta cousine Anne en saura moins que toi.
Oui ? dit la fille, hé mon Dieu, menez-moi.
Partons bientôt, nous reviendrons au gîte[14].
Tout doux, reprit la mère en souriant.
Il ne faut pas que nous allions si vite :
Car que sait-on ? le diable est bien méchant,
Et bien trompeur ; si c'était lui, ma fille,
Qui fût venu pour nous tendre des lacs ?
As-tu pris garde ? il parlait d'un ton cas[15],
Comme je crois que parle la famille
De Lucifer[16]. Le fait mérite bien
Que sans courir ni précipiter rien,
Nous nous gardions de nous laisser surprendre.
Si la frayeur t'avait fait mal entendre :
Pour moi j'avais l'esprit tout éperdu.
Non, non, maman, j'ai fort bien entendu,
Dit la fillette. Or bien reprit la mère,
Puisque ainsi va, mettons-nous en prière.
Le lendemain, tout le jour se passa

A raisonner, et par-ci, et par-là,
Sur cette voix et sur cette rencontre.
La nuit venue arrive le corneur :
Il leur cria d'un ton à faire peur :
Femme incrédule et qui vas à l'encontre
Des volontés de Dieu ton créateur,
Ne tarde plus, va-t'en trouver l'ermite,
Ou tu mourras. La fillette reprit :
Hé bien, maman, l'avais-je pas bien dit ?
Mon Dieu partons ; allons rendre visite
A l'homme saint ; je crains tant votre mort
Que j'y courrais, et tout de mon plus fort,
S'il le fallait. Allons donc, dit la mère.
La belle mit son corset [17] des bons jours,
Son demi-ceint [18], ses pendants [19] de velours,
Sans se douter de ce qu'elle allait faire :
Jeune fillette a toujours soin de plaire.
Notre cagot [20] s'était mis aux aguets,
Et par un trou qu'il avait fait exprès
A sa cellule, il voulait que ces femmes
Le pussent voir comme un brave soldat
Le fouet en main, toujours en un état
De pénitence, et de tirer des flammes [21]
Quelque défunt puni pour ses méfaits,
Faisant si bien en frappant tout auprès [22],
Qu'on crût ouïr cinquante disciplines.
Il n'ouvrit pas à nos deux pèlerines
Du premier coup, et pendant un moment
Chacune peut l'entrevoir s'escrimant
Du saint outil. Enfin la porte s'ouvre,
Mais ce ne fut d'un bon *Miserere* [23].
Le papelard contrefait l'étonné.
Tout en tremblant la veuve lui découvre,
Non sans rougir, le cas comme il était.
A six pas d'eux la fillette attendait
Le résultat, qui fut que notre ermite
Les renvoya, fit le bon hypocrite.
Je crains, dit-il, les ruses du malin :

Dispensez-moi, le sexe féminin
Ne doit avoir en ma cellule entrée.
Jamais de moi saint-père ne naîtra.
La veuve dit, toute déconfortée[24] :
Jamais de vous ? et pourquoi ne fera ?
Elle ne put en tirer autre chose.
En s'en allant la fillette disait :
Hélas ! maman, nos péchés en sont cause.
La nuit revient, et l'une et l'autre était
Au premier somme, alors que l'hypocrite
Et son cornet font bruire la maison.
Il leur cria toujours du même ton :
Retournez voir Luce le saint ermite.
Je l'ai changé, retournez dès demain.
Les voilà donc derechef en chemin.
Pour ne tirer plus en long cette histoire,
Il les reçut. La mère s'en alla,
Seule s'entend, la fille demeura,
Tout doucement il vous l'apprivoisa,
Lui prit d'abord son joli bras d'ivoire,
Puis s'approcha, puis en vint au baiser,
Puis aux beautés que l'on cache à la vue,
Puis le galant vous la mit toute nue,
Comme s'il eût voulu la baptiser.
O papelards[25] ! qu'on se trompe à vos mines !
Tant lui donna du retour de matines[26],
Que maux de cœur vinrent premièrement,
Et maux de cœur chassés, Dieu sait comment.
En fin finale, une certaine enflure
La contraignit d'allonger sa ceinture :
Mais en cachette, et sans en avertir
Le forge-pape, encore moins la mère.
Elle craignait qu'on ne la fît partir :
Le jeu d'amour commençait à lui plaire.
Vous me direz : d'où lui vint tant d'esprit ?
D'où ? de ce jeu, c'est l'arbre de science.
Sept mois entiers la galande attendit ;
Elle allégua son peu d'expérience.

Dès que la mère eut indice certain
De sa grossesse, elle lui fit soudain
Trousser bagage, et remercia l'hôte.
Lui de sa part rendit grâce au Seigneur
Qui soulageait son pauvre serviteur.
Puis, au départ, il leur dit que sans faute,
Moyennant Dieu, l'enfant viendrait à bien.
Gardez pourtant, Dame, de faire rien
Qui puisse nuire à votre géniture.
Ayez grand soin de cette créature,
Car tout bonheur vous en arrivera.
Vous régnerez, serez la signora[27],
Ferez monter aux grandeurs tous les vôtres,
Princes les uns et grands seigneurs les autres.
Vos cousins ducs, cardinaux vos neveux :
Places, châteaux, tant pour vous que pour eux,
Ne manqueront en aucune manière,
Non plus que l'eau qui coule en la rivière.
Leur ayant fait cette prédiction,
Il leur donna sa bénédiction.

La signora, de retour chez sa mère,
S'entretenait jour et nuit du saint-père,
Préparait tout, lui faisait des béguins[28] :
Au demeurant prenait tous les matins
La couple d'œufs[29], attendait en liesse
Ce qui viendrait d'une telle grossesse.
Mais ce qui vint détruisit les châteaux,
Fit avorter les mitres, les chapeaux[30],
Et les grandeurs de toute la famille.
La signora mit au monde une fille.

MAZET DE LAMPORECHIO[1]

NOUVELLE TIRÉE DE BOCCACE

Le voile n'est le rempart le plus sûr
Contre l'Amour, ni le moins accessible :
Un bon mari, mieux que grille ni mur,
Y pourvoira, si pourvoir est possible.
C'est à mon sens une erreur trop visible
A des parents, pour ne dire autrement,
De présumer, après qu'une personne,
Bon gré, mal gré, s'est mise en un couvent,
Que Dieu prendra ce qu'ainsi l'on lui donne.
Abus, abus ; je tiens que le Malin
N'a revenu plus clair et plus certain
(Sauf toutefois l'assistance divine[2].)
Encore un coup ne faut qu'on s'imagine
Que d'être pure et nette de péché
Soit privilège à la guimpe[3] attaché.
Nenni da, non ; je prétends qu'au contraire,
Filles du monde ont toujours plus de peur,
Que l'on ne donne atteinte à leur honneur ;
La raison est qu'elles en ont affaire[4].
Moins d'ennemis attaquent leur pudeur.
Les autres n'ont pour un seul adversaire[5].
Tentation, fille d'oisiveté,
Ne manque pas d'agir de son côté :
Puis le désir, enfant de la contrainte.
Ma fille est nonne, *Ergo,* c'est une sainte,
Mal raisonner. Des quatre parts les trois

En ont regret et se mordent les doigts ;
Font souvent pis[6] ; au moins l'ai-je ouï dire ;
Car pour ce point je parle sans savoir.
Boccace en fait certain conte pour rire,
Que j'ai rimé comme vous allez voir.
Un bon vieillard en un couvent de filles
Autrefois fut, labourait le jardin.
Elles étaient toutes assez gentilles,
Et volontiers jasaient dès le matin.
Tant ne songeaient au service divin,
Qu'à soi montrer ès parloirs aguimpées,
Bien blanchement[7], comme droites poupées,
Prête chacune à tenir coup aux gens ;
Et n'était bruit qu'il se trouvât léans[8]
Fille qui n'eût de quoi rendre le change[9],
Se renvoyant l'une à l'autre l'éteuf[10].
Huit sœurs étaient, et l'abbesse sont neuf ;
Si mal d'accord que c'était chose étrange.
De la beauté la plupart en avaient ;
De la jeunesse elles en avaient toutes.
En cettui lieu beaux pères fréquentaient,
Comme on peut croire ; et tant bien supputaient
Qu'il ne manquait à tomber sur leurs routes.
Le bon vieillard jardinier dessus dit,
Près de ces sœurs perdait presque l'esprit ;
A leur caprice il ne pouvait suffire.
Toutes voulaient au vieillard commander ;
Dont ne pouvant entre elles s'accorder,
Il souffrait plus que l'on ne saurait dire.
Force lui fut de quitter la maison.
Il en sortit de la même façon
Qu'était entré là dedans le pauvre homme,
Sans croix ne pile[11], et n'ayant rien en somme
Qu'un vieil habit. Certain jeune garçon
De Lamporech, si j'ai bonne mémoire,
Dit au vieillard un beau jour après boire,
Et raisonnant sur le fait des nonnains :
Qu'il passerait bien volontiers sa vie

Près de ces sœurs ; et qu'il avait envie
De leur offrir son travail et ses mains :
Sans demander récompense ni gages.
Le compagnon ne visait à l'argent :
Trop bien croyait, ces sœurs étant peu sages,
Qu'il en pourrait croquer une en passant,
Et puis une autre, et puis toute la troupe.
Nuto lui dit (c'est le nom du vieillard) :
Crois-moi, Mazet, mets-toi quelque autre part.
J'aimerais mieux être sans pain ni soupe
Que d'employer en ce lieu mon travail.
Les nonnes sont un étrange bétail.
Qui n'a tâté de cette marchandise,
Ne sait encor ce que c'est que tourment.
Je te le dis, laisse là ce couvent ;
Car d'espérer les servir à leur guise,
C'est un abus ; l'une voudra du mou,
L'autre du dur ; par quoi je te tiens fou,
D'autant plus fou que ces filles sont sottes ;
Tu n'auras pas œuvre faite [12] entre nous ;
L'une voudra que tu plantes des choux,
L'autre voudra que ce soit des carottes.
Mazet reprit : Ce n'est pas là le point.
Vois-tu Nuto, je ne suis qu'une bête ;
Mais dans ce lieu tu ne me verras point
Un mois entier, sans qu'on m'y fasse fête.
La raison est que je n'ai que vingt ans ;
Et comme toi je n'ai pas fait mon temps.
Je leur suis propre, et ne demande en somme
Que d'être admis. Dit alors le bon homme :
Au factotum tu n'as qu'à t'adresser ;
Allons-nous-en de ce pas lui parler.
Allons, dit l'autre. Il me vient une chose
Dedans l'esprit : je ferai le muet
Et l'idiot. Je pense qu'en effet,
Reprit Nuto, cela peut être cause
Que le pater [13] avec le factotum
N'auront de toi ni crainte ni soupçon.

La chose alla comme ils l'avaient prévue.
Voilà Mazet, à qui pour bienvenue
L'on fait bêcher la moitié du jardin.
Il contrefait le sot et le badin [14],
Et cependant laboure comme un sire.
Autour de lui les nonnes allaient rire.
Un certain jour le compagnon dormant,
Ou bien feignant de dormir, il n'importe :
(Boccace dit qu'il en faisait semblant)
Deux des nonnains le voyant de la sorte
Seul au jardin ; (car sur le haut du jour,
Nulle des sœurs ne faisait long séjour
Hors le logis, le tout crainte du hâle [15])
De ces deux donc, l'une approchant Mazet,
Dit à sa sœur : Dedans ce cabinet [16]
Menons ce sot : Mazet était beau mâle,
Et la galande à le considérer
Avait pris goût ; pourquoi [17] sans différer
Amour lui fit proposer cette affaire.
L'autre reprit : Là dedans ? et quoi faire ?
Quoi ? dit la sœur, je ne sais, l'on verra ;
Ce que l'on fait alors qu'on en est là :
Ne dit-on pas qu'il se fait quelque chose ?
JÉSUS, reprit l'autre sœur se signant,
Que dis-tu là ? notre règle défend
De tels pensers. S'il nous fait un enfant ?
Si l'on nous voit ? tu t'en vas être cause
De quelque mal. On ne nous verra point,
Dit la première ; et quant à l'autre point
C'est s'alarmer avant que le coup vienne.
Usons du temps sans nous tant mettre en peine,
Et sans prévoir les choses de si loin.
Nul n'est ici, nous avons tout à point,
L'heure, et le lieu si touffu, que la vue
N'y peut passer ; et puis sur l'avenue
Je suis d'avis qu'une fasse le guet :
Tandis que l'autre étant avec Mazet,
A son bel aise aura lieu de s'instruire :

Il est muet et n'en pourra rien dire.
Soit fait, dit l'autre ; il faut à ton désir
Acquiescer, et te faire plaisir.
Je passerai si tu veux la première
Pour t'obliger : au moins à ton loisir
Tu t'ébattras puis après de manière
Qu'il ne sera besoin d'y retourner :
Ce que j'en dis n'est que pour t'obliger.
Je le vois bien, dit l'autre plus sincère :
Tu ne voudrais sans cela commencer
Assurément ; et tu serais honteuse [18].
Tant y resta cette sœur scrupuleuse,
Qu'à la fin l'autre allant la dégager
De faction la fut faire changer.
  Notre muet fait nouvelle partie :
Il s'en tira non si gaillardement :
Cette sœur fut beaucoup plus mal lotie ;
Le pauvre gars acheva simplement
Trois fois le jeu, puis après il fit chasse [19].
Les deux nonnains n'oublièrent la trace
Du cabinet, non plus que du jardin ;
Il ne fallait leur montrer le chemin.
Mazet, pourtant, se ménagea de sorte
Qu'à sœur Agnès, quelques jours ensuivant
Il fit apprendre une semblable note
En un pressoir tout au bout du couvent ;
Sœur Angélique et sœur Claude suivirent,
L'une au dortoir, l'autre dans un cellier :
Tant qu'à la fin la cave et le grenier
Du fait des sœurs maintes choses apprirent.
Point n'en resta que le sire Mazet
Ne régalât au moins mal qu'il pouvait.
L'abbesse aussi voulut entrer en danse,
Elle eut son droit, double et triple pitance [20],
De quoi les sœurs jeûnèrent très longtemps.
Mazet n'avait faute de restaurants [21] ;
Mais restaurants ne sont pas grande affaire
A tant d'emploi. Tant pressèrent le hère [22],

Qu'avec l'abbesse un jour venant au choc :
J'ai toujours ouï, ce dit-il, qu'un bon coq
N'en a que sept[23], au moins qu'on ne me laisse
Toutes les neuf. Miracle, dit l'abbesse,
Venez mes sœurs, nos jeûnes ont tant fait
Que Mazet parle. A l'entour du muet,
Non plus muet, toutes huit accoururent ;
Tinrent chapitre, et sur l'heure conclurent
Qu'à l'avenir Mazet serait choyé
Pour le plus sûr[24] ; car qu'il fût renvoyé,
Cela rendrait la chose manifeste.
Le compagnon bien nourri, bien payé
Fit ce qu'il put, d'autres firent le reste.
Il les engea[25] de petits Mazillons,
Desquels on fit de petits moinillons ;
Ces moinillons devinrent bientôt pères ;
Comme les sœurs devinrent bientôt mères
A leur regret, pleines d'humilité ;
Mais jamais nom ne fut mieux mérité.

TROISIÈME PARTIE

LES OIES DE FRÈRE PHILIPPE

NOUVELLE TIRÉE DE BOCCACE[1]

Je dois trop au beau sexe ; il me fait trop d'honneur
De lire ces récits ; si tant est qu'il les lise.
Pourquoi non ? c'est assez qu'il condamne en son cœur
Celles qui font quelque sottise.
Ne peut-il pas sans qu'il le dise,
Rire sous cape de ces tours,
Quelque aventure qu'il y trouve ?
S'ils sont faux, ce sont vains discours ;
S'ils sont vrais, il les désapprouve.
Irait-il après tout s'alarmer sans raison
Pour un peu de plaisanterie ?
Je craindrais bien plutôt que la cajolerie[2]
Ne mît le feu dans la maison.
Chassez les soupirants, belles, souffrez mon livre ;
Je réponds de vous corps pour corps :
Mais pourquoi les chasser ? ne saurait-on bien vivre
Qu'on ne s'enferme avec les morts ?
Le monde ne vous connaît guères,
S'il croit que les faveurs sont chez vous familières :
Non pas que les heureux amants
Soient ni phénix ni corbeaux blancs ;
Aussi ne sont-ce fourmilières[3].
Ce que mon livre en dit, doit passer pour chansons.
J'ai servi des beautés de toutes les façons :
Qu'ai-je gagné ? très peu de chose ;
Rien. Je m'aviserais sur le tard d'être cause

Que la moindre de vous commît le moindre mal !
Contons ; mais contons bien ; c'est le point principal ;
C'est tout : à cela près, censeurs, je vous conseille
De dormir comme moi sur l'une et l'autre oreille.
Censurez tant qu'il vous plaira
Méchants vers, et phrases méchantes ;
Mais pour bons tours, laissez-les là ;
Ce sont choses indifférentes ;
Je n'y vois rien de périlleux.
Les mères, les maris, me prendront aux cheveux
Pour dix ou douze contes bleus[4] !
Voyez un peu la belle affaire !
Ce que je n'ai pas fait mon livre irait le faire !
Beau sexe, vous pouvez le lire en sûreté ;
Mais je voudrais m'être acquitté
De cette grâce par avance[5].
Que puis-je faire en récompense ?
Un conte où l'on va voir vos appas triompher :
Nulle précaution ne les peut étouffer.
Vous auriez surpassé le printemps et l'aurore
Dans l'esprit d'un garçon, si dès ses jeunes ans,
Outre l'éclat des cieux, et les beautés des champs,
Il eût vu les vôtres encore.
Aussi dès qu'il les vit il en sentit les coups ;
Vous surpassâtes tout ; il n'eut d'yeux que pour vous ;
Il laissa les palais : enfin votre personne
Lui parut avoir plus d'attraits
Que n'en auraient à beaucoup près
Tous les joyaux de la Couronne.
On l'avait dès l'enfance élevé dans un bois.
Là son unique compagnie
Consistait aux oiseaux : leur aimable harmonie
Le désennuyait quelquefois.
Tout son plaisir était cet innocent ramage :
Encor ne pouvait-il entendre leur langage.
En une école si sauvage
Son père l'amena dès ses plus tendres ans.
Il venait de perdre sa mère ;

Et le pauvre garçon ne connut la lumière
Qu'afin qu'il ignorât les gens :
Il ne s'en figura pendant un fort long temps
Point d'autres que les habitants
De cette forêt ; c'est-à-dire
Que des loups, des oiseaux, enfin ce qui respire
Pour respirer sans plus, et ne songer à rien.
Ce qui porta son père à fuir tout entretien,
Ce furent deux raisons ou mauvaises ou bonnes ;
L'une la haine des personnes,
L'autre la crainte ; et depuis qu'à ses yeux
Sa femme disparut s'envolant dans les Cieux,
Le monde lui fut odieux :
Las d'y gémir, et de s'y plaindre,
Et partout des plaintes ouïr,
Sa moitié le lui fit par son trépas haïr,
Et le reste des femmes craindre.
Il voulut être ermite ; et destina son fils
A ce même genre de vie.
Ses biens aux pauvres départis,
Il s'en va seul, sans compagnie
Que celle de ce fils, qu'il portait dans ses bras :
Au fond d'une forêt il arrête ses pas.
(Cet homme s'appelait Philippe, dit l'histoire.)
Là, par un saint motif, et non par humeur noire,
Notre ermite nouveau cache avec très grand soin
Cent choses à l'enfant[6] ; ne lui dit près ni loin
Qu'il fût au monde aucune femme,
Aucuns désirs, aucun amour ;
Au progrès de ses ans réglant en ce séjour
La nourriture de son âme.
A cinq il lui nomma des fleurs, des animaux ;
L'entretint de petits oiseaux ;
Et parmi ce discours aux enfants agréable,
Mêla des menaces du diable ;
Lui dit qu'il était fait d'une étrange façon :
La crainte est aux enfants la première leçon.
Les dix ans expirés, matière plus profonde

Se mit sur le tapis : un peu de l'autre monde
Au jeune enfant fut révélé ;
Et de la femme point parlé.
Vers quinze ans lui fut enseigné,
Tout autant que l'on put, l'auteur de la nature ;
Et rien touchant la créature.
Ce propos n'est alors déjà plus de saison
Pour ceux qu'au monde on veut soustraire ;
Telle idée en ce cas est fort peu nécessaire.
Quand ce fils eut vingt ans, son père trouva bon
De le mener à la ville prochaine.
Le vieillard tout cassé ne pouvait plus qu'à peine
Aller querir son vivre : et lui mort après tout
Que ferait ce cher fils ? comment venir à bout
De subsister sans connaître personne ?
Les loups n'étaient pas gens qui donnassent l'aumône.
Il savait bien que le garçon
N'aurait de lui pour héritage,
Qu'une besace et qu'un bâton :
C'était un étrange partage.
Le père à tout cela songeait sur ses vieux ans.
Au reste il était peu de gens
Qui ne lui donnassent la miche[7].
Frère Philippe eût été riche
S'il eût voulu. Tous les petits enfants
Le connaissaient ; et du haut de leur tête[8],
Ils criaient : Apprêtez la quête ;
Voilà frère Philippe. Enfin dans la cité
Frère Philippe souhaité
Avait force dévots ; de dévotes pas une ;
Car il n'en voulait point avoir.
Sitôt qu'il crut son fils ferme dans son devoir,
Le pauvre homme le mène voir
Les gens de bien, et tente la fortune.
Ce ne fut qu'en pleurant qu'il exposa ce fils.
Voilà nos ermites partis.
Ils vont à la cité superbe, bien bâtie,
Et de tous objets assortie :

Le prince y faisait son séjour.
Le jeune homme tombé des nues
Demandait : Qu'est-ce là ? Ce sont des gens de cour.
Et là ? Ce sont palais. Ici ? Ce sont statues.
Il considérait tout : quand de jeunes beautés
Aux yeux vifs, aux traits enchantés,
Passèrent devant lui ; dès lors nulle autre chose
Ne put ses regards attirer.
Adieu palais ; adieu ce qu'il vient d'admirer :
Voici bien pis, et bien une autre cause
D'étonnement.
Ravi comme en extase à cet objet charmant :
Qu'est-ce là, dit-il à son père,
Qui porte un si gentil habit ?
Comment l'appelle-t-on ? ce discours ne plut guère
Au bon vieillard, qui répondit :
C'est un oiseau qui s'appelle oie.
O l'agréable oiseau ! dit le fils plein de joie.
Oie, hélas chante un peu, que j'entende ta voix.
Peut-on point un peu te connaître ?
Mon père je vous prie et mille et mille fois,
Menons-en une en notre bois ;
J'aurai soin de la faire paître.

LA MANDRAGORE

NOUVELLE TIRÉE DE MACHIAVEL [1]

Au présent conte on verra la sottise
D'un Florentin. Il avait femme prise
Honnête et sage autant qu'il est besoin ;
Jeune pourtant, du reste toute belle :
Et n'eût-on cru de jouissance telle
Dans le pays, ni même encor plus loin.
Chacun l'aimait, chacun la jugeait digne
D'un autre époux : car quant à celui-ci,
Qu'on appelait Nicia Calfucci,
Ce fut un sot en son temps très insigne.
Bien le montra, lorsque bon gré, mal gré
Il résolut d'être père appelé ;
Crut qu'il ferait beaucoup pour sa patrie
S'il la pouvait orner de Calfuccis.
Sainte ni saint n'était en paradis
Qui de ses vœux n'eût la tête étourdie.
Tous ne savaient où mettre ses présents.
Il consultait matrones [2], charlatans,
Diseurs de mots [3], experts sur cette affaire :
Le tout en vain : car il ne put tant faire
Que d'être père. Il était buté là,
Quand un jeune homme, après avoir en France
Etudié, s'en revint à Florence,
Aussi leurré [4] qu'aucun de par-delà ;
Propre [5], galant, cherchant partout fortune,
Bien fait de corps, bien voulu de chacune :

Il sut dans peu la carte du pays ;
Connut les bons et les méchants maris ;
Et de quel bois se chauffaient leurs femelles ;
Quels surveillants ils avaient mis près d'elles ;
Les si, les car, enfin tous les détours ;
Comment gagner les confidents d'amours,
Et la nourrice, et le confesseur même,
Jusques au chien[6] ; tout y fait quand on aime.
Tout tend aux fins, dont un seul iota
N'étant omis, d'abord le personnage
Jette son plomb[7] sur Messer Nicia,
Pour lui donner l'ordre de Cocuage.
Hardi dessein ! l'épouse de léans
A dire vrai recevait bien les gens ;
Mais c'était tout : aucun de ses amants
Ne s'en pouvait promettre davantage.
Celui-ci seul, Callimaque nommé,
Dès qu'il parut fut très fort à son gré.
Le galant donc près de la forteresse
Assied son camp, vous investit Lucrèce[8],
Qui ne manqua de faire la tigresse
A l'ordinaire, et l'envoya jouer[9] :
Il ne savait à quel saint se vouer,
Quand le mari, par sa sottise extrême,
Lui fit juger qu'il n'était stratagème,
Panneau n'était, tant étrange semblât,
Où le pauvre homme à la fin ne donnât,
De tout son cœur, et ne s'en affublât.
L'amant et lui, comme étant gens d'étude,
Avaient entre eux lié quelque habitude :
Car Nice était docteur en droit canon :
Mieux eût valu l'être en autre science,
Et qu'il n'eût pris si grande confiance
En Callimaque. Un jour au compagnon
Il se plaignit de se voir sans lignée.
A qui la faute ? il était vert galant,
Lucrèce jeune, et drue, et bien taillée :
Lorsque j'étais à Paris, dit l'amant,

Un curieux [10] y passa d'aventure,
Je l'allai voir : il m'apprit cent secrets :
Entre autres un pour avoir géniture :
Et n'était chose à son compte plus sûre.
Le grand Mogor [11] l'avait avec succès
Depuis deux ans, éprouvé sur sa femme.
Mainte princesse, et mainte et mainte dame
En avait fait aussi d'heureux essais.
Il disait vrai, j'en ai vu des effets.
Cette recette est une médecine
Faite du jus de certaine racine,
Ayant pour nom mandragore [12] ; et ce jus
Pris par la femme opère beaucoup plus
Que ne fit onc nulle ombre monacale
D'aucun couvent de jeunes frères plein [13].
Dans dix mois d'hui je vous fais père enfin ;
Sans demander un plus long intervalle.
Et touchez là : dans dix mois et devant
Nous porterons au baptême l'enfant.
Dites-vous vrai ? repartit Messer Nice.
Vous me rendez un merveilleux office.
Vrai ? je l'ai vu : faut-il répéter tant ?
Vous moquez-vous d'en douter seulement ?
Par votre foi, le Mogor est-il homme
Que l'on osât de la sorte affronter [14] ?
Ce curieux en toucha telle somme
Qu'il n'eut sujet de s'en mécontenter.
Nice reprit : Voilà chose admirable !
Et qui doit être à Lucrèce agréable !
Quand lui verrai-je un poupon sur le sein ?
Notre féal [15], vous serez le parrain ;
C'est la raison : dès hui je vous en prie.
Tout doux, reprit alors notre galant,
Ne soyez pas si prompt, je vous supplie :
Vous allez vite : il faut auparavant
Vous dire tout. Un mal est dans l'affaire :
Mais ici-bas put-on jamais tant faire
Que de trouver un bien pur et sans mal ?

Ce jus doué de vertu tant insigne
Porte d'ailleurs [16] qualité très maligne.
Presque toujours il se trouve fatal
A celui-là qui le premier caresse
La patiente ; et souvent on en meurt.
Nice reprit aussitôt : Serviteur ;
Plus de votre herbe : et laissons là Lucrèce
Telle qu'elle est : bien grand merci du soin.
Que servira, moi mort, si je suis père ?
Pourvoyez-vous de quelque autre compère :
C'est trop de peine, il n'en est pas besoin.
L'amant lui dit : Quel esprit est le vôtre !
Toujours il va d'un excès dans un autre.
Le grand désir de vous voir un enfant
Vous transportait naguère d'allégresse :
Et vous voilà, tant vous avez de presse,
Découragé sans attendre un moment.
Oyez le reste ; et sachez que Nature
A mis remède à tout, fors à la mort.
Qu'est-il de faire [17] afin que l'aventure
Nous réussisse, et qu'elle aille à bon port ?
Il nous faudra choisir quelque jeune homme
D'entre le peuple ; un pauvre malheureux,
Qui vous précède au combat amoureux ;
Tente la voie, attire et prenne en somme
Tout le venin : puis le danger ôté
Il conviendra que de votre côté
Vous agissiez sans tarder davantage ;
Car soyez sûr d'être alors garanti.
Il nous faut faire *in anima vili* [18]
Ce premier pas ; et prendre un personnage
Lourd et de peu ; mais qui ne soit pourtant
Mal fait de corps, ni par trop dégoûtant,
Ni d'un toucher si rude et si sauvage
Qu'à votre femme un supplice ce soit.
Nous savons bien que Madame Lucrèce
Accoutumée à la délicatesse
De Nicia, trop de peine en auroit.

Même il se peut qu'en venant à la chose
Jamais son cœur n'y voudrait consentir.
Or ai-je dit un jeune homme, et pour cause :
Car plus sera d'âge pour bien agir,
Moins laissera de venin, sans nul doute :
Je vous promets qu'il n'en laissera goutte.
Nice d'abord eut peine à digérer
L'expédient ; allégua le danger,
Et l'infamie : il en serait en peine :
Le magistrat pourrait le rechercher
Sur le soupçon d'une mort si soudaine.
Empoisonner un de ses citadins !
Lucrèce était échappée aux blondins [19],
On l'allait mettre entre les bras d'un rustre !
Je suis d'avis [20] qu'on prenne un homme illustre,
Dit Callimaque, ou quelqu'un qui bientôt
En mille endroits cornera le mystère !
Sottise et peur contiendront ce pitaud [21].
Au pis aller l'argent le fera taire.
Votre moitié n'ayant lieu de s'y plaire,
Et le coquin même n'y songeant pas,
Vous ne tombez proprement dans le cas
De cocuage. Il n'est pas dit encore
Qu'un tel paillard ne résiste au poison.
Et ce nous est une double raison
De le choisir tel que la mandragore
Consume en vain sur lui tout son venin.
Car quand je dis qu'on meurt, je n'entends dire
Assurément. Il vous faudra demain
Faire choisir sur la brune le sire :
Et dès ce soir donner la potion.
J'en ai chez moi de la confection [22].
Gardez-vous bien au reste, Messer Nice,
D'aller paraître en aucune façon.
Ligurio choisira le garçon :
C'est là son fait : laissez-lui cet office.
Vous vous pouvez fier à ce valet
Comme à vous-même : il est sage et discret.

J'oublie encor que pour plus d'assurance
On bandera les yeux à ce paillard :
Il ne saura qui, quoi, n'en quelle part,
N'en quel logis, ni si dedans Florence,
Ou bien dehors on vous l'aura mené.
Par Nicia le tout fut approuvé.
Restait sans plus d'y disposer sa femme.
De prime face [23] elle crut qu'on riait ;
Puis se fâcha ; puis jura sur son âme
Que mille fois plutôt on la tuerait.
Que dirait-on si le bruit en courait ?
Outre l'offense et péché trop énorme,
Calfuce et Dieu savaient que de tout temps
Elle avait craint ces devoirs complaisants,
Qu'elle endurait seulement pour la forme.
Puis il viendrait quelque mâtin [24] difforme
L'incommoder, la mettre sur les dents ?
Suis-je de taille à souffrir toutes gens ?
Quoi ! recevoir un pitaud dans ma couche ?
Puis-je y songer qu'avecque du dédain ?
Et par saint Jean ni pitaud, ni blondin,
Ni roi, ni roc [25] ne feront qu'autre touche
Que Nicia jamais onc à ma peau.
Lucrèce étant de la sorte arrêtée,
On eut recours à frère Timothée.
Il la prêcha ; mais si bien et si beau,
Qu'elle donna les mains [26] par pénitence.
On l'assura de plus qu'on choisirait
Quelque garçon d'honnête corpulence ;
Non trop rustaud ; et qui ne lui ferait
Mal ni dégoût. La potion fut prise.
Le lendemain notre amant se déguise,
Et s'enfarine en vrai garçon meunier ;
Un faux menton, barbe d'étrange guise ;
Mieux ne pouvait se métamorphoser.
Ligurio qui de la faciende [27]
Et du complot avait toujours été,
Trouve l'amant tout tel qu'il le demande,

Et ne doutant qu'on n'y fût attrapé,
Sur le minuit le mène à Messer Nice ;
Les yeux bandés ; le poil teint ; et si bien
Que notre époux ne reconnut en rien
Le compagnon. Dans le lit il se glisse
En grand silence : en grand silence aussi
La patiente attend sa destinée ;
Bien blanchement, et ce soir atournée[28].
Voire ce soir ? atournée ; et pour qui ?
Pour qui ? j'entends : n'est-ce pas que la dame
Pour un meunier prenait trop de souci ?
Vous vous trompez ; le sexe en use ainsi.
Meuniers ou rois, il veut plaire à toute âme.
C'est double honneur, ce semble en une femme,
Quand son mérite échauffe un esprit lourd,
Et fait aimer les cœurs nés sans amour.
Le travesti changea de personnage,
Sitôt qu'il eut dame de tel corsage
A ses côtés, et qu'il fut dans le lit.
Plus de meunier ; la galande sentit
Auprès de soi la peau d'un honnête homme[29].
Et ne croyez qu'on employât au somme
De tels moments. Elle disait tout bas :
Qu'est ceci donc ? ce compagnon n'est pas
Tel que j'ai cru : le drôle a la peau fine.
C'est grand dommage : il ne mérite hélas
Un tel destin : j'ai regret qu'au trépas
Chaque moment de plaisir l'achemine.
Tandis[30] l'époux enrôlé[31] tout de bon,
De sa moitié plaignait bien fort la peine.
Ce fut avec une fierté de reine
Qu'elle donna la première façon
De cocuage ; et pour le décoron[32]
Point ne voulut y joindre ses caresses.
A ce garçon la perle des Lucrèces
Prendrait du goût ? quand le premier venin
Fut emporté, notre amant prit la main
De sa maîtresse ; et de baisers de flamme

La parcourant : Pardon (dit-il) Madame.
Ne vous fâchez du tour qu'on vous a fait ;
C'est Callimaque : approuvez son martyre[33].
Vous ne sauriez ce coup vous en dédire.
Votre rigueur n'est plus d'aucun effet.
S'il est fatal toutefois que j'expire,
J'en suis content : vous avez dans vos mains
Un moyen sûr de me priver de vie ;
Et le plaisir bien mieux qu'aucuns venins
M'achèvera, tout le reste est folie.
Lucrèce avait jusque-là résisté ;
Non par défaut de bonne volonté ;
Ni que l'amant ne plût fort à la belle :
Mais la pudeur et la simplicité
L'avaient rendue ingrate[34] en dépit d'elle.
Sans dire mot, sans oser respirer,
Pleine de honte et d'amour tout ensemble,
Elle se met aussitôt à pleurer.
A son amant peut-elle se montrer
Après cela ? qu'en pourra-t-il penser ?
Dit-elle en soi ; et qu'est-ce qu'il lui semble ?
J'ai bien manqué de courage et d'esprit.
Incontinent un excès de dépit
Saisit son cœur ; et fait que la pauvrette
Tourne la tête, et vers le coin du lit
Se va cacher pour dernière retraite.
Elle y voulut tenir bon, mais en vain.
Ne lui restant que ce peu de terrain,
La place fut incontinent rendue.
Le vainqueur l'eut à sa discrétion ;
Il en usa selon sa passion :
Et plus ne fut de larme répandue.
Honte cessa ; scrupule autant en fit.
Heureux sont ceux qu'on trompe à leur profit.
L'aurore vint trop tôt pour Callimaque,
Trop tôt encor pour l'objet de ses vœux.
Il faut, dit-il, beaucoup plus d'une attaque
Contre un venin tenu si dangereux.

Les jours suivants notre couple amoureux
Y sut pourvoir : l'époux ne tarda guères
Qu'il n'eût atteint tous ses autres confrères[35].
Pour ce coup-là fallut se séparer ;
L'amant courut chez soi se recoucher.
A peine au lit il s'était mis encore,
Que notre époux joyeux et triomphant
Le va trouver, et lui conte comment
S'était passé le jus de mandragore :
D'abord, dit-il, j'allai tout doucement
Auprès du lit écouter si le sire
S'approcherait, et s'il en voudrait dire.
Puis je priai notre épouse tout bas
Qu'elle lui fît quelque peu de caresse,
Et ne craignît de gâter ses appas.
C'était au plus une nuit d'embarras[36].
Et ne pensez, ce lui dis-je, Lucrèce,
Ni l'un ni l'autre en ceci me tromper,
Je saurai tout ; Nice se peut vanter
D'être homme à qui l'on n'en donne à garder[37].
Vous savez bien qu'il y va de ma vie.
N'allez donc point faire la renchérie[38] :
Montrez par là que vous savez aimer
Votre mari plus qu'on ne croit encore :
C'est un beau champ[39]. Que si cette pécore[40]
Fait le honteux, envoyez sans tarder
M'en avertir ; car je me vais coucher.
Et n'y manquez ; nous y mettrons bon ordre.
Besoin n'en eus : tout fut bien jusqu'au bout.
Savez-vous bien que ce rustre y prit goût ?
Le drôle avait tantôt peine à démordre.
J'en ai pitié : je le plains après tout.
N'y songeons plus ; qu'il meure, et qu'on l'enterre.
Et quant à vous venez nous voir souvent.
Nargue[41] de ceux qui me faisaient la guerre ;
Dans neuf mois d'hui je leur livre un enfant.

LES RÉMOIS [1]

Il n'est cité que je préfère à Reims :
C'est l'ornement, et l'honneur de la France [2] :
Car sans compter l'ampoule [3] et les bons vins,
Charmants objets y sont en abondance.
Par ce point-là je n'entends quant à moi
Tours ni portaux [4] ; mais gentilles galoises [5] ;
Ayant trouvé telle de nos Rémoises
Friande assez pour la bouche d'un roi.
Une avait pris un peintre en mariage,
Homme estimé dans sa profession [6] :
Il en vivait : que faut-il davantage ?
C'était assez pour sa condition.
Chacun trouvait sa femme fort heureuse.
Le drôle était, grâce à certain talent,
Très bon époux, encor meilleur galant.
De son travail mainte dame amoureuse
L'allait trouver ; et le tout à deux fins :
C'était le bruit à ce que dit l'histoire :
Moi qui ne suis en cela des plus fins,
Je m'en rapporte à ce qu'il en faut croire.
Dès que le sire avait donzelle en main,
Il en riait avecque son épouse.
Les droits d'hymen allant toujours leur train,
Besoin n'était qu'elle fît la jalouse.
Même elle eût pu le payer de ses tours ;
Et comme lui voyager en amours ;

Sauf d'en user avec plus de prudence,
Ne lui faisant la même confidence.
Entre les gens qu'elle sut attirer,
Deux siens voisins se laissèrent leurrer
A l'entretien libre et gai de la dame ;
Car c'était bien la plus trompeuse femme
Qu'en ce point-là l'on eût su rencontrer :
Sage sur tout ; mais aimant fort à rire.
Elle ne manque incontinent de dire
A son mari l'amour des deux bourgeois,
Tous deux gens sots, tous deux gens à sornettes.
Lui raconta mot pour mot leurs fleurettes ;
Pleurs et soupirs, gémissements gaulois [7].
Ils avaient lu, ou plutôt ouï dire,
Que d'ordinaire en amour on soupire.
Ils tâchaient donc d'en faire leur devoir,
Que bien que mal, et selon leur pouvoir.
A frais communs [8] se conduisait l'affaire.
Ils ne devaient nulle chose se taire.
Le premier d'eux qu'on favoriserait
De son bonheur part à l'autre ferait.
Femmes voilà souvent comme on vous traite.
Le seul plaisir est ce que l'on souhaite.
Amour est mort : le pauvre compagnon
Fut enterré sur les bords du Lignon [9].
Nous n'en avons ici ni vent ni voie [10].
Vous y servez de jouet et de proie
A jeunes gens indiscrets, scélérats :
C'est bien raison qu'au double on le leur rende :
Le beau premier qui sera dans vos lacs,
Plumez-le-moi, je vous le recommande.
La dame donc pour tromper ses voisins
Leur dit un jour : Vous boirez de nos vins
Ce soir chez nous. Mon mari s'en va faire
Un tour aux champs ; et le bon de l'affaire
C'est qu'il ne doit au gîte revenir.
Nous nous pourrons à l'aise entretenir.
Bon, dirent-ils, nous viendrons sur la brune.

Or les voilà compagnons de fortune.
La nuit venue ils vont au rendez-vous.
Eux introduits, croyant ville gagnée,
Un bruit survint ; la fête fut troublée.
On frappe à l'huis ; le logis aux verrous
Etait fermé : la femme à la fenêtre
Court en disant : celui-là frappe en maître :
Serait-ce point par malheur mon époux ?
Oui, cachez-vous, dit-elle, c'est lui-même.
Quelque accident, ou bien quelque soupçon,
Le font venir coucher à la maison.
Nos deux galants dans ce péril extrême
Se jettent vite en certain cabinet.
Car s'en aller, comment auraient-ils fait ?
Ils n'avaient pas le pied hors de la chambre,
Que l'époux entre, et voit au feu le membre [11]
Accompagné de maint et maint pigeon,
L'un au hâtier [12], les autres au chaudron,
Oh oh, dit-il, voilà bonne cuisine !
Qui traitez-vous ? Alis notre voisine,
Reprit l'épouse, et Simonette aussi.
Loué soit Dieu qui vous ramène ici,
La compagnie en sera plus complète.
Madame Alis, Madame Simonette,
N'y perdront rien. Il faut les avertir
Que tout est prêt, qu'elles n'ont qu'à venir.
J'y cours moi-même. Alors la créature
Les va prier. Or c'étaient les moitiés
De nos galants et chercheurs d'aventure,
Qui fort chagrins de se voir enfermés
Ne laissaient pas de louer leur hôtesse
De s'être ainsi tirée avec adresse
De cet apprêt. Avec elle à l'instant
Leurs deux moitiés entrent tout en chantant.
On les salue, on les baise, on les loue
De leur beauté, de leur ajustement,
On les contemple, on patine [13], on se joue.
Cela ne plut aux maris nullement.

Du cabinet la porte à demi close,
Leur laissant voir le tout distinctement,
Ils ne prenaient aucun goût à la chose :
Mais passe encor pour ce commencement.
Le souper mis presque au même moment,
Le peintre prit par la main les deux femmes,
Les fit asseoir, entre elles se plaça.
Je bois, dit-il, à la santé des dames :
Et de trinquer ; passe encore pour cela.
On fit raison [14] ; le vin ne dura guère.
L'hôtesse étant alors sans chambrière
Court à la cave : et de peur des esprits
Mène avec soi madame Simonette.
Le peintre reste avec madame Alis,
Provinciale assez belle, et bien faite,
Et s'en piquant, et qui pour le pays
Se pouvait dire honnêtement coquette.
Le compagnon vous la tenant seulette,
La conduisit de fleurette en fleurette
Jusqu'au toucher, et puis un peu plus loin ;
Puis tout à coup levant la collerette
Prit un baiser dont l'époux fut témoin.
Jusque-là passe : époux, quand ils sont sages,
Ne prennent garde à ces menus suffrages [15] ;
Et d'en tenir registre c'est abus :
Bien est-il vrai qu'en rencontre pareille
Simples baisers font craindre le surplus ;
Car Satan lors vient frapper sur l'oreille
De tel qui dort, et fait tant qu'il s'éveille.
L'époux vit donc, que tandis qu'une main
Se promenait sur la gorge à son aise,
L'autre prenait un tout autre chemin ;
Ce fut alors, Dame ne vous déplaise,
Que le courroux lui montant au cerveau,
Il s'en allait enfonçant son chapeau,
Mettre l'alarme en tout le voisinage,
Battre sa femme, et dire au peintre rage [16],
Et témoigner qu'il n'avait les bras gourds.

Gardez-vous bien de faire une sottise,
Lui dit tout bas son compagnon d'amours,
Tenez-vous coi. Le bruit en nulle guise
N'est bon ici ; d'autant plus qu'en vos lacs
Vous êtes pris : ne vous montrez donc pas.
C'est le moyen d'étouffer cette affaire.
Il est écrit qu'à nul il ne faut faire
Ce qu'on ne veut à soi-même être fait.
Nous ne devons quitter ce cabinet
Que bien à point, et tantôt quand cet homme
Etant au lit prendra son premier somme.
Selon mon sens c'est le meilleur parti.
A tard viendrait aussi bien la querelle [17].
N'êtes-vous pas cocu plus d'à demi ?
Madame Alis au fait a consenti :
Cela suffit, le reste est bagatelle.
L'époux goûta quelque peu ces raisons.
Sa femme fit quelque peu de façons,
N'ayant le temps d'en faire davantage.
Et puis ? et puis ; comme personne sage
Elle remit sa coiffure en état.
On n'eût jamais soupçonné ce ménage,
Sans qu'il restait [18] un certain incarnat
Dessus son teint ; mais c'était peu de chose ;
Dame Fleurette en pouvait être cause.
L'une pourtant des tireuses de vin
De lui sourire au retour ne fit faute :
Ce fut la peintre. On se remit en train :
On releva [19] grillades et festin :
On but encore à la santé de l'hôte,
Et de l'hôtesse, et de celle des trois
Qui la première aurait quelque aventure.
Le vin manqua pour la seconde fois.
L'hôtesse adroite et fine créature
Soutient toujours qu'il revient des esprits
Chez les voisins. Ainsi madame Alis
Servit d'escorte. Entendez que la dame
Pour l'autre emploi inclinait en son âme ;

Mais on l'emmène ; et par ce moyen-là
De faction Simonette changea.
Celle-ci fait d'abord plus la sévère,
Veut suivre l'autre, ou feint le vouloir faire ;
Mais se sentant par le peintre tirer,
Elle demeure ; étant trop ménagère [20]
Pour se laisser son habit déchirer.
L'époux voyant quel train prenait l'affaire
Voulut sortir. L'autre lui dit : Tout doux.
Nous ne voulons sur vous nul avantage.
C'est bien raison que Messer Cocuage
Sur son état vous couche ainsi que nous.
Sommes-nous pas compagnons de fortune ?
Puisque le peintre en a caressé l'une,
L'autre doit suivre. Il faut bon gré mal gré
Qu'elle entre en danse ; et s'il est nécessaire
Je m'offrirai de lui tenir le pied [21] :
Vouliez ou non, elle aura son affaire.
Elle l'eut donc : notre peintre y pourvut
Tout de son mieux : aussi le valait-elle.
Cette dernière eut ce qu'il lui fallut ;
On en donna le loisir à la belle.
Quand le vin fut de retour, on conclut
Qu'il ne fallait s'attabler davantage.
Il était tard ; et le peintre avait fait
Pour ce jour-là suffisamment d'ouvrage.
On dit bonsoir. Le drôle satisfait
Se met au lit : nos gens sortent de cage.
L'hôtesse alla tirer du cabinet
Les regardants honteux, mal contents d'elle,
Cocus de plus. Le pis de leur méchef [22]
Fut qu'aucun d'eux ne put venir à chef [23]
De son dessein, ni rendre à la donzelle
Ce qu'elle avait à leurs femmes prêté ;
Par conséquent c'est fait ; j'ai tout conté.

LA COUPE ENCHANTÉE

NOUVELLE TIRÉE DE L'ARIOSTE [1]

Les maux les plus cruels ne sont que des chansons.
Près de ceux qu'aux maris cause la jalousie.
Figurez-vous un fou chez qui tous les soupçons
Sont bien venus, quoi qu'on lui die.
Il n'a pas un moment de repos en sa vie.
Si l'oreille lui tinte, ô dieux ! tout est perdu.
Ses songes sont toujours que l'on le fait cocu.
Pourvu qu'il songe, c'est l'affaire.
Je ne vous voudrais pas un tel point garantir ;
Car pour songer il faut dormir,
Et les jaloux ne dorment guère.
Le moindre bruit éveille un mari soupçonneux :
Qu'à l'entour de sa femme une mouche bourdonne,
C'est cocuage qu'en personne
Il a vu de ses propres yeux.
Si bien vu que l'erreur n'en peut être effacée,
Il veut à toute force être au nombre des sots.
Il se maintient cocu, du moins de la pensée,
S'il ne l'est en chair et en os.
Pauvres gens, dites-moi, qu'est-ce que cocuage ?
Quel tort vous fait-il ? Quel dommage ?
Qu'est-ce enfin que ce mal dont tant de gens de bien
Se moquent avec juste cause ?
Quand on l'ignore, ce n'est rien,
Quand on le sait, c'est peu de chose.
Vous croyez cependant que c'est un fort grand cas :

Tâchez donc d'en douter, et ne ressemblez pas
A celui-là qui but dans la coupe enchantée.
Profitez du malheur d'autrui.
Si cette histoire peut soulager votre ennui,
Je vous l'aurai bientôt contée.
Mais je vous veux premièrement,
Prouver par bon raisonnement,
Que ce mal dont la peur vous mine et vous consume,
N'est mal qu'en votre idée, et non point dans l'effet :
En mettez-vous votre bonnet
Moins aisément que de coutume ?
Cela s'en va-t-il pas tout net ?
Voyez-vous qu'il en reste une seule apparence ;
Une tache qui nuise à vos plaisirs secrets ?
Ne retrouvez-vous pas toujours les mêmes traits ?
Vous apercevez-vous d'aucune différence ?
Je tire donc ma conséquence,
Et dis malgré le peuple, ignorant et brutal,
Cocuage n'est point un mal[2].

Oui, mais l'honneur est une étrange affaire !
Qui vous soutient que non ? ai-je dit le contraire ?
Et bien l'honneur, l'honneur ? je n'entends que ce mot.
Apprenez qu'à Paris ce n'est pas comme à Rome ;
Le cocu qui s'afflige y passe pour un sot
Et le cocu qui rit, pour un fort honnête homme :
Quand on prend comme il faut cet accident fatal,
Cocuage n'est point un mal.

Prouvons que c'est un bien : la chose est fort facile.
Tout vous rit ; votre femme est souple comme un gant ;
Et vous pourriez avoir vingt mignonnes en ville,
Qu'on n'en sonnerait pas deux mots en tout un an.
Quand vous parlez, c'est dit notable ;
On vous met le premier à table :
C'est pour vous la place d'honneur,
Pour vous le morceau du seigneur :
Heureux qui vous le sert ! la blondine chiorme[3]

Afin de vous gagner n'épargne aucun moyen :
Vous êtes le patron[4], dont je conclus en forme[5],
Cocuage est un bien.

Quand vous perdez au jeu, l'on vous donne revanche ;
Même votre homme écarte et ses as et ses rois.
Avez-vous sur les bras quelque monsieur Dimanche[6],
Mille bourses vous sont ouvertes à la fois.
Ajoutez que l'on tient votre femme en haleine,
Elle n'en vaut que mieux, n'en a que plus d'appas :
Ménélas rencontra des charmes dans Hélène
Qu'avant qu'être à Pâris la belle n'avait pas.
Ainsi de votre épouse : on veut qu'elle vous plaise :
Qui dit prude au contraire, il dit laide ou mauvaise,
Incapable en amour d'apprendre jamais rien.
Pour toutes ces raisons je persiste en ma thèse,
Cocuage est un bien.

Si ce prologue est long, la matière en est cause :
Ce n'est pas en passant qu'on traite cette chose.
Venons à notre histoire. Il était un quidam,
Dont je tairai le nom, l'état, et la patrie :
Celui-ci, de peur d'accident,
Avait juré que de sa vie
Femme ne lui serait autre que bonne amie,
Nymphe[7] si vous voulez, bergère[8], et cætera ;
Pour épouse, jamais il n'en vint jusque-là.
S'il eut tort ou raison, c'est un point que je passe.
Quoi qu'il en soit, Hymen n'ayant pu trouver grâce
Devant cet homme, il fallut que l'amour
Se mêlât seul de ses affaires,
Eût soin de le fournir des choses nécessaires,
Soit pour la nuit, soit pour le jour.
Il lui procura donc les faveurs d'une belle,
Qui d'une fille naturelle
Le fit père, et mourut : le pauvre homme en pleura,
Se plaignit, gémit, soupira,
Non comme qui perdrait sa femme[9] :

Tel deuil n'est bien souvent que changement d'habits,
Mais comme qui perdrait tous ses meilleurs amis,
Son plaisir, son cœur, et son âme.
La fille crût, se fit : on pouvait déjà voir
Hausser et baisser son mouchoir [10].
Le temps coule, on n'est pas sitôt à la bavette [11]
Qu'on trotte, qu'on raisonne, on devient grandelette,
Puis grande tout à fait, et puis le serviteur [12].
Le père avec raison eut peur
Que sa fille chassant de race [13]
Ne le prévînt [14], et ne prévînt encor
Prêtre, notaire, hymen, accord ;
Choses qui d'ordinaire ôtent toute la grâce
Au présent que l'on fait de soi.
La laisser sur sa bonne foi
Ce n'était pas chose trop sûre.
Il vous mit donc la créature
Dans un convent [15] : là cette belle apprit
Ce qu'on apprend, à manier l'aiguille ;
Point de ces livres qu'une fille
Ne lit qu'avec danger, et qui gâtent l'esprit [16] :
Le langage d'amour était jargon pour elle.
On n'eût su tirer de la belle
Un seul mot que de sainteté.
En spiritualité
Elle aurait confondu le plus grand personnage.
Si l'une des nonnains la louait de beauté,
Mon Dieu fi, disait-elle, ah ma sœur, soyez sage ;
Ne considérez point des traits qui périront.
C'est terre que cela, les vers le mangeront.
Au reste elle n'avait au monde sa pareille
A manier un canevas,
Filait mieux que Clothon [17], brodait mieux que Pallas,
Tapissait mieux qu'Arachne,[18], et mainte autre merveille.
Sa sagesse, son bien [19], le bruit de ses beautés,
Mais le bien plus que tout y fit mettre la presse ;
Car la belle était là comme en lieux empruntés [20],
Attendant mieux, ainsi que l'on y laisse

Les bons partis, qui vont souvent
Au moustier[21], sortant du couvent.
Vous saurez que le père avait longtemps devant
Cette fille légitimée[22] ;
Caliste (c'est le nom de notre renfermée)
N'eut pas la clef des champs, qu'adieu les livres saints.
Il se présenta des blondins,
De bons bourgeois, des paladins,
Des gens de tous états, de tout poil, de tout âge ;
La belle en choisit un, bien fait, beau personnage,
D'humeur commode, à ce qu'il lui sembla,
Et pour gendre aussitôt le père l'agréa.
La dot fut ample ; ample fut le douaire[23] :
La fille était unique, et le garçon aussi.
Mais ce ne fut pas là le meilleur de l'affaire ;
Les mariés n'avaient souci
Que de s'aimer et de se plaire.
Deux ans de paradis s'étant passés ainsi,
L'enfer des enfers vint ensuite.
Une jalouse humeur saisit soudainement
Notre époux, qui fort sottement
S'alla mettre en l'esprit de craindre la poursuite
D'un amant, qui sans lui se serait morfondu.
Sans lui le pauvre homme eût perdu
Son temps à l'entour de la dame,
Quoique pour la gagner il tentât tout moyen.
Que doit faire un mari quand on aime sa femme ?
Rien.
Voici pourquoi je lui conseille
De dormir s'il se peut d'un et d'autre côté[24].
Si le galant est écouté,
Vos soins ne feront pas qu'on lui ferme l'oreille.
Quant à l'occasion, cent pour une. Mais si
Des discours du blondin la belle n'a souci,
Vous le lui faites naître, et la chance se tourne.
Volontiers où soupçon séjourne,
Cocuage séjourne aussi.

Damon, c'est notre époux, ne comprit pas ceci.
Je l'excuse et le plains ; d'autant plus que l'ombrage
Lui vint par conseil seulement.
Il eût fait un trait d'homme sage,
S'il n'eût cru que son mouvement.
Vous allez entendre comment.

L'enchanteresse Nérie
Fleurissait lors ; et Circé
Au prix d'elle en diablerie
N'eût été qu'à l'A B C.
Car Nérie eut à ses gages
Les intendants des orages,
Et tint le destin lié.
Les Zéphyrs [25] étaient ses pages ;
Quant à ses valets de pied,
C'étaient Messieurs les Borées [26],
Qui portaient par les contrées
Ses mandats souventes fois,
Gens dispos, mais peu courtois.

Avec toute sa science
Elle ne put trouver de remède à l'amour.
Damon la captiva : celle dont la puissance
Eût arrêté l'astre du jour
Brûle pour un mortel, qu'en vain elle souhaite
Posséder une nuit à son contentement.
Si Nérie eût voulu des baisers seulement,
C'était une affaire faite.
Mais elle allait au point, et ne marchandait pas [27].
Damon, quoiqu'elle eût des appas,
Ne pouvait se résoudre à fausser la promesse
D'être fidèle à sa moitié ;
Et voulait que l'enchanteresse
Se tînt aux marques d'amitié.

Où sont-ils ces maris [28] ? la race en est cessée :
Et même je ne sais si jamais on en vit.

L'histoire en cet endroit est selon ma pensée
Un peu sujette à contredit :
L'Hippogriffe [29] n'a rien qui me choque l'esprit,
Non plus que la lance enchantée [30] :
Mais ceci, c'est un point qui d'abord me surprit.
Il passera pourtant, j'en ai fait [passer] d'autres.
Les gens d'alors étaient d'autres gens que les nôtres.
On ne vivait pas comme on vit [31].

Pour venir à ses fins, l'amoureuse Nérie
Employa philtres et brevets [32],
Eut recours aux regards remplis d'afféterie,
Enfin n'omit aucuns secrets :
Damon à ces ressorts opposait l'hyménée.
Nérie en fut fort étonnée.
Elle lui dit un jour : Votre fidélité
Vous paraît héroïque et digne de louange,
Mais je voudrais savoir comment de son côté
Caliste en use, et lui rendre le change.
Quoi donc, si votre femme avait un favori,
Vous feriez l'homme chaste auprès d'une maîtresse ?
Et pendant que Caliste attrapant son mari
Pousserait jusqu'au bout ce qu'on nomme tendresse,
Vous n'iriez qu'à moitié chemin ?
Je vous croyais beaucoup plus fin,
Et ne vous tenais pas homme de mariage.
Laissez les bons bourgeois se plaire en leur ménage ;
C'est pour eux seuls qu'Hymen fit les plaisirs permis.
Mais vous ! ne pas chercher ce qu'amour a d'exquis !
Les plaisirs défendus n'auront rien qui vous pique !
Et vous les bannirez de votre république !
Non, non, je veux qu'ils soient désormais vos amis.
Faites-en seulement l'épreuve ;
Ils vous feront trouver Caliste toute neuve,
Quand vous reviendrez au logis.
Apprenez tout au moins si votre femme est chaste.
Je trouve qu'un certain Eraste [33]
Va chez vous fort assidûment.

Serait-ce en qualité d'amant,
Reprit Damon, qu'Eraste nous visite ?
Il est trop mon ami pour toucher ce point-là.
Votre ami tant qu'il vous plaira,
Dit Nérie honteuse et dépite,
Caliste a des appas, Eraste a du mérite ;
Du côté de l'adresse il ne leur manque rien ;
Tout cela s'accommode bien.

Ce discours porta coup et fit songer notre homme.
Une épouse fringante et jeune, et dans son feu,
Et prenant plaisir à ce jeu
Qu'il n'est pas besoin que je nomme :
Un personnage expert aux choses de l'amour,
Hardi comme un homme de cour,
Bien fait, et promettant beaucoup de sa personne,
Où Damon jusqu'alors avait-il mis ses yeux ?
Car d'amis ! moquez-vous, c'est une bagatelle.
En est-il de religieux
Jusqu'à désemparer [34] alors que la donzelle
Montre à demi son sein, sort du lit un bras blanc,
Se tourne, s'inquiète, et regarde un galant
En cent façons, de qui la moins friponne
Veut dire : il y fait bon, l'heure du berger sonne ;
Êtes-vous sourd ? Damon a dans l'esprit
Que tout cela s'est fait, du moins qu'il s'est pu faire.
Sur ce beau fondement le pauvre homme bâtit
Maint ombrage et mainte chimère.
Nérie en a bientôt le vent,
Et pour tourner en certitude
Le soupçon et l'inquiétude
Dont Damon s'est coiffé si malheureusement,
L'enchanteresse lui propose
Une chose.
C'est de se frotter le poignet
D'une eau dont les sorciers ont trouvé le secret,
Et qu'ils appellent l'eau de la métamorphose,
Ou des miracles autrement.

Cette drogue en moins d'un moment
Lui donnerait d'Eraste et l'air, et le visage,
Et le maintien, et le corsage,
Et la voix. Et Damon sous ce feint personnage
Pourrait voir si Caliste en viendrait à l'effet.
Damon n'attend pas davantage.
Il se frotte, il devient l'Eraste le mieux fait
Que la nature ait jamais fait.

En cet état il va trouver sa femme ;
Met la fleurette au vent[35] ; et cachant son ennui :
Que vous êtes belle aujourd'hui !
Lui dit-il : qu'avez-vous, Madame,
Qui vous donne cet air d'un vrai jour de printemps[36] ?
Caliste qui savait les propos des amants
Tourna la chose en raillerie.
Damon changea de batterie.
Pleurs et soupirs furent tentés,
Et pleurs et soupirs rebutés.
Caliste était un roc ; rien n'émouvait la belle.
Pour dernière machine, à la fin notre époux
Proposa de l'argent ; et la somme fut telle
Qu'on ne s'en mit point en courroux.
La quantité rend excusable.
Caliste enfin l'inexpugnable
Commença d'écouter raison.
Sa chasteté plia ; car comment tenir bon
Contre ce dernier adversaire ?
Si tout ne s'ensuivit, il ne tint qu'à Damon.
L'argent en aurait fait l'affaire.
Et quelle affaire ne fait point
Ce bienheureux métail[37] l'argent maître du monde ?
Soyez beau, bien disant, ayez perruque blonde,
N'omettez un seul petit point ;
Un financier viendra qui sur votre moustache[38]
Enlèvera la belle ; et dès le premier jour
Il fera présent du panache[39] ;
Vous languirez encore après un an d'amour.

L'argent sut donc fléchir ce cœur inexorable.
Le rocher disparut : un mouton succéda ;
Un mouton qui s'accommoda
A tout ce qu'on voulut, mouton doux et traitable,
Mouton qui sur le point de ne rien refuser
Donna pour arrhes un baiser.
L'époux ne voulut pas pousser plus loin la chose ;
Ni de sa propre honte être lui-même cause.
Il reprit donc sa forme ; et dit à sa moitié :
Ah Caliste autrefois de Damon si chérie,
Caliste que j'aimai cent fois plus que ma vie,
Caliste qui m'aimas d'une ardente amitié,
L'argent t'est-il plus cher qu'une union si belle ?
Je devrais dans ton sang éteindre ce forfait :
Je ne puis ; et je t'aime encor toute infidèle :
Ma mort seule expiera le tort que tu m'as fait.

Notre épouse voyant cette métamorphose
Demeura bien surprise : elle dit peu de chose :
Les pleurs furent son seul recours.
Le mari passa quelques jours
A raisonner sur cette affaire :
Un cocu se pouvait-il faire
Par la volonté seule et sans venir au point ?
L'était-il, ne l'était-il point ?
Cette difficulté fut encore éclaircie
Par Nérie.
Si vous êtes, dit-elle, en doute de cela,
Buvez dans cette coupe-là.
On la fit par tel art que dès qu'un personnage
Dûment atteint de cocuage
Y peut porter la lèvre, aussitôt tout s'en va :
Il n'en avale rien, et répand le breuvage
Sur son sein, sur sa barbe, et sur son vêtement.
Que s'il n'est point censé cocu suffisamment,
Il boit tout sans répandre goutte.
Damon pour éclaircir son doute

Porte la lèvre au vase ; il ne se répand rien.
C'est, dit-il, réconfort ; et pourtant je sais bien
Qu'il n'a tenu qu'à moi. Qu'ai-je affaire de coupe ?
    Faites-moi place en votre troupe,
Messieurs de la grand'bande[40]. Ainsi disait Damon,
Faisant à sa femelle un étrange sermon.
Misérables humains, si pour des cocuages
Il faut en ce pays faire tant de façon,
    Allons-nous-en chez les sauvages.

Damon de peur de pis établit des Argus[41]
A l'entour de sa femme, et la rendit coquette.
    Quand les galants sont défendus,
    C'est alors que l'on les souhaite.
Le malheureux époux s'informe, s'inquiète,
Et de tout son pouvoir court au-devant d'un mal
Que la peur bien souvent rend aux hommes fatal.
De quart d'heure en quart d'heure il consulte la tasse.
    Il y boit huit jours sans disgrâce.
    Mais à la fin il y boit tant,
    Que le breuvage se répand.
Ce fut bien là le comble. O science fatale !
Science que Damon eût bien fait d'éviter.
Il jette de fureur cette coupe infernale.
Lui-même est sur le point de se précipiter[42].
Il enferme sa femme en une tour carrée ;
Lui va soir et matin reprocher son forfait :
Cette honte qu'aurait le silence enterrée,
Court le pays, et vit du vacarme qu'il fait.
Caliste cependant mène une triste vie.
Comme on ne lui laissait argent ni pierrerie,
Le geôlier fut fidèle ; elle eut beau le tenter.
    Enfin la pauvre malheureuse
Prend son temps que Damon plein d'ardeur amoureuse
    Etait d'humeur à l'écouter :
J'ai, dit-elle, commis un crime inexcusable :
Mais quoi, suis-je la seule ? hélas non, peu d'époux
Sont exempts, ce dit-on, d'un accident semblable :

Que le moins entaché se moque un peu de vous :
Pourquoi donc être inconsolable ?
Hé bien, reprit Damon, je me consolerai,
Et même vous pardonnerai,
Tout incontinent que j'aurai
Trouvé de mes pareils une telle légende[43]
Qu'il s'en puisse former une armée assez grande
Pour s'appeler royale. Il ne faut qu'employer
Le vase qui me sut vos secrets révéler.

Le mari sans tarder exécutant la chose
Attire les passants ; tient table en son château.
Sur la fin des repas à chacun il propose
L'essai de cette coupe, essai rare et nouveau.
Ma femme, leur dit-il, m'a quitté pour un autre ;
Voulez-vous savoir si la vôtre
Vous est fidèle ? il est quelquefois bon
D'apprendre comme tout se passe à la maison.
En voici le moyen : buvez dans cette tasse.
Si votre femme de sa grâce
Ne vous donne aucun suffragant[44],
Vous ne répandrez nullement ;
Mais si du dieu nommé Vulcan[45]
Vous suivez la bannière, étant de nos confrères
En ces redoutables mystères,
De part et d'autre la boisson
Coulera sur votre menton.
Autant qu'il s'en rencontre à qui Damon propose
Cette pernicieuse chose,
Autant en font l'essai : presque tous y sont pris.
Tel en rit, tel en pleure ; et selon les esprits
Cocuage en plus d'une sorte
Tient sa morgue[46] parmi ses gens.
Déjà l'armée est assez forte
Pour faire corps et battre aux champs.
La voilà tantôt qui menace
Gouverneurs de petite place,
Et leur dit qu'ils seront pendus,

Si de tenir ils ont l'audace :
Car pour être royale, il ne lui manque plus
Que peu de gens : c'est une affaire
Que deux ou trois mois peuvent faire.
Le nombre croît de jour en jour,
Sans que l'on batte le tambour.
Les différents degrés où monte cocuage
Règlent le pas[47] et les emplois :
Ceux qu'il n'a visités seulement qu'une fois
Sont fantassins pour tout potage.
On fait les autres cavaliers.
Quiconque est de ses familiers,
On ne manque pas de l'élire
Ou capitaine, ou lieutenant,
Ou l'on lui donne un régiment :
Selon qu'entre les mains du sire
Ou plus ou moins subitement
La liqueur du vase s'épand.
Un versa tout en un moment ;
Il fut fait général : et croyez que l'armée
De hauts officiers ne manqua ;
Plus d'un intendant se trouva ;
Cette charge fut partagée.
Le nombre des soldats étant presque complet,
Et plus que suffisant pour se mettre en campagne ;
Renaud neveu de Charlemagne
Passe par ce château : l'on l'y traite à souhait :
Puis le seigneur du lieu lui fait
Même harangue qu'à la troupe.
Renaud dit à Damon : Grand merci de la coupe.
Je crois ma femme chaste ; et cette foi suffit.
Quand la coupe me l'aura dit,
Que m'en reviendra-t-il, cela sera-t-il cause
De me faire dormir de plus que de deux yeux ?
Je dors d'autant grâces aux dieux :
Puis-je demander autre chose ?
Que sais-je ? par hasard si le vin s'épandoit ?
Si je ne tenais pas votre vase assez droit ?

Je suis quelquefois maladroit :
Si cette coupe enfin me prenait pour un autre ?
Messire Damon, je suis vôtre :
Commandez-moi tout, hors ce point.
Ainsi Renaud partit, et ne hasarda point[48].
Damon dit : Celui-ci, Messieurs, est bien plus sage
Que nous n'avons été : consolons-nous pourtant.
Nous avons des pareils ; c'est un grand avantage.
Il s'en rencontra tant et tant,
Que l'armée à la fin royale devenue,
Caliste eut liberté selon le convenant[49] ;
Par son mari chère tenue
Tout de même qu'auparavant.

Epoux, Renaud vous montre à vivre.
Pour Damon, gardez de le suivre.
Peut-être le premier eût eu charge de l'ost[50],
Que sait-on ? nul mortel, soit Roland, soit Renaud,
Du danger de répandre exempt ne se peut croire.
Charlemagne lui-même aurait eu tort de boire.

LE FAUCON

NOUVELLE TIRÉE DE BOCCACE [1]

Je me souviens d'avoir damné jadis
L'amant avare [2] ; et je ne m'en dédis.
Si la raison des contraires est bonne,
Le libéral doit être en paradis :
Je m'en rapporte à Messieurs de Sorbonne.
Il était donc autrefois un amant
Qui dans Florence aima certaine femme.
Comment ? aimer ? c'était si follement,
Que pour lui plaire il eût vendu son âme.
S'agissait-il de divertir la dame,
A pleines mains il vous jetait l'argent :
Sachant très bien qu'en amour comme en guerre
On ne doit plaindre [3] un métail [4] qui fait tout ;
Renverse murs ; jette portes par terre ;
N'entreprend rien dont il ne vienne à bout ;
Fait taire chiens ; et quand il veut servantes ;
Et quand il veut les rend plus éloquentes
Que Cicéron, et mieux persuadantes :
Bref ne voudrait avoir laissé debout
Aucune place, et tant forte fût-elle.
Si [5] laissa-t-il sur ses pieds notre belle.
Elle tint bon ; Fédéric échoua
Près de ce roc, et le nez s'y cassa ;
Sans fruit aucun vendit et fricassa [6]
Tout son avoir ; comme l'on pourrait dire
Belles comtés [7], beaux marquisats de Dieu [8],

Qu'il possédait en plus et plus d'un lieu.
Avant qu'aimer on l'appelait Messire
A longue queue[9] ; enfin grâce à l'amour
Il ne fut plus que Messire tout court.
Rien ne resta qu'une ferme au pauvre homme ;
Et peu d'amis ; mêmes amis, Dieu sait comme.
Le plus zélé de tout[10] se contenta,
Comme chacun, de dire c'est dommage.
Chacun le dit, et chacun s'en tint là :
Car de prêter à moins que sur bon gage,
Point de nouvelle : on oublia les dons,
Et le mérite, et les belles raisons
De Fédéric, et sa première vie.
Le protestant[11] de madame Clitie
N'eut du crédit qu'autant qu'il eut du fonds.
Tant qu'il dura, le bal, la comédie
Ne manqua point à cet heureux objet :
De maints tournois elle fut le sujet ;
Faisant gagner marchands de toutes guises,
Faiseurs d'habits, et faiseurs de devises[12],
Musiciens, gens du sacré vallon[13] :
Fédéric eut à sa table Apollon.
Femme n'était ni fille dans Florence,
Qui n'employât, pour débaucher le cœur
Du cavalier, l'une un mot suborneur,
L'autre un coup d'œil, l'autre quelque autre avance :
Mais tout cela ne faisait que blanchir[14].
Il aimait mieux Clitie inexorable
Qu'il n'aurait fait Hélène favorable.
Conclusion, qu'il ne la put fléchir.
Or en ce train de dépense effroyable,
Il envoya les marquisats au diable
Premièrement ; puis en vint aux comtés,
Titres par lui plus qu'aucuns regrettés,
Et dont alors on faisait plus de compte.
Delà les monts chacun veut être comte,
Ici marquis, baron peut-être ailleurs.
Je ne sais pas lesquels sont les meilleurs :

Mais je sais bien qu'avecque la patente [15]
De ces beaux noms on s'en aille au marché,
L'on reviendra comme on était allé :
Prenez le titre, et laissez-moi la rente.
Clitie avait aussi beaucoup de bien.
Son mari même était grand terrien.
Ainsi jamais la belle ne prit rien,
Argent ni dons ; mais souffrit la dépense,
Et les cadeaux [16] ; sans croire pour cela
Etre obligée à nulle récompense.
S'il m'en souvient, j'ai dit qu'il ne resta
Au pauvre amant rien qu'une métairie,
Chétive encore, et pauvrement bâtie.
Là Fédéric alla se confiner ;
Honteux qu'on vît sa misère en Florence ;
Honteux encor de n'avoir su gagner
Ni par amour, ni par magnificence,
Ni par six ans de devoirs et de soins,
Une beauté qu'il n'en aimait pas moins.
Il s'en prenait à son peu de mérite,
Non à Clitie ; elle n'ouït jamais,
Ni pour froideurs, ni pour autres sujets,
Plainte de lui ni grande ni petite.
Notre amoureux subsista comme il put
Dans sa retraite ; où le pauvre homme n'eut
Pour le servir qu'une vieille édentée ;
Cuisine froide et fort peu fréquentée ;
A l'écurie un cheval assez bon,
Mais non pas fin [17] : sur la perche un faucon
Dont à l'entour de cette métairie
Défunt marquis s'en allait sans valets
Sacrifiant à sa mélancolie
Mainte perdrix, qui, las ! ne pouvait mais
Des cruautés de madame Clitie.
Ainsi vivait le malheureux amant ;
Sage s'il eût, en perdant sa fortune,
Perdu l'amour qui l'allait consumant ;
Mais de ses feux la mémoire importune

Le talonnait ; toujours un double ennui
Allait en croupe à la chasse avec lui [18].
Mort vint saisir le mari de Clitie.
Comme ils n'avaient qu'un fils pour tous enfants,
Fils n'ayant pas pour un pouce de vie,
Et que l'époux dont les biens étaient grands
Avait toujours considéré sa femme,
Par testament il déclare la dame
Son héritière, arrivant [19] le décès
De l'enfançon ; qui peu de temps après
Devint malade. On sait que d'ordinaire
A ses enfants mère ne sait que faire,
Pour leur montrer l'amour qu'elle a pour eux ;
Zèle souvent aux enfants dangereux.
Celle-ci tendre et fort passionnée,
Autour du sien est toute la journée
Lui demandant, ce qu'il veut, ce qu'il a,
S'il mangerait volontiers de cela,
Si ce jouet, enfin si cette chose
Est à son gré. Quoi que l'on lui propose
Il le refuse ; et pour toute raison
Il dit qu'il veut seulement le faucon
De Fédéric ; pleure et mène une vie
A faire gens de bon cœur détester [20] :
Ce qu'un enfant a dans la fantaisie,
Incontinent il faut l'exécuter,
Si l'on ne veut l'ouïr toujours crier.
Or il est bon de savoir que Clitie
A cinq cents pas de cette métairie,
Avait du bien, possédait un château :
Ainsi l'enfant avait pu de l'oiseau
Ouïr parler : on en disait merveilles ;
On en contait des choses nonpareilles :
Que devant lui jamais une perdrix
Ne se sauvait, et qu'il en avait pris
Tant ce matin, tant cette après-dînée :
Son maître n'eût donné pour un trésor
Un tel faucon. Qui fut bien empêchée,

Ce fut Clitie. Aller ôter encor
A Fédéric l'unique et seule chose
Qui lui restait ! et supposé qu'elle ose
Lui demander ce qu'il a pour tout bien,
Auprès de lui méritait-elle rien ?
Elle l'avait payé d'ingratitude :
Point de faveurs ; toujours hautaine et rude
En son endroit. De quel front s'en aller
Après cela le voir et lui parler,
Ayant été cause de sa ruine ?
D'autre côté l'enfant s'en va mourir ;
Refuse tout ; tient tout pour médecine[21] :
Afin qu'il mange il faut l'entretenir
De ce faucon : il se tourmente, il crie :
S'il n'a l'oiseau, c'est fait que de sa vie[22].
Ces raisons-ci l'emportèrent enfin.
Chez Fédéric la dame un beau matin
S'en va sans suite et sans nul équipage.
Fédéric prend pour un ange des cieux
Celle qui vient d'apparaître à ses yeux ;
Mais cependant, il a honte, il enrage,
De n'avoir pas chez soi pour lui donner
Tant seulement un malheureux dîner.
Le pauvre état où sa dame le treuve
Le rend confus. Il dit donc à la veuve :
Quoi venir voir le plus humble de ceux
Que vos beautés ont rendus amoureux !
Un villageois, un hère, un misérable !
C'est trop d'honneur ; votre bonté m'accable.
Assurément vous alliez autre part.
A ce propos notre veuve repart[23] :
Non non, Seigneur, c'est pour vous la visite.
Je viens manger avec vous ce matin.
Je n'ai, dit-il, cuisinier ni marmite :
Que vous donner ? N'avez-vous pas du pain ?
Reprit la dame. Incontinent lui-même
Il va chercher quelque œuf au poulailler,
Quelque morceau de lard en son grenier.

Le pauvre amant en ce besoin extrême
Voit son faucon, sans raisonner le prend,
Lui tord le cou, le plume, le fricasse,
Et l'assaisonne, et court de place en place.
Tandis[24] la vieille a soin du demeurant[25];
Fouille au bahut ; choisit pour cette fête
Ce qu'ils avaient de linge plus honnête ;
Met le couvert ; va cueillir au jardin
Du serpolet, un peu de romarin,
Cinq ou six fleurs, dont la table est jonchée.
Pour abréger, on sert la fricassée.
La dame en mange, et feint d'y prendre goût.
Le repas fait, cette femme résout
De hasarder l'incivile requête,
Et parle ainsi : Je suis folle, Seigneur,
De m'en venir vous arracher le cœur
Encore un coup : il ne m'est guère honnête
De demander à mon défunt amant
L'oiseau qui fait son seul contentement :
Doit-il pour moi s'en priver un moment ?
Mais excusez une mère affligée,
Mon fils se meurt : il veut votre faucon :
Mon procédé ne mérite un tel don :
La raison veut que je sois refusée[26] :
Je ne vous ai jamais accordé rien.
Votre repos, votre honneur, votre bien,
S'en sont allés aux plaisirs de Clitie.
Vous m'aimiez plus que votre propre vie.
A cet amour j'ai très mal répondu :
Et je m'en viens pour comble d'injustice
Vous demander... et quoi ? c'est temps perdu ;
Votre faucon. Mais non, plutôt périsse
L'enfant, la mère, avec le demeurant,
Que de vous faire un déplaisir si grand.
Souffrez sans plus que cette triste mère
Aimant d'amour la chose la plus chère
Que jamais femme au monde puisse avoir,
Un fils unique, une unique espérance,

S'en vienne au moins s'acquitter du devoir
De la nature ; et pour toute allégeance
En votre sein décharge sa douleur.
Vous savez bien par votre expérience
Que c'est d'aimer[27], vous le savez Seigneur.
Ainsi je crois trouver chez vous excuse.
Hélas ! reprit l'amant infortuné,
L'oiseau n'est plus ; vous en avez dîné.
L'oiseau n'est plus ! dit la veuve confuse.
Non, reprit-il, plût au Ciel vous avoir
Servi mon cœur, et qu'il eût pris la place
De ce faucon : mais le sort me fait voir
Qu'il ne sera jamais en mon pouvoir
De mériter de vous aucune grâce.
En mon pailler[28] rien ne m'était resté,
Depuis deux jours la bête[29] a tout mangé.
J'ai vu l'oiseau ; je l'ai tué sans peine :
Rien coûte-t-il quand on reçoit sa reine ?
Ce que je puis pour vous est de chercher
Un bon faucon ; ce n'est chose si rare
Que dès demain nous n'en puissions trouver.
Non Fédéric, dit-elle, je déclare
Que c'est assez. Vous ne m'avez jamais
De votre amour donné plus grande marque.
Que mon fils soit enlevé par la Parque,
Ou que le Ciel le rende à mes souhaits,
J'aurai pour vous de la reconnaissance.
Venez me voir, donnez-m'en l'espérance.
Encore un coup venez nous visiter :
Elle partit, non sans lui présenter
Une main blanche ; unique témoignage
Qu'Amour avait amolli ce courage.
Le pauvre amant prit la main, la baisa.
Et de ses pleurs quelque temps l'arrosa.
Deux jours après l'enfant suivit le père.
Le deuil fut grand : la trop dolente mère
Fit dans l'abord force larmes couler.
Mais comme il n'est peine d'âme si forte

Qu'il ne s'en faille à la fin consoler,
Deux médecins la traitèrent de sorte
Que sa douleur eut un terme assez court :
L'un fut le Temps, et l'autre fut l'Amour.
On épousa Fédéric en grand'pompe ;
Non seulement par obligation ;
Mais qui plus est par inclination,
Par amour même. Il ne faut qu'on se trompe
A cet exemple, et qu'un pareil espoir
Nous fasse ainsi consumer notre avoir.
Femmes ne sont toutes reconnaissantes.
A cela près ce sont choses charmantes ;
Sous le ciel n'est un plus bel animal ;
Je n'y comprends le sexe en général.
Loin de cela j'en vois peu d'avenantes.
Pour celles-ci, quand elles sont aimantes,
J'ai les desseins du monde les meilleurs :
Les autres n'ont qu'à se pourvoir ailleurs.

LA COURTISANE AMOUREUSE[1]

Le jeune Amour, bien qu'il ait la façon
D'un dieu qui n'est encor qu'à sa leçon[2],
Fut de tout temps grand faiseur de miracles.
En gens coquets il change les Catons[3].
Par lui les sots deviennent des oracles[4].
Par lui les loups deviennent des moutons.
Il fait si bien que l'on n'est plus le même :
Témoin Hercule[5], et témoin Polyphème[6],
Mangeurs de gens. L'un[7] sur un roc assis
Chantait aux vents ses amoureux soucis ;
Et pour charmer sa nymphe joliette
Taillait sa barbe, et se mirait dans l'eau.
L'autre[8] changea sa massue en fuseau
Pour le plaisir d'une jeune fillette.
J'en dirais cent : Boccace[9] en rapporte un
Dont j'ai trouvé l'exemple peu commun.
C'est de Chimon jeune homme tout sauvage,
Bien fait de corps, mais ours quant à l'esprit,
Amour le lèche, et tant qu'il le polit.
Chimon devint un galant personnage.
Qui fit cela ? deux beaux yeux seulement.
Pour les avoir aperçus un moment,
Encore à peine, et voilés par le somme,
Chimon aima, puis devint honnête homme[10].
Ce n'est le point dont il s'agit ici :
Je veux conter comme une de ces femmes

Qui font plaisir aux enfants sans souci
Put en son cœur loger d'honnêtes flammes.
Elle était fière, et bizarre surtout.
On ne savait comme en venir à bout.
Rome c'était le lieu de son négoce.
Mettre à ses pieds la mitre avec la crosse
C'était trop peu ; les simples Monseigneurs
N'étaient d'un rang digne de ses faveurs.
Il lui fallait un homme du Conclave [11] ;
Et des premiers, et qui fût son esclave ;
Et même encore il y profitait peu,
A moins que d'être un cardinal neveu [12].
Le Pape enfin, s'il se fût piqué d'elle,
N'aurait été trop bon pour la donzelle.
De son orgueil ses habits se sentaient.
Force brillants sur sa robe éclataient,
La chamarrure avec la broderie.
Lui voyant faire ainsi la renchérie [13],
Amour se mit en tête d'abaisser
Ce cœur si haut ; et pour un gentilhomme
Jeune, bien fait, et des mieux mis de Rome,
Jusques au vif il voulut la blesser.
L'adolescent avait pour nom Camille,
Elle Constance. Et bien qu'il fût d'humeur
Douce, traitable, à se prendre facile,
Constance n'eut sitôt l'amour au cœur,
Que la voilà craintive devenue.
Elle n'osa déclarer ses désirs
D'autre façon qu'avecque des soupirs.
Auparavant pudeur ni retenue
Ne l'arrêtaient ; mais tout fut bien changé.
Comme on n'eût cru qu'Amour se fût logé
En cœur si fier, Camille n'y prit garde.
Incessamment [14] Constance le regarde ;
Et puis soupirs, et puis regards nouveaux ;
Toujours rêveuse au milieu des cadeaux [15] :
Sa beauté même y perdit quelque chose.
Bientôt le lis l'emporta sur la rose.

Avint qu'un soir Camille régala
De jeunes gens : il eut aussi des femmes.
Constance en fut. La chose se passa
Joyeusement ; car peu d'entre ces dames
Etaient d'humeur à tenir des propos
De sainteté ni de philosophie.
Constance seule étant sourde aux bons mots
Laissait railler toute la compagnie.
Le souper fait, chacun se retira.
Tout dès l'abord Constance s'éclipsa,
S'allant cacher en certaine ruelle [16].
Nul n'y prit garde : et l'on crut que chez elle,
Indisposée, ou de mauvaise humeur,
Ou pour affaire elle était retournée.
La compagnie étant donc retirée,
Camille dit à ses gens, par bonheur,
Qu'on le laissât ; et qu'il voulait écrire.
Le voilà seul, et comme le désire
Celle qui l'aime, et qui ne sait comment
Ni l'aborder, ni par quel compliment
Elle pourra lui déclarer sa flamme.
Tremblante enfin, et par nécessité
Elle s'en vient. Qui fut bien étonné,
Ce fut Camille : Hé quoi, dit-il, Madame,
Vous surprenez ainsi vos bons amis ?
Il la fit seoir ; et puis s'étant remis :
Qui vous croyait, reprit-il, demeurée ?
Et qui vous a cette cache montrée ?
L'amour, dit-elle. A ce seul mot sans plus
Elle rougit ; chose que ne font guère
Celles qui sont prêtresses de Vénus :
Le vermillon leur vient d'autre manière,
Camille avait déjà quelque soupçon
Que l'on l'aimait : il n'était si novice
Qu'il ne connût ses gens à la façon ;
Pour en avoir un plus certain indice,
Et s'égayer, et voir si ce cœur fier
Jusques au bout pourrait s'humilier,

Il fit le froid. Notre amante en soupire.
La violence enfin de son martyre
La fait parler : elle commence ainsi :
Je ne sais pas ce que vous allez dire,
De voir Constance oser venir ici
Vous déclarer sa passion extrême.
Je ne saurais y penser sans rougir :
Car du métier de nymphe [17] me couvrir,
On n'en est plus dès le moment qu'on aime.
Puis quelle excuse ! hélas si le passé
Dans votre esprit pouvait être effacé !
Du moins, Camille, excusez ma franchise
Je vois fort bien que quoi que je vous dise
Je vous déplais. Mon zèle me nuira.
Mais nuise ou non, Constance vous adore :
Méprisez-la, chassez-la, battez-la ;
Si vous pouvez, faites-lui pis encore ;
Elle est à vous. Alors le jouvenceau :
Critiquer gens m'est, dit-il, fort nouveau ;
Ce n'est mon fait : et toutefois Madame
Je vous dirai tout net que ce discours
Me surprend fort ; et que vous n'êtes femme
Qui dût ainsi prévenir nos amours [18].
Outre le sexe, et quelque bienséance
Qu'il faut garder, vous vous êtes fait tort.
A quel propos toute cette éloquence ?
Votre beauté m'eût gagné sans effort,
Et de son chef. Je vous le dis encor :
Je n'aime point qu'on me fasse d'avance.
Ce propos fut à la pauvre Constance
Un coup de foudre. Elle reprit pourtant :
J'ai mérité ce mauvais traitement :
Mais ose-t-on vous dire sa pensée ?
Mon procédé ne me nuirait pas tant,
Si ma beauté n'était point effacée.
C'est compliment ce que vous m'avez dit :
J'en suis certaine, et lis dans votre esprit :
Mon peu d'appas n'a rien qui vous engage.

D'où me vient-il ? je m'en rapporte à vous.
N'est-il pas vrai que naguère, entre nous,
A mes attraits chacun rendait hommage ?
Ils sont éteints ces dons si précieux.
L'amour que j'ai m'a causé ce dommage.
Je ne suis plus assez belle à vos yeux.
Si je l'étais je serais assez sage.
Nous parlerons tantôt de ce point-là,
Dit le galant ; il est tard, et voilà
Minuit qui sonne ; il faut que je me couche.
Constance crut qu'elle aurait la moitié
D'un certain lit que d'un œil de pitié
Elle voyait : mais d'en ouvrir la bouche,
Elle n'osa de crainte de refus.
Le compagnon feignant d'être confus
Se tut longtemps ; puis dit : Comment ferai-je ?
Je ne me puis tout seul déshabiller.
Et bien, Monsieur, dit-elle, appellerai-je ?
Non, reprit-il ; gardez-vous d'appeler.
Je ne veux pas qu'en ce lieu l'on vous voie,
Ni qu'en ma chambre une fille de joie
Passe la nuit au su de tous mes gens.
Cela suffit, Monsieur, repartit-elle.
Pour éviter ces inconvénients,
Je me pourrais cacher en la ruelle :
Mais faisons mieux, et ne laissons venir
Personne ici : l'amoureuse Constance
Veut aujourd'hui de laquais vous servir.
Accordez-lui pour toute récompense
Cet honneur-là. Le jeune homme y consent.
Elle s'approche ; elle le déboutonne ;
Touchant sans plus à l'habit, et n'osant
Du bout du doigt toucher à la personne.
Ce ne fut tout ; elle le déchaussa.
Quoi de sa main ! quoi Constance elle-même !
Qui fut-ce donc ? est-ce trop que cela ?
Je voudrais bien déchausser ce que j'aime.
Le compagnon dans le lit se plaça ;

Sans la prier d'être de la partie.
Constance crut dans le commencement,
Qu'il la voulait éprouver seulement :
Mais tout cela passait la raillerie [19].
Pour en venir au point plus important :
Il fait, dit-elle, un temps froid comme glace :
Où me coucher ?

CAMILLE

Partout où vous voudrez.

CONSTANCE

Quoi sur ce siège ?

CAMILLE

Et bien non ; vous viendrez
Dedans mon lit.

CONSTANCE

Délacez-moi, de grâce.

CAMILLE

Je ne saurais, il fait froid, je suis nu ;
Délacez-vous. Notre amante ayant vu
Près du chevet un poignard dans sa gaine,
Le prend, le tire, et coupe ses habits,
Corps [20] piqué d'or, garnitures de prix,
Ajustement de princesse et de reine.
Ce que les gens en deux mois à grand'peine
Avaient brodé, périt en un moment :
Sans regretter ni plaindre aucunement
Ce que le sexe aime plus que sa vie.
Femmes de France, en feriez-vous autant ?
Je crois que non, j'en suis sûr, et partant
Cela fut beau sans doute en Italie.
La pauvre amante approche en tapinois,
Croyant tout fait ; et que pour cette fois
Aucun bizarre et nouveau stratagème
Ne viendrait plus son aise reculer :

Camille dit : C'est trop dissimuler :
Femme qui vient se produire elle-même
N'aura jamais de place à mes côtés.
Si bon vous semble allez vous mettre aux pieds.
Ce fut bien là qu'une douleur extrême
Saisit la belle ; et si lors par hasard
Elle avait eu dans ses mains le poignard,
C'en était fait : elle eût de part en part
Percé son cœur. Toutefois l'espérance
Ne mourut pas encor dans son esprit.
Camille était trop connu de Constance.
Et que ce fût tout de bon qu'il eût dit
Chose si dure, et pleine d'insolence,
Lui qui s'était jusque-là comporté
En homme doux, civil, et sans fierté,
Cela semblait contre toute apparence.
Elle va donc en travers se placer
Aux pieds du sire ; et d'abord les lui baise ;
Mais point trop fort, de peur de le blesser.
On peut juger si Camille était aise.
Quelle victoire ! avoir mis à ce point
Une beauté si superbe et si fière !
Une beauté ! je ne la décris point ;
Il me faudrait une semaine entière.
On ne pouvait reprocher seulement
Que la pâleur à cet objet charmant ;
Pâleur encor dont la cause était telle
Qu'elle donnait du lustre à notre belle.
Camille donc s'étend ; et sur un sein
Pour qui l'ivoire aurait eu de l'envie,
Pose ses pieds, et sans cérémonie
Il s'accommode, et se fait un coussin :
Puis feint qu'il cède aux charmes de Morphée.
Par les sanglots notre amante étouffée
Lâche la bonde aux pleurs cette fois-là.
Ce fut la fin. Camille l'appela,
D'un ton de voix qui plut fort à la belle.
Je suis content, dit-il, de votre amour.

Venez, venez, Constance, c'est mon tour.
Elle se glisse ; et lui s'approchant d'elle :
M'avez-vous cru si dur et si brutal
Que d'avoir fait tout de bon le sévère ?
Dit-il d'abord, vous me connaissez mal :
Je vous voulais donner lieu de me plaire.
Or bien je sais le fond de votre cœur.
Je suis content, satisfait, plein de joie,
Comblé d'amour : et que votre rigueur
Si bon lui semble à son tour se déploie :
Elle le peut : usez-en librement.
Je me déclare aujourd'hui votre amant,
Et votre époux ; et ne sais nulle dame,
De quelque rang et beauté que ce soit,
Qui vous valût pour maîtresse et pour femme ;
Car le passé rappeler ne se doit
Entre nous deux. Une chose ai-je à dire :
C'est qu'en secret il nous faut marier.
Il n'est besoin de vous spécifier
Pour quel sujet : cela vous doit suffire.
Même il est mieux de cette façon-là ;
Un tel hymen à des amours ressemble ;
On est époux et galant tout ensemble.
L'histoire dit que le drôle ajouta :
Voulez-vous pas, en attendant le prêtre,
A votre amant vous fier aujourd'hui ?
Vous le pouvez, je vous réponds de lui ;
Son cœur n'est pas d'un perfide et d'un traître.
A tout cela Constance ne dit rien.
C'était tout dire : il le reconnut bien,
N'étant novice en semblables affaires.
Quant au surplus, ce sont de tels mystères,
Qu'il n'est besoin d'en faire le récit.
Voilà comment Constance réussit.
Or faites-en, nymphes, votre profit.
Amour en a dans son académie [21],
Si l'on voulait venir à l'examen,
Que j'aimerais pour un pareil hymen

Mieux que mainte autre à qui l'on se marie.
Femme qui n'a filé toute sa vie
Tâche à passer bien des choses sans bruit.
Témoin Constance et tout ce qui s'ensuit,
Noviciat d'épreuves un peu dures :
Elle en reçut abondamment le fruit :
Nonnes je sais qui voudraient chaque nuit
En faire un tel à toutes aventures[22].
Ce que possible[23] on ne croira pas vrai,
C'est que Camille en caressant la belle,
Des dons d'Amour lui fit goûter l'essai.
L'essai ? je faux : Constance en était-elle
Aux éléments[24] ? oui Constance en était
Aux éléments : ce que la belle avait
Pris et donné de plaisirs en sa vie,
Compter pour rien jusqu'alors se devait :
Pourquoi cela ? quiconque aime le die.

NICAISE [1]

Un apprenti marchand était,
Qu'avec droit [2] Nicaise on nommait ;
Garçon très neuf, hors sa boutique,
Et quelque peu d'arithmétique ;
Garçon novice dans les tours
Qui se pratiquent en amours.
Bons bourgeois du temps de nos pères
S'avisaient tard d'être bons frères [3].
Ils n'apprenaient cette leçon
Qu'ayant de la barbe au menton.
Ceux d'aujourd'hui, sans qu'on les flatte,
Ont soin de s'y rendre savants
Aussi tôt que les autres gens.
Le jouvenceau de vieille date,
Possible [4] un peu moins avancé
Par les degrés [5] n'avait passé.
Quoi qu'il en soit le pauvre sire
En très beau chemin demeura,
Se trouvant court par celui-là,
C'est par l'esprit que je veux dire.
Une belle pourtant l'aima :
C'était la fille de son maître ;
Fille aimable autant qu'on peut l'être,
Et ne tournant autour du pot ;
Soit par humeur franche et sincère ;

Soit qu'il fût force d'ainsi faire,
Etant tombée aux mains d'un sot.
Quelqu'un de trop de hardiesse
Ira la taxer, et moi non :
Tels procédés ont leur raison.
Lorsque l'on aime une déesse,
Elle fait ces avances-là :
Notre belle savait cela.
Son esprit, ses traits, sa richesse,
Engageaient beaucoup de jeunesse
A sa recherche : heureux serait
Celui d'entre eux qui cueillerait
En nom d'hymen certaine chose,
Qu'à meilleur titre[6] elle promit
Au jouvenceau ci-dessus dit.
Certain dieu parfois en dispose,
Amour nommé communément.
Il plut à la belle d'élire
Pour ce point l'apprenti marchand.
Bien est vrai (car il faut tout dire)
Qu'il était très bien fait de corps,
Beau, jeune, et frais ; ce sont trésors
Que ne méprise aucune dame,
Tant soit son esprit précieux.
Pour une qu'Amour prend par l'âme,
Il en prend mille par les yeux.
Celle-ci donc des plus galantes,
Par mille choses engageantes
Tâchait d'encourager le gars,
N'était chiche de ses regards,
Le pinçait, lui venait sourire,
Sur les yeux lui mettait la main,
Sur le pied lui marchait enfin.
A ce langage il ne sut dire
Autre chose que des soupirs,
Interprètes de ses désirs.
Tant fut, à ce que dit l'histoire,
De part et d'autre soupiré,

Que leur feu dûment déclaré,
Les jeunes gens, comme on peut croire,
Ne s'épargnèrent ni serments,
Ni d'autres points bien plus charmants ;
Comme baisers à grosse usure [7] ;
Le tout sans compte et sans mesure.
Calculateur que fût l'amant [8],
Brouiller fallait incessamment [9] :
La chose était tant infinie
Qu'il y faisait toujours abus :
Somme toute, il n'y manquait plus
Qu'une seule cérémonie.
Bon fait aux filles l'épargner.
Ce ne fut pas sans témoigner
Bien du regret, bien de l'envie :
Par vous, disait la belle amie,
Je me la veux faire enseigner,
Ou ne la savoir de ma vie.
Je la saurai, je vous promets ;
Tenez-vous certain désormais
De m'avoir pour votre apprentie.
Je ne puis pour vous que ce point.
Je suis franche ; n'attendez point
Que par un langage ordinaire
Je vous promette de me faire
Religieuse, à moins qu'un jour
L'hymen ne suive notre amour.
Cet hymen serait bien mon compte
N'en doutez point ; mais le moyen ?
Vous m'aimez trop pour vouloir rien
Qui me pût causer de la honte.
Tels et tels m'ont fait demander.
Mon père est prêt de [10] m'accorder.
Moi je vous permets d'espérer
Qu'à qui que ce soit qu'on m'engage,
Soit conseiller, soit président,
Soit veille ou jour de mariage,
Je serai vôtre auparavant,

Et vous aurez mon pucelage.
Le garçon la remercia
Comme il put. A huit jours de là
Il s'offre un parti d'importance.
La belle dit à son ami :
Tenons-nous-en à celui-ci ;
Car il est homme, que je pense,
A passer la chose au gros sas [11].
La belle en étant sur ce cas,
On la promet ; on la commence [12] :
Le jour des noces se tient prêt.
Entendez ceci, s'il vous plaît.
Je pense voir votre pensée
Sur ce mot-là de commencée.
C'était alors sans point d'abus
Fille promise et rien de plus.
Huit jours donnés à la fiancée,
Comme elle appréhendait encor
Quelque rupture en cet accord,
Elle diffère le négoce
Jusqu'au propre jour de la noce ;
De peur de certain accident
Qui les fillettes va perdant.
On mène au moutier [13] cependant
Notre galande encor pucelle.
Le oui fut dit à la chandelle [14].
L'époux voulut avec la belle
S'en aller coucher au retour.
Elle demande encor ce jour,
Et ne l'obtient qu'avecque peine.
Il fallut pourtant y passer.
Comme l'aurore était prochaine,
L'épouse au lieu de se coucher
S'habille. On eût dit une reine,
Rien ne manquait aux vêtements,
Perles, joyaux, et diamants ;
Son épousé la faisait dame [15].
Son ami pour la faire femme

Prend heure avec elle au matin.
Ils devaient aller au jardin,
Dans un bois propre à telle affaire.
Une compagne y devait faire
Le guet autour de nos amants,
Compagne instruite du mystère.
La belle s'y rend la première,
Sous le prétexte d'aller faire
Un bouquet, dit-elle à ses gens.
Nicaise après quelques moments
La va trouver : et le bon sire
Voyant le lieu se met à dire :
Qu'il fait ici d'humidité !
Foin, votre habit sera gâté.
Il est beau : ce serait dommage.
Souffrez sans tarder davantage
Que j'aille querir un tapis.
Eh mon Dieu laissons les habits ;
Dit la belle toute piquée.
Je dirai que je suis tombée.
Pour la perte, n'y songez point :
Quand on a temps si fort à point,
Il en faut user ; et périssent
Tous les vêtements du pays ;
Que plutôt tous les beaux habits
Soient gâtés, et qu'ils se salissent,
Que d'aller ainsi consumer
Un quart d'heure : un quart d'heure est cher :
Tandis que tous les gens agissent
Pour ma noce, il ne tient qu'à vous
D'employer des moments si doux.
Ce que je dis ne me sied guère :
Mais je vous chéris ; et vous veux
Rendre honnête homme [16] si je peux.
En vérité, dit l'amoureux,
Conserver étoffe si chère
Ne sera point mal fait à nous.
Je cours ; c'est fait ; je suis à vous ;

Deux minutes feront l'affaire.
Là-dessus il part sans laisser
Le temps de lui rien répliquer.
Sa sottise guérit la dame :
Un tel dédain lui vint en l'âme,
Qu'elle reprit dès ce moment
Son cœur que trop indignement
Elle avait placé : quelle honte !
Prince des sots, dit-elle en soi,
Va, je n'ai nul regret de toi :
Tout autre eût été mieux mon compte.
Mon bon ange a considéré
Que tu n'avais pas mérité
Une faveur si précieuse.
Je ne veux plus être amoureuse
Que de mon mari ; j'en fais vœu.
Et de peur qu'un reste de feu
A le trahir ne me rengage,
Je vais sans tarder davantage
Lui porter un bien qu'il aurait,
Quand Nicaise en son lieu serait.
A ces mots, la pauvre épousée
Sort du bois, fort scandalisée.
L'autre revient, et son tapis :
Mais ce n'est plus comme jadis.
Amants, la bonne heure ne sonne
A toutes les heures du jour.
J'ai lu dans l'Alphabet d'Amour,
Qu'un galant près d'une personne
N'a toujours le temps comme il veut :
Qu'il le prenne donc comme il peut.
Tous délais y font du dommage :
Nicaise en est un témoignage.
Fort essoufflé d'avoir couru,
Et joyeux de telle prouesse,
Il s'en revient bien résolu
D'employer tapis et maîtresse.
Mais quoi, la dame au bel habit

Mordant ses lèvres de dépit
Retournait voir la compagnie ;
Et de sa flamme bien guérie,
Possible [17] allait dans ce moment,
Pour se venger de son amant,
Porter à son mari la chose
Qui lui causait ce dépit-là.
Quelle chose ? c'est celle-là
Que fille dit toujours qu'elle a.
Je le crois ; mais d'en mettre jà
Mon doigt au feu [18], ma foi je n'ose :
Ce que je sais, c'est qu'en tel cas
Fille qui ment ne pèche pas.
Grâce à Nicaise notre belle
Ayant sa fleur en dépit d'elle
S'en retournait tout en grondant :
Quand Nicaise, la rencontrant :
A quoi tient, dit-il à la dame,
Que vous ne m'ayez attendu ?
Sur ce tapis bien étendu
Vous seriez en peu d'heure femme.
Retournons donc sans consulter :
Venez cesser d'être pucelle ;
Puisque je puis sans rien gâter
Vous témoigner quel est mon zèle.
Non pas cela, reprit la belle :
Mon pucelage dit qu'il faut
Remettre l'affaire à tantôt.
J'aime votre santé, Nicaise ;
Et vous conseille auparavant
De reprendre un peu votre vent [19].
Or respirez tout à votre aise.
Vous êtes apprenti marchand ;
Faites-vous apprenti galant :
Vous n'y serez pas si tôt maître.
A mon égard, je ne puis être
Votre maîtresse en ce métier.
Sire Nicaise, il vous faut prendre

Quelque servante du quartier.
Vous savez des étoffes vendre,
Et leur prix en perfection ;
Mais ce que vaut l'occasion,
Vous l'ignorez, allez l'apprendre.

LE BÂT[1]

Un peintre était, qui jaloux de sa femme,
Allant aux champs lui peignit un baudet
Sur le nombril, en guise de cachet[2].
Un sien confrère amoureux de la dame,
La va trouver, et l'âne efface net ;
Dieu sait comment ; puis un autre en remet
Au même endroit, ainsi que l'on peut croire.
A celui-ci, par faute de mémoire,
Il mit un bât ; l'autre n'en avait point.
L'époux revient, veut s'éclaircir du point.
Voyez, mon fils, dit la bonne commère,
L'âne est témoin de ma fidélité.
Diantre soit fait, dit l'époux en colère,
Et du témoin[3], et de qui l'a bâté.

LE BAISER RENDU[1]

Guillot[2] passait avec sa mariée.
Un gentilhomme à son gré la trouvant :
Qui t'a, dit-il, donné telle épousée ?
Que je la baise à la charge d'autant[3].
Bien volontiers, dit Guillot à l'instant.
Elle est, Monsieur, fort à votre service.
Le Monsieur donc fait alors son office ;
En appuyant ; Perronnelle en rougit.
Huit jours après ce gentilhomme prit
Femme à son tour : à Guillot il permit
Même faveur. Guillot tout plein de zèle :
Puisque Monsieur, dit-il, est si fidèle,
J'ai grand regret et je suis bien fâché
Qu'ayant baisé seulement Perronnelle,
Il n'ait encore avec elle couché.

ÉPIGRAMME [1]

Alis malade, et se sentant presser [2],
Quelqu'un lui dit : Il faut se confesser :
Voulez-vous pas mettre en repos votre âme ?
Oui je le veux, lui répondit la dame :
Qu'à Père André l'on aille de ce pas ;
Car il entend d'ordinaire mon cas [3].
Un messager y court en diligence ;
Sonne au convent de toute sa puissance.
Qui venez-vous demander ? lui dit-on.
C'est père André celui qui d'ordinaire
Entend Alis dans sa confession.
Vous demandez, reprit alors un frère,
Le père André le confesseur d'Alis ?
Il est bien loin : hélas le pauvre père
Depuis dix ans confesse en paradis.

IMITATION D'ANACRÉON[1]

O toi qui peins d'une façon galante,
Maître passé dans Cythère et Paphos,
Fais un effort ; peins-nous Iris absente.
Tu n'as point vu cette beauté charmante,
Me diras-tu : tant mieux pour ton repos.
Je m'en vais donc t'instruire en peu de mots.
Premièrement mets des lis et des roses ;
Après cela des Amours et des Ris.
Mais à quoi bon le détail de ces choses ?
D'une Vénus tu peux faire une Iris.
Nul ne saurait découvrir le mystère :
Traits si pareils jamais ne se sont vus :
Et tu pourras à Paphos et Cythère
De cette Iris refaire une Vénus.

AUTRE IMITATION D'ANACRÉON[1]

J'étais couché mollement,
Et contre mon ordinaire
Je dormais tranquillement ;
Quand un enfant s'en vint faire
A ma porte quelque bruit.
Il pleuvait fort cette nuit :
Le vent, le froid, et l'orage
Contre l'enfant faisaient rage.
Ouvrez ; dit-il, je suis nu.
Moi charitable et bon homme
J'ouvre au pauvre morfondu ;
Et m'enquiers comme il se nomme.
Je te le dirai tantôt,
Repartit-il ; car il faut
Qu'auparavant je m'essuie.
J'allume aussitôt du feu.
Il regarde si la pluie
N'a point gâté quelque peu
Un arc dont je me méfie.
Je m'approche toutefois ;
Et de l'enfant prends les doigts ;
Les réchauffe ; et dans moi-même
Je dis : Pourquoi craindre tant ?
Que peut-il ? c'est un enfant :
Ma couardise est extrême
D'avoir eu le moindre effroi,

Que serait-ce si chez moi
J'avais reçu Polyphème ?
L'enfant, d'un air enjoué,
Ayant un peu secoué
Les pièces de son armure[2],
Et sa blonde chevelure,
Prend un trait, un trait vainqueur,
Qu'il me lance au fond du cœur.
Voilà, dit-il, pour ta peine.
Souviens-toi bien de Clymène,
Et de l'Amour ; c'est mon nom.
Ah ! je vous connais, lui dis-je,
Ingrat et cruel garçon ;
Faut-il que qui vous oblige
Soit traité de la façon ?
Amour fit une gambade,
Et le petit scélérat
Me dit : Pauvre camarade,
Mon arc est en bon état ;
Mais ton cœur est bien malade.

LE DIFFÉREND DE BEAUX YEUX ET DE BELLE BOUCHE[1]

Belle Bouche et Beaux Yeux plaidaient pour les honneurs[2],
Devant le juge d'Amathonte[3].
Belle Bouche disait : Je m'en rapporte aux cœurs
Et leur demande s'ils font compte
De Beaux Yeux ainsi que de moi.
Qu'on examine notre emploi,
Nos traits, nos beautés et nos charmes.
Que dis-je, notre emploi ? j'ai bien plus d'un métier :
Mais j'ignore celui de répandre les larmes :
De bon cœur je le laisse à Beaux Yeux tout entier.
Je satisfais trois sens ; eux seulement la vue.
Ma gloire est bien d'autre étendue :
L'ouïe et l'odorat ont part à mes plaisirs.
Outre qu'aux doux propos je joins les chansonnettes,
Belle Bouche fait des soupirs
Tels à peu près que les Zéphyrs
En la saison des violettes.
Je sais par cent moyens rendre heureux un amant :
Vous me dispenserez de vous dire comment.
S'il s'agit entre nous d'une conquête à faire,
On voit Beaux Yeux se tourmenter ;
Belle Bouche n'a qu'à parler :
Sans artifice elle sait plaire.
Quand Beaux Yeux sont fermés ce n'est pas grande affaire :
Belle Bouche à toute heure étale des trésors :
Le nacre est en dedans, le corail en dehors.
Quand je daigne m'ouvrir, il n'est richesse égale.

Les présents que nous fait la rive orientale
N'approchent pas des dons que je prétends avoir :
Trente-deux perles se font voir,
Dont la moins belle et la moins claire
Passe celles que l'Inde a dans ses régions :
Pour plus de trente-deux millions
Je ne m'en voudrais pas défaire.
Belle Bouche ainsi harangua.
Un amant pour Beaux Yeux parla :
Et, comme on peut penser, ne manqua pas de dire
Que c'est par eux qu'Amour s'introduit dans les cœurs.
Pourquoi leur reprocher les pleurs ?
Il ne faut donc pas qu'on soupire.
Mais tous les deux sont bons ; Belle Bouche a grand tort.
Il est des larmes de transport,
Il est des soupirs au contraire
Qui fort souvent ne disent rien :
Belle Bouche n'entend pas bien
Pour cette fois-là son affaire.
Qu'elle se taise au nom des dieux
Des appas qui lui sont départis par les cieux :
Qu'a-t-elle sur ce point qui nous soit comparable ?
Nous savons plaire en cent façons ;
Par l'éclat, la douceur, et cet art admirable
De tendre aux cœurs des hameçons.
Belle Bouche le blâme, et nous en faisons gloire.
Si l'on tient d'elle une victoire,
On en tient cent de nous : et pour une chanson
Où Belle Bouche est en renom,
Beaux Yeux le sont en plus de mille.
La Cour, le Parnasse, et la Ville
Ne retentissent tout le jour
Que du mot de Beaux Yeux et de celui d'Amour.
Dès que nous paraissons chacun nous rend les armes.
Quiconque nous appellerait
Enchanteurs, il ne mentirait,
Tant est prompt l'effet de nos charmes.
Sous un masque trompeur leur éclat fait si bien,

Que maint objet tel quel[4], en plus d'une rencontre,
Par ce moyen passe à la montre[5] :
On demande qui c'est ; et souvent ce n'est rien :
Cependant Beaux Yeux sont la cause
Qu'on prend ce rien pour quelque chose.
Belle Bouche dit : j'aime ; et le disons-nous pas[6] ?
Sans aucun bruit : notre langage
Muet qu'il est, plaît davantage
Que ces perles, ce chant, et ces autres appas
Avec quoi Belle Bouche engage.
L'avocat de Beaux Yeux fit sa péroraison
Des regards d'une intervenante[7].
Cette belle approcha d'une façon charmante :
Puis il dit en changeant de ton :
J'amuse ici la Cour par des discours frivoles.
Ai-je besoin d'autres paroles
Que des yeux de Philis ? Juge regardez-les ;
Puis prononcez votre sentence ;
Nous gagnerons notre procès.
Philis eut quelque honte ; et puis sur l'assistance
Répandit des regards si remplis d'éloquence,
Que les papiers tombaient des mains[8].
Frappé de ces charmes soudains
L'auditoire inclinait pour Beaux Yeux dans son âme.
Belle Bouche, en faveur des regards de la Dame
Voyant que les esprits s'allaient préoccupant[9],
Prit la parole et dit : A cette rhétorique,
Dont Beaux Yeux vont ainsi les juges corrompant,
Je ne peux opposer qu'un seul mot pour réplique.
La nuit mon emploi dure encor :
Beaux Yeux sont lors de peu d'usage :
On les laisse en repos ; et leur muet langage
Fait un assez froid personnage.
Chacun en demeura d'accord.
Cette raison régla la chose.
On préféra Belle Bouche à Beaux Yeux.
En quelques chefs pourtant ils eurent gain de cause,
Belle Bouche baisa le juge de son mieux.

LE PETIT CHIEN QUI SECOUE DE L'ARGENT ET DES PIERRERIES[1]

La clef du coffre-fort et des cœurs c'est la même :
Que si ce n'est celle des cœurs,
C'est du moins celle des faveurs :
Amour doit à ce stratagème
La plus grand'part de ses exploits :
A-t-il épuisé son carquois,
Il met tout son salut en ce charme suprême.
Je tiens qu'il a raison ; car qui hait les présents ?
Tous les humains en sont friands,
Princes, rois, magistrats : ainsi quand une belle
En croira l'usage permis,
Quand Vénus ne fera que ce que fait Thémis[2],
Je ne m'écrierai pas contre elle.
On a bien plus d'une querelle
A lui faire sans celle-là.
Un juge mantouan belle femme épousa.
Il s'appelait Anselme ; on la nommait Argie ;
Lui déjà vieux barbon ; elle jeune et jolie,
Et de tous charmes assortie.
L'époux non content de cela,
Fit si bien par sa jalousie,
Qu'il rehaussa de prix celle-là qui d'ailleurs
Méritait de se voir servie
Par les plus beaux et les meilleurs.
Elle le fut aussi : d'en dire la manière,
Et comment s'y prit chaque amant,

Il serait long : suffit que cet objet charmant
Les laissa soupirer, et ne s'en émut guère.
Amour établissait chez le juge ses lois ;
Quand l'État mantouan, pour chose de grand poids
Résolut d'envoyer ambassade au saint-père.
Comme Anselme était juge, et de plus magistrat[3],
Vivait avec assez d'éclat,
Et ne manquait pas de prudence,
On le député en diligence.
Ce ne fut pas sans résister
Qu'au choix qu'on fit de lui consentit le bon homme :
L'affaire était longue à traiter ;
Il devait demeurer dans Rome
Six mois, et plus encor ; que savait-il combien ?
Tant d'honneur pouvait nuire au conjugal lien :
Longue ambassade et long voyage
Aboutissent à cocuage.
Dans cette crainte notre époux
Fit cette harangue à la belle :
On nous sépare Argie ; adieu, soyez fidèle
A celui qui n'aime que vous.
Jurez-le-moi : car entre nous
J'ai sujet d'être un peu jaloux.
Que fait autour de notre porte
Cette soupirante cohorte ?
Vous me direz que jusqu'ici
La cohorte a mal réussi :
Je le crois ; cependant pour plus grande assurance
Je vous conseille en mon absence
De prendre pour séjour notre maison des champs :
Fuyez la ville, et les amants,
Et leurs présents ;
L'invention en est damnable ;
Des machines d'Amour c'est la plus redoutable :
De tout temps le monde a vu Don
Etre le père d'abandon :
Déclarez-lui la guerre ; et soyez sourde, Argie,
A sa sœur la cajolerie.

Dès que vous sentirez approcher les blondins,
Fermez vite vos yeux, vos oreilles, vos mains.
Rien ne vous manquera ; je vous fais la maîtresse
De tout ce que le ciel m'a donné de richesse :
Tenez, voilà les clefs de l'argent, des papiers ;
    Faites-vous payer des fermiers ;
    Je ne vous demande aucun compte :
    Suffit que je puisse sans honte
Apprendre vos plaisirs ; je vous les permets tous,
    Hors ceux d'amour, qu'à votre époux
Vous garderez entiers pour son retour de Rome :
    C'en était trop pour le bon homme :
Hélas il permettait tous plaisirs hors un point
    Sans lequel seul il n'en est point.
Son épouse lui fit promesse solennelle
    D'être sourde, aveugle, et cruelle ;
    Et de ne prendre aucun présent :
Il la retrouverait au retour toute telle,
    Qu'il la laissait en s'en allant,
    Sans nul vestige de galant.
Anselme étant parti, tout aussitôt Argie
    S'en alla demeurer aux champs ;
    Et tout aussitôt les amants
    De l'aller voir firent partie[4].
Elle les renvoya ; ces gens l'embarrassaient,
    L'attiédissaient, l'affadissaient[5],
    L'endormaient en contant leur flamme ;
    Ils déplaisaient tous à la dame,
    Hormis certain jeune blondin,
    Bien fait, et beau par excellence ;
    Mais qui ne put par sa souffrance
Amener à son but cet objet inhumain.
Son nom c'était Atis, son métier paladin[6] :
    Il ne plaignit[7] en son dessein
    Ni les soupirs ni la dépense.
    Tout moyen par lui fut tenté :
Encor si des soupirs il se fut contenté !
    La source en est inépuisable ;

Mais de la dépense c'est trop.
Le bien de notre amant s'en va le grand galop ;
Voilà notre homme misérable.
Que fait-il ? il s'éclipse, il part, il va chercher
Quelque désert pour se cacher.
En chemin il rencontre un homme,
Un manant, qui fouillant avecque son bâton,
Voulait faire sortir un serpent d'un buisson ;
Atis s'enquit de la raison.
C'est, reprit le manant, afin que je l'assomme.
Quand j'en rencontre sur mes pas,
Je leur fais de pareilles fêtes.
Ami, reprit Atis, laisse-le ; n'est-il pas
Créature de Dieu comme les autres bêtes ?
Il est à remarquer que notre paladin
N'avait pas cette horreur commune au genre humain
Contre la gent reptile, en toute son espèce ;
Dans ses armes il en portait ;
Et de Cadmus[8] il descendait,
Celui-là qui devint serpent sur sa vieillesse.
Force fut au manant de quitter son dessein.
Le serpent se sauva ; notre amant à la fin
S'établit dans un bois écarté, solitaire :
Le silence y faisait sa demeure ordinaire ;
Hors quelque oiseau qu'on entendait,
Et quelque Echo qui répondait.
Là le bonheur et la misère
Ne se distinguaient point, égaux en dignité
Chez les loups qu'hébergeait ce lieu peu fréquenté.
Atis n'y rencontra nulle tranquillité.
Son amour l'y suivit ; et cette solitude
Bien loin d'être un remède à son inquiétude
En devint même l'aliment
Par le loisir qu'il eut d'y plaindre son tourment.
Il s'ennuya bientôt de ne plus voir sa belle.
Retournons, ce dit-il, puisque c'est notre sort :
Atis il t'est plus doux encor
De la voir ingrate et cruelle,

Que d'être privé de ses traits,
Adieu ruisseaux, ombrages frais,
Chants amoureux de Philomèle[9];
Mon inhumaine seule attire à soi mes sens ;
Eloigné de ses yeux je ne vois ni n'entends.
L'esclave fugitif se va remettre encore
En ses fers quoique durs, mais hélas trop chéris.
Il approchait des murs qu'une fée a bâtis[10],
Quand sur les bords du Mince[11], à l'heure que l'Aurore
Commence à s'éloigner du séjour de Téthys[12],
Une nymphe en habit de reine,
Belle, majestueuse, et d'un regard charmant,
Vint s'offrir tout d'un coup aux yeux du pauvre amant
Qui rêvait alors à sa peine.
Je veux, dit-elle, Atis que vous soyez heureux :
Je le veux, je le puis, étant Manto la fée
Votre amie et votre obligée ;
Vous connaissez ce nom fameux.
Mantoue en tient le sien : jadis en cette terre
J'ai posé la première pierre
De ces murs, en durée égaux aux bâtiments
Dont Memphis voit le Nil laver les fondements.
La Parque est inconnue à toutes mes pareilles :
Nous opérons mille merveilles ;
Malheureuses pourtant de ne pouvoir mourir ;
Car nous sommes d'ailleurs capables de souffrir.
Toute l'infirmité de la nature humaine :
Nous devenons serpents[13] un jour de la semaine.
Vous souvient-il qu'en ce lieu-ci
Vous en tirâtes un de peine ?
C'était moi qu'un manant s'en allait assommer ;
Vous me donnâtes assistance :
Atis je veux pour récompense
Vous procurer la jouissance
De celle qui vous fait aimer.
Allons-nous-en la voir, je vous donne assurance
Qu'avant qu'il soit deux jours de temps
Vous gagnerez par vos présents

Argie et tous ses surveillants.
Dépensez, dissipez, donnez à tout le monde,
A pleines mains répandez l'or,
Vous n'en manquerez point, c'est pour vous le trésor
Que Lucifer me garde en sa grotte profonde.
Votre belle saura quel est notre pouvoir.
Même pour m'approcher de cette inexorable,
Et vous la rendre favorable,
En petit chien vous m'allez voir
Faisant mille tours sur l'herbette ;
Et vous en pèlerin jouant de la musette
Me pourrez à ce son mener chez la beauté
Qui tient votre cœur enchanté.
Aussitôt fait que dit ; notre amant et la fée
Changent de forme en un instant :
Le voilà pèlerin chantant comme un Orphée,
Et Manto petit chien faisant tours et sautant.
Ils vont au château de la belle,
Valets et gens du lieu s'assemblent autour d'eux :
Le petit chien fait rage ; aussi fait l'amoureux ;
Chacun danse, et Guillot fait sauter Perronnelle [14].
Madame entend ce bruit, et sa nourrice y court.
On lui dit qu'elle vienne admirer à son tour
Le roi des épagneux [15], charmante créature,
Et vrai miracle de nature.
Il entend tout, il parle, il danse, il fait cent tours :
Madame en fera ses amours ;
Car veuille ou non son maître, il faut qu'il le lui vende
S'il n'aime mieux le lui donner.
La nourrice en fait la demande.
Le pèlerin sans tant tourner
Lui dit tout bas le prix qu'il veut mettre à la chose ;
Et voici ce qu'il lui propose :
Mon chien n'est point à vendre, à donner encor moins,
Il fournit à tous mes besoins :
Je n'ai qu'à dire trois paroles,
Sa patte entre mes mains fait tomber à l'instant
Au lieu de puces des pistoles,

Des perles, des rubis, avec maint diamant.
C'est un prodige enfin : Madame cependant
En a comme on dit la monnoie [16].
Pourvu que j'aye cette joie
De coucher avec elle une nuit seulement,
Favori sera sien dès le même moment.
La proposition surprit fort la nourrice.
Quoi Madame l'ambassadrice !
Un simple pèlerin ! Madame à son chevet
Pourrait voir un bourdon [17] ! et si l'on le savait !
Si cette même nuit quelque hôpital avait
Hébergé le chien et son maître !
Mais ce maître est bien fait, et beau comme le jour ;
Cela fait passer en amour
Quelque bourdon que ce puisse être.
Atis avait changé de visage et de traits.
On ne le connut pas, c'étaient d'autres attraits.
La nourrice ajoutait : A gens de cette mine
Comment peut-on refuser rien ?
Puis celui-ci possède un chien
Que le royaume de la Chine
Ne paierait pas de tout son or :
Une nuit de Madame aussi c'est un trésor.
J'avais oublié de vous dire
Que le drôle à son chien feignit de parler bas.
Il tombe aussitôt dix ducats,
Qu'à la nourrice offre le sire :
Il tombe encore un diamant.
Atis en riant le ramasse.
C'est, dit-il, pour Madame ; obligez-moi de grâce
De le lui présenter avec mon compliment.
Vous direz à Son Excellence
Que je lui suis acquis. La nourrice à ces mots
Court annoncer en diligence
Le petit chien et sa science,
Le pèlerin et son propos.
Il ne s'en fallut rien qu'Argie
Ne battît sa nourrice. Avoir l'effronterie

De lui mettre en l'esprit une telle infamie !
Avec qui ? si c'était encor le pauvre Atis !
Hélas, mes cruautés sont cause de sa perte.
Il ne me proposa jamais de tels partis.
Je n'aurais pas d'un roi cette chose soufferte,
    Quelque don que l'on pût m'offrir,
Et d'un porte-bourdon je la pourrais souffrir,
    Moi qui suis une ambassadrice !
    Madame, reprit la nourrice,
    Quand vous seriez impératrice,
    Je vous dis que ce pèlerin
A de quoi marchander, non pas une mortelle,
    Mais la déesse la plus belle.
    Atis votre beau paladin
Ne vaut pas seulement un doigt du personnage.
    Mais mon mari m'a fait jurer !
Eh quoi ? de lui garder la foi de mariage.
Bon jurer ? ce serment vous lie-t-il davantage
Que le premier n'a fait ? qui l'ira déclarer ?
Qui le saura ? j'en vois marcher tête levée,
Qui n'iraient pas ainsi, j'ose vous l'assurer,
Si sur le bout du nez tache pouvait montrer
    Que telle chose est arrivée :
    Cela nous fait-il empirer,
D'une ongle [18] ou d'un cheveu ? non Madame il faut être
    Bien habile pour reconnaître
Bouche ayant employé son temps et ses appas
D'avec bouche qui s'est tenue à ne rien faire ;
    Donnez-vous, ne vous donnez pas,
    Ce sera toujours même affaire ;
Pour qui ménagez-vous les trésors de l'Amour ?
Pour celui qui je crois ne s'en servira guère ;
Vous n'aurez pas grand'peine à fêter son retour.
    La fausse [19] vieille sut tant dire,
Que tout se réduisit seulement à douter
Des merveilles du chien, et des charmes du sire :
    Pour cela l'on les fit monter :
    La belle était au lit encore.

L'univers n'eut jamais d'aurore
Plus paresseuse à se lever.
Notre feint pèlerin traverse la ruelle,
Comme un homme ayant vu d'autres gens que des saints.
Son compliment parut galant et des plus fins :
Il surprit et charma la belle.
Vous n'avez pas, ce lui dit-elle,
La mine de vous en aller
A Saint-Jacques de Compostelle.
Cependant pour la régaler[20],
Le chien à son tour entre en lice.
On eût vu sauter Favori
Pour la dame et pour la nourrice,
Mais point du tout pour le mari.
Ce n'est pas tout ; il se secoue :
Aussitôt perles de tomber,
Nourrice de les ramasser,
Soubrettes de les enfiler,
Pèlerin de les attacher,
A de certains bras, dont il loue
La blancheur et le reste. Enfin il fait si bien,
Qu'avant que partir de la place
On traite avec lui de son chien.
On lui donne un baiser pour arrhes de la grâce
Qu'il demandait ; et la nuit vint ;
Aussitôt que le drôle tint
Entre ses bras madame Argie,
Il redevint Atis ; la dame en fut ravie ;
C'était avec bien plus d'honneur
Traiter Monsieur l'ambassadeur.
Cette nuit eut des sœurs, et même en très bon nombre.
Chacun s'en aperçut ; car d'enfermer sous l'ombre
Une telle aise, le moyen ?
Jeunes gens font-ils jamais rien
Que le plus aveugle ne voie ?
A quelques mois de là le saint-père renvoie
Anselme avec force pardons[21],
Et beaucoup d'autres menus dons.

Les biens et les honneurs pleuvaient sur sa personne.
De son vice-gérant[22] il apprend tous les soins :
Bons certificats des voisins :
Pour les valets, nul ne lui donne
D'éclaircissement sur cela.
Monsieur le juge interrogea
La nourrice avec les soubrettes
Sages personnes et discrètes.
Il n'en put tirer ce secret :
Mais comme parmi les femelles
Volontiers le diable se met,
Il survint de telles querelles,
La dame et la nourrice eurent de tels débats,
Que celle-ci ne manqua pas
A se venger de l'autre, et déclarer l'affaire.
Dût-elle aussi se perdre, il fallut tout conter.
D'exprimer jusqu'où la colère
Ou plutôt la fureur de l'époux put monter,
Je ne tiens pas qu'il soit possible ;
Ainsi je m'en tairai : on peut par les effets
Juger combien Anselme était homme sensible.
Il choisit un de ses valets,
Le charge d'un billet, et mande que Madame
Vienne voir son mari malade en la cité :
La belle n'avait point son village quitté :
L'époux allait venait, et laissait là sa femme.
Il te faut en chemin écarter tous ses gens,
Dit Anselme au porteur de ces ordres pressants :
La perfide a couvert mon front d'ignominie.
Pour satisfaction je veux avoir sa vie.
Poignarde-la ; mais prends ton temps[23] :
Tâche de te sauver : voilà pour ta retraite,
Prends cet or : si tu fais ce qu'Anselme souhaite,
Et punis cette offense-là,
Quelque part que tu sois, rien ne te manquera.
Le valet va trouver Argie,
Qui par son chien est avertie.
Si vous me demandez comme un chien avertit,

Je crois que par la jupe il tire ;
Il se plaint, il jappe, il soupire,
Il en veut à chacun ; pour peu qu'on ait d'esprit,
On entend bien ce qu'il veut dire.
Favori fit bien plus ; et tout bas il apprit
Un tel péril à sa maîtresse.
Partez pourtant, dit-il, on ne vous fera rien :
Reposez-vous sur moi ; j'en empêcherai bien
Ce valet à l'âme traîtresse.
Ils étaient en chemin, près d'un bois qui servait
Souvent aux voleurs de refuge :
Le ministre cruel des vengeances du juge
Envoie un peu devant le train qui les suivait ;
Puis il dit l'ordre qu'il avait.
La dame disparaît aux yeux du personnage :
Manto la cache en un nuage.
Le valet étonné retourne vers l'époux,
Lui conte le miracle ; et son maître en courroux
Va lui-même à l'endroit. O prodige ! ô merveille !
Il y trouve un palais de beauté sans pareille :
Une heure auparavant c'était un champ tout nu.
Anselme à son tour éperdu,
Admire ce palais bâti, non pour des hommes,
Mais apparemment pour des dieux :
Appartements dorés, meubles très précieux,
Jardins et bois délicieux ;
On aurait peine à voir en ce siècle où nous sommes
Chose si magnifique et si riante aux yeux.
Toutes les portes sont ouvertes ;
Les chambres sans hôte, et désertes ;
Pas une âme en ce Louvre ; excepté qu'à la fin
Un More très lippu, très hideux, très vilain,
S'offre aux regards du juge, et semble la copie
D'un Esope d'Ethiopie.
Notre magistrat l'ayant pris
Pour le balayeur du logis,
Et croyant l'honorer lui donnant cet office,
Cher ami, lui dit-il, apprends-nous à quel dieu

Appartient un tel édifice ?
Car de dire un roi, c'est trop peu.
Il est à moi, reprit le More.
Notre juge à ces mots se prosterne, l'adore,
Lui demande pardon de sa témérité.
Seigneur, ajouta-t-il, que Votre Déité
Excuse un peu mon ignorance.
Certes tout l'univers ne vaut pas la chevance [24]
Que je rencontre ici. Le More lui répond :
Veux-tu que je t'en fasse un don ?
De ces lieux enchantés je te rendrai le maître,
A certaine condition.
Je ne ris point ; tu pourras être
De ces lieux absolu seigneur,
Si tu me veux servir deux jours d'enfant d'honneur [25].
… Entends-tu ce langage,
Et sais-tu quel est cet usage ?
Il te le faut expliquer mieux.
Tu connais l'échanson du monarque des dieux ?

ANSELME

Ganymède ?

LE MORE

Celui-là même.
Prends que je sois Jupin le monarque suprême ;
Et que tu sois le jouvenceau :
Tu n'es pas tout à fait si jeune ni si beau.

ANSELME

Ah Seigneur, vous raillez, c'est chose par trop sûre :
Regardez la vieillesse, et la magistrature.

LE MORE

Moi railler ? point du tout.

ANSELME

Seigneur.

LE MORE

Ne veux-tu point ?

ANSELME

Seigneur... Anselme ayant examiné ce point,
Consent à la fin au mystère.
Maudite amour des dons que ne fais-tu pas faire !
En page incontinent son habit est changé :
Toque au lieu de chapeau, haut-de-chausses troussé :
La barbe seulement demeure au personnage.
L'enfant d'honneur Anselme avec cet équipage
Suit le More partout. Argie avait ouï
Le dialogue entier, en certain coin cachée.
Pour le More lippu, c'était Manto la fée,
Par son art métamorphosée,
Et par son art ayant bâti
Ce Louvre en un moment, par son art fait un page
Sexagénaire et grave. A la fin au passage
D'une chambre en une autre, Argie à son mari
Se montre tout d'un coup : Est-ce Anselme, dit-elle,
Que je vois ainsi déguisé ?
Anselme ? il ne se peut ; mon œil s'est abusé.
Le vertueux Anselme à la sage cervelle
Me voudrait-il donner une telle leçon ?
C'est lui pourtant. Oh oh, Monsieur notre barbon,
Notre législateur, notre homme d'ambassade,
Vous êtes à cet âge homme de mascarade ?
Homme de ? la pudeur me défend d'achever.
Quoi ! vous jugez les gens à mort pour mon affaire,
Vous qu'Argie a pensé[26] trouver
En un fort plaisant adultère !
Du moins n'ai-je pas pris un More pour galant :
Tout me rend excusable, Atis, et son mérite,
Et la qualité du présent.
Vous verrez tout incontinent
Si femme qu'un tel don à l'amour sollicite
Peut résister un seul moment.
More devenez chien. Tout aussitôt le More

Redevient petit chien encore.
Favori, que l'on danse. A ces mots, Favori
Danse, et tend la patte au mari.
Qu'on fasse tomber des pistoles ;
Pistoles tombent à foison :
Eh bien qu'en dites-vous ? sont-ce choses frivoles ?
C'est de ce chien qu'on m'a fait don.
Il a bâti cette maison.
Puis faites-moi trouver au monde une Excellence,
Une Altesse, une Majesté,
Qui refuse sa jouissance
A dons de cette qualité ;
Surtout quand le donneur est bien fait, et qu'il aime,
Et qu'il mérite d'être aimé.
En échange du chien l'on me voulait moi-même ;
Ce que vous possédez de trop je l'ai donné ;
Bien entendu Monsieur ; suis-je chose si chère ?
Vraiment vous me croiriez bien pauvre ménagère
Si je laissais aller tel chien à ce prix-là.
Savez-vous qu'il a fait le Louvre que voilà ?
Le Louvre pour lequel... mais oublions cela ;
Et n'ordonnez plus qu'on me tue,
Moi qu'Atis seulement en ses lacs a fait choir ;
Je le donne à Lucrèce [27], et voudrais bien la voir
Des mêmes armes combattue.
Touchez là, mon mari ; la paix ; car aussi bien
Je vous défie ayant ce chien :
Le fer ni le poison pour moi ne sont à craindre :
Il m'avertit de tout ; il confond les jaloux ;
Ne le soyez donc point ; plus on veut nous contraindre,
Moins on doit s'assurer de nous [28].
Anselme accorda tout : qu'eût fait le pauvre sire ?
On lui promit de ne pas dire
Qu'il avait été page. Un tel cas étant tu,
Cocuage, s'il eût voulu,
Aurait eu ses franches coudées.
Argie en rendit grâce ; et compensations
D'une et d'autre part accordées,

On quitta la campagne[29] à ces conditions.
Que devint le palais ? dira quelque critique.
Le palais ? que m'importe ? il devint ce qu'il put.
A moi ces questions ! suis-je homme qui se pique
D'être si régulier ? le palais disparut.
Et le chien ? le chien fit ce que l'amant voulut.
Mais que voulut l'amant ? censeur, tu m'importunes :
Il voulut par ce chien tenter d'autres fortunes.
D'une seule conquête est-on jamais content ?
 Favori se perdait souvent ;
 Mais chez sa première maîtresse
Il[30] revenait toujours. Pour elle, sa tendresse
Devint bonne amitié. Sur ce pied, notre amant
 L'allait voir fort assidûment :
 Et même en l'accommodement
Argie à son époux fit un serment sincère
 De n'avoir plus aucune affaire[31].
 L'époux jura de son côté
 Qu'il n'aurait plus aucun ombrage ;
 Et qu'il voulait être fouetté
 Si jamais on le voyait page.

Il semblera d'abord au lecteur que la comédie que j'ajoute ici n'est pas en son lieu, mais s'il la veut lire jusqu'à la fin, il y trouvera un récit, non tout à fait tel que ceux de mes contes, et aussi qui ne s'en éloigne pas tout à fait. Il n'y a aucune distribution de scènes, la chose n'étant pas faite pour être représentée.

CLYMÈNE [1]

COMÉDIE

Personnages

APOLLON, LES NEUF MUSES,
ACANTE

La scène est au Parnasse.

Apollon se plaignait aux neuf sœurs l'autre jour
De ne voir presque plus de bons vers sur l'amour.
Le siècle, disait-il, a gâté cette affaire :
Lui nous parler d'amour ! il ne la sait pas faire [2].
Ce qu'on n'a point au cœur, l'a-t-on dans ses écrits ?
J'ai beau communiquer de l'ardeur aux esprits ;
Les belles n'ayant pas disposé la matière,

Amour, et vers, tout est fort à la cavalière[3].
Adieu donc ô beautés ; je garde mon emploi
Pour les surintendants[4] sans plus, et pour le Roi.
Je viens pourtant de voir au bord de l'Hippocrène[5]
Acante[6] fort touché de certaine Clymène[7].
J'en sais qui sous ce nom font valoir leurs appas ;
Mais quant à celle-ci je ne la connais pas :
Sans doute qu'en province elle a passé sa vie.

ERATO

Sire, j'en puis parler ; c'est ma meilleure amie.
La province, il est vrai, fut toujours son séjour ;
Ainsi l'on n'en fait point de bruit en votre cour.

URANIE

Je la connais aussi.

APOLLON

Comment vous Uranie !
En ce cas Terpsichore, Euterpe, et Polymnie,
Qui n'ont pas des emplois du tout si relevés,
M'en apprendront encor plus que vous n'en savez.

POLYMNIE

Oui Sire, nous pouvons vous en parler chacune.

APOLLON

Si ma prière n'est aux Muses importune,
Devant moi tour à tour chantez cette beauté ;
Mais sur de nouveaux tons, car je suis dégoûté.
Que chacune pourtant suive son caractère.

EUTERPE

Sire, nous nous savons toutes neuf contrefaire :
Pour si peu laissez-nous libres sur ce point-là.

APOLLON

Commencez donc Euterpe, ainsi qu'il vous plaira.

EUTERPE

Que ma compagne m'aide ; et puis en dialogue
Nous vous ferons entendre une espèce d'églogue[8].

APOLLON

Terpsichore aidez-la : mais surtout évitez
Les traits que tant de fois l'églogue a répétés :
Il me faut du nouveau, n'en fût-il point au monde.

TERPSICHORE

Je m'en vais commencer ; qu'Euterpe me réponde.
Quand le soleil a fait le tour de l'univers,
Ce n'est point d'avoir vu cent chefs-d'œuvre divers,
Ni d'en avoir produit, qu'à Téthys il se vante ;
Il dit : J'ai vu Clymène, et mon âme est contente.

EUTERPE

L'Aurore vous veut voir ; Clymène montrez-vous :
Non, ne bougez du lit ; le repos est trop doux :
Tantôt vous paraîtrez vous-même une autre Aurore ;
Mais ne vous pressez point, dormez dormez encore.

TERPSICHORE

Au gré de tous les yeux Clymène a des appas :
Un peu de passion est ce qu'on lui souhaite :
Pour de l'amitié seule, elle n'en manque pas :
Cinq ou six grains d'amour, et Clymène est parfaite.

EUTERPE

L'amour, à ce qu'on dit, empêche de dormir :
S'il a quelque plaisir il ne l'a pas sans peine :
Voyez la tourterelle, entendez-la gémir,
Vous vous garderez bien de condamner Clymène.

TERPSICHORE

Vénus depuis longtemps est de mauvaise humeur.
Clymène lui fait ombre ; et Vénus ayant peur
D'être mise au-dessous d'une beauté mortelle,

Disait hier à son fils : Mais la croit-on si belle ?
Et oui oui, dit l'Amour, je vous la veux montrer.

APOLLON

Vous sortez de l'églogue[9].

EUTERPE

Il nous y faut rentrer.
Amour en quatre parts divise son empire :
Acante en fait moitié, ses rivaux plus d'un quart :
Ainsi plus des trois quarts pour Clymène soupire :
Les autres belles ont le reste pour leur part.

TERPSICHORE

Tout ce que peut avoir un cœur d'indifférence
Clymène le témoigne : elle en a destiné
Les trois quarts pour Acante ; heureux dans sa souffrance
S'il voit qu'à ses rivaux le reste soit donné.

EUTERPE

Ne vous semble-t-il pas que nos bois reverdissent,
Depuis que nous chantons un si charmant objet ?

TERPSICHORE

Oiseaux, hommes, et dieux, que tous chantres choisissent
Désormais en leurs sons Clymène pour sujet.

EUTERPE

Pour elle le Printemps s'est habillé de roses.

TERPSICHORE

Pour elle les Zéphyrs en parfument les airs.

EUTERPE

Et les oiseaux pour elle y joignent leurs concerts.
Régnez belle, régnez sur tant d'aimables choses.

TERPSICHORE

Aimez, Clymène, aimez ; rendez quelqu'un heureux :
Votre règne en aura plus d'appas pour vous-même.

EUTERPE

En ce nombre d'amants qui voulez-vous qu'elle aime ?

TERPSICHORE

Acante.

EUTERPE

Et pourquoi lui ?

TERPSICHORE

C'est le plus amoureux.
Sire êtes-vous content ?

APOLLON

Assez. Que Melpomène
Sur un ton qui nous touche [10] introduise Clymène [11].
Vous Thalie, il vous faut contrefaire un amant,
Qui ne veut point borner son amoureux tourment.

MELPOMÈNE

Mes sœurs je suis Clymène.

THALIE

Et moi je suis Acante.

APOLLON

Fort bien ; nous écoutons ; remplissez notre attente.

CLYMÈNE

Acante vous perdez votre temps et vos soins.
Voulez-vous qu'on vous aime, aimez-nous un peu moins.
Otez ce mot d'amour ; c'est ce qu'on vous conseille.

ACANTE

Que je l'ôte ! est-il rien de si doux à l'oreille ?
Quoi de vous adorer Acante cesserait ?
Contre sa passion il vous obéirait ?
Ah laissez-lui du moins son tourment pour salaire.
Suis-je si dangereux ? hélas non ; si j'espère
Ce n'est plus d'être aimé : tant d'heur ne m'est point dû.

Je l'avais jusqu'ici follement prétendu.
Mourir en vous aimant est toute mon envie.
Mon amour m'est plus cher mille fois que la vie.
Laissez-moi mon amour, Madame, au nom des dieux.

CLYMÈNE

Toujours ce mot ! toujours !

ACANTE

Vous est-il odieux ?
Que de belles voudraient n'en entendre point d'autre !
Il charme également votre sexe et le nôtre,
Seule vous le fuyez : mais ne s'est-il point vu
Quelque temps où peut-être il vous a moins déplu ?

CLYMÈNE

L'Amour, je le confesse, a traversé [12] ma vie :
C'est ce qui malgré moi me rend son ennemie :
Après un tel aveu je ne vous dirai pas
Que votre passion est pour moi sans appas ;
Et que d'aucun plaisir je ne me sens touchée
Lorsqu'à tant de respect je la vois attachée.
Aussi peu vous dirai-je, Acante, écoutez bien,
Que par vos qualités vous ne méritez rien.
Je les sais, je les vois, j'y trouve de quoi plaire :
Que sert-il d'affecter le titre de sévère ?
Je ne me vante pas d'être sage à ce point
Qu'un mérite amoureux ne m'embarrasse point.
Vouloir bannir l'amour, le condamner, s'en plaindre,
Ce n'est pas le haïr, Acante, c'est le craindre.
Des plus sauvages cœurs il flatte le désir.
Vous ne l'ôterez point sans m'ôter du plaisir.
Nous y perdrons tous deux : quand je vous le conseille,
Je me fais violence, et prête encor l'oreille.
Ce mot renferme en soi je ne sais quoi de doux,
Un son qui ne déplaît à pas une de nous.
Mais trop de mal le suit.

ACANTE

Je m'en charge, Madame :
Ce mal est pour moi seul ; j'en garantis votre âme.

CLYMÈNE

Qui vous croirait, Acante, aurait un bon garant.
Mais non, je connais trop qu'Amour n'est qu'un tyran,
Un ennemi public, un démon pour mieux dire.

ACANTE

Il ne l'est pas pour vous ; cela vous doit suffire :
Jamais il ne vous peut avoir causé d'ennui :
Vous en prenez un autre assurément pour lui.
S'il a quelques douceurs, elles sont pour les belles,
Et pour nous les soucis et les peines cruelles.
Vous n'éprouvez jamais ni dédain, ni froideur :
Quant à nous, c'est souvent le prix de notre ardeur.
Trop de zèle nous nuit.

CLYMÈNE

Et pourquoi donc, Acante,
Ne modérez-vous pas cette ardeur violente ?
Aimez-vous mieux souffrir contre mon propre gré,
Que si m'obéissant vous étiez bien traité ?
Je vous rendrais heureux.

ACANTE

Selon votre manière ;
Du bonheur d'un ami, d'un parent ou d'un frère ;
Que sais-je ? de chacun [13] : car vous savez qu'on peut
Faire ainsi des heureux autant que l'on en veut.

CLYMÈNE

Non, non, j'aurais pour vous beaucoup plus de tendresse.
Vous verriez à quel point Clymène s'intéresse
Pour tout ce qui vous touche.

ACANTE

Et pour moi-même aussi ?

CLYMÈNE

Quelle distinction mettez-vous en ceci ?

ACANTE

Très grande : mais laissons à part la différence :
Aussi bien je craindrais de commettre une offense,
Si j'avais entrepris de prouver contre vous
Qu'autre chose est d'aimer nos qualités ou nous [14].
Je vous dirai pourtant que mon amour extrême
A pour premier objet votre personne même :
Tout m'en semble charmant ; elle est telle qu'il faut ·
Mais pour vos qualités, j'y trouve du défaut [15].

CLYMÈNE

Dites-nous quel il est afin qu'on s'en corrige.

ACANTE

Vous n'aimez point l'Amour ; vous le haïssez dis-je ;
Ce dieu près de votre âme a perdu tout crédit.

CLYMÈNE

Je ne hais point l'Amour, je vous l'ai déjà dit :
Je le crains seulement ; et serais plus contente
Si vous vouliez changer votre ardeur véhémente ;
En faire une amitié ; quelque chose entre deux ;
Un peu plus que ce n'est quand un cœur est sans feux ;
Moins aussi que l'état où le vôtre se treuve.

ACANTE

Tout de bon ; voulez-vous que j'en fasse l'épreuve ?
Que demain j'aime moins, et moins le jour d'après ;
Diminuant toujours, encor que vos attraits
Augmentent en pouvoir ? le voulez-vous, Madame ?

CLYMÈNE

Oui, puisque je l'ai dit.

ACANTE

L'avez-vous dit dans l'âme ?

CLYMÈNE

Il faut bien.

ACANTE

Songez-y ; voyez si votre esprit
Pourra voir ce déchet [16] sans un secret dépit.
Peu de femmes feraient des vœux pareils aux vôtres.

CLYMÈNE

Acante, je suis femme aussi bien que les autres :
Mais je connais l'Amour : c'est assez ; j'ai raison
D'en combattre en mon cœur l'agréable poison.
Voulez-vous procurer tant de mal à Clymène ?
Vous l'aimez, dites-vous, et vous cherchez sa peine.
N'allez point m'alléguer que c'est plaisir pour nous.
Loin, bien loin tels plaisirs ; le repos est plus doux :
Mon cœur s'en défendra : je vous permets de croire
Que je remporterai malgré moi la victoire.

APOLLON

Voilà du pathétique assez pour le présent :
Sur le même sujet donnez-nous du plaisant [17]

MELPOMÈNE

Qui ferons-nous parler ?

APOLLON

Acante et sa maîtresse.

MELPOMÈNE

Sire, il faudrait avoir pour cela plus d'adresse.
Rendre Acante plaisant ! c'est un trop grand dessein.

APOLLON

Il est fou, c'est déjà la moitié du chemin.

THALIE

Mais il l'est dans l'excès.

APOLLON

Tant mieux ; j'en suis fort aise ;
Nous le demandons tel ; je ne vois rien qui plaise
En matière d'amour comme les gens outrés.
Mille exemples pourraient vous en être montrés.

MELPOMÈNE

Nous obéissons donc. Tu te souviens, Thalie,
D'un matin où Clymène en son lit endormie
Fut au bruit d'un soupir éveillée en sursaut,
Et se mit contre Acante en colère aussitôt ;
Sans le voir, croyant même avoir fermé la porte :
Mais qui pouvait que lui soupirer de la sorte ?
Vraiment vous l'entendez [18] avecque vos hélas,
Dit la belle, apprenez à soupirer plus bas.
Il eut beau s'excuser sur l'ardeur de son zèle.
Une forge ferait moins de bruit, reprit-elle,
Que votre cœur n'en fait : ce sont tous ses plaisirs.
Si je tourne le pied, matière de soupirs,
Je ne vous vois jamais qu'en un chagrin extrême.
C'est bien pour m'obliger à vous aimer de même [19].

ACANTE

Je ne le prétends pas.

CLYMÈNE

Soyez-vous sur ce lit.

ACANTE

Moi ?

CLYMÈNE

Vous ; sans répliquer.

ACANTE

Souffrez...

CLYMÈNE

C'est assez dit.
Là ; je vous veux voir là.

ACANTE

Madame.

CLYMÈNE

Là, vous dis-je
Voyez qu'il a de mal ; sa maîtresse l'oblige
A s'asseoir sur un lit ; quelle peine pour lui ;
Savez-vous ce que c'est, je veux rire aujourd'hui.
Point de discours plaintifs : bannissez, je vous prie,
Ces soupirs à la voix du sommeil ennemie.
Témoignez, s'il se peut, votre amour autrement.
Mais que veut cette main qui s'en vient brusquement ?

ACANTE

C'est pour vous obéir et témoigner mon zèle.

CLYMÈNE

L'obéissance en est un peu trop ponctuelle ;
Nous vous en dispensons ; Acante, soyez coi.
Si bien donc que votre âme est tout en feu pour moi ?

ACANTE

Tout en feu.

CLYMÈNE

Vous n'avez ni cesse ni relâche ?

ACANTE

Aucune.

CLYMÈNE

Toujours pleurs, soupirs comme à la tâche ?

ACANTE

Toujours soupirs et pleurs.

CLYMÈNE

J'en veux avoir pitié.
Allez, je vous promets.

ACANTE

Et quoi ?

CLYMÈNE

De l'amitié.

ACANTE

Ah Madame, faut-il railler d'un misérable !

CLYMÈNE

Vous reprenez toujours votre ton lamentable.
Oui, je vous veux aimer d'amitié malgré vous ;
Mais si sensiblement que je n'aie, entre nous,
De là jusqu'à l'amour rien qu'un seul pas à faire.

ACANTE

Et quand le ferez-vous ce pas si nécessaire ?

CLYMÈNE

Jamais.

ACANTE

Reprenez donc l'offre de votre cœur.

CLYMÈNE

Vous en aurez regret ; il a de la douceur.
Vous feriez beaucoup mieux d'éprouver ses largesses.
Je baise mes amis, je leur fais cent caresses.
A l'égard des amants, tout leur est refusé.

ACANTE

Je ne veux point du tout, Madame, être baisé.
Vous riez ?

CLYMÈNE

Le moyen de s'empêcher de rire ?
On veut baiser Acante ; Acante se retire.

ACANTE

Et le pourriez-vous voir traiter [20] de son amour
Pour un simple baiser, souvent froid, toujours court ?

CLYMÈNE

On redouble en ce cas.

ACANTE

Oui d'autres que Clymène.

CLYMÈNE

Éprouvez-le[21].

ACANTE

De quoi vous mettez-vous en peine ?

CLYMÈNE

Moi ? de rien

ACANTE

Cependant je vois qu'en votre esprit
Le refus de vos dons jette un secret dépit.

CLYMÈNE

Il est vrai, ce refus n'est pas fort à ma gloire.
Dédaigner mes baisers ! cela se peut-il croire ?
Acante, je le vois, n'est pas fin à demi ;
Il devait aujourd'hui promettre d'être ami ;
Demain il eût repris son premier personnage.

ACANTE

Et Clymène aurait pu souffrir ce badinage ?
Un baiser n'aurait pas irrité ses esprits ?

CLYMÈNE

Qu'importe ? l'on s'apaise ; et c'est autant de pris.
Vous en pourriez déjà compter une douzaine.

ACANTE

Madame c'en est trop : à quoi bon tant de peine ?
Pour douze d'amitié donnez-m'en un d'amour.

CLYMÈNE

C'est perdre doublement ; je le rendrais trop court.

ACANTE

Mais Madame voyons.

CLYMÈNE

Mais Acante, vous dis-je,
L'amitié seulement à ces faveurs m'oblige.

ACANTE

Et bien je consens d'être ami pour un moment.

CLYMÈNE

Sous la peau de l'ami je craindrais que l'amant
Ne demeurât caché pendant tout le mystère.
L'heure sonne, il est tard ; n'avez-vous point affaire ?

ACANTE

Non, et quand j'en aurais, ces moments sont trop doux.

CLYMÈNE

Je me veux habiller ; adieu, retirez-vous.

APOLLON

Vous finissez bien tôt ?

MELPOMÈNE

Point trop pour des pucelles.
Ces discours leur siéent mal, et vous vous moquez d'elles.

APOLLON

Moi me moquer ? pourquoi ? j'en ouïs l'autre jour
Deux de quinze ans parler plus savamment d'amour.
Ce que sur vos amants je trouverais à dire,
C'est qu'ils pleuraient tantôt, et vous les faites rire.
De l'air dont ils se sont tout à l'heure expliqués,
Ce ne sauraient être eux s'ils ne se sont masqués.

MELPOMÈNE

Vous vouliez du plaisant ; comment eût-on pu faire ?

APOLLON

J'en voulais, il est vrai ; mais dans leur caractère.

THALIE

Sire, Acante est un homme inégal[22] à tel point,
Que d'un moment à l'autre on ne le connaît point ;
Inégal en amour, en plaisir, en affaire ;
Tantôt gai, tantôt triste ; un jour il désespère ;
Un autre jour il croit que la chose ira bien.
Pour vous en parler franc, nous n'y connaissons rien.
Clymène aime à railler : toutefois quand Acante
S'abandonne aux soupirs, se plaint, et se tourmente,
La pitié qu'elle en a lui donne un sérieux
Qui fait que l'amitié n'en va souvent que mieux.

APOLLON

Clio, divertissez un peu la compagnie.

CLIO

Sire me voilà prête.

APOLLON

Il me prend une envie
De goûter de ce genre où Marot excellait.

CLIO

Eh bien, Sire, il vous faut donner un triolet[23].

APOLLON

C'est trop ! vous nous deviez proposer un distique[24] !
Au reste n'allez pas chercher ce style antique
Dont à peine les mots s'entendent aujourd'hui.
Montez jusqu'à Marot, et point par-delà lui.
Même son tour suffit.

CLIO

J'entends : il reste, Sire,
Que Votre Majesté seulement daigne dire

Ce qu'il lui plaît, ballade, épigramme, ou rondeau.
J'aime fort les dizains.

APOLLON

En un sujet si beau
Le dizain est trop court ; et vu votre matière
La ballade n'a point de trop ample carrière.

CLIO

Je pris de loin Clymène l'autre fois
Pour une Grâce en ses charmes nouvelle :
Grâce s'entend, la première des trois ;
J'eusse autrement fait tort à cette belle ;
Puis approchant et frottant ma prunelle,
Je me repris ; et dis soudainement :
Voilà Vénus ; c'est elle assurément :
Non, je me trompe, et mon œil se mécompte ;
Cyprine[25] là ? je faille[26] lourdement ;
Telle n'est point la reine d'Amathonte[27].

Voyons pourtant ; car chacun d'une voix
En fait d'appas prend Vénus pour modèle.
Je me mis lors à compter par mes doigts
Tous les attraits de la gente pucelle ;
Afin de voir si ceux de l'immortelle
Y cadreraient, à peu près seulement :
Mais le moyen ? je n'y vins nullement[28],
Trouvant ici beaucoup plus que le compte :
Qu'est ceci, dis-je, et quel enchantement ?
Telle n'est point la reine d'Amathonte.

Acante vint tandis que je comptois :
Cette beauté le fit asseoir près d'elle ;
J'entendis tout ; les Zéphyrs étaient cois.
Plus de cent fois il l'appela cruelle,
Inexorable, à l'Amour trop rebelle ;
Et le surplus que dit un pauvre amant.
Clymène oyait cela négligemment.

Le mot d'amour lui donnait quelque honte.
Si de ce dieu la chronique ne ment,
Telle n'est point la reine d'Amathonte.
Ne recours plus, Acante, au changement.
Loin de trouver en ce bas élément
Quelque autre objet qui ta dame surmonte,
Dans les palais qui sont au firmament
Telle n'est point la reine d'Amathonte.

APOLLON

Votre tour est venu, Calliope, essayez
Un de ces deux chemins qu'aux auteurs ont frayés
Deux écrivains fameux ; je veux dire Malherbe
Qui louait ses héros en un style superbe,
Et puis maître Vincent [29] qui même aurait loué
Proserpine et Pluton en un style enjoué.

CALLIOPE

Sire, vous nommez là deux trop grands personnages
Le moyen d'imiter sur-le-champ leurs ouvrages ?

APOLLON

Il faut que je me sois sans doute expliqué mal ;
Car vouloir qu'on imite aucun original
N'est mon but, ni ne doit non plus être le vôtre ;
Hors ce qu'on fait passer d'une langue en une autre.
C'est un bétail servile et sot à mon avis
Que les imitateurs ; on dirait des brebis
Qui n'osent avancer qu'en suivant la première,
Et s'iraient sur ses pas jeter dans la rivière [30].
Je veux donc seulement que vous nous fassiez voir,
En ce style où Malherbe a montré son savoir,
Quelque essai des beautés qui sont propres à l'ode ;
Ou si ce genre-là n'étant plus à la mode,
Et demandant d'ailleurs un peu trop de loisir,
L'autre vous semble plus selon votre désir,
Vous louiez galamment la maîtresse d'Acante,
Comme maître Vincent dont la plume élégante

Donnait à son encens un goût exquis et fin
Que n'avait pas celui qui partait d'autre main.

CALLIOPE

Je vais, puisqu'il vous plaît, hasarder quelque stance.
Si je débute mal, imposez-moi silence.

APOLLON

Calliope manquer[31] ?

CALLIOPE

Pourquoi non ? très souvent.
L'ode est chose pénible ; et surtout dans le grand[32].

Toi qui soumets les dieux aux passions des hommes,
Amour, souffriras-tu qu'en ce siècle où nous sommes
Clymène montre un cœur insensible à tes coups ?
Cette belle devrait donner d'autres exemples :
Tu devrais l'obliger pour l'honneur de tes temples
D'aimer ainsi que nous.

URANIE

Les Muses n'aiment pas.

CALLIOPE

Et qui les en soupçonne ?
Ce *nous* n'est pas pour nous ; je parle en la personne
Du sexe en général, des dévotes d'Amour.

APOLLON

Calliope a raison ; qu'elle achève à son tour.

CALLIOPE

J'en demeurerai là, si vous l'agréez, Sire.
On m'a fait oublier ce que je voulais dire.

APOLLON

A vous donc Polymnie ; entrez en lice aussi.

POLYMNIE

Sur quel ton ?

APOLLON

Je vois bien que sur ce dernier-ci
L'on ne réussit pas toujours comme on souhaite.
Calliope a bien fait d'user d'une défaite [33].
Cette interruption est venue à propos.
C'est pourquoi choisissez des tons un peu moins hauts.
Horace en a de tous ; voyez ceux qui vous duisent [34].
J'aime fort les auteurs qui sur lui se conduisent [35] .
Voilà les gens qu'il faut à présent imiter.

POLYMNIE

C'est bien dit, si cela pouvait s'exécuter :
Mais avons-nous l'esprit qu'autrefois à cet homme
Nous savions inspirer sur le déclin de Rome ?
Tout est trop fort déchu dans le sacré vallon.

APOLLON

J'en conviens, jusque même au métier d'Apollon,
Il n'est rien qui n'empire, hommes, dieux ; mais que faire ?
Irons-nous pour cela nous cacher et nous taire ?
Je ne regarde pas ce que j'étais jadis,
Mais ce que je serai quelque jour, si je vis.
Nous vieillissons enfin, tout autant que nous sommes
De dieux nés de la Fable, et forgés par les hommes.
Je prévois par mon art un temps, où l'univers
Ne se souciera plus ni d'auteurs, ni de vers,
Où vos divinités périront, et la mienne.
Jouons de notre reste avant que ce temps vienne.
C'est à vous Polymnie à nous entretenir.

POLYMNIE

Je songeais aux moyens qu'il me faudrait tenir.
A peine en rencontré-je un seul qui me contente.
Ceci vous plairait-il ? je fais parler Acante.

Qu'une belle est heureuse ! et que de doux moments,
Quand elle en sait user, accompagnent sa vie !
D'un côté le miroir, de l'autre les amants,
Tout la loue ; est-il rien de si digne d'envie ?

La louange est beaucoup ; l'amour est plus encore :
Quel plaisir de compter les cœurs dont on dispose !
L'un meurt, l'autre soupire, et l'autre en son transport
Languit et se consume ; est-il plus douce chose !

Clymène, usez-en bien : vous n'aurez pas toujours
Ce qui vous rend si fière, et si fort redoutée :
Charon vous passera sans passer les Amours :
Devant ce temps-là même ils vous auront quittée.

Vous vivrez plus longtemps encore que vos attraits :
Je ne vous réponds pas alors d'être fidèle :
Mes désirs languiront aussi bien que vos traits :
L'amant se sent déchoir aussi bien que la belle.

Quand voulez-vous aimer que dans votre printemps ?
Gardez-vous bien surtout de remettre à l'automne :
L'hiver vient aussitôt [36] : rien n'arrête le temps :
Clymène hâtez-vous ; car il n'attend personne.

Sire je m'en tiens là : bien ou mal il suffit :
La morale d'Horace [37] et non pas son esprit
Se peut voir en ces vers.

APOLLON

Erato, que veut dire
Que vous qui d'ordinaire aimez si fort à rire [38]
Demeurez taciturne, et laissez tout passer ?

ERATO

Je rêvais, puisqu'il faut, Sire, le confesser.

APOLLON

Sur quoi ?

ERATO

Sur le débat qui s'est ému naguère.

APOLLON

Savoir si vous aimez ?

ERATO

Autrefois j'étais fière
Quand on disait que non ; qu'on me vienne aujourd'hui
Demander aimez-vous, je répondrai que oui.

APOLLON

Pourquoi ?

ERATO

Pour éviter le nom de Précieuse[39].

APOLLON

Si cette qualité vous paraît odieuse,
Du vœu de chasteté l'on vous dispensera.
Choisissez un galant.

ERATO

Non pas Sire cela.
Je veux un peu d'hymen pour colorer l'affaire.

APOLLON

Un peu d'hymen est bon.

ERATO

J'en veux, et n'en veux guère.

APOLLON

Vous vous marierez donc ainsi qu'au temps jadis
Oriane épousa Monseigneur Amadis[40] ?

ERATO

Oui Sire.

APOLLON

La méthode en effet en est bonne.
Mais encore avec qui ? car je ne vois personne
Qui veuille dans l'Olympe à l'hymen s'arrêter :
Les Sylvains ne sont pas des gens pour vous tenter.

ERATO

Je prendrais un auteur.

APOLLON

Un auteur ? vous déesse ?
Aux auteurs Erato pourrait mettre la presse[41] ?
Ce n'est pas votre fait pour plus d'une raison.
Rarement un auteur demeure à la maison.

ERATO

C'est justement cela qui m'en plaît davantage.

APOLLON

Nous nous entretiendrons de votre mariage
A fond une autre fois. Cependant chantez-nous,
Non pas du sérieux, du tendre, ni du doux ;
Mais de ce qu'en français on nomme bagatelle ;
Un jeu dont je voudrais Voiture pour modèle.
Il excelle en cet art : Maître Clément[42] et lui
S'y prenaient beaucoup mieux que nos gens d'aujourd'hui.

ERATO

Sire, j'en ai perdu peu s'en faut l'habitude ;
Et ce genre est pour moi maintenant une étude.
Il y faut plus de temps que le monde ne croit.
Agréez, en la place, un dizain.

APOLLON

Dizain soit.

ERATO

Mais n'est-ce point assez célébré notre belle ?
Quand j'aurai dit les jeux, les ris, et la séquelle,
Les grâces, les amours, voilà fait à peu près.

APOLLON

Vous pourrez dire encor les charmes, les attraits,
Les appas.

ERATO

Et puis quoi ?

APOLLON

Cent et cent mille choses.
Je ne vous ai compté ni les lis ni les roses.
On n'a qu'à retourner seulement ces mots-là.

ERATO

La satire en fournit bien d'autres que cela.
Pour un trait de louange, il en est cent de blâme.

APOLLON

Et bien blâmez Clymène à qui d'aucune flamme
On ne peut désormais inspirer le désir.

ERATO

Ce sujet est traité ; l'on vient de s'en saisir ;
Il a servi de thèse à ma sœur Polymnie.

APOLLON

Cela ne vous fait rien ; la chose est infinie ;
Toujours notre cabale[43] y trouve à regratter.

ERATO

Sire puisqu'il vous plaît je m'en vais le tenter.
Ma sœur m'excusera si j'enchéris sur elle.

POLYMNIE

Voilà bien des façons pour une bagatelle.

ERATO

C'est qu'elle est de commande.

APOLLON

Et que coûte un dizain ?

ERATO

Tout coûte : il faut pourtant que je me mette en train.

Clymène a tort : je suis d'avis qu'elle aime
Notre vassal dès demain au plus tard,
Dès aujourd'hui, dès ce moment-ci même :
Le temps d'aimer n'a si petite part
Qui ne soit chère ; et surtout quand on treuve
Un bon amant, un amant à l'épreuve.
Je sais qu'il est des amants à foison ;
Tout en fourmille ; on n'en saurait que faire ;
Mais cent méchants n'en valent pas un bon ;
Et ce bon-là ne se rencontre guère.

APOLLON

Il ne nous reste plus qu'Uranie, et c'est fait.
Mais quand j'y pense bien, je trouve qu'en effet
Tant de louange ennuie ; et surtout quand on loue
Toujours le même objet : enfin je vous avoue
Que pour peu que durât l'éloge encor de temps
Vous me verriez bâiller. Comment peuvent les gens
Entendre sans dormir une oraison funèbre ?
Il n'est panégyriste au monde si célèbre
Qui ne soit un Morphée [44] à tous ses auditeurs.
Uranie, il vous faut reployer [45] vos douceurs :
Aussi bien qui pourrait mieux parler de Clymène
Que l'amoureux Acante ? allons vers l'Hippocrène ;
Nous l'y rencontrerons encore assurément.
Ce nous sera sans doute un divertissement.
La solitude est grande autour de ces ombrages.
Que vous semble ? on croirait au nombre des ouvrages
Et des compositeurs (car chacun fait des vers)
Qu'il nous faudrait chercher un mont dans l'univers,
Non pas double [46] mais triple, et de plus d'étendue
Que l'Atlas ; cependant ma cour est morfondue [47] ;
Je ne rencontre ici que deux ou trois mortels,
Encor très peu dévots à nos sacrés autels.
Cherchez-en la raison dans les Cieux, Uranie.

URANIE

Sire, il n'est pas besoin ; et sans l'astrologie
Je vous dirai d'où vient ce peu d'adorateurs.
Il est vrai que jamais on n'a vu tant d'auteurs ;
Chacun forge des vers ; mais pour la poésie,
Cette princesse est morte, aucun ne s'en soucie.
Avec un peu de rime on va vous fabriquer
Cent versificateurs en un jour sans manquer.
Ce langage divin, ces charmantes figures,
Qui touchaient autrefois les âmes les plus dures,
Et par qui les rochers et les bois attirés
Tressaillaient à des traits de l'Olympe admirés,
Cela, dis-je, n'est plus maintenant en usage[48].
On vous méprise, et nous, et ce divin langage.
Qu'est-ce, dit-on ? des vers ; suffit, le peuple y court.
Pourquoi venir chercher ces traits en notre cour ?
Sans cela l'on parvient à l'estime des hommes.

APOLLON

Vous en parlez très bien. Mais qu'entends-je ? nous sommes
Auprès de l'Hippocrène : Acante assurément
S'entretient avec elle : écoutons un moment :
C'est lui, j'entends sa voix.

ACANTE

Zéphyrs de qui l'haleine
Portait à ces Echos mes soupirs et ma peine
Je viens de vous conter son succès[49] glorieux ;
Portez en quelque chose aux oreilles des dieux[50].
Et toi mon bienfaiteur, Amour, par quelle offrande
Pcurrai-je reconnaître une faveur si grande ?
Je te dois des plaisirs compagnons des autels[51],
Des plaisirs trop exquis pour de simples mortels.
O vous qui visitez quelquefois cet ombrage,
Nourrissons des neuf Sœurs…

APOLLON

Sans doute il n'est pas sage :
Sachons ce qu'il veut dire. Acante.

ACANTE, *parlant seul.*

Adorez-moi ;
Car si je ne suis dieu, tout au moins je suis roi.

ERATO

Acante.

CLIO

D'aujourd'hui pensez-vous qu'il réponde ?
Quand une rêverie agréable et profonde
Occupe son esprit, on a beau lui parler.

ERATO

Quand je m'enrhumerais à force d'appeler,
Si faut-il qu'il entende : Acante.

ACANTE

Qui m'appelle ?

ERATO

C'est votre bonne amie Erato.

ACANTE

Que veut-elle ?

ERATO

Vous le saurez ; venez.

ACANTE

Dieux ! je vois Apollon.
Sire, pardonnez-moi ; dans le sacré vallon
Je ne vous croyais pas.

APOLLON

Levez-vous ; et nous dites
Quelles sont ces faveurs soit grandes ou petites
Dont le fils de Vénus a payé vos tourments.

ACANTE

Sire, pour obéir à vos commandements,
Hier au soir je trouvai l'Amour près du Parnasse :

Je pense qu'il suivait quelque Nymphe à la trace.
D'aussi loin qu'il me vit : Acante, approchez-vous,
Cria-t-il : j'obéis. Il me dit d'un ton doux :
Vos vers ont fait valoir mon nom et ma puissance :
Vous ne chantez que moi : je veux pour récompense
Dès demain sans manquer obtenir du destin
Qu'il vous fasse trouver Clymène le matin
Dans son lit endormie, ayant la gorge nue,
Et certaine beauté que depuis peu j'ai vue.
Sans dire quelle elle est, il suffit que l'endroit
M'a fort plu ; vous verrez si c'est à juste droit.
Vous êtes connaisseur. Au reste en habile homme
Usez de la faveur que vous fera le somme.
C'est à vous de baiser ou la bouche, ou le sein,
Ou cette autre beauté : même j'ai fait dessein
D'en parler à Morphée, afin qu'il vous procure
Assez de temps pour mettre à profit l'aventure.
Vous ne pourrez baiser qu'un des trois seulement ;
Ou le sein, ou la bouche, ou cet endroit charmant.

ERATO

Ne nous le nommez pas, afin que je devine.

ACANTE

Je vous le donne en deux.

ERATO

C'est… c'est je m'imagine…

ACANTE

Quoi ?

ERATO

Le bras entier.

ACANTE

Non.

ERATO

Le pied.

ACANTE

Vous l'avez dit.
Je l'ai vu, dit l'Amour ; il est sans contredit
Plus blanc de la moitié que le plus blanc ivoire.
Clymène s'éveillant, comme vous pouvez croire,
Voudra vous témoigner d'abord quelque courroux :
Mais je serai présent et rabattrai les coups :
Le sort et moi rendrons mouton votre tigresse.
Amour n'a pas manqué de tenir sa promesse.
Ce matin j'ai trouvé Clymène dans le lit.
Sire, jusqu'à demain je n'aurais pas décrit
Ses diverses beautés. Une couleur de roses
Par le somme appliquée avait entre autres choses
Rehaussé de son teint la naïve blancheur [52].
Ses lis ne laissaient pas d'avoir de la fraîcheur.
Elle avait le sein nu : je n'ai point de parole
Quoique dès ma jeunesse instruit dans cette école,
Pour vous bien exprimer ce double mont d'attraits.
Quand j'aurais là-dessus épuisé tous les traits,
Et fait pour cette gorge une blancheur nouvelle,
Encor n'auriez-vous pas ce qui la rend si belle ;
La descente, le tour, et le reste des lieux
Qui pour lors m'ont fait roi (j'entends roi par les yeux,
Car mes mains n'ont point eu de part à cette joie).
Le sort à mes regards a mis encore en proie
Les merveilles d'un pied sans mentir fait au tour.
Figurez-vous le pied de la mère d'Amour,
Lorsqu'allant des Tritons attirer les œillades
Il dispute du prix avec ceux des Naïades.
Vous pouvez l'avoir vu ; Mars peut vous l'avoir dit :
Quant à moi, j'ai vu, Sire, au pied dont il s'agit
Du marbre, de l'albâtre, une plante vermeille :
Thétis [53] l'a, que je pense, ou doit l'avoir pareille.
Quoi qu'il en soit ce pied hors des draps échappé
M'a tenu fort longtemps à le voir occupé.
Pour en venir au point où j'ai poussé l'affaire :
Quel des trois, ai-je dit, faut-il que je préfère ?
J'ai, si je m'en souviens, un baiser à cueillir,

Et par bonheur pour moi je ne saurois faillir[54].
Cette bouche m'appelle à son haleine d'ambre.
Cupidon là-dessus est entré dans la chambre :
Je ne sais pas comment ; car j'avais fermé tout.
J'ai parcouru[55] le sein de l'un à l'autre bout.
Ceci me tente encore, ai-je dit en moi-même :
Et quand je serais prince, et prince à diadème[56],
Une telle faveur me rendrait fortuné.
Par caprice à la fin m'étant déterminé,
J'ai réservé ces deux pour la première vue
Le pied par sa beauté qui m'était inconnue
M'a fait aller à lui. Peut-être ce baiser
M'a paru moins commun, partant plus à priser.
Peut-être par respect j'ai rendu cet hommage.
Peut-être aussi j'ai cru que le même avantage
Ne reviendrait jamais, et qu'on ne baise pas
Un beau pied quand on veut, trop bien[57] d'autres appas.
La rencontre après tout me semblait fort heureuse.
Même à mon sens la chose était plus amoureuse :
De dire plus friponne et d'aller jusque-là,
Je n'ai garde, c'est trop, j'ai, Sire, pour cela
Trop de respect pour vous ainsi que pour Clymène.
Elle s'est éveillée avec assez de peine ;
Et m'ayant entrevu, la belle et ses appas
Se sont au même instant cachés au fond des draps.
La honte l'a rendue un peu de temps muette.
Enfin sans se tourner ni quitter sa cachette,
D'un ton fort sérieux et marquant son dépit :
Je vous croyais plus sage, Acante, a-t-elle dit.
Cela ne me plaît point ; sortez, et tout à l'heure[58].
Amour, ai-je repris, me dit que je demeure ;
Le voilà ; qui croirai-je ? accordez-vous tous deux.
Qui l'Amour ? pensez-vous avec vos Ris, vos Jeux,
Vos Amours, m'amuser[59] ? a reparti Clymène.
Tout doux, a dit l'Amour. Aussitôt l'inhumaine,
Oyant la voix du dieu, s'est tournée, et changeant
De note, prenant même un air tout engageant :
Clymène, a-t-elle dit, tu n'es pas la plus forte.

C'est à toi de fermer une autre fois la porte.
Les voilà deux ; encore un dieu s'en mêle-t-il[60].
Afin qu'Acante sorte, et bien que lui faut-il ?
Qu'il dise les faveurs dont il se juge digne.
J'ai regardé l'Amour ; du doigt il m'a fait signe.
Je n'ai pas entendu d'abord ce qu'il voulait.
Mais me montrant les traits qu'une bouche étalait,
Il m'a fait à la fin juger par ce langage
Qu'un baiser me viendrait si j'avais du courage.
Or je n'en eus jamais en qualité d'amant.
Amour m'a dit tout bas : Baisez-la hardiment ;
Je lui tiendrai les mains ; vous n'aurez point d'obstacle.
Je me suis avancé. Le reste est un miracle.
Amour en fait ainsi ; ce sont coups de sa main.

APOLLON

Comment ?

ACANTE

Clymène a fait la moitié du chemin.

POLYMNIE

Que vous autres mortels êtes fous dans vos flammes !
Les dieux obtiennent bien d'autres dons de leurs dames,
Sans triompher ainsi.

ACANTE

Polymnie, ils sont dieux.

APOLLON

Je l'étais, et Daphné[61] ne m'en traita pas mieux :
Perdons ce souvenir. Vous, triomphez, Acante.
Nous vous laissons, adieu ; notre troupe est contente.

Nouveaux Contes

COMMENT L'ESPRIT VIENT AUX FILLES [1]

Il est un jeu divertissant sur tous,
Jeu dont l'ardeur souvent se renouvelle :
Ce qui m'en plaît, c'est que tant de cervelle
N'y fait besoin, et ne sert de deux clous.
Or devinez comment ce jeu s'appelle.

Vous y jouez ; comme aussi faisons-nous :
Il divertit et la laide et la belle :
Soit jour, soit nuit, à toute heure il est doux ;
Car on y voit assez clair sans chandelle.
Or devinez comment ce jeu s'appelle.

Le beau du jeu n'est connu de l'époux ;
C'est chez l'amant que ce plaisir excelle :
De regardants pour y juger des coups,
Il n'en faut point, jamais on n'y querelle.
Or devinez comment ce jeu s'appelle.

Qu'importe-t-il ? sans s'arrêter au nom,
Ni badiner là-dessus davantage,
Je vais encor vous en dire un usage,
Il fait venir l'esprit et la raison.
Nous le voyons en mainte bestiole.
Avant que Lise allât en cette école,
Lise n'était qu'un misérable oison.
Coudre et filer c'était son exercice ;

Non pas le sien, mais celui de ses doigts ;
Car que l'esprit eût part à cet office,
Ne le croyez ; il n'était nuls emplois
Où Lise pût avoir l'âme occupée :
Lise songeait autant que sa poupée.
Cent fois le jour sa mère lui disait :
Va-t'en chercher de l'esprit malheureuse.
La pauvre fille aussitôt s'en allait
Chez les voisins, affligée et honteuse,
Leur demandant où se vendait l'esprit.
On en riait ; à la fin l'on lui dit :
Allez trouver père Bonaventure,
Car il en a bonne provision.
Incontinent la jeune créature
S'en va le voir, non sans confusion :
Elle craignait que ce ne fût dommage
De détourner[2] ainsi tel personnage.
Me voudrait-il faire de tels présents,
A moi qui n'ai que quatorze ou quinze ans ?
Vaux-je cela ? disait en soi la belle.
Son innocence augmentait ses appas :
Amour n'avait à son croc de pucelle
Dont il crût faire un aussi bon repas.
Mon Révérend, dit-elle au béat homme
Je viens vous voir ; des personnes m'ont dit
Qu'en ce couvent on vendait de l'esprit :
Votre plaisir serait-il qu'à crédit
J'en pusse avoir ? non pas pour grosse somme ;
A gros achat mon trésor ne suffit :
Je reviendrai s'il m'en faut davantage :
Et cependant prenez ceci pour gage.
A ce discours, je ne sais quel anneau,
Qu'elle tirait de son doigt avec peine,
Ne venant point, le père dit : Tout beau ;
Nous pourvoirons à ce qui vous amène
Sans exiger nul salaire de vous :
Il est marchande et marchande[3], entre nous ;
A l'une on vend ce qu'à l'autre l'on donne.

Entrez ici ; suivez-moi hardiment ;
Nul ne nous voit, aucun ne nous entend,
Tous sont au chœur ; le portier est personne
Entièrement à ma dévotion ;
Et ces murs ont de la discrétion.
Elle le suit ; ils vont à sa cellule.
Mon Révérend la jette sur un lit,
Veut la baiser ; la pauvrette recule
Un peu la tête ; et l'innocente dit :
Quoi c'est ainsi qu'on donne de l'esprit ?
Et vraiment oui, repart Sa Révérence ;
Puis il lui met la main sur le téton :
Encore ainsi ? Vraiment oui ; comment donc ?
La belle prend le tout en patience :
Il suit sa pointe ; et d'encor en encor
Toujours l'esprit s'insinue et s'avance,
Tant et si bien qu'il arrive à bon port.
Lise riait du succès de la chose.
Bonaventure à six moments de là
Donne d'esprit une seconde dose.
Ce ne fut tout, une autre succéda ;
La charité du beau père était grande.
Et bien, dit-il, que vous semble du jeu ?
A nous venir l'esprit tarde bien peu,
Reprit la belle ; et puis elle demande :
Mais s'il s'en va ? s'il s'en va ? nous verrons ;
D'autres secrets se mettent en usage.
N'en cherchez point, dit Lise, davantage ;
De celui-ci nous nous contenterons.
Soit fait, dit-il, nous recommencerons
Au pis aller, tant et tant qu'il suffise.
Le pis aller sembla le mieux à Lise.
Le secret même encor se répéta
Par le pater ; il aimait cette danse.
Lise lui fait une humble révérence ;
Et s'en retourne en songeant à cela.
Lise songer ! quoi déjà Lise songe !
Elle fait plus, elle cherche un mensonge,

Se doutant bien qu'on lui demanderait,
Sans y manquer, d'où ce retard venait.
Deux jours après sa compagne Nanette
S'en vient la voir : pendant leur entretien
Lise rêvait : Nanette comprit bien,
Comme elle était clairvoyante et finette,
Que Lise alors ne rêvait pas pour rien.
Elle fait tant, tourne tant son amie,
Que celle-ci lui déclare le tout.
L'autre n'était à l'ouïr endormie.
Sans rien cacher, Lise de bout en bout
De point en point lui conte le mystère,
Dimensions de l'esprit du beau père,
Et les encore, enfin tout le phébé[4].
Mais vous, dit-elle, apprenez-nous de grâce
Quand et par qui l'esprit vous fut donné.
Anne reprit : Puisqu'il faut que je fasse
Un libre aveu, c'est votre frère Alain
Qui m'a donné de l'esprit un matin.
Mon frère Alain ! Alain ! s'écria Lise,
Alain mon frère ! ah je suis bien surprise ;
Il n'en a point ; comme en donnerait-il ?
Sotte, dit l'autre, hélas tu n'en sais guère :
Apprends de moi que pour pareille affaire
Il n'est besoin que l'on soit si subtil.
Ne me crois-tu ? sache-le de ta mère ;
Elle est experte au fait dont il s'agit ;
Si tu ne veux, demande au voisinage ;
Sur ce point-là l'on t'aura bientôt dit :
Vivent les sots pour donner de l'esprit.
Lise s'en tint à ce seul témoignage,
Et ne crut pas devoir parler de rien.
Vous voyez donc que je disais fort bien
Quand je disais que ce jeu-là rend sage.

L'ABBESSE[1]

L'exemple sert, l'exemple nuit aussi :
Lequel des deux doit l'emporter ici,
Ce n'est mon fait ; l'un dira que l'abbesse
En usa bien, l'autre au contraire mal,
Selon les gens : bien ou mal je ne laisse
D'avoir mon compte[2], et montre en général,
Par ce que fit tout un troupeau de nonnes,
Qu'ouailles[3] sont la plupart des personnes ;
Qu'il en passe une, il en passera cent ;
Tant sur les gens est l'exemple puissant.
Je le répète, et dis, vaille que vaille,
Le monde n'est que franche moutonnaille.
Du premier coup ne croyez que l'on aille
A ses périls le passage sonder ;
On est longtemps à s'entre-regarder ;
Les plus hardis ont-ils tenté l'affaire,
Le reste suit, et fait ce qu'il voit faire.
Qu'un seul mouton se jette en la rivière,
Vous ne verrez nulle âme moutonnière
Rester au bord, tous se noieront à tas.
Maître François[4] en conte un plaisant cas.
Ami lecteur, ne te déplaira pas,
Si sursoyant ma principale histoire
Je te remets cette chose en mémoire.
Panurge allait l'oracle[5] consulter.
Il navigeait[6], ayant dans la cervelle,

Je ne sais quoi qui vint l'inquiéter.
Dindenaut passe ; et médaille l'appelle
De vrai cocu. Dindenaut dans sa nef[7]
Menait moutons. Vendez-m'en un, dit l'autre.
Voire, reprit Dindenaut, l'ami nôtre,
Penseriez-vous qu'on pût venir à chef[8]
D'assez priser ni vendre telle aumaille[9] ?
Panurge dit : Notre ami, coûte et vaille,
Vendez-m'en un pour or ou pour argent.
Un fut vendu. Panurge incontinent
Le jette en mer ; et les autres de suivre.
Au diable l'un[10], à ce que dit le livre,
Qui demeura. Dindenaut au collet
Prend un bélier, et le bélier l'entraîne.
Adieu mon homme : il va boire au godet[11].
Or revenons : ce prologue me mène
Un peu bien loin. J'ai posé dès l'abord
Que tout exemple est de force très grande :
Et ne me suis écarté par trop fort
En rapportant la moutonnière bande :
Car notre histoire est d'ouailles encor.
Une passa, puis une autre, et puis une :
Tant qu'à passer s'entre-pressant chacune
On vit enfin celle qui les gardait
Passer aussi : c'est en gros tout le conte :
Voici comment en détail on le conte.

Certaine abbesse un certain mal avait,
Pâles couleurs[12] nommé parmi les filles :
Mal dangereux, et qui des plus gentilles
Détruit l'éclat, fait languir les attraits.
Notre malade avait la face blême
Tout justement comme un saint de carême,
Bonne d'ailleurs, et gente[13] à cela près.
La Faculté sur ce point consultée,
Après avoir la chose examinée,
Dit que bientôt Madame tomberait
En fièvre lente, et puis qu'elle mourrait.

Force sera que cette humeur la mange ;
A moins que de... l'à moins est bien étrange ;
A moins enfin qu'elle n'ait à souhait
Compagnie d'homme. Hippocrate ne fait
Choix de ses mots, et tant tourner ne sait.
Jésus, reprit toute scandalisée
Madame abbesse : hé que dites-vous là ?
Fi. Nous disons, repartit à cela
La Faculté, que pour chose assurée
Vous en mourrez, à moins d'un bon galant :
Bon le faut-il, c'est un point important :
Autre que bon n'est ici suffisant :
Et si bon n'est deux en prendrez Madame.
Ce fut bien pis ; non pas que dans son âme
Ce bon ne fût par elle souhaité :
Mais le moyen que sa communauté
Lui vît sans peine approuver telle chose ?
Honte souvent est de dommage cause.
Sœur Agnès dit : Madame croyez-les.
Un tel remède est chose bien mauvaise,
S'il a le goût méchant à beaucoup près
Comme la mort [14]. Vous faites cent secrets [15],
Faut-il qu'un seul vous choque et vous déplaise ?
Vous en parlez, Agnès, bien à votre aise,
Reprit l'abbesse : or çà, par votre Dieu,
Le feriez-vous ? mettez-vous en mon lieu.
Oui da, Madame ; et dis bien davantage :
Votre santé m'est chère jusque-là
Que s'il fallait pour vous souffrir cela,
Je ne voudrais que dans ce témoignage
D'affection pas une de céans
Me devançât. Mille remerciements
A sœur Agnès donnés par son abbesse,
La Faculté dit adieu là-dessus ;
Et protesta [16] de ne revenir plus.
Tout le couvent se trouvait en tristesse,
Quand sœur Agnès qui n'était de ce lieu
La moins sensée, au reste bonne lame [17],

Dit à ses sœurs : Tout ce qui tient Madame
Est seulement belle honte de Dieu.
Par charité n'en est-il point quelqu'une
Pour lui montrer l'exemple et le chemin ?
Cet avis fut approuvé de chacune :
On l'applaudit, il court de main en main.
Pas une n'est qui montre en ce dessein
De la froideur, soit nonne, soit nonnette,
Mère prieure, ancienne, ou discrète[18].
Le billet trotte : on fait venir des gens
De toute guise, et des noirs, et des blancs,
Et des tannés[19]. L'escadron, dit l'histoire,
Ne fut petit, ni comme l'on peut croire
Lent à montrer de sa part le chemin.
Ils ne cédaient à pas une nonnain
Dans le désir de faire que Madame
Ne fût honteuse, ou bien n'eût dans son âme
Tel recipé[20] possible à contre-cœur.
De ses brebis à peine la première
A fait le saut, qu'il suit une autre sœur.
Une troisième entre dans la carrière.
Nulle ne veut demeurer en arrière.
Presse se met pour n'être la dernière
Qui ferait voir son zèle et sa ferveur
A mère abbesse. Il n'est aucune ouaille
Qui ne s'y jette ; ainsi que les moutons
De Dindenaut dont tantôt nous parlions
S'allaient jeter chez la gent porte-écaille.
Que dirai plus ? enfin l'impression[21]
Qu'avait l'abbesse encontre ce remède,
Sage rendue à tant d'exemples cède.
Un jouvenceau fait l'opération
Sur la malade. Elle redevient rose,
Œillet, aurore, et si quelque autre chose[22]
De plus riant se peut imaginer.
O doux remède, ô remède à donner,
Remède ami de mainte créature,
Ami des gens, ami de la nature,

Ami de tout, point d'honneur excepté.
Point d'honneur est une autre maladie :
Dans ses écrits Madame Faculté
N'en parle point. Que de maux en la vie !

LES TROQUEURS[1]

Le changement de mets réjouit l'homme :
Quand je dis l'homme, entendez qu'en ceci
La femme doit être comprise aussi :
Et ne sais pas comme il ne vient de Rome
Permission de troquer en hymen ;
Non si souvent qu'on en aurait envie,
Mais tout au moins une fois en sa vie :
Peut-être un jour nous l'obtiendrons, Amen,
Ainsi soit-il ; semblable indult[2] en France
Viendrait fort bien, j'en réponds, car nos gens
Sont grands troqueurs, Dieu nous créa changeants[3].
Près de Rouen, pays de sapience[4],
Deux villageois avaient chacun chez soi
Forte femelle, et d'assez bon aloi,
Pour telles gens qui n'y raffinent guère ;
Chacun sait bien qu'il n'est pas nécessaire
Qu'amour les traite ainsi que des prélats.
Avint pourtant que tous deux étant las
De leurs moitiés, leur voisin le notaire
Un jour de fête avec eux chopinait.
Un des manants lui dit : Sire Oudinet,
J'ai dans l'esprit une plaisante affaire.
Vous avez fait sans doute en votre temps
Plusieurs contrats de diverse nature,
Ne peut-on point en faire un où les gens
Troquent de femme ainsi que de monture ?

Notre pasteur a bien changé[5] de cure :
La femme est-elle un cas si différent ?
Et pargué[6] non ; car messire Grégoire
Disait toujours, si j'ai bonne mémoire :
Mes brebis sont ma femme : cependant
Il a changé : changeons aussi compère.
Très volontiers, reprit l'autre manant ;
Mais tu sais bien que notre ménagère
Est la plus belle : or çà, Sire Oudinet,
Sera-ce trop[7] s'il donne son mulet
Pour le retour[8] ? Mon mulet ? et parguenne
Dit le premier des villageois susdits,
Chacune vaut en ce monde son prix ;
La mienne ira but à but[9] pour la tienne ;
On ne regarde aux femmes de si près :
Point de retour, vois-tu, compère Étienne,
Mon mulet, c'est... c'est le roi des mulets.
Tu ne devrais me demander mon âne
Tant seulement : troc pour troc, touche là.
Sire Oudinet raisonnant[10] sur cela
Dit : Il est vrai que Tiennette a sur Jeanne
De l'avantage, à ce qu'il semble aux gens ;
Mais le meilleur de la bête à mon sens
N'est ce qu'on voit ; femmes ont maintes choses
Que je préfère, et qui sont lettres closes ;
Femmes aussi trompent assez souvent ;
Jà[11] ne les faut éplucher trop avant.
Or sus voisins, faisons les choses nettes,
Vous ne voulez chat en poche donner[12]
Ni l'un ni l'autre, allons donc confronter
Vos deux moitiés comme Dieu les a faites.
L'expédient ne fut goûté de tous :
Trop bien[13] voilà messieurs les deux époux
Qui sur ce point triomphent de s'étendre.
Tiennette n'a ni suros ni malandre[14],
Dit le second. Jeanne, dit le premier,
A le corps net comme un petit denier ;
Ma foi c'est basme[15]. Et Tiennette est ambroise[16],

Dit son époux ; telle je la maintien.
L'autre reprit : Compère tiens-toi bien ;
Tu ne connais Jeanne ma villageoise ;
Je t'avertis qu'à ce jeu... m'entends-tu ?
L'autre manant jura : Par la vertu,
Tiennette et moi nous n'avons qu'une noise [17],
C'est qui des deux y sait de meilleurs tours ;
Tu m'en diras quelques mots dans deux jours :
A toi Compère. Et de prendre la tasse,
Et de trinquer ; allons, Sire Oudinet,
A Jeanne ; top ; puis à Tiennette ; masse [18].
Somme qu'enfin la soulte [19] du mulet
Fut accordée, et voilà marché fait.
Notre notaire assura l'un et l'autre
Que tels traités allaient leur grand chemin [20] :
Sire Oudinet était un bon apôtre
Qui se fit bien payer son parchemin.
Par qui, payer ? par Jeanne et par Tiennette.
Il ne voulut rien prendre des maris.
Les villageois furent tous deux d'avis
Que pour un temps la chose fût secrète ;
Mais il en vint au curé quelque vent.
Il prit aussi son droit ; je n'en assure,
Et n'y étais ; mais la vérité pure
Est que curés y manquent peu souvent.
Le clerc [21] non plus ne fit du sien remise ;
Rien ne se perd entre les gens d'Église.
Les permuteurs ne pouvaient bonnement
Exécuter un pareil changement
Dans ce [22] village, à moins que de scandale :
Ainsi bientôt l'un et l'autre détale,
Et va planter le piquet [23] en un lieu
Où tout fut bien d'abord moyennant Dieu.
C'était plaisir que de les voir ensemble.
Les femmes même, à l'envi des maris
S'entre-disaient en leurs menus devis :
Bon fait troquer, Commère, à ton avis ?
Si nous troquions de valet ? que t'en semble ?

Ce dernier troc, s'il se fit, fut secret.
L'autre d'abord eut un très bon effet.
Le premier mois très bien ils s'en trouvèrent ;
Mais à la fin nos gens se dégoûtèrent.
Compère Étienne, ainsi qu'on peut penser,
Fut le premier des deux à se lasser,
Pleurant Tiennette, il y perdait sans doute.
Compère Gille eut regret à sa soulte.
Il ne voulut retroquer toutefois.
Qu'en advint-il ? un jour parmi les bois
Étienne vit toute fine seulette
Près d'un ruisseau sa défunte [24] Tiennette,
Qui par hasard dormait sous la coudrette [25].
Il s'approcha l'éveillant en sursaut.
Elle du troc ne se souvint [26] pour l'heure ;
Dont [27] le galant sans plus longue demeure
En vint au point [28]. Bref ils firent le saut.
Le conte dit qu'il la trouva meilleure
Qu'au premier jour : pourquoi cela ? pourquoi ?
Belle demande ; en l'amoureuse loi
Pain qu'on dérobe et qu'on mange en cachette
Vaut mieux que pain qu'on cuit ou [29] qu'on achète,
Je m'en rapporte aux plus savants que moi.
Il faut pourtant que la chose soit vraie,
Et qu'après tout Hyménée et l'Amour
Ne soient pas gens à cuire en [30] même four ;
Témoin l'ébat qu'on prit sous la coudraie.
On y fit chère [31] ; il ne s'y servit plat
Où maître Amour cuisinier délicat
Et plus friand [32] que n'est maître Hyménée
N'eût mis la main. Tiennette retournée,
Compère Étienne homme neuf en ce fait
Dit à part soi : Gille a quelque secret,
J'ai retrouvé Tiennette plus jolie
Qu'elle ne fut onc en jour de sa vie.
Reprenons-la, faisons tour de Normand ;
Dédisons-nous, usons du privilège [33].
Voilà l'exploit [34] qui trotte incontinent,

Aux fins de voir le troc et changement
Déclaré nul, et cassé nettement.
Gille assigné de son mieux se défend.
Un promoteur [35] intervient pour le siège
Épiscopal, et vendique [36] le cas.
Grand bruit partout ainsi que d'ordinaire :
Le parlement évoque à soi l'affaire.
Sire Oudinet le faiseur de contrats
Est amené ; l'on l'entend sur la chose.
Voilà l'état où l'on dit qu'est la cause ;
Car c'est un fait arrivé depuis peu.
Pauvre ignorant que le compère Étienne !
Contre ses fins cet homme en premier lieu
Va de droit fil ; car s'il prit à ce jeu
Quelque plaisir, c'est qu'alors la chrétienne
N'était à lui : le bons sens voulait donc
Que pour toujours il la laissât à Gille ;
Sauf [37] la coudraie, où Tiennette, dit-on,
Allait souvent en chantant sa chanson ;
L'y rencontrer était chose facile.
Et supposé que facile ne fût,
Fallait qu'alors son plaisir d'autant crût.
Mais allez-moi prêcher cette doctrine
A des manants : ceux-ci pourtant avaient
Fait un bon tour, et très bien s'en trouvaient
Sans le dédit [38] ; c'était pièce assez fine
Pour en devoir l'exemple à d'autres gens [39] :
J'ai grand regret de n'en avoir les gants [40].
Et dis parfois, alors que j'y rumine :
Aurait-on pris des croquants pour troquants
En fait de femme ? il faut être honnête homme
Pour s'aviser d'un pareil changement [41].
Or n'est l'affaire allée en cour de Rome,
Trop bien [42] est-elle au Sénat [43] de Rouen.
Là le notaire aura du moins sa gamme [44]
En plein barreau [45]. Dieu gard sire Oudinet
D'un rapporteur barbon et bien en femme,
Qui fasse aller cette affaire au bonnet [46].

LE CAS DE CONSCIENCE[1]

Les gens du pays des fables
Donnent ordinairement
Noms et titres agréables
Assez libéralement.
Cela ne leur coûte guère.
Tout leur est nymphe ou bergère,
Et déesse bien souvent.
Horace n'y faisait faute.
Si la servante de l'hôte
Au lit de notre homme allait,
C'était aussitôt Ilie[2],
C'était la nymphe Égérie,
C'était tout ce qu'on voulait[3].
Dieu, par sa bonté profonde,
Un beau jour mit dans le monde
Apollon[4] son serviteur ;
Et l'y mit justement comme
Adam le nomenclateur[5],
Lui disant : Te voilà, nomme.
Suivant cette antique loi
Nous sommes parrains du Roi[6].
De ce privilège insigne,
Moi faiseur de vers indigne
Je pourrais user aussi
Dans les contes que voici ;
Et s'il me plaisait de dire,

Au lieu d'Anne Sylvanire[7],
Et pour messire Thomas
Le grand druide Adamas[8],
Me mettrait-on à l'amende ?
Non : mais tout considéré,
Le présent conte demande
Qu'on dise Anne et le curé.
Anne, puisqu'ainsi va, passait dans son village
Pour la perle et la parangon[9].
Étant un jour près d'un rivage,
Elle vit un jeune garçon
Se baigner nu. La fillette était drue[10],
Honnête toutefois. L'objet plut à sa vue.
Nuls défauts ne pouvaient être au gars reprochés :
Puis dès auparavant[11] aimé de la bergère,
Quand il en aurait eu l'Amour les eût cachés ;
Jamais tailleur n'en sut mieux que lui la manière[12].
Anne ne craignait rien ; des saules la couvraient
Comme eût fait une jalousie[13] :
Çà et là ses regards en liberté couraient
Où les portait leur fantaisie,
Çà et là, c'est-à-dire aux différents attraits
Du garçon au corps jeune et frais,
Blanc, poli, bien formé, de taille haute et drète[14],
Digne enfin des regards d'Annette[15].
D'abord une honte secrète
La fit quatre pas reculer,
L'amour huit autres avancer :
Le scrupule survint, et pensa[16] tout gâter.
Anne avait bonne conscience :
Mais comment s'abstenir ? est-il quelque défense
Qui l'emporte sur le désir
Quand le hasard fait naître un sujet de plaisir ?
La belle à celui-ci fit quelque résistance.
A la fin ne comprenant pas
Comme on peut pécher de cent pas,
Elle s'assit sur l'herbe ; et très fort attentive
Annette la contemplative

Regarda de son mieux. Quelqu'un n'a-t-il point vu
Comme on dessine sur nature ?
On vous campe une créature,
Une Eve, ou quelque Adam, j'entends un objet nu ;
Puis force gens assis comme notre bergère
Font un crayon conforme à cet original.
Au fond de sa mémoire Anne en sut fort bien faire
Un qui ne ressemblait pas mal.
Elle y serait encor si Guillot (c'est le sire)
Ne fût sorti de l'eau. La belle se retire
A propos ; l'ennemi n'était plus qu'à vingt pas,
Plus fort qu'à l'ordinaire, et c'eût été grand cas [17]
Qu'après de semblables idées [18]
Amour en fût demeuré là :
Il comptait pour siennes déjà
Les faveurs qu'Anne avait gardées [19].
Qui ne s'y fût trompé ? plus je songe à cela,
Moins je le puis comprendre. Anne la scrupuleuse
N'osa quoi qu'il en soit le garçon régaler ;
Ne laissant pas pourtant de récapituler
Les points qui la rendaient encor toute honteuse.
Pâques vint, et ce fut un nouvel embarras.
Anne faisant passer ses péchés en revue,
Comme un passe-volant [20] mit en un coin ce cas ;
Mais la chose fut aperçue.
Le curé messire Thomas
Sut relever le fait ; et comme l'on peut croire
En confesseur exact il fit conter l'histoire,
Et circonstancier le tout fort amplement,
Pour en connaître l'importance,
Puis faire aucunement cadrer [21] la pénitence,
Chose où ne doit errer un confesseur prudent.
Celui-ci malmena la belle.
Être dans ses regards à tel point sensuelle !
C'est, dit-il, un très grand péché.
Autant vaut l'avoir vu que de l'avoir touché.
Cependant la peine imposée
Fut à souffrir assez aisée.

Je n'en parlerai point ; seulement on saura
Que Messieurs les curés, en tous ces cantons-là,
Ainsi qu'au nôtre avaient des dévots et dévotes,
Qui pour l'examen de leurs fautes
Leur payaient un tribut ; qui plus qui moins selon
Que le compte à rendre était long.
Du tribut de cet an Anne étant soucieuse,
Arrive que Guillot pêche un brochet fort grand :
Tout aussitôt le jeune amant
Le donne à sa maîtresse ; elle toute joyeuse
Le va porter du même pas
Au curé messire Thomas.
Il reçoit le présent, il l'admire, et le drôle
D'un petit coup sur l'épaule
La fillette régala,
Lui sourit, lui dit : Voilà
Mon fait, joignant à cela
D'autres petites affaires :
C'était jour de Calende *, et nombre de confrères
Devaient dîner chez lui. Voulez-vous doublement
M'obliger ? dit-il à la belle ;
Accommodez chez vous ce poisson promptement.
Puis l'apportez incontinent,
Ma servante est un peu nouvelle.
Anne court ; et voilà les prêtres arrivés.
Grand bruit, grande cohue, en cave on se transporte.
Aucuns des vins [22] sont approuvés :
Chacun en raisonne à sa sorte.
On met sur table ; et le doyen
Prend place en saluant toute la compagnie.
Raconter leurs propos serait chose infinie ;
Puis le lecteur s'en doute bien.
On permuta cent fois sans permuter pas une [23].
Santés [24], Dieu sait combien : chacun à sa chacune

* C'est un jour où tous curés du diocèse s'assemblent, pour parler des affaires communes chez quelqu'un d'eux qui leur donne à dîner ordinairement, et cela se fait tous les mois. (Note de La Fontaine.)

But en faisant de l'œil ; nul scandale : on servit
Potage, menus mets, et même jusqu'au fruit[25]
Sans que le brochet vînt ; tout le dîner s'achève
Sans brochet pas un brin. Guillot sachant ce don
L'avait fait rétracter[26] pour plus d'une raison.
Légère de brochet la troupe enfin se lève.
Qui fut bien étonné, qu'on le juge : il alla
    Dire ceci, dire cela
    A Madame Anne le jour même ;
L'appela cent fois sotte, et dans sa rage extrême
Lui pensa reprocher[27] l'aventure du bain.
Traiter votre curé, dit-il, comme un coquin !
Pour qui nous prenez-vous ? pasteur sont-ce canailles ?
    Alors par droit de représailles
    Anne dit au prêtre outragé :
Autant vaut l'avoir vu que de l'avoir mangé.

LE DIABLE DE PAPEFIGUIÈRE[1]

Maître François dit que Papimanie[2]
Est un pays où les gens sont heureux.
Le vrai dormir ne fut fait que pour eux :
Nous n'en avons ici que la copie.
Et par saint Jean, si Dieu me prête vie,
Je le verrai ce pays où l'on dort :
On y fait plus, on n'y fait nulle chose ·
C'est un emploi que je recherche encor.
Ajoutez-y quelque petite dose
D'amour honnête, et puis me voilà fort.
Tout au rebours il est une province
Où les gens sont haïs, maudits de Dieu.
On les connaît à leur visage mince,
Le long dormir est exclu de ce lieu :
Partant, lecteurs, si quelqu'un se présente
A vos regards, ayant face riante
Couleur vermeille, et visage replet,
Taille non pas de quelque mingrelet[3],
Dire pourrez, sans que l'on vous condamne,
Cettui me semble à le voir Papimane.
Si d'autre part celui que vous verrez
N'a l'œil riant, le corps rond, le teint frais,
Sans hésiter qualifiez cet homme
Papefiguier. Papefigue se nomme
L'île et province où les gens autrefois
Firent la figue[4] au portrait du saint-père :

Punis en sont ; rien chez eux ne prospère :
Ainsi nous l'a conté maître François.
L'île fut lors donnée en apanage
A Lucifer : c'est sa maison des champs.
On voit courir par tout cet héritage
Ses commensaux [5] rudes à pauvres gens ;
Peuple ayant queue, ayant cornes et griffes,
Si maints tableaux ne sont point apocryphes [6].
Avint un jour qu'un de ces beaux messieurs
Vit un manant rusé, des plus trompeurs
Verser [7] un champ dans l'île dessus dite.
Bien paraissait la terre être maudite ;
Car le manant avec peine et sueur
La retournait, et faisait son labeur.
Survient un diable à titre de seigneur.
Ce diable était des gens de l'Évangile [8],
Simple, ignorant, à tromper très facile,
Bon gentilhomme, et qui dans son courroux
N'avait encor tonné que sur les choux [9] :
Plus ne savait apporter de dommage.
Vilain, dit-il, vaquer à nul ouvrage
N'est mon talent : je suis un diable issu
De noble race, et qui n'a jamais su
Se tourmenter ainsi que font les autres.
Tu sais vilain que tous ces champs sont nôtres :
Ils sont à nous dévolus par l'édit
Qui mit jadis cette île en interdit [10].
Vous y vivez dessous notre police [11].
Partant, vilain, je puis avec justice
M'attribuer tout le fruit de ce champ :
Mais je suis bon, et veux que dans un an
Nous partagions sans noise et sans querelle.
Quel grain veux-tu répandre dans ces lieux ?
Le manant dit : Monseigneur, pour le mieux
Je crois qu'il faut les couvrir de touselle [12] ;
Car c'est un grain qui vient fort aisément.
Je ne connais ce grain-là nullement,
Dit le lutin ; comment dis-tu ? touselle ?

Mémoire n'ai d'aucun grain qui s'appelle
De cette sorte : or emplis-en ce lieu :
Touselle soit, touselle de par Dieu ;
J'en suis content. Fais donc vite, et travaille ;
Manant travaille, et travaille vilain :
Travailler est le fait de la canaille :
Ne t'attends pas que je t'aide un seul brin,
Ni que par moi ton labeur se consomme :
Je t'ai jà dit que j'étais gentilhomme,
Né pour chommer, et pour ne rien savoir.
Voici comment ira notre partage.
Deux lots seront ; dont l'un, c'est à savoir
Ce qui hors terre et dessus l'héritage
Aura poussé demeurera pour toi ;
L'autre dans terre est réservé pour moi.
L'août [13] arrivé, la touselle est sciée [14],
Et tout d'un temps sa racine arrachée,
Pour satisfaire au lot du diableteau.
Il y croyait la semence attachée,
Et que l'épi non plus que le tuyau
N'était qu'une herbe inutile et séchée.
Le laboureur vous la serra très bien.
L'autre au marché porta son chaume vendre :
On le hua ; pas un n'en offrit rien :
Le pauvre diable était prêt à se pendre.
Il s'en alla chez son copartageant :
Le drôle avait la touselle vendue,
Pour le plus sûr, en gerbe et non battue,
Ne manquant pas de bien cacher l'argent.
Bien le cacha ; le diable en fut la dupe.
Coquin, dit-il, tu m'as joué d'un tour.
C'est ton métier : je suis diable de cour
Qui comme vous à tromper ne m'occupe.
Quel grain veux-tu semer pour l'an prochain ?
Le manant dit : Je crois qu'au lieu de grain
Planter me faut ou navets ou carottes :
Vous en aurez, Monseigneur, pleines hottes :
Si mieux n'aimez raves dans la saison.

Raves, navets, carottes, tout est bon,
Dit le lutin ; mon lot sera hors terre ;
Le tien dedans. Je ne veux point de guerre
Avecque toi si tu ne m'y contrains.
Je vais tenter quelques jeunes nonnains.
L'auteur ne dit ce que firent les nonnes.
Le temps venu de recueillir encor,
Le manant prend raves belles et bonnes,
Feuilles sans plus tombent pour tout trésor
Au diableteau, qui l'épaule chargée
Court au marché. Grande fut la risée :
Chacun lui dit son mot cette fois-là.
Monsieur le diable, où croît cette denrée ?
Où mettrez-vous ce qu'on en donnera ?
Plein de courroux et vuide de pécune [15],
Léger d'argent et chargé de rancune,
Il va trouver le manant qui riait
Avec sa femme, et se solaciait [16].
Ah par la mort, par le sang, par la tête,
Dit le démon, il le payra par bieu [17].
Vous voici donc Phlipot la bonne bête ;
Çà çà, galons-le [18] en enfant de bon lieu.
Mais il vaut mieux remettre la partie :
J'ai sur les bras une dame jolie
A qui je dois faire franchir le pas.
Elle le veut, et puis ne le veut pas.
L'époux n'aura dedans la confrérie
Sitôt un pied qu'à vous je reviendrai,
Maître Phlipot, et tant vous galerai
Que ne jouerez ces tours de votre vie.
A coups de griffe il faut que nous voyions
Lequel aura de nous deux belle amie [19],
Et jouira du fruit de ces sillons.
Prendre pourrais d'autorité suprême
Touselle et grain, champ et rave, enfin tout.
Mais je les veux avoir par le bon bout.
N'espérez plus user de stratagème.
Dans huit jours d'hui, je suis à vous Phlipot,

Et touchez là, ceci[20] sera mon arme.
Le villageois étourdi du vacarme
Au fardadet ne put répondre un mot.
Perrette en rit ; c'était sa ménagère,
Bonne galande en toutes les façons,
Et qui sut plus que garder les moutons
Tant qu'elle fut en âge de bergère.
Elle lui dit : Phlipot, ne pleure point :
Je veux d'ici renvoyer de tout point
Ce diableteau : c'est un jeune novice
Qui n'a rien vu : je t'en tirerai hors :
Mon petit doigt saurait plus de malice,
Si je voulais, que n'en sait tout son corps.
Le jour venu Phlipot qui n'était brave
Se va cacher, non point dans une cave,
Trop bien[21] va-t-il se plonger tout entier
Dans un profond et large bénitier.
Aucun démon n'eût su par où le prendre,
Tant fût subtil ; car d'étoles, dit-on,
Il s'affubla le chef pour s'en défendre,
S'étant plongé dans l'eau jusqu'au menton.
Or le laissons, il n'en viendra pas faute[22].
Tout le clergé chante autour à voix haute
Vade retro[23]. Perrette cependant
Est au logis le lutin attendant.
Le lutin vient : Perrette échevelée
Sort, et se plaint de Phlipot, en criant :
Ah le bourreau, le traître, le méchant
Il m'a perdue, il m'a toute affolée[24].
Au nom de Dieu, Monseigneur, sauvez-vous.
A coup de griffe il m'a dit en courroux
Qu'il se devait contre Votre Excellence
Battre tantôt, et battre à toute outrance.
Pour s'éprouver le perfide m'a fait
Cette balafre. A ces mots au follet
Elle fait voir... Et quoi ? chose terrible.
Le diable en eut une peur tant horrible
Qu'il se signa, pensa presque tomber ;

Onc n'avait vu, ne lu, n'ouï conter
Que coups de griffe eussent semblable forme.
Bref aussitôt qu'il aperçut l'énorme
Solution de continuité,
Il demeura si fort épouvanté,
Qu'il prit la fuite, et laissa là Perrette.
Tous les voisins chommèrent[25] la défaite
De ce démon : le clergé ne fut pas
Des plus tardifs à prendre part au cas.

FÉRONDE OU LE PURGATOIRE[1]

Vers le Levant le Vieil de la Montagne[2]
Se rendit craint par un moyen nouveau.
Craint n'était-il pour l'immense campagne
Qu'il possédât, ni pour aucun monceau
D'or ou d'argent ; mais parce qu'au cerveau
De ses sujets il imprimait des choses
Qui de maint fait courageux étaient causes.
Il choisissait entre eux les plus hardis ;
Et leur faisait donner du paradis
Un avant-goût à leurs sens perceptible ;
Du paradis de son législateur[3] ;
Rien n'en a dit ce prophète menteur
Qui ne devînt très croyable et sensible
A ces gens-là : comment s'y prenait-on ?
On les faisait boire tous de façon
Qu'ils s'enivraient, perdaient sens et raison.
En cet état, privés de connaissance,
On les portait en d'agréables lieux,
Ombrages frais, jardins délicieux.
Là se trouvaient tendrons en abondance,
Plus que maillés[4], et beaux par excellence :
Chaque réduit en avait à couper[5].
Si se venaient joliment attrouper
Près de ces gens qui leur boisson cuvée
S'émerveillaient de voir cette couvée,
Et se croyaient habitants devenus

Des champs heureux qu'assigne à ses élus
Le faux Mahom[6]. Lors de faire accointance,
Turcs d'approcher, tendrons d'entrer en danse[7] ;
Au gazouillis des ruisseaux de ces bois,
Au son de luths accompagnant les voix
Des rossignols : il n'est plaisir au monde
Qu'on ne goutât dedans ce paradis :
Les gens trouvaient en son charmant pourpris[8]
Les meilleurs vins de la machine ronde[9] ;
Dont ne manquaient encor de s'enivrer,
Et de leur sens perdre l'entier usage.
On les faisait aussitôt reporter
Au premier lieu[10] : de tout ce tripotage
Qu'arrivait-il ? ils croyaient fermement
Que quelque jour de semblables délices
Les attendaient, pourvu que hardiment,
Sans redouter la mort ni les supplices,
Ils fissent chose agréable à Mahom,
Servant leur prince en toute occasion.
Par ce moyen leur prince pouvait dire
Qu'il avait gens à sa dévotion
Déterminés, et qu'il n'était empire
Plus redouté que le sien ici-bas.
Or ai-je été prolixe sur ce cas,
Pour confirmer l'histoire de Féronde.
Féronde était un sot de par le monde,
Riche manant[11], ayant soin du tracas[12],
Dîmes, et cens, revenus, et ménage
D'un abbé blanc[13]. J'en sais de ce plumage
Qui valent bien les noirs à mon avis,
En fait que d'être aux maris secourables,
Quand forte tâche ils ont en leur logis,
Si qu'il y faut[14] moines et gens capables.
Au lendemain celui-ci ne songeait,
Et tout son fait[15] dès la veille mangeait,
Sans rien garder, non plus qu'un droit apôtre,
N'ayant autre œuvre, autre emploi, penser autre,
Que de chercher où gisaient les bons vins,

Les bons morceaux, et les bonnes commères,
Sans oublier les gaillardes nonnains,
Dont il faisait peu de part à ses frères.
Féronde avait un joli chaperon [16]
Dans son logis, femme sienne, et dit-on
Que parentèle [17] était entre la dame
Et notre abbé ; car son prédécesseur,
Oncle et parrain, dont Dieu veuille avoir l'âme,
En était père, et la donna pour femme
A ce manant, qui tint à grand honneur
De l'épouser. Chacun sait que de race [18]
Communément fille bâtarde chasse :
Celle-ci donc ne fit mentir le mot.
Si n'était pas l'époux homme si sot
Qu'il n'en eût doute, et ne vît en l'affaire
Un peu plus clair qu'il n'était nécessaire.
Sa femme allait toujours chez le prélat ;
Et prétextait [19] ses allées et venues
Des soins divers de cet économat.
Elle alléguait mille affaires menues.
C'était un compte, ou c'était un achat ;
C'était un rien ; tant peu plaignait [20] sa peine.
Bref il n'était nul jour en la semaine,
Nulle heure au jour, qu'on ne vît en ce lieu
La receveuse [21]. Alors le père en Dieu
Ne manquait pas d'écarter tout son monde :
Mais le mari, qui se doutait du tour,
Rompait les chiens [22], ne manquant au retour
D'imposer mains [23] sur madame Féronde.
Onc il ne fut un moins commode époux.
Esprits ruraux volontiers sont jaloux,
Et sur ce point à chausser difficiles [24],
N'étant pas faits aux coutumes des villes.
Monsieur l'abbé trouvait cela bien dur,
Comme prélat qu'il était, partant homme
Fuyant la peine, aimant le plaisir pur,
Ainsi que fait tout bon suppôt de Rome.
Ce n'est mon goût ; je ne veux de plein saut

Prendre la ville, aimant mieux l'escalade ;
En amour da[25], non en guerre ; il ne faut
Prendre ceci pour guerrière bravade,
Ni m'enrôler[26] là-dessus malgré moi.
Que l'autre usage ait la raison pour soi,
Je m'en rapporte[27], et reviens à l'histoire
Du receveur qu'on mit en purgatoire
Pour le guérir, et voici comme quoi.
Par le moyen d'une poudre endormante
L'abbé le plonge en un très long sommeil.
On le croit mort, on l'enterre, l'on chante[28] :
Il est surpris de voir à son réveil
Autour de lui gens d'étrange manière ;
Car il était au large dans sa bière,
Et se pouvait lever de ce tombeau
Qui conduisait en un profond caveau.
D'abord la peur se saisit de notre homme.
Qu'est-ce cela ? songe-t-il ? est-il mort ?
Serait-ce point quelque espèce de sort ?
Puis il demande aux gens comme on les nomme,
Ce qu'ils font là, d'où vient que dans ce lieu
L'on le retient, et qu'a-t-il fait à Dieu ?
L'un d'eux lui dit : Console-toi, Féronde,
Tu te verras citoyen du haut monde
Dans mille ans d'hui complets et bien comptés.
Auparavant il faut d'aucuns péchés
Te nettoyer en ce saint purgatoire.
Ton âme un jour plus blanche que l'ivoire
En sortira. L'ange consolateur
Donne à ces mots au pauvre receveur
Huit ou dix coups de forte discipline,
En lui disant : C'est ton humeur mutine,
Et trop jalouse, et déplaisant à Dieu
Qui te retient pour mille ans en ce lieu.
Le receveur s'étant frotté l'épaule
Fait un soupir : mille ans, c'est bien du temps.
Vous noterez que l'ange était un drôle,
Un frère Jean novice de léans[29].

Ses compagnons jouaient chacun un rôle
Pareil au sien dessous un feint habit.
Le receveur requiert pardon, et dit :
Las si jamais je rentre dans la vie,
Jamais soupçon ombrage et jalousie,
Ne rentreront dans mon maudit esprit.
Pourrais-je point obtenir cette grâce ?
On la lui fait espérer ; non sitôt :
Force est qu'un an dans ce séjour se passe,
Là cependant il aura ce qu'il faut
Pour sustenter son corps, rien davantage
Quelque grabat, du pain pour tout potage,
Vingt coups de fouet chaque jour, si l'abbé
Comme prélat rempli de charité
N'obtient du Ciel qu'au moins on lui remette
Non le total des coups, mais quelque quart,
Voire moitié, voire la plus grand'part.
Douter ne faut qu'il ne s'en entremette,
A ce sujet disant mainte oraison.
L'ange en après lui fait un long sermon.
A tort, dit-il, tu conçus du soupçon.
Les gens d'Église ont-ils de ces pensées ?
Un abbé blanc ! c'est trop d'ombrage avoir ;
Il n'écherrait que dix coups pour un noir[30].
Défais-toi donc de tes erreurs passées.
Il s'y résout. Qu'eût-il fait ? cependant
Sire prélat et Madame Féronde
Ne laissent perdre un seul petit moment.
Le mari dit : Que fait ma femme au monde ?
Ce qu'elle y fait ? tout bien ; notre prélat
L'a consolée, et ton économat
S'en va son train, toujours à l'ordinaire.
Dans le couvent toujours a-t-elle affaire ?
Où donc ? il faut qu'ayant seule à présent
Le faix entier sur soi la pauvre femme
Bon gré mal gré léans[31] aille souvent,
Et plus encor que pendant ton vivant.
Un tel discours ne plaisait point à l'âme.

Ame j'ai cru le devoir appeler,
Ses pourvoyeurs ne le faisant manger
Ainsi qu'un corps. Un mois à cette épreuve
Se passe entier, lui jeûnant, et l'abbé
Multipliant œuvres de charité,
Et mettant peine à consoler la veuve.
Tenez pour sûr qu'il y fit de son mieux.
Son soin ne fut longtemps infructueux :
Pas ne semait en une terre ingrate.
Pater abbas [32] avec juste sujet
Appréhenda d'être père en effet.
Comme il n'est bon que telle chose éclate,
Et que le fait ne puisse être nié,
Tant et tant fut par Sa Paternité
Dit d'oraisons, qu'on vit du purgatoire
L'âme sortir, légère, et n'ayant pas
Once de chair. Un si merveilleux cas
Surprit les gens. Beaucoup ne voulaient croire
Ce qu'ils voyaient. L'abbé passa pour saint.
L'époux pour sien le fruit posthume tint,
Sans autrement de calcul [33] oser faire.
Double miracle était en cette affaire,
Et la grossesse, et le retour du mort.
On en chanta Te deum [34] à renfort [35]
Stérilité régnait en mariage
Pendant cet an, et même au voisinage
De l'abbaye, encor bien que léans
On se vouât [36] pour obtenir enfants.
A tant [37] laissons l'économe et sa femme ;
Et ne soit dit que nous autres époux
Nous méritions ce qu'on fit à cette âme
Pour la guérir de ses soupçons jaloux.

LE PSAUTIER[1]

Nonnes souffrez pour la dernière fois
Qu'en ce recueil malgré moi je vous place.
De vos bons tours les contes ne sont froids.
Leur aventure a ne sais quelle grâce
Qui n'est ailleurs : ils emportent les voix[2].
Encore un donc, et puis c'en seront trois.
Trois ? je faux d'un ; c'en seront au moins quatre.
Comptons-les bien. Mazet le compagnon[3] ;
L'abbesse ayant besoin d'un bon garçon
Pour la guérir d'un mal opiniâtre[4] ;
Ce conte-ci qui n'est le moins fripon ;
Quant à sœur Jeanne ayant fait un poupon[5],
Je ne tiens pas qu'il la faille rabattre[6].
Les voilà tous : quatre c'est compte rond.
Vous me direz : C'est une étrange affaire
Que nous ayons tant de part en ceci.
Que voulez-vous ? je n'y saurais que faire ;
Ce n'est pas moi qui le souhaite ainsi.
Si vous teniez toujours votre bréviaire,
Vous n'auriez rien à démêler ici.
Mais ce n'est pas votre plus grand souci.
Passons donc vite à la présente histoire.
Dans un couvent de nonnes fréquentait
Un jouvenceau friand comme on peut croire
De ces oiseaux. Telle pourtant prenait
Goût à le voir, et des yeux le couvait,

Lui souriait, faisait la complaisante,
Et se disait sa très humble servante,
Qui pour cela d'un seul point n'avançait[7].
Le conte dit que léans[8] il n'était
Vieille ni jeune, à qui le personnage
Ne fît songer quelque chose à part soi.
Soupirs trottaient, bien voyait le pourquoi,
Sans qu'il s'en mît en peine davantage.
Sœur Isabeau seule pour son usage
Eut le galant : elle le méritait
Douce d'humeur, gentille de corsage,
Et n'en étant qu'à son apprentissage,
Belle de plus. Ainsi l'on l'enviait
Pour deux raisons ; son amant, et ses charmes.
Dans ses amours chacune l'épiait :
Nul bien sans mal, nul plaisir sans alarmes.
Tant et si bien l'épièrent les sœurs,
Qu'une nuit sombre, et propre à ces douceurs
Dont on confie aux ombres le mystère,
En sa cellule on ouït certains mots,
Certaine voix, enfin certains propos
Qui n'étaient pas sans doute en son bréviaire.
C'est le galant, ce dit-on, il est pris.
Et de courir ; l'alarme est aux esprits ;
L'essaim frémit, sentinelle se pose.
On va conter en triomphe la chose
A mère abbesse ; et heurtant à grands coups
On lui cria : Madame levez-vous ;
Sœur Isabelle a dans sa chambre un homme.
Vous noterez que Madame n'était
En oraison, ni ne prenait son somme :
Trop bien[9] alors dans son lit elle avait
Messire Jean curé du voisinage.
Pour ne donner aux sœurs aucun ombrage[10],
Elle se lève, en hâte, étourdiment,
Cherche son voile, et malheureusement
Dessous sa main tombe du personnage
Le haut-de-chausse assez bien ressemblant

Pendant la nuit quand on n'est éclairée
A certain voile aux nonnes familier,
Nommé pour lors entre elles leur psautier [11].
La voilà donc de grègues [12] affublée.
Ayant sur soi ce nouveau couvre-chef,
Et s'étant fait raconter derechef
Tout le catus [13], elle dit irritée :
Voyez un peu la petite effrontée,
Fille du diable, et qui nous gâtera
Notre couvent ; si Dieu plaît ne fera :
S'il plaît à Dieu bon ordre s'y mettra :
Vous la verrez tantôt bien chapitrée.
Chapitre donc, puisque chapitre y a,
Fut assemblé. Mère abbesse entourée
De son sénat fit venir Isabeau,
Qui s'arrosait de pleurs tout le visage,
Se souvenant qu'un maudit jouvenceau
Venait d'en faire un différent usage.
Quoi, dit l'abbesse, un homme dans ce lieu !
Un tel scandale en la maison de Dieu !
N'êtes-vous point morte de honte encore ?
Qui nous a fait recevoir parmi nous
Cette voirie [14] ? Isabeau, savez-vous
(Car désormais qu'ici l'on vous honore
Du nom de sœur, ne le prétendez pas)
Savez-vous dis-je à quoi dans un tel cas
Notre institut [15] condamne une méchante ?
Vous l'apprendrez devant [16] qu'il soit demain.
Parlez parlez. Lors la pauvre nonnain,
Qui jusque-là confuse et repentante
N'osait branler [17], et la vue abaissoit,
Lève les yeux, par bonheur aperçoit
Le haut-de-chausse, à quoi toute la bande,
Par un effet d'émotion trop grande,
N'avoit pris garde, ainsi qu'on voit souvent.
Ce fut hasard qu'Isabelle à l'instant
S'en aperçut. Aussitôt la pauvrette
Reprend courage, et dit tout doucement :

Votre psautier a ne sais quoi qui pend ;
Raccommodez-le. Or c'était l'aiguillette [18].
Assez souvent pour bouton l'on s'en sert.
D'ailleurs ce voile avoit beaucoup de l'air
D'un haut-de-chausse : et la jeune nonnette,
Ayant l'idée encore fraîche des deux [19]
Ne s'y méprit : non pas que le messire
Eût chausse faite ainsi qu'un amoureux :
Mais à peu près ; cela devait suffire.
L'abbesse dit : Elle ose encore rire !
Quelle insolence ! Un péché si honteux
Ne la rend pas plus humble et plus soumise !
Veut-elle point que l'on la canonise ?
Laissez mon voile esprit de Lucifer.
Songez songez, petit tison d'enfer,
Comme on pourra raccommoder votre âme.
Pas ne finit mère abbesse sa gamme [20]
Sans sermonner et tempêter beaucoup.
Sœur Isabeau lui dit encore un coup :
Raccommodez votre psautier, Madame.
Tout le troupeau se met à regarder.
Jeunes de rire, et vieilles de gronder.
La voix manquant à notre sermonneuse,
Qui de son troc [21] bien fâchée et honteuse,
N'eut pas le mot à dire en ce moment,
L'essaim fit voir par son bourdonnement,
Combien roulaient de diverses pensées
Dans les esprits. Enfin l'abbesse dit :
Devant qu'on eût tant de voix ramassées [22],
Il serait tard. Que chacune en son lit
S'aille remettre. A demain toute chose.
Le lendemain ne fut tenu, pour cause,
Aucun chapitre ; et le jour ensuivant
Tout aussi peu. Les sages du couvent
Furent d'avis que l'on se devait taire ;
Car trop d'éclat eût pu nuire au troupeau.
On n'en voulait à la pauvre Isabeau
Que par envie. Ainsi n'ayant pu faire

Qu'elle lâchât aux autres le morceau,
Chaque nonnain, faute de jouvenceau,
Songe à pourvoir d'ailleurs [23] à son affaire.
Les vieux amis reviennent de plus beau.
Par préciput [24] à notre belle on laisse
Le jeune fils ; le pasteur à l'abbesse ;
Et l'union alla jusques au point
Qu'on en prêtait à qui n'en avait point.

LE ROI CANDAULE, ET LE MAÎTRE EN DROIT[1]

Force gens ont été l'instrument de leur mal ;
    Candaule en est un témoignage.
Ce roi fut en sottise un très grand personnage.
    Il fit pour Gygès son vassal
Une galanterie imprudente et peu sage.
Vous voyez, lui dit-il, le visage charmant,
Et les traits délicats dont la reine est pourvue ·
Je vous jure ma foi que l'accompagnement
Est d'un tout autre prix et passe infiniment[2] ;
        Ce n'est rien qui ne l'a vue
                Toute nue.
Je vous la veux montrer sans qu'elle en sache rien ;
    Car j'en sais un très bon moyen :
Mais à condition, vous m'entendez fort bien,
    Sans que j'en dise davantage ;
    Gygès, il vous faut être sage :
    Point de ridicule désir :
    Je ne prendrais pas de plaisir
Aux vœux impertinents qu'une amour sotte et vaine
    Vous ferait faire pour la reine.
Proposez-vous de voir tout ce corps si charmant,
    Comme un beau marbre seulement.
Je veux que vous disiez que l'art, que la pensée,
Que même le souhait ne peut aller plus loin.
    Dedans le bain je l'ai laissée :

Vous êtes connaisseur, venez être témoin
De ma félicité suprême.
Ils vont. Gygès admire. Admirer ; c'est trop peu.
Son étonnement est extrême.
Ce doux objet joua son jeu.
Gygès en fut ému, quelque effort qu'il pût faire.
Il aurait voulu se taire,
Et ne point témoigner ce qu'il avait senti :
Mais son silence eût fait soupçonner du mystère.
L'exagération fut le meilleur parti.
Il s'en tint donc pour averti ;
Et sans faire le fin, le froid, ni le modeste[3],
Chaque point, chaque article eut son fait, fut loué.
Dieux, disait-il au roi, quelle félicité !
Le beau corps ! le beau cuir[4] ! ô Ciel ! et tout le reste.
De ce gaillard entretien
La reine n'entendit rien ;
Elle l'eût pris pour outrage :
Car en ce siècle ignorant
Le beau sexe était sauvage ;
Il ne l'est plus maintenant ;
Et des louanges pareilles
De nos dames d'à présent
N'écorchent point les oreilles.
Notre examinateur soupirait dans sa peau.
L'émotion croissait, tant tout lui semblait beau.
Le prince s'en doutant l'emmena ; mais son âme
Emporta cent traits de flamme.
Chaque endroit lança le sien.
Hélas, fuir n'y sert de rien :
Tourments d'amour font si bien
Qu'ils sont toujours de la suite.
Près du prince Gygès eut assez de conduite ;
Mais de sa passion la reine s'aperçut :
Elle sut
L'origine du mal ; le roi prétendant rire
S'avisa de tout lui dire.
Ignorant ! savait-il point

Qu'une reine sur ce point
N'ose entendre raillerie ?
Et supposé qu'en son cœur
Cela lui plaise, elle rie,
Il lui faut pour son honneur
Contrefaire la furie.
Celle-ci fut vraiment,
Et réserva dans soi-même,
De quelque vengeance extrême
Le désir très véhément.
Je voudrais pour un moment,
Lecteur, que tu fusses femme :
Tu ne saurais autrement
Concevoir jusqu'où la dame
Porta son secret dépit.
Un mortel eut le crédit
De voir de si belles choses,
A tous mortels lettres closes !
Tels dons étaient pour des dieux,
Pour des rois, voulais-je dire ;
L'un et l'autre y vient de cire[5],
Je ne sais quel est le mieux.
Ces pensers incitaient la reine à la vengeance.
Honte, dépit, courroux, son cœur employa tout.
Amour même, dit-on, fut de l'intelligence[6] :
De quoi ne vient-il point à bout ?
Gygès était bien fait ; on l'excusa sans peine :
Sur le montreur d'appas tomba toute la haine.
Il était mari ; c'est son mal ;
Et les gens de ce caractère
Ne sauraient en aucune affaire
Commettre de péché qui ne soit capital.
Qu'est-il besoin d'user d'un plus ample prologue ?
Voilà le roi haï, voilà Gygès aimé,
Voilà tout fait, et tout formé
Un époux du grand catalogue[7] ;
Dignité peu briguée, et qui fleurit pourtant.
La sottise du prince était d'un tel mérite,

Qu'il fut fait in petto[8] confrère de Vulcan[9] ;
De là jusqu'au bonnet[10] la distance est petite.
Cela n'était que bien ; mais la Parque maudite
Fut aussi de l'intrigue ; et sans perdre de temps
Le pauvre roi par nos amants
Fut député vers le Cocyte[11].
On le fit trop boire d'un coup[12] :
Quelquefois, hélas ! c'est beaucoup.
Bientôt un certain breuvage
Lui fit voir le noir rivage,
Tandis qu'aux yeux de Gygès
S'étalaient de blancs objets :
Car fût-ce amour, fût-ce rage,
Bientôt la reine le mit
Sur le trône et dans son lit.

Mon dessein n'était pas d'étendre cette histoire :
On la savait assez ; mais je me sais bon gré ;
Car l'exemple a très bien cadré :
Mon texte[13] y va tout droit : même j'ai peine à croire
Que le docteur en lois dont je vais discourir
Puisse mieux que Candaule à mon but concourir.
Rome pour ce coup-ci me fournira la scène :
Rome, non celle-là que les mœurs du vieux temps
Rendaient triste, sévère, incommode aux galants,
Et de sottes femelles pleine ;
Mais Rome d'aujourd'hui, séjour charmant et beau,
Où l'on suit un train plus nouveau.
Le plaisir est la seule affaire
Dont se piquent ses habitants.
Qui n'aurait que vingt ou trente ans,
Ce serait un voyage à faire.
Rome donc eut naguère un maître dans cet art
Qui du tien et du mien tire son origine[14] ;
Homme qui hors de là faisait le goguenard[15] ;
Tout passait par son étamine[16] :
Aux dépens du tiers et du quart[17]
Il se divertissait. Avint que le légiste,

Parmi ses écoliers dont il avait toujours
Longue liste,
Eut un Français moins propre à faire en droit un cours
Qu'en amours.
Le docteur un beau jour le voyant sombre et triste,
Lui dit : Notre féal[18], vous voilà de relais[19] ;
Car vous avez la mine, étant hors de l'école,
De ne lire jamais
Bartole[20].
Que ne vous poussez-vous ? un Français être ainsi
Sans intrigue et sans amourettes !
Vous avez des talents, nous avons des coquettes,
Non pas pour une[21] Dieu merci.
L'étudiant reprit : Je suis nouveau dans Rome.
Et puis, hors les beautés qui font plaisir aux gens
Pour la somme[22],
Je ne vois pas que les galants
Trouvent ici beaucoup à faire.
Toute maison est monastère :
Double porte, verrous, une matrone austère,
Un mari, des Argus[23]. Qu'irais-je à votre avis
Chercher en de pareils logis ?
Prendre la lune aux dents serait moins difficile.
Ha, ha, la lune aux dents, repartit le docteur,
Vous nous faites beaucoup d'honneur.
J'ai pitié des gens neufs comme vous ; notre ville
Ne vous est pas connue en tant[24] que je puis voir.
Vous croyez donc qu'il faille avoir
Beaucoup de peine à Rome en fait que d'aventures ?
Sachez que nous avons ici des créatures,
Qui ferons leurs maris cocus
Sur la moustache[25] des Argus.
La chose est chez nous très commune :
Témoignez seulement que vous cherchez fortune
Placez-vous dans l'église auprès du bénitier.
Présentez sur le doigt aux dames l'eau sacrée.
C'est d'amourettes les prier.
Si l'air du suppliant à quelque dame agrée,

Celle-là sachant son métier,
Vous envoyra faire un message.
Vous serez déterré, logeassiez-vous en lieu
Qui ne fût connu que de Dieu.
Une vieille viendra, qui faite au badinage
Vous saura ménager un secret entretien.
Ne vous embarrassez de rien.
De rien ? c'est un peu trop ; j'excepte quelque chose :
Il est bon de vous dire en passant, notre ami,
Qu'à Rome il faut agir en galant et demi.
En France on peut conter des fleurettes, l'on cause ;
Ici tous les moments sont chers et précieux.
Romaines vont au but. L'autre reprit : Tant mieux.
Sans être gascon, je puis dire
Que je suis un merveilleux sire.
Peut-être ne l'était-il point ;
Tout homme est gascon sur ce point.
Les avis du docteur furent bons ; le jeune homme
Se campe en une église où venait tous les jours
La fleur et l'élite de Rome,
Des Grâces, des Vénus, avec un grand concours
D'Amours,
C'est-à-dire en chrétien beaucoup d'anges femelles.
Sous leurs voiles brillaient des yeux pleins d'étincelles.
Bénitiers, le lieu saint n'était pas sans cela.
Notre homme en choisit un chanceux pour ce point-là ;
A chaque objet qui passe adoucit ses prunelles :
Révérences, le drôle en faisait des plus belles,
Des plus dévotes : cependant
Il offrait l'eau lustrale. Un ange entre les autres
En prit de bonne grâce : alors l'étudiant
Dit en son cœur : elle est des nôtres.
Il retourne au logis ; vieille vient ; rendez-vous.
D'en conter le détail, vous vous en doutez tous.
Il s'y fit nombre de folies ;
La dame était des plus jolies,
Le passe-temps fut des plus doux.
Il le conte au docteur. Discrétion françoise

Est chose outre nature, et d'un trop grand effort.
    Dissimuler un tel transport ;
    Cela sent son humeur bourgeoise.
Du fruit de ses conseils le docteur s'applaudit,
Rit en jurisconsulte, et des maris se raille.
    Pauvres gens, qui n'ont pas l'esprit
    De garder du loup leur ouaille !
Un berger en a cent ; des hommes ne sauront
    Garder la seule qu'ils auront !
Bien lui semblait ce soin chose un peu malaisée ;
Mais non pas impossible ; et sans qu'il eût cent yeux
    Il défiait grâces aux Cieux
    Sa femme encor que très rusée.
    A ces discours, ami lecteur,
Vous ne croiriez jamais, sans avoir quelque honte
    Que l'héroïne de ce conte
    Fût propre femme du docteur.
Elle l'était pourtant. Le pis fut que mon homme,
En s'informant de tout, et des si et des cas,
Et comme elle était faite, et quels secrets appas,
    Vit que c'était sa femme en somme.
Un seul point l'arrêtait ; c'était certain talent
Qu'avait en sa moitié trouvé l'étudiant,
Et que pour le mari n'avait pas la donzelle.
    A ce signe ce n'est pas elle,
    Disait en soi le pauvre époux ;
    Mais les autres points y sont tous ;
C'est elle. Mais ma femme au logis est rêveuse,
    Et celle-ci paraît causeuse,
    Et d'un agréable entretien :
    Assurément c'en est une autre.
    Mais du reste il n'y manque rien,
Taille, visage, traits, même poil ; c'est la nôtre.
    Après avoir bien dit tout bas,
    Ce n'est, et puis ce ne l'est pas,
Force fut qu'au premier en demeurât le sire.
    Je laisse à penser son courroux,
    Sa fureur afin de mieux dire.

Vous vous êtes donnés un second rendez-vous ?
    Poursuivit-il. Oui ; reprit notre apôtre,
Elle et moi n'avons eu garde de l'oublier,
    Nous trouvant trop bien du premier,
    Pour n'en pas ménager un autre ;
Très résolus tous deux de ne nous rien devoir.
La résolution, dit le docteur, est belle.
Je saurais volontiers quelle est cette donzelle.
L'écolier repartit : Je ne l'ai pu savoir.
Mais qu'importe ? il suffit que je sois content d'elle.
    Dès à présent je vous réponds
Que l'époux de la dame a toutes ses façons[26].
Si quelqu'une manquait, nous la lui donnerons
Demain en tel endroit, à telle heure, sans faute.
    On doit m'attendre entre deux draps,
Champ de bataille propre à de pareils combats.
Le rendez-vous n'est point dans une chambre haute[27].
    Le logis est propre et paré.
On m'a fait à l'abord traverser un passage
    Où jamais le jour n'est entré ;
Mais aussitôt après la vieille du message
M'a conduit en des lieux où loge en bonne foi
    Tout ce qu'amour a de délices ;
    On peut s'en rapporter à moi.
A ce discours jugez quels étaient les supplices
Qu'endurait le docteur. Il forme le dessein
    De s'en aller le lendemain
Au lieu de l'écolier ; et sous ce personnage
Convaincre sa moitié, lui faire un vasselage[28]
    Dont il fût à jamais parlé.
    N'en déplaise au nouveau confrère[29],
    Il n'était pas bien conseillé[30] :
    Mieux valait pour le coup se taire :
    Sauf d'apporter en temps et lieu
    Remède au cas, moyennant Dieu.
Quand les épouses font un récipiendaire
    Au benoît état de cocu[31],
S'il en peut sortir franc, c'est à lui beaucoup faire ;

Mais quand il est déjà reçu,
Une façon de plus ne fait rien à l'affaire.
Le docteur raisonna d'autre sorte, et fit tant
Qu'il ne fit rien qui vaille. Il crut qu'en prévenant [32]
Son parrain en cocuage,
Il ferait tour d'homme sage :
Son parrain, cela s'entend,
Pourvu que sous ce galant
Il eût fait apprentissage ;
Chose dont à bon droit le lecteur peut douter.
Quoi qu'il en soit, l'époux ne manque pas d'aller
Au logis de l'aventure,
Croyant que l'allée obscure,
Son silence, et le soin de se cacher le nez,
Sans qu'il fût reconnu le feraient introduire
En ces lieux si fortunés :
Mais par malheur la vieille avait pour se conduire
Une lanterne sourde ; et plus fine cent fois
Que le plus fin docteur en lois,
Elle reconnut l'homme, et sans être surprise [33]
Elle lui dit : Attendez là ;
Je vais trouver Madame Élise.
Il la faut avertir ; je n'ose sans cela
Vous mener dans sa chambre : et puis vous devez être
En autre habit pour l'aller voir :
C'est-à-dire en un mot qu'il n'en faut point avoir.
Madame attend au lit. A ces mots notre maître
Poussé dans quelque bouge [34] y voit d'abord paraître
Tout un déshabillé ; des mules, un peignoir,
Bonnet, robe de chambre, avec chemise d'homme ;
Parfums sur la toilette, et des meilleurs de Rome :
Le tout propre, arrangé, de même qu'on eût fait
Si l'on eût attendu le Cardinal préfet [35].
Le docteur se dépouille ; et cette gouvernante
Revient, et par la main le conduit en des lieux
Où notre homme privé de l'usage des yeux
Va d'une façon chancelante
Après ces détours ténébreux,

La vieille ouvre une porte, et vous pousse le sire
En un fort mal plaisant endroit,
Quoique ce fût son propre empire ;
C'était en l'école de droit.
En l'école de droit ! là même ; le pauvre homme
Honteux, surpris, confus, non sans quelque raison,
Pensa tomber en pâmoison.
Le conte en courut par tout Rome.
Les écoliers alors attendaient leur régent.
Cela seul acheva sa mauvaise fortune.
Grand éclat de risée, et grand chuchillement [36],
Universel étonnement.
Est-il fou ? qu'est-ce là ? vient-il de voir quelqu'une ?
Ce ne fut pas le tout ; sa femme se plaignit.
Procès. La parenté se joint en cause [37], et dit :
Que du docteur venait tout le mauvais ménage ;
Que cet homme était fou, que sa femme était sage.
On fit casser le mariage ;
Et puis la dame se rendit
Belle et bonne religieuse
A Saint-Croissant en Vavoureuse [38].
Un prélat lui donna l'habit.

LE DIABLE EN ENFER [1]

Qui craint d'aimer, a tort selon mon sens
S'il ne fuit pas dès qu'il voit une belle [2].
Je vous connais objets doux et puissants :
Plus ne m'irai brûler à la chandelle.
Une vertu sort de vous ne sais quelle,
Qui dans le cœur s'introduit par les yeux.
Ce qu'elle y fait, besoin n'est de le dire :
On meurt d'amour, on languit, on soupire .
Pas ne tiendrait aux gens qu'on ne fît mieux.
A tels périls ne faut qu'on s'abandonne.
J'en vais donner pour preuve une personne
Dont la beauté fit trébucher Rustic.
Il en avint [3] un fort plaisant trafic :
Plaisant fut-il, au péché près, sans faute [4] :
Car pour ce point, je l'excepte et je l'ôte :
Et ne suis pas du goût de celle-là
Qui buvant frais (ce fut je pense à Rome)
Disait : Que n'est-ce un péché que cela [5] !
Je la condamne ; et veux prouver en somme
Qu'il fait bon craindre encor que l'on soit saint [6].
Rien n'est plus vrai. Si Rustic avait craint,
Il n'aurait pas retenu cette fille,
Qui jeune et simple et pourtant très gentille
Jusques au vif vous l'eut bientôt atteint.
Alibech fut son nom, si j'ai mémoire ;
Fille un peu neuve, à ce que dit l'histoire.

Lisant un jour comme quoi certains saints,
Pour mieux vaquer à leurs pieux desseins
Se séquestraient ; vivaient comme des anges,
Qui çà et là, portant toujours leurs pas
En lieux cachés ; choses qui bien qu'étranges
Pour Alibech avaient quelques appas :
Mon Dieu, dit-elle, il me prend une envie
D'aller mener une semblable vie.
Alibech donc s'en va sans dire adieu.
Mère ni sœur, nourrice ni compagne
N'est avertie. Alibech en campagne
Marche toujours, n'arrête en pas un lieu.
Tant court enfin qu'elle entre en un bois sombre ;
Et dans ce bois elle trouve un vieillard ;
Homme possible[7] autrefois plus gaillard,
Mais n'étant lors qu'un squelette et qu'une ombre.
Père, dit-elle, un mouvement m'a pris ;
C'est d'être sainte, et mériter pour prix
Qu'on me révère, et qu'on chomme ma fête.
O quel plaisir j'aurais si tous les ans,
La palme en main, les rayons sur la tête,
Je recevais des fleurs et des présents !
Votre métier est-il si difficile ?
Je sais déjà jeûner plus qu'à demi.
Abandonnez ce penser inutile,
Dit le vieillard, je vous parle en ami.
La sainteté n'est chose si commune
Que le jeûner suffise pour l'avoir.
Dieu gard[8] de mal fille et femme qui jeûne
Sans pour cela guère mieux en valoir.
Il faut encor pratiquer d'autres choses,
D'autres vertus qui me sont lettres closes[9],
Et qu'un ermite habitant de ces bois
Vous apprendra mieux que moi mille fois.
Allez le voir, ne tardez davantage :
Je ne retiens tels oiseaux dans ma cage.
Disant ces mots le vieillard la quitta,
Ferma sa porte, et se barricada.

Très sage fut d'agir ainsi sans doute,
Ne se fiant à vieillesse ni goutte,
Jeûne ni haire [10], enfin à rien qui soit.
Non loin de là notre sainte aperçoit
Celui de qui ce bon vieillard parloit ;
Homme ayant l'âme en Dieu tout occupée,
Et se faisant tout blanc de son épée [11].
C'était Rustic, jeune saint très fervent :
Ces jeunes-là s'y trompent bien souvent.
En peu de mots l'appétit d'être sainte
Lui fut d'abord par la belle expliqué ;
Appétit tel qu'Alibech avait crainte
Que quelque jour son fruit n'en fût marqué [12].
Rustic sourit d'une telle innocence.
Je n'ai, dit-il, que peu de connaissance
En ce métier ; mais ce peu-là que j'ai
Bien volontiers vous sera partagé.
Nous vous rendrons la chose familière.
Maître Rustic eût dû donner congé
Tout dès l'abord à semblable écolière.
Il ne le fit ; en voici les effets.
Comme il voulait être des plus parfaits,
Il dit en soi : Rustic, que sais-tu faire ?
Veiller, prier, jeûner, porter la haire ?
Qu'est-ce cela ? moins que rien ; tous le font :
Mais d'être seul auprès de quelque belle
Sans la toucher, il n'est victoire telle ;
Triomphes grands chez les anges en sont :
Méritons-les ; retenons cette fille.
Si je résiste à chose si gentille,
J'atteins le comble, et me tire du pair [13].
Il la retint ; et fut si téméraire,
Qu'outre Satan il défia la chair,
Deux ennemis toujours prêts à mal faire.
Or sont nos saints logés sous même toit [14].
Rustic apprête en un petit endroit
Un petit lit de jonc pour la novice.
Car de coucher sur la dure d'abord,

Quelle apparence [15] ? elle n'était encor
Accoutumée à si rude exercice.
Quant au souper, elle eut pour tout service
Un peu de fruit, du pain non pas trop beau.
Faites état que la magnificence
De ce repas ne consista qu'en l'eau,
Claire, d'argent, belle par excellence.
Rustic jeûna ; la fille eut appétit.
Couchés à part, Alibech s'endormit :
L'ermite non. Une certaine bête
Diable nommée, un vrai serpent maudit,
N'eut point de paix qu'il ne fût de la fête.
On l'y reçoit ; Rustic roule en sa tête,
Tantôt les traits de la jeune beauté,
Tantôt sa grâce, et sa naïveté,
Et ses façons, et sa manière douce,
L'âge, la taille, et surtout l'embonpoint,
Et certain sein ne se reposant point ;
Allant, venant ; sein qui pousse et repousse
Certain corset en dépit d'Alibech,
Qui tâche en vain de lui clore le bec :
Car toujours parle : il va, vient, et respire :
C'est son patois ; Dieu sait ce qu'il veut dire.
Le pauvre ermite ému de passion
Fit de ce point sa méditation.
Adieu la haire, adieu la discipline ;
Et puis voilà de ma dévotion ;
Voilà mes saints. Celui-ci s'achemine
Vers Alibech ; et l'éveille en sursaut.
Ce n'est bien fait que de dormir sitôt,
Dit le frater [16] ; il faut au préalable
Qu'on fasse une œuvre à Dieu fort agréable.
Emprisonnant en enfer le Malin.
Créé ne fut pour aucune autre fin.
Procédons-y. Tout à l'heure [17] il se glisse
Dedans le lit. Alibech sans malice,
N'entendait rien à ce mystère-là :
Et ne sachant ni ceci ni cela,

Moitié forcée et moitié consentante,
Moitié voulant combattre ce désir,
Moitié n'osant, moitié peine et plaisir,
Elle crut faire acte de repentante ;
Bien humblement rendit grâce au frater,
Sut ce que c'est que le diable en enfer.
Désormais faut qu'Alibech se contente
D'être martyre, en cas que sainte soit [18] :
Frère Rustic peu de vierges faisoit.
Cette leçon ne fut la plus aisée.
Dont [19] Alibech non encor déniaisée
Dit : Il faut bien que le diable en effet
Soit une chose étrange et bien mauvaise :
Il brise tout ; voyez le mal qu'il fait
A sa prison : non pas qu'il m'en déplaise :
Mais il mérite en bonne vérité
D'y retourner. Soit fait, ce dit le frère.
Tant s'appliqua Rustic à ce mystère,
Tant prit de soin, tant eut de charité,
Qu'enfin l'enfer s'accoutumant au diable
Eût eu toujours sa présence agréable,
Si l'autre eût pu toujours en faire essai.
Sur quoi la belle : On dit encor bien vrai
Qu'il n'est prison si douce que son hôte
En peu de temps ne s'y lasse sans faute.
Bientôt nos gens ont noise sur ce point.
En vain l'enfer son prisonnier rappelle ;
Le diable est sourd, le diable n'entend point.
L'enfer s'ennuie ; autant en fait la belle.
Ce grand désir d'être sainte s'en va.
Rustic voudrait être dépêtré d'elle.
Elle pourvoit d'elle-même à cela.
Furtivement elle quitte le sire :
Par le plus court s'en retourne chez soi.
Je suis en soin [20] de ce qu'elle put dire
A ses parents : c'est ce qu'en bonne foi
Jusqu'à présent je n'ai bien su comprendre.
Apparemment elle leur fit entendre

Que son cœur mû d'un appétit d'enfant
L'avait portée à tâcher d'être sainte.
Ou l'on la crut, ou l'on en fit semblant.
Sa parenté prit pour argent comptant
Un tel motif : non que de quelque atteinte
A son enfer on n'eût quelque soupçon :
Mais cette chartre [21] est faite de façon
Qu'on n'y voit goutte ; et maint geôlier s'y trompe.
Alibech fut festinée [22] en grand'pompe.
L'histoire dit que par simplicité
Elle conta la chose à ses compagnes.
Besoin n'était que Votre Sainteté,
Ce lui dit-on, traversât ces campagnes.
On vous aurait, sans bouger du logis,
Même leçon même secret appris.
Je vous aurais, dit l'une, offert mon frère.
Vous auriez eu, dit l'autre, mon cousin :
Et Néherbal notre prochain voisin
N'est pas non plus novice en ce mystère.
Il vous recherche ; acceptez ce parti,
Devant qu'on soit d'un tel cas averti.
Elle le fit : Néherbal n'était homme
A cela près. On donna telle somme,
Qu'avec les traits de la jeune Alibech
Il prit pour bon un enfer très suspect ;
Usant des biens que l'Hymen nous envoie.
A tous époux Dieu doint [23] pareille joie ;
Ne plus ne moins qu'employait au désert
Rustic son diable, Alibech son enfer.

LA JUMENT DU COMPÈRE PIERRE[1]

Messire Jean, (c'était certain curé
Qui prêchait peu sinon sur la vendange[2])
Sur ce sujet, sans être préparé,
Il triomphait ; vous eussiez dit un ange.
Encore un point était touché de lui ;
Non si souvent qu'eût voulu le messire ·
Et ce point-là les enfants d'aujourd'hui
Savent que c'est, besoin n'ai de le dire.
Messire Jean tel que je le décris
Faisait si bien, que femmes et maris
Le recherchaient, estimaient sa science ;
Au demeurant il n'était conscience
Un peu jolie, et bonne à diriger,
Qu'il ne voulût lui-même interroger,
Ne s'en fiant aux soins de son vicaire.
Messire Jean aurait voulu tout faire ;
S'entremettait en zélé directeur ;
Allait partout ; disant qu'un bon pasteur
Ne peut trop bien ses ouailles connaître,
Dont par lui-même instruit en voulait être.
Parmi les gens de lui les mieux venus,
Il fréquentait chez le compère Pierre,
Bon villageois à qui pour toute terre,
Pour tout domaine et pour tous revenus
Dieu ne donna que ses deux bras tout nus,
Et son louchet[3], dont pour toute ustensille

Pierre faisait subsister sa famille.
Il avait femme et belle et jeune encor,
Ferme surtout ; le hâle avait fait tort
A son visage, et non à sa personne.
Nous autres gens peut-être aurions voulu
Du délicat, ce rustic[4] ne m'eût plu ;
Pour des curés la pâte en était bonne ;
Et convenait à semblables amours.
Messire Jean la regardait toujours
Du coin de l'œil, toujours tournait la tête
De son côté ; comme un chien qui fait fête
Aux os qu'il voit n'être par trop chétifs ;
Que s'il en voit un de belle apparence,
Non décharné, plein encor de substance,
Il tient dessus ses regards attentifs :
Il s'inquiète, il trépigne, il remue
Oreille et queue ; il a toujours la vue
Dessus cet os, et le ronge des yeux
Vingt fois devant que son palais s'en sente[5].
Messire Jean tout ainsi se tourmente
A cet objet pour lui délicieux.
La villageoise était fort innocente,
Et n'entendait aux façons du pasteur
Mystère aucun ; ni son regard flatteur,
Ni ses présents ne touchaient Magdeleine :
Bouquets de thym, et pots de marjolaine
Tombaient à terre : avoir cent menus soins
C'était parler bas-breton tout au moins[6].
Il s'avisa d'un plaisant stratagème.
Pierre était lourd, sans esprit : je crois bien
Qu'il ne se fût précipité lui-même,
Mais par delà de lui demander rien,
C'était abus et très grande sottise[7].
L'autre lui dit : Compère mon ami
Te voilà pauvre, et n'ayant à demi
Ce qu'il te faut ; si je t'apprends la guise
Et le moyen d'être un jour plus content
Qu'un petit roi, sans te tourmenter tant,

Que me veux-tu donner pour mes étrennes ?
Pierre répond : Parbleu Messire Jean
Je suis à vous ; disposez de mes peines ;
Car vous savez que c'est tout mon vaillant [8].
Notre cochon ne nous faudra [9] pourtant :
Il a mangé plus de son, par mon âme,
Qu'il n'en tiendrait trois fois dans ce tonneau,
Et d'abondant [10] la vache à notre femme
Nous a promis qu'elle ferait un veau :
Prenez le tout. Je ne veux nul salaire,
Dit le pasteur ; obliger mon compère
Ce m'est assez, je te dirai comment.
Mon dessein est de rendre Magdeleine
Jument le jour par art d'enchantement,
Lui redonnant sur le soir forme humaine.
Très grand profit pourra certainement
T'en revenir ; car ton âne est si lent,
Que du marché l'heure est presque passée
Quand il arrive ; ainsi tu ne vends pas,
Comme tu veux, tes herbes, ta denrée,
Tes choux, tes aulx, enfin tout ton tracas [11].
Ta femme étant jument forte et membrue,
Ira plus vite ; et sitôt que chez toi
Elle sera du logis [12] revenue,
Sans pain ni soupe un peu d'herbe menue
Lui suffira. Pierre dit : Sur ma foi,
Messire Jean, vous êtes un sage homme [13].
Voyez que c'est d'avoir étudié !
Vend-on cela ? si j'avais grosse somme,
Je vous l'aurais, parbleu bientôt payé.
Jean poursuivit : Or çà je t'apprendrai
Les mots [14], la guise [15], et toute la manière,
Par où jument bien faite et poulinière
Auras de jour, belle femme de nuit.
Corps, tête, jambe, et tout ce qui s'ensuit
Lui reviendra : tu n'as qu'à me voir faire.
Tais-toi sur tout ; car un mot seulement
Nous gâterait tout notre enchantement.

Nous ne pourrions revenir au mystère,
De notre vie ; encore un coup motus,
Bouche cousue, ouvre les yeux sans plus .
Toi-même après pratiqueras la chose.
Pierre promet de se taire, et Jean dit :
Sus [16] Magdeleine ; il se faut, et pour cause,
Dépouiller nue et quitter cet habit :
Dégrafez-moi cet atour des dimanches ;
Fort bien : ôtez ce corset et ces manches [17] ;
Encore mieux : défaites ce jupon ;
Très bien cela. Quand vint à la chemise,
La pauvre épouse eut en quelque façon
De la pudeur. Être nue ainsi mise
Aux yeux des gens ! Magdeleine aimait mieux
Demeurer femme, et jurait ses grands dieux
De ne souffrir une telle vergogne [18].
Pierre lui dit : Voilà grande besogne [19] !
Et bien, tous deux nous saurons comme quoi
Vous êtes faite ; est-ce par votre foi
De quoi tant craindre ? et là là Magdeleine,
Vous n'avez pas toujours eu tant de peine
A tout ôter : comment donc faites-vous
Quand vous cherchez vos puces ? dites-nous.
Messire Jean est-ce quelqu'un d'étrange [20] ?
Que craignez-vous ? hé quoi ? qu'il ne vous mange ?
Çà dépêchons ; c'est par trop marchandé.
Depuis le temps Monsieur notre curé
Aurait déjà parfait son entreprise.
Disant ces mots il ôte la chemise,
Regarde faire, et ses lunettes prend.
Messire Jean par le nombril commence,
Pose dessus une main en disant :
Que ceci soit beau poitrail de jument.
Puis cette main dans le pays s'avance.
L'autre s'en va transformer ces deux monts
Qu'en nos climats les gens nomment tétons ;
Car quant à ceux qui sur l'autre hémisphère
Sont étendus, plus vastes en leur tour,

Par révérence on ne les nomme guère ;
Messire Jean leur fait aussi sa cour ;
Disant toujours pour la cérémonie :
Que ceci soit telle ou telle partie,
Ou belle croupe, ou beaux flancs, tout enfin.
Tant de façons mettaient Pierre en chagrin ;
Et ne voyant nul progrès à la chose,
Il priait Dieu pour la métamorphose.
C'était en vain ; car de l'enchantement
Toute la force et l'accomplissement
Gisait à mettre une queue à la bête[21] :
Tel ornement est chose fort honnête :
Jean ne voulant un tel point oublier
L'attache donc : lors Pierre de crier,
Si haut qu'on l'eût entendu d'une lieue :
Messire Jean je n'y veux point de queue :
Vous l'attachez trop bas, Messire Jean.
Pierre à crier ne fut si diligent,
Que bonne part de la cérémonie
Ne fût déjà par le prêtre accomplie.
A bonne fin le reste aurait été,
Si non content d'avoir déjà parlé
Pierre encor n'eût tiré par la soutane
Le curé Jean, qui lui dit : Foin de toi :
T'avais-je pas recommandé, gros âne,
De ne rien dire, et de demeurer coi ?
Tout est gâté ; ne t'en prends qu'à toi-même.
Pendant ces mots l'époux gronde à part soi.
Magdeleine est en un courroux extrême,
Querelle Pierre, et lui dit : Malheureux,
Tu ne seras qu'un misérable gueux
Toute ta vie : et puis viens-t'en me braire[22] ;
Viens me conter ta faim et ta douleur.
Voyez un peu : Monsieur notre pasteur
Veut de sa grâce à ce traîne-malheur
Montrer de quoi finir notre misère :
Mérite-t-il le bien qu'on lui veut faire ?
Messire Jean laissons là cet oison :

Tous les matins tandis que ce veau lie
Ses choux, ses aulx, ses herbes, son oignon,
Sans l'avertir venez à la maison ;
Vous me rendrez une jument polie.
Pierre reprit : Plus de jument, ma mie ;
Je suis content de n'avoir qu'un grison[23].

PÂTÉ D'ANGUILLE [1]

Même beauté, tant soit exquise,
Rassasie, et soûle à la fin.
Il me faut d'un et d'autre pain ;
Diversité c'est ma devise.
Cette maîtresse un tantet bise [2]
Rit à mes yeux ; pourquoi cela ?
C'est qu'elle est neuve ; et celle-là,
Qui depuis longtemps m'est acquise
Blanche qu'elle est, en nulle guise
Ne me cause d'émotion.
Son cœur dit oui ; le mien dit non ;
D'où vient ? en voici la raison,
Diversité c'est ma devise.
Je l'ai jà [3] dit d'autre façon ;
Car il est bon que l'on déguise
Suivant la loi de ce dicton,
Diversité c'est ma devise.
Ce fut celle aussi d'un mari
De qui la femme était fort belle.
Il se trouva bientôt guéri
De l'amour qu'il avait pour elle.
L'hymen, et la possession
Éteignirent sa passion.
Un sien valet avait pour femme
Un petit bec [4] assez mignon :
Le maître étant bon compagnon,

Eut bientôt empaumé[5] la dame.
Cela ne plut pas au valet,
Qui les ayant pris sur le fait,
Vendiqua[6] son bien de couchette,
A sa moitié chanta goguette[7],
L'appela tout net et tout franc...
Bien sot de faire un bruit si grand
Pour une chose si commune ;
Dieu nous gard de plus grand'fortune.
Il fit à son maître un sermon.
Monsieur, dit-il, chacun la sienne
Ce n'est pas trop ; Dieu et raison
Vous recommandent cette antienne[8].
Direz-vous, je suis sans chrétienne ?
Vous en avez à la maison
Une qui vaut cent fois la mienne.
Ne prenez donc pas tant de peine :
C'est pour ma femme trop d'honneur ;
Il ne lui faut si gros monsieur.
Tenons-nous chacun à la nôtre ;
N'allez point à l'eau chez un autre,
Ayant plein puits de ces douceurs ;
Je m'en rapporte aux connaisseurs :
Si Dieu m'avait fait tant de grâce,
Qu'ainsi que vous je disposasse
De Madame, je m'y tiendrais,
Et d'une reine ne voudrais.
Mais puisqu'on ne saurait défaire
Ce qui s'est fait, je voudrais bien,
(Ceci soit dit sans vous déplaire)
Que content de votre ordinaire
Vous ne goûtassiez plus du mien.
Le patron ne voulut lui dire
Ni oui ni non sur ce discours ;
Et commanda que tous les jours
On mît aux repas, près du sire,
Un pâté d'anguille ; ce mets
Lui chatouillait fort le palais.

Avec un appétit extrême
Une et deux fois il en mangea :
Mais quand ce vint à la troisième
La seule odeur le dégoûta.
Il voulut sur une autre viande
Mettre la main ; on l'empêcha :
Monsieur, dit-on, nous le commande :
Tenez-vous-en à ce mets-là :
Vous l'aimez, qu'avez-vous à dire ?
M'en voilà soûl, reprit le sire.
Et quoi[9] toujours pâtés au bec !
Pas une anguille de rôtie !
Pâtés tous les jours de ma vie !
J'aimerais mieux du pain tout sec :
Laissez-moi prendre un peu du vôtre :
Pain de par Dieu, ou de par l'autre[10] :
Au diable ces pâtés maudits ;
Ils me suivront en paradis,
Et par-delà, Dieu me pardonne.
Le maître accourt soudain au bruit,
Et prenant sa part du déduit[11],
Mon ami, dit-il, je m'étonne
Que d'un mets si plein de bonté
Vous soyez si tôt dégoûté.
Ne vous ai-je pas ouï dire
Que c'était votre grand ragoût[12] ?
Il faut qu'en peu de temps, beau sire,
Vous ayez bien changé de goût ?
Qu'ai-je fait qui fût plus étrange ?
Vous me blâmez lorsque je change
Un mets que vous croyez friand,
Et vous en faites tout autant.
Mon doux ami, je vous apprends
Que ce n'est pas une sottise,
En fait de certains appétis,
De changer son pain blanc en bis :
Diversité c'est ma devise.
Quand le maître eut ainsi parlé,

Le valet fut tout consolé.
Non que ce dernier n'eût à dire
Quelque chose encor là-dessus :
Car après tout doit-il suffire
D'alléguer son plaisir sans plus ?
J'aime le change [13]. A la bonne heure,
On vous l'accorde ; mais gagnez
S'il se peut les intéressés :
Cette voie est bien la meilleure :
Suivez-la donc. A dire vrai,
Je crois que l'amateur du change
De ce conseil tenta l'essai.
On dit qu'il parlait comme un ange,
De mots dorés [14] usant toujours :
Mots dorés font tout en amours.
C'est une maxime constante :
Chacun sait qu'elle est mon entente [15] :
J'ai rebattu cent et cent fois
Ceci dans cent et cent endroits :
Mais la chose est si nécessaire,
Que je ne puis jamais m'en taire,
Et redirai jusques au bout,
Mots dorés en amours font tout.
Ils persuadent la donzelle,
Son petit chien, sa demoiselle,
Son époux quelquefois aussi ;
C'est le seul qu'il fallait ici
Persuader ; il n'avait l'âme
Sourde à cette éloquence ; et dame
Les orateurs du temps jadis
N'en ont de telle en leurs écrits.
Notre jaloux devint commode.
Même on dit qu'il suivit la mode
De son maître, et toujours depuis
Changea d'objets en ses déduits.
Il n'était bruit que d'aventures
Du chrétien et de créatures.
Les plus nouvelles sans manquer

Étaient pour lui les plus gentilles.
Par où le drôle en put croquer,
Il en croqua, femmes et filles,
Nymphes, grisettes, ce qu'il put.
Toutes étaient de bonne prise ;
Et sur ce point, tant qu'il vécut,
Diversité fut sa devise.

LES LUNETTES[1]

J'avais juré[2] de laisser là les nonnes :
Car que toujours on voie en mes écrits
Même sujet, et semblables personnes,
Cela pourrait fatiguer les esprits.
Ma muse met guimpe[3] sur le tapis :
Et puis quoi ? guimpe ; et puis guimpe sans cesse ;
Bref toujours guimpe, et guimpe sous la presse[4].
C'est un peu trop. Je veux que les nonnains
Fassent les tours en amour les plus fins ;
Si[5] ne faut-il pour cela qu'on épuise
Tout le sujet ; le moyen ? c'est un fait
Par trop fréquent, je n'aurais jamais fait[6] :
Il n'est greffier dont la plume y suffise.
Si j'y tâchais on pourrait soupçonner
Que quelque cas[7] m'y ferait retourner ;
Tant sur ce point mes vers font de rechutes[8] ;
Toujours souvient à Robin de ses flûtes[9].
Or apportons à cela quelque fin.
Je le prétends, cette tâche ici faite.
Jadis s'était introduit un blondin
Chez des nonnains à titre de fillette.
Il n'avait pas quinze ans que tout ne fût[10] :
Dont[11] le galant passa pour sœur Colette
Auparavant que la barbe lui crût.
Cet entre-temps ne fut sans fruit ; le sire
L'employa bien : Agnès en profita.

Las quel profit ! j'eusse mieux fait de dire
Qu'à sœur Agnès malheur en arriva.
Il lui fallut élargir sa ceinture ;
Puis mettre au jour petite créature,
Qui ressemblait comme deux gouttes d'eau,
Ce dit l'histoire, à la sœur jouvenceau.
Voilà scandale et bruit dans l'abbaye.
D'où cet enfant est-il plu ? comme a-t-on,
Disaient les sœurs en riant, je vous prie,
Trouvé céans ce petit champignon ?
Si ne s'est-il après tout fait lui-même.
La prieure est en un courroux extrême.
Avoir ainsi souillé cette maison !
Bientôt on mit l'accouchée en prison.
Puis il fallut faire enquête du père.
Comment est-il entré ? comment sorti ?
Les murs sont hauts, antique la tourière [12],
Double la grille, et le tour très petit.
Serait-ce point quelque garçon en fille ?
Dit la prieure, et parmi nos brebis
N'aurions-nous point sous de trompeurs habits
Un jeune loup ? sus qu'on se déshabille :
Je veux savoir la vérité du cas.
Qui fut bien pris, ce fut la feinte ouaille [13].
Plus son esprit à songer se travaille,
Moins il espère échapper d'un tel pas.
Nécessité mère de stratagème
Lui fit… eh bien ? lui fit en ce moment
Lier… : eh quoi ? foin, je suis court moi-même :
Où prendre un mot qui dise honnêtement
Ce que lia le père de l'enfant ?
Comment trouver un détour suffisant
Pour cet endroit ? vous avez ouï dire [14]
Qu'au temps jadis le genre humain avait
Fenêtre au corps ; de sorte qu'on pouvait
Dans le dedans tout à son aise lire ;
Chose commode aux médecins d'alors.
Mais si d'avoir une fenêtre au corps

Était utile, une au cœur au contraire
Ne l'était pas ; dans les femmes surtout :
Car le moyen qu'on pût venir à bout
De rien cacher ? notre commune mère
Dame Nature y pourvut sagement
Par deux lacets de pareille mesure.
L'homme et la femme eurent également
De quoi fermer une telle ouverture.
La femme fut lacée un peu trop dru.
Ce fut sa faute, elle-même en fut cause ;
N'étant jamais à son gré trop bien close.
L'homme au rebours ; et le bout du tissu
Rendit en lui la Nature perplexe.
Bref le lacet à l'un et l'autre sexe
Ne put cadrer, et se trouva, dit-on,
Aux femmes court, aux hommes un peu long.
Il est facile à présent qu'on devine
Ce que lia notre jeune imprudent ;
C'est ce surplus, ce reste de machine,
Bout de lacet aux hommes excédant.
D'un brin de fil il l'attacha de sorte
Que tout semblait aussi plat qu'aux nonnains :
Mais fil ou soie, il n'est bride assez forte
Pour contenir ce que bientôt je crains
Qui ne s'échappe ; amenez-moi des saints ;
Amenez-moi si vous voulez des anges ;
Je les tiendrai créatures étranges,
Si vingt nonnains telles qu'on les vit lors
Ne font trouver à leur esprit un corps.
J'entends nonnains ayant tous les trésors
De ces trois sœurs [15] dont la fille de l'onde
Se fait servir ; chiches et fiers appas,
Que le soleil ne voit qu'au nouveau monde [16],
Car celui-ci ne les lui montre pas.
La prieure a sur son nez des lunettes,
Pour ne juger du cas légèrement.
Tout à l'entour sont debout vingt nonnettes,
En un habit que vraisemblablement

N'avaient pas fait les tailleurs du couvent.
Figurez-vous la question [17] qu'au sire
On donna lors ; besoin n'est de le dire.
Touffes de lis, proportion du corps,
Secrets appas, embonpoint, et peau fine,
Fermes tétons, et semblables ressorts
Eurent bientôt fait jouer la machine.
Elle échappa, rompit le fil d'un coup,
Comme un coursier qui romprait son licou,
Et sauta droit au nez de la prieure,
Faisant voler lunettes tout à l'heure [18]
Jusqu'au plancher. Il s'en fallut bien peu
Que l'on ne vît tomber la lunetière [19].
Elle ne prit cet accident en jeu.
L'on tint chapitre, et sur cette matière
Fut raisonné longtemps dans le logis.
Le jeune loup fut aux vieilles brebis
Livré d'abord. Elles vous l'empoignèrent,
A certain arbre en leur cour l'attachèrent,
Ayant le nez devers l'arbre tourné,
Le dos à l'air avec toute la suite :
Et cependant que la troupe maudite
Songe comment il sera guerdonné [20],
Que l'une va prendre dans les cuisines
Tous les balais, et que l'autre s'en court
A l'arsenal où sont les disciplines [21],
Qu'une troisième enferme à double tour
Les sœurs qui sont jeunes et pitoyables [22],
Bref que le sort ami du marjolet [23]
Écarte ainsi toutes les détestables,
Vient un meunier monté sur son mulet,
Garçon carré, garçon couru des filles,
Bon compagnon, et beau joueur de quilles [24].
Oh oh dit-il, qu'est-ce là que je voi ?
Le plaisant saint ! jeune homme, je te prie,
Qui t'a mis là ? sont-ce ces sœurs, dis-moi.
Avec quelqu'une as-tu fait la folie ?
Te plaisait-elle ? était-elle jolie ?

Car à te voir tu me portes ma foi
(Plus je regarde et mire ta personne)
Tout le minois d'un vrai croqueur de nonne.
L'autre répond : Hélas, c'est le rebours[25] :
Ces nonnes m'ont en vain prié d'amours.
Voilà mon mal ; Dieu me doint patience ;
Car de commettre une si grande offense,
J'en fais scrupule, et fût-ce pour le Roi ;
Me donnât-on aussi gros d'or que moi.
Le meunier rit ; et sans autre mystère
Vous le délie, et lui dit : Idiot,
Scrupule toi[26], qui n'es qu'un pauvre hère !
C'est bien à nous qu'il appartient d'en faire !
Notre curé ne serait pas si sot.
Vite, fuis-t'en, m'ayant mis en ta place :
Car aussi bien tu n'es pas, comme moi,
Franc du collier[27], et bon pour cet emploi :
Je n'y veux point de quartier ni de grâce :
Viennent ces sœurs ; toutes je te répond,
Verront beau jeu si la corde ne rompt[28].
L'autre deux fois ne se le fait redire.
Il vous l'attache, et puis lui dit adieu.
Large d'épaule on aurait vu le sire
Attendre nu les nonnains en ce lieu.
L'escadron vient, porte en guise de cierges
Gaules et fouets : procession de verges,
Qui fit la ronde à l'entour du meunier,
Sans lui donner le temps de se montrer[29],
Sans l'avertir. Tout beau, dit-il, Mesdames :
Vous vous trompez ; considérez-moi bien :
Je ne suis pas cet ennemi des femmes,
Ce scrupuleux qui ne vaut rien à rien.
Employez-moi, vous verrez des merveilles.
Si je dis faux, coupez-moi les oreilles.
D'un certain jeu je viendrai bien à bout ;
Mais quant au fouet je n'y vaux rien du tout.
Qu'entend ce rustre, et que nous veut-il dire ?
S'écria lors une de nos sans-dents.

Quoi tu n'es pas notre faiseur d'enfants ?
Tant pis pour toi, tu payras pour le sire.
Nous n'avons pas telles armes en main,
Pour demeurer en un si beau chemin.
Tiens tiens, voilà l'ébat que l'on désire.
A ce discours fouets de rentrer en jeu,
Verges d'aller, et non pas pour un peu ;
Meunier de dire en langue intelligible,
Crainte de n'être assez bien entendu :
Mesdames je... ferai[30] tout mon possible
Pour m'acquitter de ce qui vous est dû.
Plus il leur tient des discours de la sorte,
Plus la fureur de l'antique cohorte
Se fait sentir. Longtemps il s'en souvint.
Pendant qu'on donne au maître l'anguillade[31],
Le mulet fait sur l'herbette gambade.
Ce qu'à la fin l'un et l'autre devint,
Je ne le sais, ni ne m'en mets en peine.
Suffit d'avoir sauvé le jouvenceau.
Pendant un temps les lecteurs pour douzaine
De ces nonnains au corps gent[32] et si beau
N'auraient voulu, je gage, être en sa peau.

J'ai composé ces stances en vieil style, à la manière du blason des fausses amours, et de celui des folles amours dont l'auteur est inconnu. Il y en a qui les attribuent à l'un des Saint-Gelais. Je ne suis pas de leur sentiment, et je crois qu'ils sont de Crétin[1]

JANOT ET CATIN

Un beau matin,
Trouvant Catin
Toute seulette,
Pris son tetin
De blanc satin[2],
Par amourette :
Car de galette,
Tant soit mollette,
Moins friand suis pour le certain[3].
Adonc me dit la bachelette[4] :
Que votre coq[5] cherche poulette ;
Ici ne fera grand butin.

Telle censure
Ne fut si sûre

Qu'elle espéroit :
De ma fressure[6]
Dame Luxure
Jà s'emparoit.
En tel détroit[7]
Mon cas estoit,
Que je quis[8] meilleure aventure :
Catin ce jeu point n'entendoit ;
Mieux attaquois, mieux défendoit ;
Dont je souffris peine très dure.

Pendant l'étrif[9],
D'un ton plaintif
Dis chose telle :
Las moi chétif,
En son esquif
Charon m'appelle.
Cessez donc belle
D'être cruelle
A cetuy votre humble captif,
Il est à vous, foie et ratelle[10].
Bien grand merci, répondit-elle ;
Besoin n'ai d'un tel apprentif[11].

JANOT

Je vous affie[12]
Et certifie
Que quelque jour
J'ai bonne envie
Ne vous voir mie
Dure à l'étour[13] :
Le dieu d'amour
Sait plus d'un tour ;
Que votre cœur trop ne s'y fie ;
Car quant à moy j'ay belle paour
Qu'à vous férir n'ait le bras gourd[14] ;
Le contemner[15] est donc folie.

CATIN

Vous n'avez pas
Bien pris mon cas
Ne ma sentence[16] ;
De tomber, las,
D'amour ès lacs[17]
Ne fais doutance.
Mais telle offense,
En conscience[18],
Ne commettrois pour cent ducats :
Que ce soit donc votre plaisance,
De me laisser en patience,
Et de finir cet altercas[19].

JANOT

Alors qu'on use
De vaine excuse
C'est grand défaut :
Telle refuse,
Qui après muse[20],
Dont bien peu chault[21] :
Car point ne fault
Tout homme caut[22]
A chercher mieux quand on l'amuse ;
Dont je conclus qu'en amours faut
Battre le fer quand il est chaud,
Sans chercher ni détour ni ruse.

Onc en amours
Vaines clamours
Ne me reviennent[23] ;
Roses et flours,
Tous plaisans tours,
Mieux y conviennent :
Assez tost viennent,
Voire et proviennent
Du temps qu'on perd douleurs et plours[24] :
Tant que[25] tels cas aux gens surviennent,

C'est bien raison qu'ils entretiennent
En tout déduit [26] leurs plus beaux jours.

Ainsi preschois,
Et j'émouvois
Cette mignonne ;
Mes mains fourrois [27],
Usant des droits
Qu'Amour nous donne.
Humeur friponne
Chez la pouponne
Se glissa lors en tapinois.
Son œil me dit en son patois :
Berger berger, ton heure sonne ;
J'entendis clair, car il n'est homme
Plus attentif à telle voix.
Ami lecteur qui ceci veois,
Ton serviteur qui Jean se nomme
Dira le reste une autre fois.

LE CUVIER [1]

Soyez amant, vous serez inventif :
Tour ni détour, ruse ni stratagème
Ne vous faudront [2] : le plus jeune apprentif [3]
Est vieux routier dès le moment qu'il aime :
On ne vit onc que cette passion
Demeurât court faute d'invention :
Amour fait tant qu'enfin il a son compte.
Certain cuvier, dont on fait certain conte,
En fera foi. Voici ce que j'en sais,
Et qu'un quidam me dit ces jours passés.
Dedans un bourg ou ville de province,
(N'importe pas du titre ni du nom)
Un tonnelier et sa femme Nanon
Entretenaient un ménage assez mince.
De l'aller voir Amour n'eut à mépris ;
Y conduisant un de ses bons amis ;
C'est Cocuage ; il fut de la partie ;
Dieux familiers, et sans cérémonie,
Se trouvant bien dans toute hôtellerie ;
Tout est pour eux bon gîte et bon logis ;
Sans regarder si c'est Louvre ou cabane.
Un drôle donc caressait Madame Anne.
Ils en étaient sur un point, sur un point...
C'est dire assez de ne le dire point,
Lorsque l'époux revient tout hors d'haleine
Du cabaret ; justement, justement...

C'est dire encor ceci bien clairement.
On le maudit ; nos gens sont fort en peine.
Tout ce qu'on put, fut de cacher l'amant :
On vous le serre en hâte et promptement
Sous un cuvier[4], dans une cour prochaine.
Tout en entrant l'époux dit : J'ai vendu
Notre cuvier. Combien ? dit Madame Anne.
Quinze beaux francs. Va tu n'es qu'un gros âne,
Repartit-elle : et je t'ai d'un écu
Fait aujourd'hui profit par mon adresse,
L'ayant vendu six écus[5] avant toi.
Le marchand[6] voit s'il est de bon aloi,
Et par dedans le tâte pièce à pièce,
Examinant si tout est comme il faut,
Si quelque endroit n'a point quelque défaut.
Que ferais-tu malheureux sans ta femme ?
Monsieur s'en va chopiner, cependant
Qu'on se tourmente ici le corps et l'âme :
Il faut agir sans cesse en l'attendant.
Je n'ai goûté jusqu'ici nulle joie :
J'en goûterai désormais, attends-t'y.
Voyez un peu, le galant a bon foie[7] :
Je suis d'avis[8] qu'on laisse à tel mari
Telle moitié. Doucement notre épouse,
Dit le bon homme. Or sus Monsieur, sortez
Çà que je racle un peu de tous côtés
Votre cuvier, et puis que je l'arrouse.
Par ce moyen vous verrez s'il tient eau,
Je vous réponds qu'il n'est moins bon que beau.
Le galant sort ; l'époux entre en sa place,
Racle partout, la chandelle à la main,
Deçà delà, sans qu'il se doute brin
De ce qu'Amour en dehors vous lui brasse :
Rien n'en put voir ; et pendant qu'il repasse
Sur chaque endroit, affublé du cuveau,
Les dieux susdits lui viennent de nouveau
Rendre visite, imposant un ouvrage
A nos amants bien différent du sien.

Il regratta, gratta, frotta si bien,
Que notre couple, ayant repris courage,
Reprit aussi le fil de l'entretien
Qu'avait troublé le galant personnage.
Dire comment le tout se put passer,
Ami lecteur, tu dois m'en dispenser :
Suffit que j'ai très bien prouvé ma thèse.
Ce tour fripon du couple augmentait l'aise.
Nul d'eux n'était à tels jeux apprentif.
Soyez amant, vous serez inventif.

LA CHOSE IMPOSSIBLE [1]

Un démon plus noir que malin,
Fit un charme [2] si souverain
Pour l'amant de certaine belle,
Qu'à la fin celui-ci posséda sa cruelle.
Le pact de notre amant et de l'esprit follet
Ce fut que le premier jouirait à souhait
De sa charmante inexorable.
Je te la rends dans peu, dit Satan, favorable :
Mais par tel si [3], qu'au lieu qu'on obéit au diable,
Quand il a fait ce plaisir-là,
A tes commandements le diable obéira,
Sur l'heure même, et puis sur la même heure
Ton serviteur lutin, sans plus longue demeure,
Ira te demander autre commandement,
Que tu lui feras promptement ;
Toujours ainsi, sans nul retardement :
Sinon, ni ton corps ni ton âme
N'appartiendront plus à ta dame ;
Ils seront à Satan, et Satan en fera
Tout ce que bon lui semblera.
Le galant s'accorde à cela.
Commander, était-ce un mystère ?
Obéir est bien autre affaire.
Sur ce penser-là notre amant
S'en va trouver sa belle ; en a contentement ;
Goûte des voluptés qui n'ont point de pareilles ;

Se trouve très heureux ; hormis qu'incessamment[4]
Le diable était à ses oreilles.
Alors l'amant lui commandait
Tout ce qui lui venait en tête ;
De bâtir des palais, d'exciter la tempête ;
En moins d'un tour de main cela s'accomplissait.
Mainte pistole se glissait
Dans l'escarcelle de notre homme.
Il envoyait le diable à Rome ;
Le diable revenait tout chargé de pardons[5].
Aucuns voyages n'étaient longs,
Aucune chose malaisée.
L'amant à force de rêver
Sur les ordres nouveaux qu'il lui fallait trouver,
Vit bientôt sa cervelle usée.
Il s'en plaignit à sa divinité :
Lui dit de bout en bout toute la vérité.
Quoi ce n'est que cela ? lui repartit la dame :
Je vous aurai bientôt tiré
Une telle épine de l'âme.
Quand le diable viendra, vous lui présenterez
Ce que je tiens, et lui direz :
Défrise-moi ceci ; fais tant par tes journées
Qu'il devienne tout plat. Lors elle lui donna
Je ne sais quoi qu'elle tira
Du verger de Cypris[6], labyrinthe des fées,
Ce qu'un duc autrefois[7] jugea si précieux,
Qu'il voulut l'honorer d'une chevalerie ;
Illustre et noble confrérie
Moins pleine d'hommes que de dieux.
L'amant dit au démon : C'est ligne circulaire
Et courbe que ceci ; je t'ordonne d'en faire
Ligne droite et sans nul retours.
Va-t'en y travailler, et cours.
L'esprit s'en va ; n'a point de cesse
Qu'il n'ait mis le fil sous la presse,
Tâché de l'aplatir à grands coups de marteau,
Fait séjourner au fond de l'eau ;

Sans que la ligne fût d'un seul point étendue ;
    De quelque tour qu'il se servît,
Quelque secret qu'il eût, quelque charme qu'il fît,
    C'était temps et peine perdue :
    Il ne put mettre à la raison
        La toison.
Elle se révoltait contre le vent, la pluie,
La neige, le brouillard : plus Satan y touchait,
    Moins l'annelure[8] se lâchait.
Qu'est ceci, disait-il, je ne vis de ma vie
Chose de telle étoffe : il n'est point de lutin
    Qui n'y perdît tout son latin.
    Messire diable un beau matin
S'en va trouver son homme, et lui dit : Je te laisse.
Apprends-moi seulement ce que c'est que cela :
    Je te le rends, tiens, le voilà,
    Je suis victus[9], je le confesse.
    Notre ami Monsieur le luiton[10],
Dit l'homme, vous perdez un peu trop tôt courage ;
Celui-ci n'est pas seul, et plus d'un compagnon
    Vous aurait taillé de l'ouvrage.

LE MAGNIFIQUE [1]

Un peu d'esprit, beaucoup de bonne mine,
Et plus encor de libéralité,
C'est en amour une triple machine
Par qui maint fort est bientôt emporté ;
Rocher fût-il ; rochers aussi se prennent.
Qu'on soit bien fait, qu'on ait quelque talent,
Que les cordons de la bourse ne tiennent ;
Je vous le dis, la place est au galant.
On la prend bien quelquefois sans ces choses.
Bon fait avoir néanmoins quelques doses
D'entendement, et n'être pas un sot :
Quant à l'avare, on le hait : le magot [2]
A grand besoin de bonne rhétorique :
La meilleure est celle du libéral [3].
Un Florentin nommé le Magnifique
La possédait en propre original.
Le Magnifique était un nom de guerre
Qu'on lui donna ; bien l'avait mérité :
Son train de vivre, et son honnêteté,
Ses dons surtout, l'avaient par toute terre
Déclaré tel ; propre, bien fait, bien mis,
L'esprit galant, et l'air des plus polis.
Il se piqua pour certaine femelle
De haut état. La conquête était belle :
Elle excitait doublement le désir :
Rien n'y manquait, la gloire et le plaisir.

Aldobrandin était de cette dame
Bail[4] et mari : pourquoi bail ? ce mot-là
Ne me plaît point ; c'est mal dit que cela ;
Car un mari ne baille point sa femme.
Aldobrandin la sienne ne baillait ;
Trop bien[5] cet homme à la garder veillait
De tous ses yeux ; s'il en eût eu dix mille,
Il les eût tous à ce soin occupés :
Amour le rend, quand il veut, inutile ;
Ces Argus-là sont fort souvent trompés.
Aldobrandin ne croyait pas possible
Qu'il le fût onc ; il défiait les gens.
Au demeurant il était fort sensible
A l'intérêt, aimait fort les présents.
Son concurrent n'avait encor su dire
Le moindre mot à l'objet de ses vœux :
On ignorait, ce lui semblait, ses feux,
Et le surplus[6] de l'amoureux martyre ;
(Car c'est toujours une même chanson)
Si l'on l'eût su, qu'eût-on fait ? que fait-on ?
Jà n'est besoin qu'au lecteur je le die.
Pour revenir à notre pauvre amant,
Il n'avait su dire un mot seulement
Au médecin[7] touchant sa maladie.
Or le voilà qui tourmente sa vie,
Qui va, qui vient, qui court, qui perd ses pas :
Point de fenêtre et point de jalousie
Ne lui permet d'entrevoir les appas
Ni d'entr'ouïr la voix de sa maîtresse.
Il ne fut onc semblable forteresse.
Si[8] faudra-t-il qu'elle y vienne pourtant
Voici comment s'y prit notre assiégeant.
Je pense avoir déjà dit, ce me semble,
Qu'Aldobrandin homme à présents était ;
Non qu'il en fît, mais il en recevait.
Le Magnifique avait un cheval d'amble[9],
Beau, bien taillé, dont il faisait grand cas :
Il l'appelait à cause de son pas

La haquenée [10]. Aldobrandin le loue :
Ce fut assez ; notre amant proposa
De le troquer ; l'époux s'en excusa :
Non pas, dit-il, que je ne vous avoue
Qu'il me plaît fort ; mais à de tels marchés
Je perds toujours. Alors le Magnifique,
Qui voit le but de cette politique,
Reprit : Eh bien, faisons mieux ; ne troquez ;
Mais pour le prix du cheval permettez
Que vous présent j'entretienne Madame.
C'est un désir curieux qui m'a pris.
Encor faut-il que vos meilleurs amis
Sachent un peu ce qu'elle a dedans l'âme.
Je vous demande un quart d'heure sans plus.
Aldobrandin l'arrêtant là-dessus :
J'en suis d'avis [11] ; je livrerai ma femme ?
Ma foi mon cher gardez votre cheval.
Quoi, vous présent ? Moi présent. Et quel mal
Encore un coup peut-il en la présence
D'un mari fin comme vous arriver ?
Aldobrandin commence d'y rêver :
Et raisonnant en soi : quelle apparence
Qu'il en mévienne [12] en effet moi présent ?
C'est marché sûr ; il est fol ; à son dam [13] ;
Que prétend-il ? pour plus grande assurance,
Sans qu'il le sache, il faut faire défense
A ma moitié de répondre au galant.
Sus [14], dit l'époux, j'y consens. La distance
De vous à nous, poursuivit notre amant,
Sera réglée, afin qu'aucunement
Vous n'entendiez. Il y consent encore :
Puis va quérir sa femme en ce moment.
Quand l'autre voit celle-là qu'il adore,
Il se croit être en un enchantement.
Les saluts faits, en un coin de la salle
Ils se vont seoir. Notre galant n'étale
Un long narré [15] ; mais vient d'abord au fait.
Je n'ai le lieu ni le temps à souhait,

Commença-t-il ; puis je tiens inutile
De tant tourner, il n'est que d'aller droit.
Partant, Madame, en un mot comme en mille,
Votre beauté jusqu'au vif m'a touché.
Penseriez-vous que ce fût un péché
Que d'y répondre ? ah je vous crois, Madame,
De trop bon sens. Si j'avais le loisir,
Je ferais voir par les formes ma flamme,
Et vous dirais de cet ardent désir
Tout le menu [16] : mais que je brûle, meure,
Et m'en tourmente, et me dise aux abois,
Tout ce chemin que l'on fait en six mois [17],
Il me convient le faire en un quart d'heure :
Et plus encor ; car ce n'est pas là tout.
Froid est l'amant qui ne va jusqu'au bout,
Et par sottise en si beau train demeure.
Vous vous taisez ? pas un mot ! qu'est-ce là ?
Renvoyrez-vous de la sorte un pauvre homme ?
Le Ciel vous fit, il est vrai, ce qu'on nomme
Divinité ; mais faut-il pour cela
Ne point répondre alors que l'on vous prie ?
Je vois, je vois, c'est une tricherie
De votre époux : il m'a joué ce trait ;
Et ne prétend qu'aucune repartie
Soit du marché [18] : mais j'y sais un secret.
Rien n'y fera pour le sûr sa défense.
Je saurai bien me répondre pour vous :
Puis ce coin d'œil par son langage doux
Rompt à mon sens quelque peu le silence.
J'y lis ceci : Ne croyez pas, Monsieur,
Que la nature ait composé mon cœur
De marbre dur. Vos fréquentes passades [19],
Joutes, tournois, devises [20], sérénades,
M'ont avant vous déclaré votre amour.
Bien loin qu'il m'ait en nul point offensée,
Je vous dirai que dès le premier jour
J'y répondis, et me sentis blessée
Du même trait ; mais que nous sert ceci ?

Ce qu'il nous sert ? je m'en vais vous le dire :
Étant d'accord, il faut cette nuit-ci
Goûter le fruit de ce commun martyre ;
De votre époux nous venger et nous rire ;
Bref le payer du soin qu'il prend ici ;
De ces fruits-là le dernier n'est le pire.
Votre jardin viendra comme de cire[21] :
Descendez-y ; ne doutez du succès :
Votre mari ne se tiendra[22] jamais
Qu'à sa maison des champs, je vous l'assure,
Tantôt il n'aille éprouver sa monture[23].
Vos douagnas[24] en leur premier sommeil,
Vous descendrez, sans nul autre appareil
Que de jeter une robe fourrée
Sur votre dos, et viendrez au jardin.
De mon côté l'échelle est préparée.
Je monterai par la cour du voisin :
Je l'ai gagné[25] : la rue est trop publique.
Ne craignez rien. Ah mon cher Magnifique
Que je vous aime ! et que je vous sais gré
De ce dessein ! venez, je descendrai.
C'est vous qui parle[26] ; et plût au Ciel, Madame,
Qu'on vous osât embrasser les genoux !
Mon Magnifique, à tantôt ; votre flamme
Ne craindra point les regards d'un jaloux.
L'amant la quitte ; et feint d'être en courroux ;
Puis tout grondant : Vous me la donnez bonne[27],
Aldobrandin ; je n'entendais cela.
Autant vaudrait n'être avecque personne
Que d'être avec Madame que voilà.
Si vous trouvez chevaux à ce prix-là,
Vous les devez prendre sur ma parole
Le mien hannit[28] du moins ; mais cette idole
Est proprement un fort joli poisson[29].
Or sus, j'en tiens[30] ; ce m'est une leçon.
Quiconque veut le reste du quart d'heure
N'a qu'à parler ; j'en ferai juste prix.
Aldobrandin rit si fort qu'il en pleure.

Ces jeunes gens, dit-il, en leurs esprits
Mettent toujours quelque haute entreprise.
Notre féal vous lâchez trop tôt prise ;
Avec le temps on en viendrait à bout.
J'y tiendrai l'œil[31] ; car ce n'est pas là tout ;
Nous y savons encor quelque rubrique[32] :
Et cependant, Monsieur le Magnifique,
La haquenée est nettement à nous :
Plus ne fera de dépense chez vous.
Dès aujourd'hui, qu'il ne vous en déplaise,
Vous me verrez dessus fort à mon aise
Dans le chemin de ma maison des champs.
Il n'y manqua, sur le soir ; et nos gens
Au rendez-vous tout aussi peu manquèrent.
Dire comment les choses s'y passèrent,
C'est un détail trop long ; lecteur prudent
Je m'en remets à ton bon jugement.
La dame était jeune, fringante, et belle,
L'amant bien fait, et tous deux fort épris.
Trois rendez-vous coup sur coup furent pris ;
Moins n'en valait si gentille femelle.
Aucun péril, nul mauvais accident,
Bons dormitifs[33] en or comme en argent
Aux douagnas, et bonne sentinelle.
Un pavillon vers le bout du jardin
Vint à propos ; Messire Aldobrandin
Ne l'avait fait bâtir pour cet usage.
Conclusion qu'il prit en cocuage
Tous ses degrés ; un seul ne lui manqua ;
Tant sut jouer son jeu la haquenée :
Content ne fut d'une seule journée
Pour l'éprouver ; aux champs il demeura
Trois jours entiers, sans doute ni scrupule.
J'en connais bien qui ne sont si chanceux ;
Car ils ont femme, et n'ont cheval ni mule,
Sachant de plus tout ce qu'on fait chez eux.

LE TABLEAU[1]

On m'engage[2] à conter d'une manière honnête
Le sujet d'un de ces tableaux
Sur lesquels ont met des rideaux.
Il me faut tirer de ma tête
Nombre de traits nouveaux, piquants et délicats,
Qui disent et ne disent pas,
Et qui soient entendus sans notes
Des Agnès[3] même les plus sottes :
Ce n'est pas coucher gros[4] ; ces extrêmes Agnès
Sont oiseaux qu'on ne vit jamais.

Toute matrone sage, à ce que dit Catulle[5],
Regarde volontiers le gigantesque don
Fait au fruit de Vénus par la main de Junon[6] :
A ce plaisant objet si quelqu'une recule,
Cette quelqu'une dissimule.
Ce principe posé, pourquoi plus de scrupule,
Pourquoi moins de licence aux oreilles qu'aux yeux ?
Puisqu'on le veut ainsi, je ferai de mon mieux :
Nuls traits à découvert n'auront ici de place ;
Tout y sera voilé ; mais de gaze ; et si bien,
Que je crois qu'on n'en perdra rien.
Qui pense finement, et s'exprime avec grâce,
Fait tout passer ; car tout passe :
Je l'ai cent fois éprouvé :
Quand le mot est bien trouvé,

Le sexe en sa faveur à la chose pardonne :
Ce n'est plus elle alors, c'est elle encor pourtant :
    Vous ne faites rougir personne,
    Et tout le monde vous entend.
J'ai besoin aujourd'hui de cet art important.
Pourquoi, me dira-t-on, puisque sur ces merveilles,
Le sexe porte l'œil sans toutes ces façons ?
Je réponds à cela : chastes sont ses oreilles
    Encor que les yeux soient fripons.
Je veux, quoi qu'il en soit, expliquer à des belles
Cette chaise rompue, et ce rustre tombé :
Muses venez m'aider ; mais vous êtes pucelles,
Au joli jeu d'amour ne sachant A ni B.
Muses ne bougez donc ; seulement par bonté
Dites au dieu des vers que dans mon entreprise
    Il est bon qu'il me favorise,
    Et de mes mots fasse le choix,
    Ou je dirai quelque sottise
Qui me fera donner du busque[7] sur les doigts.

C'est assez raisonner ; venons à la peinture.
    Elle contient une aventure
    Arrivée au pays d'Amours.
    Jadis la ville de Cythère
    Avait en l'un de ses faubourgs
            Un monastère.
    Vénus en fit un séminaire.
Il était de nonnains, et je puis dire ainsi
    Qu'il était de galants aussi.
    En ce lieu hantaient d'ordinaire
Gens de cour, gens de ville, et sacrificateurs[8],
            Et docteurs,
Et bacheliers[9] surtout. Un de ce dernier ordre
Passait dans la maison pour être des amis,
Propre, toujours rasé, bien disant, et beau fils :
Sur son chapeau luisant, sur son rabat bien mis
    La médisance n'eût su mordre.
    Ce qu'il avait de plus charmant,

C'est que deux des nonnains alternativement
En tiraient maint et maint service.
L'une n'avait quitté les atours de novice
Que depuis quelque[10] mois ; l'autre encor les portait :
La moins jeune à peine comptait
Un an entier par-dessus seize ;
Age propre à soutenir thèse ;
Thèse d'amour ; le bachelier
Leur avait rendu familier
Chaque point de cette science,
Et le tout par expérience.

Une assignation[11] pleine d'impatience
Fut un jour par les sœurs donnée à cet amant ;
Et pour rendre complet le divertissement,
Bacchus avec Cérès, de qui la compagnie
Met Vénus en train bien souvent[12],
Devaient être ce coup de la cérémonie.
Propreté toucha seule aux apprêts du régal.
Elle sut s'en tirer avec beaucoup de grâce.
Tout passa par ses mains, et le vin, et la glace,
Et les carafes de cristal.
On s'y seroit miré. Flore à l'haleine d'ambre
Sema de fleurs toute la chambre.
Elle en fit un jardin. Sur le linge ces fleurs
Formaient des lacs d'amour[13], et le chiffre des sœurs.
Leurs cloîtrières Excellences
Aimaient fort ces magnificences :
C'est un plaisir de nonne. Au reste leur beauté
Aiguisait l'appétit aussi de son côté.
Mille secrètes circonstances
De leurs corps polis et charmants
Augmentaient l'ardeur des amants.
Leur taille était presque semblable.
Blancheur, délicatesse, embonpoint raisonnable,
Fermeté, tout charmait, tout était fait au tour.
En mille endroits nichait l'amour,
Sous une guimpe[14], un voile, et sous un scapulaire[15],

Sous ceci, sous cela que voit peu l'œil du jour
Si celui du galant ne l'appelle au mystère.
A ces sœurs l'enfant de Cythère
Mille fois le jour s'en venait
Les bras ouverts, et les prenait
L'une après l'autre pour sa mère.

Tel ce couple attendait le bachelier trop lent ;
Et de lui tout en l'attendant
Elles disaient du mal, puis du bien, puis les belles
Imputaient son retardement
A quelques amitiés nouvelles.
Qui peut le retenir, disait l'une, est-ce amour ?
Est-ce affaire ? est-ce maladie ?
Qu'il y revienne de sa vie,
Disait l'autre il aura son tour.
Tandis qu'elles cherchaient là-dessous du mystère,
Passe un Mazet [16] portant à la dépositaire [17]
Certain fardeau peu nécessaire.
Ce n'était qu'un prétexte, et selon qu'on m'a dit
Cette dépositaire ayant grand appétit
Faisait sa portion des talents de ce rustre
Tenu dans tels repas pour un traiteur illustre.
Le coquin lourd d'ailleurs, et de très court esprit
A la cellule se méprit.
Il alla chez les attendantes
Frapper avec ses mains pesantes.
On ouvre, on est surpris, on le maudit d'abord,
Puis on voit que c'est un trésor.
Les nonnains s'éclatent de rire.
Toutes deux commencent à dire,
Comme si toutes deux s'étaient donné le mot :
Servons-nous de ce maître sot.
Il vaut bien l'autre, que t'en semble ?
La professe [18] ajouta : C'est très bien avisé.
Qu'attendions-nous ici ? qu'il nous fût débité
De beaux discours ? non non, ni rien qui leur ressemble.
Ce pitaud [19] doit valoir pour le point souhaité

Bachelier et docteur ensemble.
Elle en jugeait très bien ; la taille du garçon,
Sa simplicité, sa façon,
Et le peu d'intérêt qu'en tout il semblait prendre,
Faisaient de lui beaucoup attendre.
C'était l'homme d'Esope ; il ne songeait à rien
Mais il buvait et mangeait bien ;
Et si Xantus l'eût laissé faire,
Il aurait poussé loin l'affaire [20].
Ainsi bientôt apprivoisé,
Il se trouva tout disposé
Pour exécuter sans remise
Les ordres des nonnains, les servant à leur guise
Dans son office de mazet [21],
Dont il lui fut donné par les sœurs un brevet.

Ici la peinture commence :
Nous voilà parvenus au point ;
Dieu des vers, ne me quitte point ;
J'ai recours à ton assistance.
Dis-moi pourquoi ce rustre assis,
Sans peine de sa part, et très fort à son aise
Laisse le soin de tout aux amoureux soucis
De sœur Claude, et de sœur Thérèse.
N'aurait-il pas mieux fait de leur donner la chaise ?
Il me semble déjà que je vois Apollon
Qui me dit : Tout beau ; ces matières
A fond ne s'examinent guères.
J'entends ; et l'Amour est un étrange garçon.
J'ai tort d'ériger un fripon
En maître des cérémonies.
Dès qu'il entre en une maison,
Règles et lois en sont bannies :
Sa fantaisie est sa raison.
Le voilà qui rompt tout ; c'est assez sa coutume.
Ses yeux sont violents. A terre on vit bientôt
Le galant cathédral [22] ; ou soit par le défaut
De la chaise un peu faible ; ou soit que du pitaud

Le corps ne fût pas fait de plume ;
Ou soit que sœur Thérèse eût chargé d'action
Son discours véhément, et plein d'émotion ;
On entendit craquer l'amoureuse tribune.
Le rustre tombe à terre en cette occasion.
Ce premier point eut par fortune
Malheureuse conclusion.

Censeurs, n'approchez point d'ici votre œil profane.
Vous gens de bien, voyez comme sœur Claude mit
Un tel incident à profit.
Thérèse en ce malheur perdit la tramontane [23].
Claude la débusqua, s'emparant du timon [24].
Thérèse pire qu'un démon
Tâche à la retirer, et se remettre au trône ;
Mais celle-ci n'est pas personne
A céder un poste si doux.
Sœur Claude prenez garde à vous ;
Thérèse en veut venir aux coups ;
Elle a le poing levé. Qu'elle ait [25]. C'est bien répondre ;
Quiconque est occupé comme vous, ne sent rien.
Je ne m'étonne pas que vous sachiez confondre
Un petit mal dans un grand bien.
Malgré la colère marquée
Sur le front de la débusquée
Claude suit son chemin, le rustre aussi le sien ;
Thérèse est mal contente et gronde.
Les plaisirs de Vénus sont sources de débats.
Leur fureur n'a point de seconde.
J'en prends à témoin les combats
Qu'on vit sur la terre et sur l'onde,
Lorsque Pâris à Ménélas
Ota la merveille du monde.
Qu'un pitaud faisant naître un aussi grand procès
Tînt ici lieu d'Hélène, une foi sans excès
Le peut croire, et fort bien ; troublez nonne en sa joie,
Vous verrez la guerre de Troie.
Quoique Bellone [26] ait part ici,

J'y vois peu de corps de cuirasse[27].
Dame Vénus se couvre ainsi
Quand elle entre en champ clos avec le dieu de Thrace[28].
Cette armure a beaucoup de grâce.
Belles vous m'entendez : je n'en dirai pas plus :
L'habit de guerre de Vénus
Est plein de choses admirables !
Les Cyclopes aux membres nus
Forgent peu de harnois qui lui soient comparables :
Celui du preux Achille aurait été plus beau,
Si Vulcan eût dessus gravé notre tableau[29].

Or ai-je des nonnains mis en vers l'aventure,
Mais non avec des traits dignes de l'action ;
Et comme celle-ci déchet[30] dans la peinture,
La peinture déchet dans ma description :
Les mots et les couleurs ne sont choses pareilles,
Ni les yeux ne sont les oreilles.

J'ai laissé longtemps au filet[31]
Sœur Thérèse la détrônée.
Elle eut son tour : notre mazet
Partagea si bien sa journée
Que chacun fut content. L'histoire finit là ;
Du festin pas un mot : je veux croire, et pour cause,
Que l'on but et que l'on mangea :
Ce fut l'intermède et la pause.
Enfin tout alla bien ; hormis qu'en bonne foi
L'heure du rendez-vous m'embarrasse, et pourquoi ?
Si l'amant ne vint pas, sœur Claude et sœur Thérèse
Eurent à tout le moins de quoi se consoler ;
S'il vint, on sut cacher le lourdaud et la chaise,
L'amant trouva bientôt encore à qui parler.

Derniers Contes

Contes publiés en 1682

LA MATRONE D'ÉPHÈSE [1]

S'il est un conte usé, commun, et rebattu [2],
C'est celui qu'en ces vers j'accommode à ma guise.
        Et pourquoi donc le choisis-tu ?
        Qui t'engage à cette entreprise ?
N'a-t-elle point déjà produit assez d'écrits ?
        Quelle grâce aura ta Matrone
        Au prix de celle de Pétrone ?
Comment la rendras-tu nouvelle à nos esprits ?
Sans répondre aux censeurs, car c'est chose infinie [3],
Voyons si dans mes vers je l'aurai rajeunie.

        Dans Éphèse il fut autrefois
Une dame en sagesse et vertus sans égale,
        Et selon la commune voix
Ayant su raffiner sur l'amour conjugale.
Il n'était bruit que d'elle et de sa chasteté :
        On l'allait voir par rareté :
C'était l'honneur du sexe : heureuse sa patrie !
Chaque mère à sa bru l'alléguait pour patron [4] ;
Chaque époux la prônait à sa femme chérie ;
D'elle descendent ceux de la Prudoterie [5],
        Antique et célèbre maison.
        Son mari l'aimait d'amour folle.
        Il mourut. De dire comment,
        Ce serait un détail frivole ;
        Il mourut, et son testament

N'était plein que de legs qui l'auraient consolée,
Si les biens réparaient la perte d'un mari
Amoureux autant que chéri.
Mainte veuve pourtant fait la déchevelée,
Qui n'abandonne pas le soin du demeurant[6],
Et du bien qu'elle aura fait le compte en pleurant.
Celle-ci par ses cris mettait tout en alarme[7] ;
Celle-ci faisait un vacarme,
Un bruit, et des regrets à percer tous les cœurs ;
Bien qu'on sache qu'en ces malheurs
De quelque désespoir qu'une âme soit atteinte,
La douleur est toujours moins forte que la plainte,
Toujours un peu de faste[8] entre parmi les pleurs.
Chacun fit son devoir de dire à l'affligée
Que tout a sa mesure, et que de tels regrets
Pourraient pécher par leur excès :
Chacun rendit par là sa douleur rengrégée[9].
Enfin ne voulant plus jouir de la clarté
Que son époux avait perdue,
Elle entre dans sa tombe, en ferme volonté
D'accompagner cette ombre aux enfers descendue.
Et voyez ce que peut l'excessive amitié ;
(Ce mouvement aussi va jusqu'à la folie)
Une esclave en ce lieu la suivit par pitié,
Prête à mourir de compagnie.
Prête, je m'entends bien ; c'est-à-dire en un mot
N'ayant examiné qu'à demi ce complot[10],
Et jusques à l'effet[11] courageuse et hardie.
L'esclave avec la dame avait été nourrie[12].
Toutes deux s'entraimaient, et cette passion
Était crue[13] avec l'âge au cœur des deux femelles :
Le monde entier à peine eût fourni deux modèles
D'une telle inclination.

Comme l'esclave avait plus de sens que la dame,
Elle laissa passer les premiers mouvements,
Puis tâcha, mais en vain, de remettre cette âme
Dans l'ordinaire train des communs sentiments.

Aux consolations la veuve inaccessible
S'appliquait seulement à tout moyen possible
De suivre le défunt aux noirs et tristes lieux :
Le fer aurait été le plus court et le mieux,
Mais la dame voulait paître encore ses yeux
Du trésor qu'enfermait la bière,
Froide dépouille et pourtant chère.
C'était là le seul aliment
Qu'elle prît en ce monument.
La faim donc fut celle des portes
Qu'entre d'autres de tant de sortes,
Notre veuve choisit pour sortir d'ici-bas.
Un jour se passe, et deux sans autre nourriture
Que ses profonds soupirs, que ses fréquents hélas,
Qu'un inutile et long murmure
Contre les dieux, le sort, et toute la nature.
Enfin sa douleur n'omit rien,
Si la douleur doit s'exprimer si bien.

Encore un autre mort faisait sa résidence
Non loin de ce tombeau, mais bien différemment,
Car il n'avait pour monument
Que le dessous d'une potence.
Pour exemple aux voleurs on l'avait là laissé.
Un soldat bien récompensé
Le gardait avec vigilance.
Il était dit par ordonnance
Que si d'autres voleurs, un parent, un ami
L'enlevaient, le soldat nonchalant, endormi
Remplirait aussitôt sa place,
C'était trop de sévérité ;
Mais la publique utilité
Défendait que l'on fît au garde aucune grâce.
Pendant la nuit il vit aux fentes du tombeau
Briller quelque clarté, spectacle assez nouveau.
Curieux il y court, entend de loin la dame
Remplissant l'air de ses clameurs.
Il entre, est étonné, demande à cette femme,

Pourquoi ces cris, pourquoi ces pleurs,
Pourquoi cette triste musique,
Pourquoi cette maison noire et mélancolique.
Occupée à ses pleurs à peine elle entendit
Toutes ces demandes frivoles,
Le mort pour elle y répondit ;
Cet objet sans autres paroles
Disait assez par quel malheur
La dame s'enterrait ainsi toute vivante.
Nous avons fait serment, ajouta la suivante,
De nous laisser mourir de faim et de douleur.
Encor que le soldat fût mauvais orateur,
Il leur fit concevoir ce que c'est que la vie.
La dame cette fois eut de l'attention ;
Et déjà l'autre passion
Se trouvait un peu ralentie.
Le temps avait agi. Si la foi du serment,
Poursuivit le soldat, vous défend l'aliment,
Voyez-moi manger seulement,
Vous n'en mourrez pas moins. Un tel tempérament [14]
Ne déplut pas aux deux femelles :
Conclusion qu'il obtint d'elles
Une permission d'apporter son soupé :
Ce qu'il fit ; et l'esclave eut le cœur fort tenté
De renoncer dès lors à la cruelle envie
De tenir au mort compagnie.
Madame, ce dit-elle, un penser m'est venu :
Qu'importe à votre époux que vous cessiez de vivre ?
Croyez-vous que lui-même il fût homme à vous suivre
Si par votre trépas vous l'aviez prévenu ?
Non Madame, il voudrait achever sa carrière.
La nôtre sera longue encor si nous voulons.
Se faut-il à vingt ans enfermer dans la bière ?
Nous aurons tout loisir d'habiter ces maisons.
On ne meurt que trop tôt ; qui nous presse ? attendons ;
Quant à moi je voudrais ne mourir que ridée.
Voulez-vous emporter vos appas chez les morts ?
Que vous servira-t-il d'en être regardée ?

Tantôt en voyant les trésors
Dont le Ciel prit plaisir d'orner votre visage,
Je disais : hélas ! c'est dommage,
Nous-mêmes nous allons enterrer tout cela.
A ce discours flatteur la dame s'éveilla.
Le Dieu qui fait aimer prit son temps ; il tira
Deux traits de son carquois ; de l'un il entama
Le soldat jusqu'au vif ; l'autre effleura la dame :
Jeune et belle elle avait sous ses pleurs de l'éclat,
Et des gens de goût délicat
Auraient bien pu l'aimer, et même étant leur femme.
Le garde en fut épris : les pleurs et la pitié,
Sorte d'amour ayant ses charmes,
Tout y fit : une belle, alors qu'elle est en larmes
En est plus belle de moitié.
Voilà donc notre veuve écoutant la louange,
Poison qui de l'amour est le premier degré ;
La voilà qui trouve à son gré
Celui qui le lui donne ; il fait tant qu'elle mange,
Il fait tant que de plaire, et se rend en effet
Plus digne d'être aimé que le mort le mieux fait.
Il fait tant enfin qu'elle change ;
Et toujours par degrés, comme l'on peut penser :
De l'un à l'autre il fait cette femme passer ;
Je ne le trouve pas étrange :
Elle écoute un amant, elle en fait un mari :
Le tout au nez du mort qu'elle avait tant chéri.

Pendant cet hyménée un voleur se hasarde
D'enlever le dépôt commis aux soins du garde.
Il en entend le bruit ; il y court à grands pas ;
Mais en vain, la chose était faite.
Il revient au tombeau conter son embarras,
Ne sachant où trouver retraite.
L'esclave alors lui dit le voyant éperdu :
L'on vous a pris votre pendu ?
Les lois ne vous feront, dites-vous, nulle grâce ?
Si Madame y consent j'y remédierai bien.

Mettons notre mort en la place,
Les passants n'y connaîtront rien.
La dame y consentit. O volages femelles !
La femme est toujours femme ; il en est qui sont belles,
Il en est qui ne le sont pas.
S'il en était d'assez fidèles,
Elles auraient assez d'appas.

Prudes vous vous devez défier de vos forces.
Ne vous vantez de rien. Si votre intention
Est de résister aux amorces,
La nôtre est bonne aussi ; mais l'exécution
Nous trompe également ; témoin cette Matrone.
Et n'en déplaise au bon Pétrone,
Ce n'était pas un fait tellement merveilleux
Qu'il en dût proposer l'exemple à nos neveux.
Cette veuve n'eut tort qu'au bruit qu'on lui vit faire,
Qu'au dessein de mourir, mal conçu, mal formé ;
Car de mettre au patibulaire [15],
Le corps d'un mari tant aimé,
Ce n'était pas peut-être une si grande affaire.
Cela lui sauvait l'autre ; et tout considéré,
Mieux vaut goujat [16] debout qu'empereur enterré.

BELPHÉGOR

NOUVELLE TIRÉE DE MACHIAVEL [1]

A Mademoiselle de Champmeslé[2]

De votre nom j'orne le frontispice
Des derniers vers que ma Muse a polis.
Puisse le tout ô charmante Philis,
Aller si loin que notre los [3] franchisse
La nuit des temps : nous la saurons dompter,
Moi par écrire, et vous par réciter.
Nos noms unis perceront l'ombre noire ;
Vous régnerez longtemps dans la mémoire,
Après avoir régné jusques ici
Dans les esprits, dans les cœurs même aussi.
Qui ne connaît l'inimitable actrice
Représentant ou Phèdre, ou Bérénice,
Chimène en pleurs, ou Camille en fureur ?
Est-il quelqu'un que votre voix n'enchante ?
S'en trouve-t-il une autre aussi touchante ?
Une autre enfin allant si droit au cœur ?
N'attendez pas que je fasse l'éloge
De ce qu'en vous on trouve de parfait ;
Comme il n'est point de grâce qui n'y loge,
Ce serait trop, je n'aurais jamais fait.
De mes Philis vous seriez la première.
Vous auriez eu mon âme toute entière,
Si de mes vœux j'eusse plus présumé [4] ;
Mais en aimant qui ne veut être aimé ?
Par des transports n'espérant pas vous plaire,
Je me suis dit seulement votre ami ;

De ceux qui sont amants plus d'à demi :
Et plût au sort que j'eusse pu mieux faire !
Ceci soit dit : venons à notre affaire.
Un jour Satan, monarque des enfers,
Faisait passer ses sujets en revue.
Là confondus tous les états divers,
Princes et rois, et la tourbe menue,
Jetaient maint pleur, poussaient maint et maint cri,
Tant que Satan en était étourdi.
Il demandait en passant à chaque âme :
Qui t'a jetée en l'éternelle flamme ?
L'une disait : Hélas c'est mon mari ;
L'autre aussitôt répondait : C'est ma femme.
Tant et tant fut ce discours répété,
Qu'enfin Satan dit en plein consistoire[5] :
Si ces gens-ci disent la vérité
Il est aisé d'augmenter notre gloire.
Nous n'avons donc qu'à le vérifier.
Pour cet effet il nous faut envoyer
Quelque démon plein d'art et de prudence ;
Qui non content d'observer avec soin
Tous les hymens dont il sera témoin,
Y joigne aussi sa propre expérience.
Le prince ayant proposé sa sentence,
Le noir sénat suivit tout d'une voix.
De Belphégor aussitôt on fit choix.
Ce diable était tout yeux et tout oreilles,
Grand éplucheur, clairvoyant à merveilles,
Capable enfin de pénétrer dans tout,
Et de pousser l'examen jusqu'au bout.
Pour subvenir aux frais de l'entreprise,
On lui donna mainte et mainte remise[6],
Toutes à vue, et qu'en lieux différents
Il pût toucher par des correspondants.
Quant au surplus, les fortunes humaines,
Les biens, les maux, les plaisirs et les peines,
Bref ce qui suit notre condition,
Fut une annexe à sa légation.

Il se pouvait tirer d'affliction,
Par ses bons tours, et par son industrie,
Mais non mourir, ni revoir sa patrie,
Qu'il n'eût ici consumé certain temps :
Sa mission devait durer dix ans.
Le voilà donc qui traverse et qui passe
Ce que le Ciel voulut mettre d'espace
Entre ce monde et l'éternelle nuit ;
Il n'en mit guère[7], un moment y conduit.
Notre démon s'établit à Florence,
Ville pour lors de luxe et de dépense.
Même il la crut propre pour le trafic.
Là sous le nom du seigneur Roderic,
Il se logea, meubla, comme un riche homme ;
Grosse maison, grand train, nombre de gens ;
Anticipant tous les jours sur la somme
Qu'il ne devait consumer qu'en dix ans.
On s'étonnait d'une telle bombance.
Il tenait table, avait de tous côtés
Gens à ses frais, soit pour ses voluptés,
Soit pour le faste et la magnificence.
L'un des plaisirs où plus il dépensa
Fut la louange : Apollon l'encensa[8] ;
Car il est maître en l'art de flatterie.
Diable n'eut onc tant d'honneurs en sa vie.
Son cœur devint le but de tous les traits
Qu'Amour lançait : il n'était point de belle
Qui n'employât ce qu'elle avait d'attraits
Pour le gagner, tant sauvage fût-elle :
Car de trouver une seule rebelle,
Ce n'est la mode à gens de qui la main
Par les présents s'aplanit tout chemin.
C'est un ressort en tous desseins utile.
Je l'ai jà dit[9], et le redis encor ;
Je ne connais d'autre premier mobile
Dans l'univers, que l'argent et que l'or.
Notre envoyé cependant tenait compte
De chaque hymen, en journaux[10] différents ;

L'un, des époux satisfaits et contents,
Si peu rempli que le diable en eut honte.
L'autre journal incontinent fut plein.
A Belphégor il ne restait enfin
Que d'éprouver la chose par lui-même.
Certaine fille à Florence était lors ;
Belle, et bien faite, et peu d'autres trésors ;
Noble d'ailleurs, mais d'un orgueil extrême ;
Et d'autant plus que de quelque vertu
Un tel orgueil paraissait revêtu.
Pour Roderic on en fit la demande.
Le père dit que Madame Honnesta,
C'était son nom, avait eu jusque-là
Force partis ; mais que parmi la bande
Il pourrait bien Roderic préférer,
Et demandait temps pour délibérer.
On en convient. Le poursuivant s'applique
A gagner celle où ses vœux s'adressaient.
Fêtes et bals, sérénades, musique,
Cadeaux [11], festins, bien fort appetissaient [12],
Altéraient fort le fonds de l'ambassade.
Il n'y plaint rien [13], en use en grand seigneur,
S'épuise en dons : l'autre se persuade
Qu'elle lui fait encor beaucoup d'honneur.
Conclusion, qu'après force prières,
Et des façons de toutes les manières,
Il eut un oui de Madame Honnesta.
Auparavant le notaire y passa :
Dont [14] Belphégor se moquant en son âme :
Hé quoi, dit-il, on acquiert une femme
Comme un château ! ces gens ont tout gâté.
Il eut raison : ôtez d'entre les hommes
La simple foi, le meilleur est ôté.
Nous nous jetons, pauvres gens que nous sommes,
Dans les procès en prenant le revers [15].
Les si, les cas, les contrats sont la porte
Par où la noise entra dans l'univers :
N'espérons pas que jamais elle en sorte.

Solennités et lois n'empêchent pas
Qu'avec l'Hymen Amour n'ait des débats.
C'est le cœur seul qui peut rendre tranquille.
Le cœur fait tout [16], le reste est inutile.
Qu'ainsi ne soit [17], voyons d'autres états.
Chez les amis tout s'excuse, tout passe ;
Chez les amants tout plaît, tout est parfait ;
Chez les époux tout ennuie, et tout lasse.
Le devoir nuit, chacun est ainsi fait.
Mais, dira-t-on, n'est-il en nulles guises
D'heureux ménage ? après mûr examen,
J'appelle un bon, voire un parfait hymen,
Quand les conjoints se souffrent leurs sottises.

Sur ce point-là c'est assez raisonné.
Dès que chez lui le diable eut amené
Son épousée, il jugea par lui-même
Ce qu'est l'hymen avec un tel démon :
Toujours débats, toujours quelque sermon
Plein de sottise en un degré suprême.
Le bruit fut tel que Madame Honnesta
Plus d'une fois les voisins éveilla :
Plus d'une fois on courut à la noise [18] :
Il lui fallait quelque simple bourgeoise,
Ce disait-elle, un petit trafiquant
Traiter ainsi les filles de mon rang !
Méritait-il femme si vertueuse ?
Sur mon devoir je suis trop scrupuleuse :
J'en ai regret, et si je faisais bien...
Il n'est pas sûr qu'Honnesta ne fît rien :
Ces prudes-là nous en font bien accroire.
Nos deux époux, à ce que dit l'histoire,
Sans disputer n'étaient pas un moment.
Souvent leur guerre avait pour fondement
Le jeu, la jupe ou quelque ameublement [19],
D'été, d'hiver, d'entre-temps, bref un monde
D'inventions propres à tout gâter.
Le pauvre diable eut lieu de regretter

De l'autre enfer la demeure profonde.
Pour comble enfin Roderic épousa
La parenté de Madame Honnesta,
Ayant sans cesse et le père, et la mère,
Et la grand'sœur, avec le petit frère,
De ses deniers mariant la grand'sœur,
Et du petit payant le précepteur.
Je n'ai pas dit la principale cause
De sa ruine infaillible accident[20] ;
Et j'oubliais qu'il eut un intendant.
Un intendant ? qu'est-ce que cette chose ?
Je définis cet être, un animal
Qui comme on dit sait pécher en eau trouble,
Et plus le bien de son maître va mal,
Plus le sien croît, plus son profit redouble ;
Tant qu'aisément lui-même achèterait
Ce qui de net[21] au seigneur resterait :
Dont par raison bien et dûment déduite
On pourrait voir chaque chose réduite
En son état, s'il arrivait qu'un jour
L'autre devînt l'intendant à son tour,
Car regagnant ce qu'il eut étant maître,
Ils reprendraient tous deux leur premier être.
Le seul recours du pauvre Roderic,
Son seul espoir, était certain trafic
Qu'il prétendait devoir remplir sa bourse,
Espoir douteux, incertaine ressource[22].
Il était dit que tout serait fatal
A notre époux, ainsi tout alla mal.
Ses agents tels que la plupart des nôtres,
En abusaient : il perdit un vaisseau,
Et vit aller le commerce à vau-l'eau,
Trompé des uns, mal servi par les autres.
Il emprunta. Quand ce vint à payer,
Et qu'à sa porte il vit le créancier,
Force lui fut d'esquiver par la fuite,
Gagnant les champs, où de l'âpre poursuite
Il se sauva chez un certain fermier,

En certain coin remparé de fumier.
A Matheo, c'était le nom du sire,
Sant tant tourner il dit ce qu'il était ;
Qu'un double mal chez lui le tourmentait,
Ses créanciers et sa femme encor pire :
Qu'il n'y savait remède que d'entrer
Au corps des gens, et de s'y remparer[23],
D'y tenir bon : irait-on là le prendre ?
Dame Honnesta viendrait-elle y prôner
Qu'elle a regret de se bien gouverner ?
Chose ennuyeuse et qu'il est las d'entendre.
Que de ces corps trois fois il sortirait,
Sitôt que lui Matheo l'en prierait ;
Trois fois sans plus, et ce pour récompense
De l'avoir mis à couvert des sergents.
Tout aussitôt l'ambassadeur[24] commence
Avec grand bruit d'entrer au corps des gens.
Ce que le sien, ouvrage fantastique[25],
Devint alors, l'histoire n'en dit rien.
Son coup d'essai fut une fille unique
Où le galant se trouvait assez bien ;
Mais Matheo moyennant grosse somme
L'en fit sortir au premier mot qu'il dit.
C'était à Naples, il se transporte à Rome ;
Saisit un corps : Matheo l'en bannit,
Le chasse encore : autre somme nouvelle.
Trois fois enfin, toujours d'un corps femelle,
Remarquez bien, notre diable sortit.
Le roi de Naples avait lors une fille,
Honneur du sexe, espoir de sa famille ;
Maint jeune prince était son poursuivant.
Là d'Honnesta Belphégor se sauvant,
On ne le put tirer de cet asile.
Il n'était bruit aux champs comme à la ville
Que d'un manant qui chassait les esprits.
Cent mille écus d'abord lui sont promis.
Bien affligé de manquer cette somme
(Car les trois fois l'empêchaient d'espérer

Que Belphégor se laissât conjurer)
Il la refuse : il se dit un pauvre homme,
Pauvre pécheur, qui sans savoir comment,
Sans dons du Ciel, par hasard seulement,
De quelques corps a chassé quelque diable,
Apparemment chétif, et misérable,
Et ne connaît celui-ci nullement.
Il a beau dire ; on le force, on l'amène,
On le menace, on lui dit que sous peine
D'être pendu, d'être mis haut et court
En un gibet, il faut que sa puissance
Se manifeste avant la fin du jour.
Dès l'heure même on vous met en présence
Notre démon et son conjurateur.
D'un tel combat le prince est spectateur.
Chacun y court ; n'est fils de bonne mère
Qui pour le voir ne quitte toute affaire.
D'un côté sont le gibet et la hart[26],
Cent mille écus bien comptés d'autre part.
Matheo tremble, et lorgne la finance.
L'esprit malin voyant sa contenance
Riait sous cape, alléguait les trois fois[27] ;
Dont Matheo suait en son harnois,
Pressait, priait, conjurait avec larmes.
Le tout en vain : plus il est en alarmes,
Plus l'autre rit. Enfin le manant dit
Que sur ce diable il n'avait nul crédit.
On vous le happe, et mène à la potence.
Comme il allait haranguer l'assistance[28],
Nécessité lui suggéra ce tour :
Il dit tout bas qu'on battît le tambour,
Ce qui fut fait ; de quoi l'esprit immonde
Un peu surpris au manant demanda :
Pourquoi ce bruit ? coquin, qu'entends-je là ?
L'autre répond : C'est Madame Honnesta
Qui vous réclame, et va par tout le monde
Cherchant l'époux que le Ciel lui donna.
Incontinent le diable décampa,

S'enfuit au fond des enfers, et conta
Tout le succès qu'avait eu son voyage :
Sire, dit-il, le nœud du mariage
Damne aussi dru qu'aucuns autres états.
Votre Grandeur voit tomber ici-bas[29],
Non par flocons, mais menu comme pluie,
Ceux que l'Hymen fait de sa confrérie,
J'ai par moi-même examiné le cas.
Non que de soi la chose ne soit bonne ;
Elle eut jadis un plus heureux destin ;
Mais comme tout se corrompt à la fin,
Plus beau fleuron n'est en votre couronne.
Satan le crut : il fut récompensé ;
Encor qu'il eût son retour avancé ;
Car qu'eût-il fait ? ce n'était pas merveilles[30]
Qu'ayant sans cesse un diable[31] à ses oreilles,
Toujours le même, et toujours sur un ton[32],
Il fût contraint d'enfiler la venelle[33] ;
Dans les enfers encore en change-t-on[34] ;
L'autre peine est à mon sens plus cruelle.
Je voudrais voir quelque saint[35] y durer.
Elle eût à Job[36] fait tourner la cervelle.
De tout ceci que prétends-je inférer ?
Premièrement je ne sais pire chose
Que de changer son logis en prison :
En second lieu si par quelque raison
Votre ascendant[37] à l'hymen vous expose,
N'épousez point d'Honnesta s'il se peut ;
N'a pas pourtant une Honnesta qui veut.

Contentes publiés en 1685

LA CLOCHETTE[1]

CONTE

O combien l'homme est inconstant, divers,
Faible, léger, tenant mal sa parole !
J'avais juré hautement en mes vers
De renoncer à tout conte frivole[2].
Et quand juré ? c'est ce qui me confond,
Depuis deux jours j'ai fait cette promesse ·
Puis fiez-vous à rimeur qui répond
D'un seul moment. Dieu ne fit la sagesse
Pour les cerveaux qui hantent les neuf Sœurs[3] ;
Trop bien ont-ils quelque art qui vous peut plaire,
Quelque jargon plein d'assez de douceurs ;
Mais d'être sûrs, ce n'est là leur affaire.
Si me faut-il trouver, n'en fût-il point,
Tempérament[4] pour accorder ce point,
Et supposé que quant à la matière
J'eusse failli, du moins pourrais-je pas
Le réparer par la forme en tout cas ?
Voyons ceci. Vous saurez que naguère
Dans la Touraine un jeune bachelier,
(Interprétez ce mot à votre guise,
L'usage en fut autrefois familier
Pour dire ceux qui n'ont la barbe grise,
Ores ce sont suppôts de sainte Église[5])
Le nôtre soit sans plus un jouvenceau,
Qui dans les prés, sur le bord d'un ruisseau,
Vous cajolait la jeune bachelette

Aux blanches dents, aux pieds nus, au corps gent[6],
Pendant qu'Io[7] portant une clochette,
Aux environs allait l'herbe mangeant ;
Notre galant vous lorgne une fillette,
De celles-là que je viens d'exprimer :
Le malheur fut qu'elle était trop jeunette,
Et d'âge encore incapable d'aimer.
Non qu'à treize ans on y soit inhabile ;
Même les lois ont avancé ce temps[8] :
Les lois songeaient aux personnes de ville,
Bien que l'amour semble né pour les champs.
Le bachelier déploya sa science :
Ce fut en vain ; le peu d'expérience,
L'humeur farouche, ou bien l'aversion,
Ou tous les trois, firent que la bergère,
Pour qui l'amour était langue étrangère,
Répondit mal à tant de passion.
Que fit l'amant ? croyant tout artifice
Libre en amours, sur le rez de la nuit[9]
Le compagnon détourne une génisse
De ce bétail par la fille conduit ;
Le demeurant[10], non compté par la belle,
(Jeunesse n'a les soins qui sont requis)
Prit aussitôt le chemin du logis ;
Sa mère étant moins oublieuse qu'elle,
Vit qu'il manquait une pièce au troupeau :
Dieu sait la vie ; elle tance Isabeau,
Vous la renvoie, et la jeune pucelle
S'en va pleurant, et demande aux échos
Si pas un d'eux ne sait nulle nouvelle
De celle-là dont le drôle à propos
Avait d'abord étoupé[11] la clochette ;
Puis il la prit, et la faisant sonner
Il se fit suivre, et tant que la fillette
Au fond d'un bois se laissa détourner.
Jugez, lecteur, quelle fut sa surprise
Quand elle ouït la voix de son amant.
Belle, dit-il, toute chose est permise

Pour se tirer de l'amoureux tourment ;
A ce discours, la fille toute en transe
Remplit de cris ces lieux peu fréquentés ;
Nul n'accourut. O belles évitez
Le fond des bois et leur vaste silence.

LE FLEUVE SCAMANDRE[1]

Me voilà prêt à conter de plus belle ;
Amour le veut, et rit de mon serment :
Hommes et dieux, tout est sous sa tutelle ;
Tout obéit, tout cède à cet enfant :
J'ai désormais besoin en le chantant
De traits moins forts, et déguisant la chose :
Car après tout, je ne veux être cause
D'aucun abus : que plutôt mes écrits
Manquent de sel, et ne soient d'aucun prix !
Si dans ces vers j'introduis et je chante
Certain trompeur et certaine innocente,
C'est dans la vue et dans l'intention
Qu'on se méfie en telle occasion :
J'ouvre l'esprit, et rends le sexe habile
A se garder de ces pièges divers.
Sotte ignorance en fait trébucher mille,
Contre une seule à qui nuiraient mes vers.

J'ai lu qu'un orateur[2] estimé dans la Grèce,
Des beaux-arts autrefois souveraine maîtresse,
Banni de son pays, voulut voir le séjour
Où subsistaient encor les ruines de Troie ;
Cimon, son camarade, eut sa part de la joie.
Du débris d'Ilion s'était construit un bourg
Noble par ces malheurs ; là Priam et sa cour
N'étaient plus que des noms, dont le Temps fait sa proie.

Ilion, ton nom seul a des charmes pour moi ;
Lieu fécond en sujets propres à notre emploi [3].
Ne verrai-je jamais rien de toi, ni la place
De ces murs élevés et détruits par des dieux [4],
Ni ces champs où couraient la fureur et l'audace,
Ni des temps fabuleux enfin la moindre trace,
Qui pût me présenter l'image de ces lieux ?
Pour revenir au fait, et ne point trop m'étendre,
Cimon le héros de ces vers
Se promenait près du Scamandre.
Une jeune ingénue en ce lieu se vient rendre,
Et goûter la fraîcheur sur ces bords toujours verts.
Son voile au gré des vents va flottant dans les airs ;
Sa parure est sans art ; elle a l'air de bergère,
Une beauté naïve, une taille légère.
Cimon en est surpris, et croit que sur ces bords
Vénus vient étaler ses plus rares trésors.
Un antre était auprès : l'innocente pucelle
Sans soupçon y descend, aussi simple que belle.
Le chaud, la solitude, et quelque dieu malin
L'invitèrent d'abord à prendre un demi-bain.
Notre banni se cache : il contemple, il admire,
Il ne sait quels charmes élire ;
Il dévore des yeux et du cœur cent beautés [5].
Comme on était rempli de ces divinités [6]
Que la Fable a dans son empire,
Il songe à profiter de l'erreur de ces temps,
Prend l'air d'un dieu des eaux, mouille ses vêtements,
Se couronne de joncs, et d'herbe dégouttante,
Puis invoque Mercure [7], et le dieu des amants :
Contre tant de trompeurs qu'eût fait une innocente ?
La belle enfin découvre un pied dont la blancheur
Aurait fait honte à Galatée [8],
Puis le plonge en l'onde argentée,
Et regarde ses lis, non sans quelque pudeur.
Pendant qu'à cet objet sa vue est arrêtée,
Cimon approche d'elle : elle court se cacher
Dans le plus profond du rocher.

Je suis, dit-il, le dieu qui commande à cette onde ;
Soyez-en la déesse, et régnez avec moi.
Peu de Fleuves pourraient dans leur grotte profonde
Partager avec vous un aussi digne emploi :
Mon cristal est très pur, mon cœur l'est davantage :
Je couvrirai pour vous de fleurs tout ce rivage,
Trop heureux si vos pas le daignent honorer,
Et qu'au fond de mes eaux vous daigniez vous mirer.
Je rendrai toutes vos compagnes
Nymphes aussi, soit aux montagnes,
Soit aux eaux, soit aux bois, car j'étends mon pouvoir
Sur tout ce que votre œil à la ronde peut voir.
L'éloquence du dieu, la peur de lui déplaire,
Malgré quelque pudeur qui gâtait le mystère,
Conclurent tout en peu de temps.
La superstition cause mille accidents.
On dit même qu'Amour intervint à l'affaire.
Tout fier de ce succès le banni dit adieu.
Revenez, dit-il, en ce lieu :
Vous garderez[9] que l'on ne sache
Un hymen qu'il faut que je cache :
Nous le déclarerons quand j'en aurai parlé
Au conseil qui sera dans l'Olympe assemblé.
La nouvelle déesse à ces mots se retire ;
Contente ? Amour le sait. Un mois se passe et deux,
Sans que pas un du bourg s'aperçût de leurs jeux.
O mortels ! est-il dit qu'à force d'être heureux
Vous ne le soyez plus ! le banni, sans rien dire,
Ne va plus visiter cet antre si souvent.
Une noce enfin arrivant,
Tous pour la voir passer sous l'orme[10] se vont rendre.
La belle aperçoit l'homme, et crie en ce moment :
Ah ! voilà le fleuve Scamandre.
On s'étonne, on la presse, elle dit bonnement
Que son hymen se va conclure au firmament ;
On en rit ; car que faire ? aucuns[11] à coups de pierre
Poursuivirent le dieu qui s'enfuit à grand'erre[12] :
D'autres rirent sans plus. Je crois qu'en ce temps-ci

L'on ferait au Scamandre un très méchant parti [13].
En ce temps-là semblables crimes
S'excusaient aisément : tous temps, toutes maximes [14].
L'épouse du Scamandre en fut quitte à la fin,
Pour quelques traits de raillerie ;
Même un de ses amants l'en trouva plus jolie :
C'est un goût : il s'offrit à lui donner la main :
Les dieux ne gâtent rien : puis quand ils seraient cause
Qu'une fille en valût un peu moins, dotez-la,
Vous trouverez qui la prendra :
L'argent répare toute chose.

LA CONFIDENTE SANS LE SAVOIR, OU LE STRATAGÈME [1]

CONTE

Je ne connais rhéteur, ni maître ès arts
Tel que l'Amour ; il exerce en bien dire ;
Ses arguments, ce sont de doux regards,
De tendres pleurs, un gracieux sourire :
La guerre aussi s'exerce en son empire,
Tantôt il met aux champs ses étendards,
Tantôt couvrant sa marche et ses finesses
Il prend des cœurs entourés de remparts.
Je le soutiens : posez deux forteresses ;
Qu'il en batte une [2], une autre le dieu Mars ;
Que celui-ci fasse agir tout un monde,
Qu'il soit armé, qu'il ne lui manque rien ;
Devant son fort je veux qu'il se morfonde ;
Amour tout nu fera rendre le sien.
C'est l'inventeur des tours et stratagèmes.
J'en vais dire un de mes plus favoris ;
J'en ai bien lu, j'en vois pratiquer mêmes,
Et d'assez bons, qui ne sont rien au prix.

La jeune Aminte à Géronte [3] donnée,
Méritait mieux qu'un si triste hyménée ;
Elle avait pris en cet homme un époux
Malgracieux, incommode et jaloux.
Il était vieux ; elle à peine en cet âge
Où quand un cœur n'a point encore aimé
D'un doux objet il est bientôt charmé.

Celui d'Aminte ayant sur son passage
Trouvé Cléon, beau, bien fait, jeune et sage,
Il s'acquitta de ce premier tribut,
Trop bien peut-être, et mieux qu'il ne fallut :
Non toutefois que la belle n'oppose
Devoir et tout, à ce doux sentiment ;
Mais lorsqu'Amour prend le fatal moment[4],
Devoir et tout, et rien c'est même chose.
Le but d'Aminte en cette passion
Était, sans plus, la consolation
D'un entretien sans crime, où la pauvrette
Versât ses soins[5] en une âme discrète.
Je croirais bien qu'ainsi l'on le prétend ;
Mais l'appétit vient toujours en mangeant :
Le plus sûr est ne se point mettre à table.
Aminte croit rendre Cléon traitable :
Pauvre ignorante ! elle songe au moyen
De l'engager à ce simple entretien,
De lui laisser entrevoir quelque estime,
Quelque amitié, quelque chose de plus,
Sans y mêler rien que de légitime :
Plutôt la mort empêchât tel abus !
Le point était d'entamer cette affaire.
Les lettres sont un étrange mystère,
Il en provient maint et maint accident.
Le meilleur est quelque sûr confident.
Où le trouver ? Géronte est homme à craindre.
J'ai dit tantôt qu'Amour savait atteindre
A ses desseins d'une ou d'autre façon ;
Ceci me sert de preuve et de leçon.
Cléon avait une vieille parente,
Sévère et prude, et qui s'attribuait
Autorité sur lui de gouvernante.
Madame Alis (ainsi l'on l'appelait),
Par un beau jour eut de la jeune Aminte
Ce compliment, ou plutôt cette plainte :
Je ne sais pas pourquoi votre parent,
Qui m'est et fut toujours indifférent,

Et le sera tout le temps de ma vie,
A de m'aimer conçu la fantaisie.
Sous ma fenêtre il passe incessamment ;
Je ne saurais faire un pas seulement
Que je ne l'aie aussitôt à mes trousses ;
Lettres, billets pleins de paroles douces,
Me sont donnés par une dont le nom
Vous est connu ; je le tais pour raison.
Faites cesser pour Dieu cette poursuite ;
Elle n'aura qu'une mauvaise suite.
Mon mari peut prendre feu là-dessus.
Quant à Cléon, ses pas sont superflus :
Dites-le-lui de ma part, je vous prie.
Madame Alis la loue, et lui promet
De voir Cléon, de lui parler si net
Que de l'aimer il n'aura plus d'envie.
Cléon va voir Alis le lendemain :
Elle lui parle, et le pauvre homme nie,
Avec serments, qu'il eût un tel dessein.
Madame Alis l'appelle enfant du diable ;
Tout vilain cas, dit-elle, est reniable[6] ;
Ces serments vains et peu dignes de foi
Mériteraient qu'on vous fît votre sauce[7].
Laissons cela ; la chose est vraie ou fausse ;
Mais fausse ou vraie, il faut, et croyez-moi,
Vous mettre bien dans la tête qu'Aminte
Est femme sage, honnête, et hors d'atteinte :
Renoncez-y. Je le puis aisément,
Reprit Cléon. Puis au même moment
Il va chez lui songer à cette affaire :
Rien ne lui peut débrouiller le mystère.
Trois jours n'étaient passés entièrement
Que revoici chez Alis notre belle :
Vous n'avez pas, Madame, lui dit-elle,
Encore vu, je pense, notre amant ;
De plus en plus sa poursuite s'augmente.
Madame Alis s'emporte, se tourmente :
Quel malheureux ! puis l'autre la quittant,

Elle le mande ; il vient tout à l'instant.
Dire en quels mots Alis fit sa harangue,
Il me faudrait une langue de fer[8] ;
Et quand de fer j'aurais même la langue,
Je n'y pourrais parvenir ; tout l'enfer
Fut employé dans cette réprimande :
Allez Satan, allez vrai Lucifer,
Maudit de Dieu. La fureur fut si grande,
Que le pauvre homme étourdi dès l'abord,
Ne sut que dire ; avouer qu'il eût tort,
C'était trahir par trop sa conscience.
Il s'en retourne, il rumine, il repense,
Il rêve tant qu'enfin il dit en soi :
Si c'était là quelque ruse d'Aminte ?
Je trouve, hélas ! mon devoir dans sa plainte.
Elle me dit : ô Cléon aime-moi,
Aime-moi donc, en disant que je l'aime :
Je l'aime aussi, tant pour son stratagème
Que pour ses traits. J'avoue en bonne foi
Que mon esprit d'abord n'y voyait goutte ;
Mais à présent je ne fais aucun doute ;
Aminte veut mon cœur assurément.
Ah ! si j'osais, dès ce même moment
Je l'irais voir, et plein de confiance
Je lui dirais quelle est la violence,
Quel est le feu dont je me sens épris.
Pourquoi n'oser ? offense pour offense,
L'amour vaut mieux encor que le mépris.
Mais si l'époux m'attrapait au logis ?
Laissons-la faire, et laissons-nous conduire.
Trois autres jours n'étaient passés encor,
Qu'Aminte va chez Alis pour instruire
Son cher Cléon du bonheur de son sort.
Il faut, dit-elle, enfin que je déserte ;
Votre parent a résolu ma perte ;
Il me prétend avoir par des présents :
Moi, des présents ? c'est bien choisir sa femme ;
Tenez, voilà rubis et diamants,

Voilà bien pis, c'est mon portrait, Madame.
Assurément de mémoire on l'a fait ;
Car mon époux a tout seul mon portrait.
A mon lever cette personne honnête,
Que vous savez, et dont je tais le nom,
S'en est venue, et m'a laissé ce don.
Votre parent mérite qu'à la tête
On le lui jette ; et s'il était ici…
Je ne me sens presque pas de colère[9].
Oyez le reste : il m'a fait dire aussi
Qu'il sait fort bien qu'aujourd'hui pour affaire
Mon mari couche à sa maison des champs ;
Qu'incontinent qu'il croira que mes gens
Seront couchés, et dans leur premier somme,
Il se rendra devers mon cabinet.
Qu'espère-t-il ? pour qui me prend cet homme ?
Un rendez-vous ! est-il fol en effet ?
Sans que je crains de commettre Géronte[10],
Je poserais tantôt un si bon guet
Qu'il serait pris ainsi qu'au trébuchet[11],
Ou s'enfuirait avec sa courte honte[12].
Ces mots finis, Madame Aminte sort.
Une heure après Cléon vint, et d'abord
On lui jeta les joyaux et la boëte :
On l'aurait pris à la gorge au besoin :
Et bien, cela vous semble-t-il honnête ?
Mais ce n'est rien ; vous allez bien plus loin.
Alis dit lors mot pour mot ce qu'Aminte
Venait de dire en sa dernière plainte.
Cléon se tint pour dûment averti :
J'aimais, dit-il, il est vrai, cette belle ;
Mais puisqu'il faut ne rien espérer d'elle,
Je me retire, et prendrai ce parti.
Vous ferez bien ; c'est celui qu'il faut prendre,
Lui dit Alis, il ne le prit pourtant.
Trop bien[13] minuit à grand'peine sonnant,
Le compagnon sans faute se va rendre
Devers l'endroit qu'Aminte avait marqué :

Le rendez-vous était bien expliqué.
Ne doutez point qu'il n'y fût sans escorte.
La jeune Aminte attendait à la porte :
Un profond somme occupait tous les yeux ;
Même ceux-là qui brillent dans les cieux
Étaient voilés par une épaisse nue.
Comme on avait toute chose prévue,
Il entre vite, et sans autres discours
Ils vont, ils vont au cabinet d'amours.
Là le galant dès l'abord se récrie,
Comme la dame était jeune et jolie,
Sur sa beauté ; la bonté vint après,
Et celle-ci suivit l'autre de près.
Mais dites-moi, de grâce, je vous prie,
Qui vous a fait aviser de ce tour ?
Car jamais tel ne se fit en amour.
Sur les plus fins je prétends qu'il excelle ;
Et vous devez vous-même l'avouer.
Elle rougit, et n'en fut que plus belle ;
Sur son esprit, sur ses traits, sur son zèle,
Il la loua ; ne fit-il que louer ?

LE REMÈDE [1]

CONTE

Si l'on se plaît à l'image du vrai,
Combien doit-on rechercher le vrai même ?
J'en fais souvent dans mes contes l'essai,
Et vois toujours que sa force est extrême,
Et qu'il attire à soi tous les esprits :
Non qu'il ne faille en de pareils écrits
Feindre les noms ; le reste de l'affaire
Se peut conter sans en rien déguiser ;
Mais quant aux noms, il faut au moins les taire ;
Et c'est ainsi que je vais en user.

Près du Mans donc, pays de sapience [2],
Gens pesant l'air [3], fine fleur de Normand,
Une pucelle eut naguère un amant,
Frais, délicat, et beau par excellence ;
Jeune surtout, à peine son menton
S'était vêtu de son premier coton.
La fille était un parti d'importance :
Charmes et dot, aucun point n'y manquait :
Tant et si bien que chacun s'appliquait
A la gagner ; tout Le Mans y courait.
Ce fut en vain ; car le cœur de la fille
Inclinait trop pour notre jouvenceau :
Les seuls parents, par un esprit manceau,
La destinaient pour une autre famille.
Elle fit tant autour d'eux que l'amant,

Bon gré, mal gré, je ne sais pas comment,
Eut à la fin accès chez sa maîtresse.
Leur indulgence, ou plutôt son adresse,
Peut-être aussi son sang et sa noblesse
Les fit changer, que sais-je quoi ? tout duit[4]
Aux gens heureux, car aux autres tout nuit.
L'amant le fut : les parents de la belle
Surent priser son mérite et son zèle :
C'était là tout : eh que faut-il encor ?
Force comptant[5] ; les biens du siècle d'or[6]
Ne sont plus biens, ce n'est qu'une ombre vaine.
O temps heureux ! je prévois qu'avec peine
Tu reviendras dans le pays du Maine :
Ton innocence eût secondé l'ardeur
De notre amant, et hâté cette affaire ;
Mais des parents l'ordinaire lenteur
Fit que la belle, ayant fait dans son cœur
Cet hyménée, acheva le mystère
Selon les us de l'île de Cythère.
Nos vieux romans, en leur style plaisant,
Nomment cela *paroles de présent*[7].
Nous y voyons pratiquer cet usage,
Demi-amour, et demi-mariage,
Table d'attente[8], avant-goût de l'hymen.
Amour n'y fit un trop long examen :
Prêtre et parent tout ensemble, et notaire,
En peu de jours il consomma l'affaire :
L'esprit manceau[9] n'eut point part à ce fait.
Voilà notre homme heureux et satisfait,
Passant les nuits avec son épousée ;
Dire comment, ce serait chose aisée ;
Les doubles clefs[10], les brèches à l'enclos,
Les menus dons qu'on fit à la soubrette,
Rendaient l'époux jouissant en repos
D'une faveur douce autant que secrète.
Avint pourtant que notre belle un soir
En se plaignant, dit à sa gouvernante,
Qui du secret n'était participante :

Je me sens mal ; n'y saurait-on pourvoir ?
L'autre reprit : Il vous faut un remède [11] ;
Demain matin nous en dirons deux mots.
Minuit venu, l'époux mal à propos,
Tout plein encor du feu qui le possède,
Vient de sa part chercher soulagement,
Car chacun sent ici-bas son tourment.
On ne l'avait averti de la chose.
Il n'était pas sur les bords du sommeil,
Qui suit souvent l'amoureux appareil,
Qu'incontinent l'Aurore aux doigts de rose [12],
Ayant ouvert les portes d'Orient,
La gouvernante ouvrit tout en riant,
Remède [13] en main, les portes de la chambre :
Par grand bonheur il s'en rencontra deux [14],
Car la saison approchait de septembre,
Mois où le chaud et le froid sont douteux.
La fille alors ne fut pas assez fine ;
Elle n'avait qu'à tenir bonne mine [15],
Et faire entrer l'amant au fond des draps,
Chose facile autant que naturelle :
L'émotion lui tourna la cervelle ;
Elle se cache elle-même, et tout bas
Dit en deux mots quel est son embarras.
L'amant fut sage, il présenta pour elle
Ce que Brunel à Marphise montra [16].
La gouvernante, ayant mis ses lunettes,
Sur le galant son adresse éprouva :
Du bain interne elle le régala,
Puis dit adieu, puis après s'en alla.
Dieu la conduise, et toutes celles-là
Qui vont nuisant aux amitiés secrètes !
Si tout ceci passait pour des sornettes
(Comme il se peut, je n'en voudrais jurer)
On chercherait de quoi me censurer.
Les critiqueurs sont un peuple sévère ;
Ils me diront : Votre belle en sortit
En fille sotte et n'ayant point d'esprit ;

Vous lui donnez un autre caractère :
Cela nous rend suspecte cette affaire ;
Nous avons lieu d'en douter, auquel cas
Votre prologue ici ne convient pas.
Je répondrai... Mais que sert de répondre ?
C'est un procès qui n'aurait point de fin :
Par cent raisons j'aurais beau les confondre ;
Cicéron même y perdrait son latin.
Il me suffit de n'avoir en l'ouvrage
Rien avancé qu'après des gens de foi :
J'ai mes garants, que veut-on davantage ?
Chacun ne peut en dire autant que moi.

LES AVEUX INDISCRETS[1]

CONTE

Paris, sans pair[2], n'avait en son enceinte
Rien dont les yeux semblassent si ravis
Que de la belle, aimable et jeune Aminte,
Fille à pourvoir[3], et des meilleurs partis.
Sa mère encor la tenait sous son aile ;
Son père avait du comptant et du bien[4],
Faites état qu'il ne lui manquait rien.
Le beau Damon s'étant piqué pour elle,
Elle reçut les offres de son cœur :
Il fit si bien l'esclave de la belle,
Qu'il en devint le maître et le vainqueur :
Bien entendu sous le nom d'hyménée :
Pas ne voudrais qu'on le crût autrement.
L'an révolu ce couple si charmant
Toujours d'accord, de plus en plus s'aimant,
(Vous eussiez dit la première journée)
Se promettait la vigne de l'abbé[5] ;
Lorsque Damon, sur ce propos tombé,
Dit à sa femme : Un point trouble mon âme ;
Je suis épris d'une si douce flamme,
Que je voudrais n'avoir aimé que vous,
Que mon cœur n'eût ressenti que vos coups,
Qu'il n'eût logé que votre seule image,
Digne, il est vrai, de son premier hommage.
J'ai cependant éprouvé d'autres feux ;
J'en dis ma coulpe, et j'en suis tout honteux.

Il m'en souvient, la nymphe était gentille,
Au fond d'un bois, l'Amour seul avec nous ;
Il fit si bien, si mal, me direz-vous,
Que de ce fait il me reste une fille.
Voilà mon sort, dit Aminte à Damon :
J'étais un jour seulette à la maison ;
Il me vint voir certain fils de famille,
Bien fait et beau, d'agréable façon ;
J'en eus pitié ; mon naturel est bon ;
Et pour conter tout de fil en aiguille,
Il m'est resté de ce fait un garçon.
Elle eut à peine achevé la parole,
Que du mari l'âme jalouse et folle
Au désespoir s'abandonne aussitôt.
Il sort plein d'ire[6], il descend tout d'un saut,
Rencontre un bât, se le met, et puis crie :
Je suis bâté[7]. Chacun au bruit accourt,
Les père et mère, et toute la mégnie[8],
Jusqu'aux voisins. Il dit, pour faire court,
Le beau sujet d'une telle folie.
Il ne faut pas que le lecteur oublie
Que les parents d'Aminte, bons bourgeois,
Et qui n'avaient que cette fille unique,
La nourrissaient, et tout son domestique[9],
Et son époux, sans que, hors cette fois,
Rien eût troublé la paix de leur famille.
La mère donc s'en va trouver sa fille ;
Le père suit, laisse sa femme entrer,
Dans le dessein seulement d'écouter.
La porte était entrouverte ; il s'approche ;
Bref il entend la noise et le reproche
Que fit sa femme à leur fille en ces mots :
Vous avez tort : j'ai vu beaucoup de sots,
Et plus encor de sottes en ma vie ;
Mais qu'on pût voir telle indiscrétion,
Qui l'aurait cru ? car enfin, je vous prie,
Qui vous forçait ? quelle obligation
De révéler une chose semblable ?

Plus d'une fille a forligné [10] ; le diable
Est bien subtil ; bien malins sont les gens.
Non pour cela que l'on soit excusable :
Il nous faudrait toutes dans des couvents
Claquemurer jusques à l'hyménée.
Moi qui vous parle ai même destinée ;
J'en garde au cœur un sensible regret.
J'eus trois enfants avant mon mariage ;
A votre père ai-je dit ce secret ?
En avons-nous fait plus mauvais ménage ?
Ce discours fut à peine proféré,
Que l'écoutant s'en court, et tout outré
Trouve du bât la sangle et se l'attache,
Puis va criant partout : *Je suis sanglé.*
Chacun en rit, encor que chacun sache
Qu'il a de quoi faire rire à son tour.
Les deux maris vont dans maint carrefour,
Criant, courant, chacun à sa manière,
Bâté le gendre, et *sanglé* le beau-père.
On doutera de ce dernier point-ci ;
Mais il ne faut telles choses mécroire [11].
Et par exemple, écoutez bien ceci.
Quand Roland sut les plaisirs et la gloire
Que dans la grotte avait eus son rival,
D'un coup de poing il tua son cheval [12].
Pouvait-il pas, traînant la pauvre bête,
Mettre de plus la selle sur son dos ?
Puis s'en aller, tout du haut de sa tête,
Faire crier et redire aux échos :
Je suis bâté, sanglé, car il n'importe,
Tous deux sont bons. Vous voyez de la sorte
Que ceci peut contenir vérité ;
Ce n'est assez, cela ne doit suffire ;
Il faut aussi montrer l'utilité
De ce récit ; je m'en vais vous la dire.
L'heureux Damon me semble un pauvre sire.
Sa confiance eut bientôt tout gâté.
Pour la sottise et la simplicité

De sa moitié, quant à moi, je l'admire.
Se confesser à son propre mari !
Quelle folie ! imprudence est un terme
Faible à mon sens pour exprimer ceci.
Mon discours donc en deux points se renferme.
Le nœud d'hymen doit être respecté,
Veut de la foi, veut de l'honnêteté :
Si par malheur quelque atteinte un peu forte
Le fait clocher d'un ou d'autre côté,
Comportez-vous de manière et de sorte
Que ce secret ne soit point éventé.
Gardez de faire aux égards banqueroute [13] ;
Mentir alors est digne de pardon.
Je donne ici de beaux conseils, sans doute :
Les ai-je pris pour moi-même ? hélas ! non.

Contes posthumes

LES QUIPROQUOS[1]

Dame Fortune aime souvent à rire,
Et nous jouant un tour de son métier,
Au lieu des biens où notre cœur aspire,
D'un *quiproquo* se plaît à nous payer.
Ce sont ses jeux, j'en parle à juste cause.
Il m'en souvient ainsi qu'au premier jour.
Chloris et moi nous nous aimions d'amour ;
Au bout d'un an la belle se dispose
A me donner quelque soulagement,
Faible et léger, à parler franchement.
C'était son but : mais, quoi qu'on se propose,
L'occasion et le discret amant
Sont à la fin les maîtres de la chose.
Je vais un soir chez cet objet charmant,
L'époux était aux champs heureusement,
Mais il revint la nuit à peine close.
Point de Chloris : le dédommagement
Fut que le sort en sa place suppose[2]
Une soubrette à mon commandement.
Elle paya cette fois pour la dame.
Disons un troc, où réciproquement
Pour la soubrette on employa la femme,
De pareils traits tous les livres sont pleins.
Bien est-il vrai qu'il faut d'habiles mains
Pour amener chose ainsi surprenante ;
Il est besoin d'en bien fonder le cas,

Sans rien forcer et sans qu'on violente
Un incident qui ne s'attendait pas.
L'aveugle enfant, joueur de passe-passe[3],
Et qui voit clair à tendre maint panneau
Fait de ces tours ; celui-là du berceau
Lève la paille[4] à l'égard du Boccace ;
Car quant à moi, ma main pleine d'audace
En mille endroits a peut-être gâté
Ce que la sienne a bien exécuté.
Or il est temps de finir ma préface,
Et de prouver par quelque nouveau tour
Les *quiproquos* de Fortune et d'Amour.
On ne peut mieux établir cette chose
Que par un fait à Marseille arrivé,
Tout en est vrai, rien n'en est controuvé[5].
Là Clidamant que par respect je n'ose
Sous son nom propre introduire en ces vers,
Vivait heureux, se pouvait dire en femme
Mieux que pas un qui fût en l'univers.
L'honnêteté, la vertu de la dame,
Sa gentillesse, et même sa beauté,
Devaient tenir Clidamant arrêté.
Il ne le fut, le diable est bien habile,
Si c'est adresse et tour d'habileté
Que de nous tendre un piège aussi facile
Qu'est le désir d'un peu de nouveauté.
Près de la dame était une personne,
Une suivante ainsi qu'elle mignonne,
De même taille et de pareil maintien,
Gente[6] de corps, il ne lui manquait rien
De ce qui plaît aux chercheurs d'aventures.
La dame avait un peu plus d'agrément,
Mais sous le masque on n'eût su bonnement
Laquelle élire entre ces créatures.
Le Marseillais, Provençal un peu chaud,
Ne manque pas d'attaquer au plus tôt
Madame Alix ; c'était cette soubrette.
Madame Alix, encor qu'un peu coquette,

Renvoya l'homme. Enfin il lui promet
Cent beaux écus bien comptés clair et net.
Payer ainsi des marques de tendresse
(En la suivante) était, vu le pays,
Selon mon sens, un fort honnête prix :
Sur ce pied-là qu'eût coûté la maîtresse ?
Peut-être moins ; car le hasard y fait.
Mais je me trompe, et la dame était telle
Que tout amant, et tant fût-il parfait,
Aurait perdu son latin auprès d'elle :
Ni dons, ni soins, rien n'aurait réussi.
Devrais-je y faire entrer les dons aussi ?
Las ! ce n'est plus le siècle de nos pères.
Amour vend tout, et nymphes et bergères ;
Il met le taux à maint objet divin :
C'était un dieu, ce n'est qu'un échevin[7].
O temps ! ô mœurs ! ô coutume perverse !
Alix d'abord rejette un tel commerce,
Fait l'irritée, et puis s'apaise enfin,
Change de ton, dit que le lendemain,
Comme Madame avait dessein de prendre
Certain remède[8], ils pourraient le matin
Tout à loisir dans la cave se rendre.
Ainsi fut dit, ainsi fut arrêté ;
Et la soubrette ayant le tout conté
A sa maîtresse, aussitôt les femelles
D'un *quiproquo* font le projet entre elles.
Le pauvre époux n'y reconnaîtrait rien,
Tant la suivante avait l'air de la dame ;
Puis supposé qu'il reconnût la femme,
Qu'en pouvait-il arriver que tout bien ?
Elle aurait lieu de lui chanter sa gamme[9].
Le lendemain par hasard Clidamant,
Qui ne pouvait se contenir de joie,
Trouve un ami, lui dit étourdiment
Le bien qu'Amour à ses désirs envoie.
Quelle faveur ! non qu'il n'eût bien voulu
Que le marché pour moins se fût conclu,

Les cent écus lui faisaient quelque peine.
L'ami lui dit : Hé bien soyons chacun
Et du plaisir et des frais en commun.
L'époux n'ayant alors sa bourse pleine,
Cinquante écus à sauver étaient bons.
D'autre côté communiquer [10] la belle,
Quelle apparence [11] ! y consentirait-elle ?
S'aller ainsi livrer à deux Gascons [12],
Se tairaient-ils d'une telle fortune ?
Et devait-on la leur rendre commune ?
L'ami leva cette difficulté,
Représentant que dans l'obscurité
Alix serait fort aisément trompée.
Une plus fine y serait attrapée.
Il suffisait que tous deux tour à tour
Sans dire mot ils entrassent en lice,
Se remettant du surplus à l'Amour,
Qui volontiers aiderait l'artifice.
Un tel silence en rien ne leur nuirait ;
Madame Alix sans manquer le prendrait
Pour un effet de crainte et de prudence ;
Les murs ayant des oreilles (dit-on)
Le mieux était de se taire ; à quoi bon
D'un tel secret leur faire confidence ?
Les deux galants, ayant de la façon
Réglé la chose, et disposés à prendre
Tout le plaisir qu'Amour leur promettait,
Chez le mari d'abord ils se vont rendre.
Là dans le lit l'épouse encore était.
L'époux trouva près d'elle la soubrette,
Sans nuls atours qu'une simple cornette,
Bref en état de ne lui point manquer [13].
L'heure arriva ; les amis contestèrent
Touchant le pas [14], et longtemps disputèrent.
L'époux ne fit l'honneur de la maison [15] ;
Tel compliment n'étant là de saison.
A trois beaux dés pour le mieux ils réglèrent
Le précurseur [16] ainsi que de raison.

Ce fut l'ami ; l'un et l'autre s'enferme
Dans cette cave, attendant de pied ferme
Madame Alix, qui ne vient nullement.
Trop bien [17] la dame en son lieu s'en vint faire
Tout doucement le signal nécessaire.
On ouvre, on entre, et sans retardement,
Sans lui donner le temps de reconnaître
Ceci, cela, l'erreur, le changement,
La différence enfin qui pouvait être
Entre l'époux et son associé,
Avant qu'il pût aucun change [18] paraître,
Au dieu d'Amour il fut sacrifié.
L'heureux ami n'eut pas toute la joie
Qu'il aurait eue en connaissant sa proie.
La dame avait un peu plus de beauté ;
Outre qu'il faut compter la qualité.
A peine fut cette scène achevée,
Que l'autre acteur par la prompte arrivée
Jeta la dame en quelque étonnement ;
Car comme époux, comme Clidamant même,
Il ne montrait toujours si fréquemment
De cette ardeur l'emportement extrême.
On imputa cet excès de fureur
A la soubrette [19], et la dame en son cœur
Se proposa d'en dire sa pensée.
La fête étant de la sorte passée,
Du noir séjour ils n'eurent qu'à sortir.
L'associé des frais et du plaisir
S'en court en haut en certain vestibule :
Mais quand l'époux vit sa femme monter,
Et qu'elle eut vu l'ami se présenter,
On peut juger quel soupçon, quel scrupule,
Quelle surprise eurent les pauvres gens.
Ni l'un ni l'autre ils n'avaient eu le temps
De composer leur mine et leur visage.
L'époux vit bien qu'il fallait être sage,
Mais sa moitié pensa [20] tout découvrir.
J'en suis surpris, femmes savent mentir.

La moins habile en connaît la science.
Aucuns ont dit qu'Alix fit conscience[21]
De n'avoir pas mieux gagné son argent :
Plaignant l'époux, et le dédommageant,
Et voulant bien mettre tout sur son compte :
Tout cela n'est que pour rendre le conte
Un peu meilleur. J'ai vu les gens mouvoir[22]
Deux questions ; l'une, c'est à savoir
Si l'époux fut du nombre des confrères[23]
A mon avis n'a point de fondement,
Puisque la dame et l'ami nullement
Ne prétendaient vaquer à ces mystères.
L'autre point est touchant le talion[24] ;
Et l'on demande en cette occasion
Si pour user d'une juste vengeance,
Prétendre erreur et cause d'ignorance
A cette dame aurait été permis[25].
Bien que ce soit assez là mon avis,
La dame fut toujours inconsolable,
Dieu gard de mal celles qu'en cas semblable
Il ne faudrait nullement consoler.
J'en connais bien qui n'en feraient que rire.
De celles-là je n'ose plus parler,
Et je ne vois rien des autres à dire.

CONTE TIRÉ D'ATHÉNÉE[1]

Du temps des Grecs, deux sœurs disaient avoir
Aussi beau cul que fille de leur sorte ;
La question ne fut que de savoir
Quelle des deux dessus l'autre l'emporte
Pour en juger un expert étant pris,
A la moins jeune il accorde le prix,
Puis l'épousant, lui fait don de son âme ;
A son exemple, un sien frère est épris
De la cadette, et la prend pour sa femme ;
Tant fut entre eux, à la fin, procédé,
Que par les sœurs un temple fut fondé,
Dessous le nom de Vénus belle-fesse ,
Je ne sais pas à quelle intention ;
Mais c'eût été le temple de la Grèce
Pour qui j'eusse eu plus de dévotion.

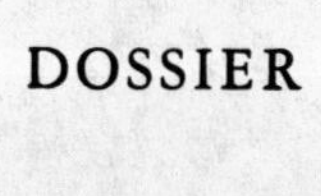

DOSSIER

CHRONOLOGIE SUCCINCTE
1621-1695

1621. *8 juillet :* baptême, à la paroisse Saint-Crépin de Château-Thierry, de Jean de La Fontaine, fils de Charles de La Fontaine, conseiller du roi et maître des eaux et forêts, et de Françoise Pidoux.

Vers 1635. La Fontaine, qui a commencé ses études au collège de Château-Thierry et y a sans doute connu François de Maucroix, quitte sa ville natale pour poursuivre à Paris ses études.

1641. *27 avril :* La Fontaine entre à l'Oratoire, rue Saint-Honoré, à Paris.

1642. La Fontaine quitte l'Oratoire et abandonne sa vocation religieuse.

Vers 1643. La Fontaine, au cours d'un séjour à Château-Thierry, s'éprend de la poésie de Malherbe.

1645. La Fontaine entreprend ses études de droit à Paris. Il y est le compagnon de François de Maucroix, Paul Pellisson, Antoine Furetière, Tallemant des Réaux, Cassandre, Charpentier, avec lesquels il constitue une petite académie littéraire, le groupe de la Table ronde.

1647. *10 novembre :* par « complaisance » pour son père, La Fontaine épouse la jeune Marie Héricart, âgée de quatorze ans.

1652. *20 mars :* La Fontaine est reçu dans la charge de maître particulier des eaux et forêts du duché de Chaûry (Château-Thierry), qu'il a achetée.

1653. *30 octobre :* baptême, à la paroisse Saint-Crépin de Château-Thierry, de Charles de La Fontaine, fils de Jean de La Fontaine et de Marie Héricart. La Fontaine rencontre de premières difficultés financières.

1654. *17 août :* achevé d'imprimer de *L'Eunuque* de Térence, comédie en cinq actes et en vers traduite et adaptée par La Fontaine, mais publiée sans nom d'auteur.

1656. La Fontaine rencontre de nouvelles difficultés financières.

1658. *Avril :* mort de Charles de La Fontaine, qui laisse une difficile succession.

L'*Épître à l'abbesse de Mouzon* est fort goûtée par Fouquet et son entourage. La Fontaine est peu après présenté au surintendant. Dans le second semestre de 1658, il lui offre le manuscrit, calligraphié par Nicolas Jarry, de son *Adonis*.

1659. La Fontaine fréquente la cour de Fouquet à Saint-Mandé et bientôt à Vaux. Il y retrouve Paul Pellisson et François de Maucroix. Il s'accorde avec Fouquet, qui lui assure une pension, en échange d'une « pension poétique » dont La Fontaine aura à s'acquitter tous les trimestres. Il met en chantier, à la demande de Fouquet, *Le Songe de Vaux*.

Vers 1660. La farce des *Rieurs du Beau-Richard* est représentée à Château-Thierry.

La Fontaine commence probablement à composer ses premières fables, sans toutefois les publier.

1661. *17 août :* Fouquet donne à Vaux une fête somptueuse en l'honneur du roi, dont La Fontaine adresse une relation à Maucroix.

5 septembre : Fouquet est arrêté à Nantes et emprisonné.

La Fontaine est poursuivi pour usurpation d'un titre de noblesse, celui d'écuyer.

1662. La Fontaine est, à la suite de cette affaire, condamné à une forte amende. Il publie, sans nom d'auteur ; l'*Élégie aux nymphes de Vaux*, écrite en faveur de Fouquet.

1663. La Fontaine achève une *Ode au Roi* en faveur de Fouquet.

23 août : La Fontaine quitte Paris pour accompagner l'oncle de sa femme, Jannart, substitut de Fouquet dans sa charge de procureur au Parlement, envoyé en exil dans le Limousin. En chemin, il adresse six longues lettres à sa femme, qui constituent une véritable « relation de voyage » *(Relation d'un voyage de Paris en Limousin).*

1664. *14 juillet :* La Fontaine entre au service de la duchesse douairière d'Orléans, au palais du Luxembourg, dont il est l'un des neuf « gentilshommes-servants ». Sa femme se retire à Château-Thierry.

10 décembre : achevé d'imprimer des *Nouvelles en vers tirées* [sic] *de Bocatce et de L'Arioste,* par M. de L. F., Paris, Claude Barbin, 1665.

1665. *10 janvier :* achevé d'imprimer des *Contes et Nouvelles en vers de M. de La Fontaine,* Paris, Barbin, 1665.

1666. *21 janvier :* achevé d'imprimer de la *Deuxième Partie des Contes et Nouvelles en vers,* de M. de La Fontaine, Paris, Louis Billaine ou Claude Barbin, 1646 [sic].

Colbert adresse des remontrances au maître des eaux et forêts de Château-Thierry sur les abus commis dans son district.

1667. *6 juin :* privilège du premier recueil des *Fables.*

1668. *31 mars :* achevé d'imprimer des *Fables choisies mises en vers par M. de La Fontaine,* Paris, Barbin et Thierry, 1668, in-4°, avec des illustrations de François Chauveau. La même année, Barbin et

Thierry publient une édition in-12 en deux volumes du même ouvrage (achevé d'imprimer, 19 octobre 1668).

1669. *31 janvier :* achevé d'imprimer des *Amours de Psyché et de Cupidon,* Paris, Barbin ou Thierry, 1669, suivis d'*Adonis.*

Publication des *Contes et Nouvelles en vers de M. de La Fontaine.* Paris, Barbin, 1669, contenant dans sa forme définitive la Première Partie, et adjoignant à la Seconde Partie trois contes publiés en 1667 à Cologne, et un fragment déjà paru à Leyde de *La Coupe enchantée.*

1670. *20 décembre :* achevé d'imprimer du *Recueil de poésies chrétiennes et diverses,* dédié à Mgr le prince de Conti par M. de La Fontaine, Paris, Pierre Le Petit, 1671, 3 vol.

1671. *21 janvier :* La Fontaine abandonne sa charge de maître des eaux et forêts, rachetée par le duc de Bouillon.

27 janvier : achevé d'imprimer des *Contes et Nouvelles en vers de M. de La Fontaine.* Troisième Partie, Paris, Barbin, 1671.

12 mars : achevé d'imprimer des *Fables nouvelles et autres poésies par le Sieur de La Fontaine,* Paris, Barbin, 1671, qui contiennent huit fables nouvelles et les élégies inspirées par Clymène.

1672. *Février-mars :* publication séparée de deux fables, *Le Curé et le Mort,* et *Le Soleil et les Grenouilles.*

3 avril : mort de la duchesse douairière d'Orléans. La Fontaine perd sa fonction.

Année probable de la publication séparée des *Troqueurs,* sans date ni nom d'éditeur.

Vers 1673. La Fontaine est accueilli et logé par Mme de La Sablière. Il fréquente son salon où se retrouvent hommes de lettres, voyageurs et savants (Perrault, Bernier, Roberval...).

Publication, sans achevé d'imprimer, privilège ni permission, du *Poème de la captivité de saint Malc,* par M. de La Fontaine, Paris, Barbin, 1673.

1674. La Fontaine compose, à la demande de Lulli, le livret de l'opéra *Daphné,* qui ne sera jamais représenté. La Fontaine, irrité contre Lulli, compose la satire du *Florentin.*

Publication sans achevé d'imprimer, privilège ni permission, des *Nouveaux Contes de M. de La Fontaine,* Mons, Gaspard Migeon, 1674.

1675. *5 avril :* le lieutenant de police La Reynie rend une sentence contre cette édition des *Nouveaux Contes.* Il en ordonne la saisie et en interdit la vente.

1676. La Fontaine, confronté à de nouvelles difficultés financières, vend sa maison natale de Château-Thierry.

1677. *29 juillet :* prise de privilège pour une nouvelle édition des *Fables.*

1678. *3 mai :* achevé d'imprimer des trois premiers tomes (livres I à VIII) des *Fables choisies mises en vers, par M. de La Fontaine,* Paris, Thierry et Barbin, 1678.

La Fontaine compose divers poèmes, notamment pour célébrer la paix de Nimègue.

1679. *15 juin :* achevé d'imprimer du quatrième tome (livres IX à XI) des *Fables choisies mises en vers, par M. de La Fontaine,* Paris, Thierry et Barbin, 1679. Cette édition in-12 est illustrée, pour chaque fable, d'une gravure de François Chauveau.

1680. Mme de La Sablière se tourne vers Dieu. Elle quitte son hôtel de la rue Neuve-des-Petits-Champs pour une demeure plus modeste, rue Saint-Honoré, où elle loge encore La Fontaine. Fouquet meurt dans sa prison de Pignerol. La duchesse de Bouillon doit s'éloigner en exil, après l'affaire des Poisons.

1681. *1er août :* achevé d'imprimer des *Épîtres de Sénèque, nouvelle traduction par feu Mr Pinterel, revue et imprimée par les soins de M. de La Fontaine,* Paris, Barbin, 1681.
La Fontaine brigue un fauteuil à l'Académie.

1682. *24 janvier :* achevé d'imprimer du *Poème du Quinquina et autres ouvrages en vers de M. de La Fontaine,* Paris, Thierry et Barbin, 1682. Ce recueil contient, outre le *Poème du Quinquina, Daphné, Galatée, La Matrone d'Éphèse et Belphégor.*

1683. La Fontaine commence probablement à écrire une tragédie, *Achille,* qui restera inachevée.
6 mai : représentation et échec d'une comédie de La Fontaine, aujourd'hui disparue, *Le Rendez-vous.*
15 novembre : La Fontaine est élu à l'Académie française, au fauteuil de Colbert. Mais le roi suspend cette élection, au profit de Boileau, son historiographe.

1684. *17 avril :* élection de Boileau à l'Académie. La Fontaine peut désormais être reçu.
2 mai : réception de La Fontaine à l'Académie française. Au cours de la séance, il donne lecture de son *Discours à Madame de La Sablière.*

1685. *22 janvier :* Furetière est exclu de l'Académie française pour avoir obtenu le privilège de publication de son *Dictionnaire,* achevé avant celui de l'Académie. La Fontaine vote l'exclusion et se brouille définitivement avec son ancien ami.
28 juillet : achevé d'imprimer des *Ouvrages de prose et de poésie des Sieurs de Maucroix et de La Fontaine,* Paris, Barbin, 2 vol., contenant cinq nouveaux contes, dix fables inédites, et *Daphnis et Alcimadure, Philémon et Baucis,* et *Les Filles de Minée.*

1687. *27 janvier :* début de la querelle des Anciens et des Modernes après la lecture en séance, à l'Académie, du *Siècle de Louis le Grand* par Perrault.
5 février : permis d'imprimer pour l'*Épître à Huet,* Paris, Pralard, 1687, composée antérieurement (1674 ?) mais opportunément publiée au moment où le débat académique lui redonne son actualité.

1688\. La Fontaine devient l'ami et le « chaperon » de Mme Ulrich, qu'il a rencontrée dans l'entourage des Vendôme et des Conti.

1690\. *Décembre :* publication séparée dans *Le Mercure Galant* de la fable *Les Compagnons d'Ulysse.*

1691\. *Février :* publication séparée dans *Le Mercure Galant* de la fable *Les Deux Chèvres,* sans nom d'auteur.
Mars : publication séparée dans *Le Mercure Galant* de la fable *Le Thésauriseur et le Singe,* sans nom d'auteur.
Novembre : représentation et échec de la « tragédie musicale » d'*Astrée* (musique de Colasse, livret de La Fontaine).

1692\. *Décembre :* privilège pris pour les *Fables choisies,* par M. de La Fontaine (aujourd'hui livre XII), qui seront imprimées en 1693 avec la date de 1694.
Publication séparée dans *Le Mercure Galant* de la fable *La Ligue des Rats,* sans nom d'auteur.
La Fontaine, malade, fait une confession générale à l'abbé Pouget, vicaire de Saint-Roch, et exprime le regret sincère d'avoir écrit des œuvres « scandaleuses ».

1693\. *6 janvier :* mort de Mme de La Sablière. La Fontaine trouve refuge auprès d'Anne d'Hervart, riche fils de banquier, et de son épouse, dans leur hôtel de la rue Plâtrière.
12 février : La Fontaine, malade, répudie publiquement ses *Contes* devant une délégation de l'Académie.
1er juin : achevé d'imprimer du *Recueil de vers choisis* du père Bouhours, où figurent dix nouvelles fables, dont *Le Juge arbitre, l'Hospitalier et le Solitaire.*
15 juin : La Fontaine, provisoirement remis de son mal et « converti », fit à l'Académie, lors de la réception de La Bruyère, une paraphrase en vers du *Dies Irae.*
1er septembre : achevé d'imprimer des *Fables choisies,* par M. de La Fontaine (aujourd'hui livre XII), Paris, Claude Barbin, 1694.

1695\. *13 avril :* mort de La Fontaine à Paris, à l'hôtel d'Hervart, rue Plâtrière. On trouve sur lui un cilice. Il est inhumé le 14 avril au cimetière des Saints-Innocents.

1696\. *15 mars :* achevé d'imprimer du recueil des *Œuvres posthumes* de Jean de La Fontaine, publiées par les soins de Mme Ulrich, Paris, Guillaume de Luyne, 1696.

1709\. Mort de Marie Héricart, veuve du poète.

1714\. Publication des *Œuvres choisies* de Jean-Baptiste Rousseau, au nombre desquelles se trouve, sous le titre *Belles-Fesses,* une variante du *Conte tiré d'Athénée.*

NOTICE SUR LA PUBLICATION DES *CONTES*

A. PREMIÈRE PARTIE DES CONTES.

A 1. *Publication séparée du* Conte de ****.

Le premier conte publié, anonymement, est celui qui figure sous le titre *Conte de*****, dans la Première Partie (« Sœur Jeanne ayant fait un poupon... », voir supra p. 66). Il apparaît sous le titre *Historiette,* dans un recueil collectif qui ne porte ni lieu ni date, publié vraisemblablement vers 1664 : *Les Plaisirs de la poésie galante gaillarde et amoureuse.* Sœur Jeanne s'y prénomme alors Sœur Claude.

A 2. *Publication des* Nouvelles en vers..., *1665* (Joconde, Le Cocu, battu et content).

En 1665, paraissent chez Claude Barbin, l'éditeur de la nouvelle génération littéraire, les *Nouvelles en vers tirée* [sic] *de Bocace et de L'Arioste. Par M. de L. F.,* à Paris, chez Claude Barbin, M.DC.LXV. L'achevé d'imprimer est en fait daté du 10 décembre 1664. On y trouve l'avertissement (qui figure dans notre édition p. 27), *Joconde ou l'infidélité des femmes,* et *Le Cocu, battu, et content.* S'y trouvait jointe en outre une version de *La Matrone d'Éphèse,* de Saint-Évremond ou plus probablement de La Valterie. L'avertissement indique clairement que La Fontaine, qui s'essaie dans le genre, souhaite que le public se fasse l'arbitre de ses propres hésitations : « L'auteur a voulu éprouver lequel caractère est le plus propre pour rimer des contes. » Deux voies s'ouvraient à lui : les « vers irréguliers » et « le vieux langage ». Il semble que le public se soit abstenu de trancher. La Fontaine, jusqu'au dernier recueil de ses *Contes,* continuera à pratiquer l'un et l'autre style.

En outre, la publication, en 1663, chez Billaine des *Œuvres* posthumes de Bouillon, où figurait une traduction versifiée du *Joconde* de L'Arioste, donne au poème de La Fontaine la valeur d'une preuve. L'exercice de style du poète a d'abord pour fonction de démontrer que les libertés prises à l'égard d'un modèle, et l'adjonction de « circonstances » ou d'« ornements » peuvent être les ressorts d'une poésie de qualité. Les milieux littéraires étaient partagés sur ce point, et la publication des *Fables* soulèvera à nouveau cette interrogation. Après la publication de la nouvelle de La Fontaine, la *Dissertation sur Joconde,* dont l'auteur semble être Nicolas Boileau, ou son frère Gilles, devait trancher nettement dans le débat qui agitait alors le monde littéraire, à travers le *Journal des Savants :* « Non seulement la nouvelle de La Fontaine est infiniment meilleure que celle de ce Monsieur Bouillon, mais (...) elle est même plus agréablement contée que celle d'Arioste. »

A 3. *Publication des* Contes et Nouvelles en vers..., *1665.*

Dès le début de l'année 1665, paraît chez Barbin un premier recueil de contes : *Contes et Nouvelles en vers de M. de La Fontaine,* Paris, Barbin, M.DC.LXV. Ce recueil contient tous les contes figurant aujourd'hui dans la Première Partie. On y trouve en outre l'*Imitation d'un livre intitulé Les Arrêts d'Amour, Les Amours de Mars et de Vénus,* et *Ballade.* La Fontaine justifie dans sa préface la présence de ces pièces dont le « sujet » et le « caractère » peuvent paraître sensiblement différents de ceux des autres contes. S'ils sont de la même veine que le reste de l'ouvrage, il est probable cependant que leur présence a d'abord pour objet de grossir un volume un peu mince, dont l'éditeur a peut-être souhaité hâter la publication pour bénéficier du scandale et du débat qui avaient entouré la parution de *Joconde.*

Dans sa préface, La Fontaine réfute en outre, par avance, les objections de « licence » et d'immoralité que des censeurs austères pourraient formuler contre les *Contes.* Il est vrai, que, dans cette Première Partie, il a habilement choisi ses garants parmi les « classiques » de la littérature galante ou facétieuse : Athénée, Boccace, L'Arioste, *Les Cent Nouvelles Nouvelles.* Il est sûr aussi que ces contes n'avaient guère de quoi surprendre un lecteur que les libraires, ruinés, selon Chapelain, par la chute du surintendant et la déroute des gens de finance, cherchent à séduire à grand renfort de « bagatelles ». Les *Contes* ne sont, à l'origine, qu'une de ces « barbinades » que connaît et que connaîtra la seconde moitié du siècle.

A 4. *Publication des* Contes et Nouvelles en vers... *Première et Seconde Partie, 1669.*

La Première Partie des *Contes* apparaît dans sa forme complète et définitive dans l'édition des *Contes et Nouvelles en vers de M. de La Fontaine,* à Paris, chez Claude Barbin, M.DC.LXIX.

B. DEUXIÈME PARTIE DES CONTES.

B 1. *Publication de la Deuxième Partie des* Contes et Nouvelles..., *1666.*

Un an après la publication de la Première Partie, La Fontaine, exploitant vraisemblablement ce premier succès, publie la *Deuxième Partie des Contes et*

Nouvelles en vers de M. de La Fontaine, à Paris, chez Louis Billaine, M.DC.XLVI [sic]. Cette édition ne comprend pas toutefois *Les Frères de Catalogne, L'Ermite* et *Mazet de Lamporechio.* Si l'on excepte quelques emprunts aux *Cent Nouvelles Nouvelles,* cette seconde partie est surtout inspirée de Boccace. La préface a pour ambition de définir les bases d'une poétique des *Contes.*

B 2. *Publication de trois contes inédits dans un recueil de Cologne, 1667.*

Trois contes inédits apparaissent dans une édition étrangère intitulée *Recueil contenant Plusieur Discours Libres et Moraux, et quelques nouvelles en vers non encore imprimées,* à Cologne, à la Sphère, 1667. Ces trois contes apparaissent sous les titres : *Les Cordeliers de Catalogne, L'Ermite,* et *Le Muet de Boccace* (plus tard *Mazet de Lamporechio*).

B 3. *Seconde publication des trois contes dans un recueil d'Amsterdam, 1668.*

Ces trois contes sont repris, sous le même titre, et avec un texte identique, dans le *Recueil des Contes du Sieur de La Fontaine, les Satyres de Boileau, et autres pièces curieuses,* à Amsterdam, chez Jean Verhoeven, 1668.

B 4. *Publication définitive de la Deuxième Partie, à Paris, 1669.*

La Deuxième Partie des *Contes* trouve sa forme complète et définitive dans l'édition citée ci-dessus en A 4 : *Contes et Nouvelles en vers de M. de La Fontaine* (Première et Deuxième Partie), à Paris, chez Claude Barbin, M.DC.LXIX.

Cette édition reprend, sous les titres : *Les Frères de Catalogne, L'Ermite,* et *Mazet de Lamporechio,* et avec quelques variantes de détail, les trois contes publiés à Cologne et à Amsterdam. En outre, pour lutter contre la « piraterie éditoriale » intempestive de Jean Sambix, de Leyde, qui venait de publier, à l'insu de La Fontaine, un fragment de *La Coupe enchantée* (voir infra C 1), cette édition reprend le fragment et indique l'intention de l'auteur de lui donner une suite.

C. TROISIÈME PARTIE DES CONTES.

C 1. *Publication subreptice d'un fragment de* La Coupe enchantée, *Leyde, 1669.*

Le Prologue et un fragment de *La Coupe enchantée* apparaissent dans une édition subreptice des *Contes du Sieur de La Fontaine,* à Leyde, chez Jean Sambix le Jeune, 1669. L'éditeur, qui avait vraisemblablement réussi à entrer en possession d'une des copies manuscrites qui circulaient alors, l'a publiée sans l'accord du poète, et en affirmant que l'auteur ne comptait pas achever cette pièce. La Fontaine s'irrite. Il publie à nouveau ce fragment dans l'édition ci-dessus désignée de 1669 (A 4/B 4). Il affirme qu'il entend donner une suite à ce fragment, et devait tenir bientôt parole.

C 2. *Publication définitive de la Troisième Partie, à Paris, 1671.*

La Coupe enchantée apparaît achevée et la Troisième Partie dans sa forme définitive dans l'édition des *Contes et Nouvelles en vers de M. de La Fontaine, Troisième Partie,* à Paris, chez Claude Barbin, M. DC. LXXI. Cette Troisième Partie ne comporte pas de préface. Si Boccace est toujours le grand inspirateur, d'autres modèles apparaissent, tel Machiavel (*La Mandragore*). Enfin, La Fontaine fait, dans ces contes, une large place aux dialogues. La présence, en fin de volume, de cette comédie particulière qui n'est « pas faite pour être représentée » qu'est *Clymène,* n'a d'autre fin que celle d'apporter, avec une rare virtuosité démonstrative, la réflexion de La Fontaine sur la poétique et l'utilisation du langage.

D. NOUVEAUX CONTES.

D 1. *Publication séparée des* Troqueurs, 1672 (?).

Les Trocqueurs, conte par M.D.L.F., sont publiés, sans nom d'éditeur, sans date et sans lieu d'édition, dans un petit livret de huit pages, qui circule à Paris vraisemblablement au cours de l'année 1672.

D 2. *Publication des* Nouveaux Contes, *à l'adresse de Mons, 1674.*

En 1674, paraît, dans sa forme définitive, le recueil des *Nouveaux Contes de Monsieur de La Fontaine,* à Mons, chez Gaspard Migeon, imprimeur, 1674. Cet ouvrage paraît sans privilège. L'adresse étrangère — celle de Mons — est une adresse factice : le livre a probablement été imprimé en France, à Reims, à Châlons, ou peut-être même à Paris.

La Fontaine a commis deux audaces : d'abord, il s'est abstenu de citer ses sources, comme il le faisait souvent jusqu'alors, s'assurant ainsi d'une impunité « historique ». Ensuite, ses *Nouveaux Contes* prennent systématiquement pour cible des religieux ou des religieuses, des prêtres, ou des dévots. Ceux-ci devaient réagir. Une dénonciation conduit le Procureur du roi à requérir contre cet ouvrage « rempli de termes indiscrets et malhonnêtes et dont la lecture ne peut avoir d'autre effet que celui de corrompre les bonnes mœurs et d'inspirer le libertinage ». En conséquence, le lieutenant général de police La Reynie signa, le 5 avril 1675 (soit plus d'un an après la publication), une sentence interdisant le débit des *Nouveaux Contes.* Il n'apparaît pas toutefois que cette interdiction ait eu de graves conséquences sur la diffusion du livre. Des personnalités connues, comme la Champmeslé, auraient, selon Furetière, prêté leur concours pour que l'ouvrage soit largement diffusé. Et La Fontaine jouissait de quelques protections importantes — telle celle de Mme de Thianges — : l'instruction tourna court.

Toutefois, La Fontaine, qui briguait un siège à l'Académie, a compris que cette audace et cette licence pouvaient lui être fatales. Il tempérera désormais sa plume.

E. DERNIERS CONTES.

E 1. *La publication de* La Matrone d'Éphèse *et* Belphégor *en 1682.*

La Fontaine, assagi, publie deux contes inoffensifs, et cautionnés par de multiples « garants » littéraires : *La Matrone d'Éphèse* et *Belphégor,* dans un recueil dont le morceau central est consacré au « divin fébrifuge » qu'est le quinquina : *Poème du Quinquina et autres ouvrages en vers de M. de La Fontaine,* à Paris, chez Denys Thierry et Claude Barbin, M. DC. LXXXII.

E 2. *Insertion de* La Matrone d'Éphèse *et de* Belphégor, *dans le dernier livre des* Fables, *1694.*

Au moment où La Fontaine, malade et craignant Dieu, publie le dernier recueil de ses *Fables,* le « livre favori », par qui désormais il « espère une seconde vie », il insère ces deux contes « moraux » dans l'ouvrage : *Fables choisies, par M. de La Fontaine,* à Paris, chez Claude Barbin, 1694 (achevé d'imprimer, 1er septembre 1693). La Fontaine a toutefois pris soin de faire disparaître le prologue de *Belphégor* et la dédicace à l'adresse de la Champmeslé : l'un et l'autre risquaient d'évoquer trop directement le souvenir de ce « livre abominable » qu'étaient les *Contes.*

E 3. *Publication de cinq contes dans un recueil de 1685.*

Cinq contes, plus audacieux que *La Matrone d'Éphèse* et *Belphégor,* mais qui se gardent toutefois de mettre en cause des religieux ou des religieuses, paraissent dans *Les Ouvrages de prose et de poésie des Sieurs de Maucroy et de La Fontaine,* à Paris, chez Claude Barbin [1685]. Ce sont *La Clochette, Le Fleuve Scamandre, La Confidente sans le savoir ou le stratagème, Le Remède,* et *Les Aveux indiscrets.*

F. CONTES POSTHUMES.

F 1. *Publication, dans les* Œuvres posthumes, *des* Quiproquos, *1696.*

Lorsque Mme Ulrich, la compagne des derniers jours du poète, entreprend, un an après sa mort, de lui rendre un dernier hommage en publiant ses *Œuvres posthumes,* à Paris, chez Guillaume de Luyne, 1696, elle y insère un conte, qui aurait pu être composé pour elle : *Les Quiproquos.*

F2. *Publication sous le titre* Belles-Fesses *du* Conte tiré d'Athénée, *1714*.

Dans les *Œuvres choisies* de Jean-Baptiste Rousseau, publiées à Paris en 1714, paraît, sous le titre *Belles-Fesses*, un conte qui n'est pas attribué à La Fontaine.

F3. *Identification du* Conte tiré d'Athénée (1725), *et découverte dans l'inventaire des manuscrits de Conrart.*

Dès 1725, Mathieu Marais, dans *Histoire de la vie et des ouvrages de La Fontaine* (publiée seulement en 1811), a attribué à La Fontaine le conte figurant dans le recueil de Jean-Baptiste Rousseau. Cette hypothèse devait être confirmée par l'inventaire des recueils de manuscrits de Conrart. Ce fin lettré était dans les années 1660 l'un des « régents du royaume des lettres ». Comme d'autres poètes, La Fontaine a dû lui soumettre nombre de ses manuscrits (fables et contes), que Conrart recueillait dans des registres aujourd'hui conservés à la Bibliothèque de l'Arsenal. C'est dans l'un de ces registres (ms Conrart IX) qu'on a pu retrouver le texte original du *Conte tiré d'Athénée*.

G. CONTES FAUSSEMENT ATTRIBUÉS A LA FONTAINE.

Marque du succès, le recueil des *Contes* de La Fontaine a été grossi, même du vivant du poète, d'un certain nombre de contes dont il n'est pas l'auteur :

— *Miaulement des chattes, L'Enfant, Colin, L'Espagnol, Il vaut mieux manger du lard que de mourir de faim* dans une contrefaçon de l'édition de 1669.

— *L'Oiseau en cage, Les Deux Compères, Les Noces de Guillot, Les Opilations de Sylvie* et *Le Duc d'Albe*, dans une édition publiée par Henry Desbordes, à Amsterdam, en 1710.

— *Le Contrat, La Couturière, Le Gascon, La Cruche, Promettre est un et tenir est un autre* et *Le Rossignol* (identique à *L'Oiseau en cage* publié précédemment) dans l'édition publiée par Henry Desbordes, à Amsterdam en 1718.

— *Le Coup de corne* dans l'édition publiée par Étienne Lucas, à Amsterdam, en 1732.

— *Les Effets de la Nature* sont attribués à La Fontaine dans *Le Voyage de M. de Cléville*, publié à Londres en 1750.

— *Gros-Jean et son curé, Le Procès en impuissance* (publié sans nom d'auteur chez Antoine Schouten à Utrecht en 1699) et *Les Deux Testaments* (découverts dans les manuscrits de Trallage) sont attribués par Paul Lacroix à La Fontaine dans son édition des *Œuvres de La Fontaine*, Paris, 1858, et ses *Œuvres inédites de La Fontaine*, Paris, 1863.

H. ÉDITIONS ILLUSTRÉES DES CONTES.

A l'inverse des *Fables*, qui, en raison d'une tradition de la librairie, furent, dès l'origine, ornées de vignettes de François Chauveau, les *Contes* parurent, en édition originale, sans illustrations. Il fallut attendre 1685 pour voir paraître en Hollande une édition illustrée, publiée probablement avec l'accord et la sympathie de La Fontaine. Mais les éditions illustrées des *Contes* devaient connaître au XVIIIe siècle leur heure de gloire. Les situations galamment mises en scène par le poète servent de prétexte aux variations légères d'un burin ou d'une plume qui aiment à découvrir les chairs et à se jouer des situations les plus scabreuses. L'illustration des *Contes* devient l' « examen de passage » de l' « École des Grâces », comme celle des *Fables* sert d'exercice à « l'École des Flandres », regroupée autour d'Oudry, dans l'entourage de la reine et du jeune dauphin.

Les principales éditions illustrées des *Contes* sont donc :

H 1. *Illustrations de Romeyn de Hooghe* (Romain de Hooge), dans l'édition des *Contes et Nouvelles en vers, par M. de La Fontaine*, Amsterdam, Henry Desbordes, 1685.

H 2. *Illustrations de Charles-Nicolas Cochin le Jeune*, dans l'édition des *Contes et Nouvelles en vers de M. de La Fontaine*, [Paris, David le Jeune] à l'adresse d'Amsterdam, 1743.

H 3. *Illustrations de Charles Eisen*, dans l'édition dite « des fermiers généraux » des *Contes et Nouvelles en vers de M. de La Fontaine*, [Paris, Barbou] à l'adresse d'Amsterdam, 1762.

H 4. *Illustrations de Duplessis-Bertaux*, pour un *Recueil des meilleurs contes en vers*, [Paris, Cazin] à l'adresse de Londres, 1778.

H 5. *Illustrations de Claude-Louis Desrais*, pour l'édition des *Contes et Nouvelles en vers de M. de La Fontaine*, [Paris] à l'adresse de Londres, 1780.

H 6. *Illustrations de Fragonard* : des 80 figures commandées par Didot à Fragonard, seules 57 seront livrées avant les événements révolutionnaires, qui suspendront l'édition. Vingt figures, malheureusement fort retouchées par la gravure, ont été publiées dans l'édition des *Contes*, Paris, Didot, 1795. La suite complète des lavis est parue pour la première fois dans l'édition des *Contes*, Paris, Lemonnyer, 1883.

H 7. *Illustrations de Johannot, Roqueplan, Devéria, Boulanger, Alexandre Fragonard, Janet-Lange, Francais, Laville, Wattier,* pour l'édition des *Contes et Nouvelles en vers,* de Jean de La Fontaine, Paris, Ernest Bourdin (sans date : 1839 ?).

Pour la présente édition, nous avons utilisé :

— Pour la *Première Partie,* les textes figurant en A 4, plus l'avertissement figurant en A 2.

— Pour la *Deuxième Partie,* les textes figurant en B 4 et les variantes de B 2.

— Pour la *Troisième Partie,* les textes figurant en C 2 et, pour *La Coupe enchantée,* les variantes de C 1.

— Pour les *Nouveaux Contes,* les textes figurant en D 2 et, pour *Les Troqueurs,* les variantes de D 1.

— Pour les derniers contes, les texte figurant en E 1 et E 3.

— Pour les contes posthumes, les textes figurant en F 1 et F 3.

L'orthographe, sauf à la rime, a été modernisée. La ponctuation des éditions originales a, en revanche, été respectée, sauf dans les rares cas où elle pouvait prêter à contresens. Enfin la disposition typographique, sans autres blancs que ceux voulus par le poète, a été respectée.

INDICATIONS BIBLIOGRAPHIQUES

I. ÉDITIONS

Œuvres de Jean de La Fontaine, éd. Henri Régnier, Paris, Hachette, collection des Grands écrivains de la France, 11 volumes, tomes IV (1887), V (1889), VI (1890). Édition un peu vieillie, qui demeure cependant sérieuse et complète, notamment dans le domaine de l'étude des sources.

Fables, Contes et Nouvelles de Jean de La Fontaine, éd. Edmond Pilon, René Groos et Jacques Schiffrin, Paris, Gallimard, Bibliothèque de la Pléiade, 1932. On préférera la seconde édition, parue en 1954.

Œuvres diverses de Jean de La Fontaine, éd. Pierre Clarac, Paris, Gallimard, Bibliothèque de la Pléiade, 1958. On y trouvera les six contes suivants : *Clymène, Les Amours de Mars et de Vénus, Imitation d'un livre intitulé Les Arrêts d'Amour, Ballade, Le Différend de Beaux Yeux et de Belle Bouche, Janot et Catin.*

Contes et Nouvelles en vers, de Jean de La Fontaine, éd. Pierre Clarac, Paris, Belles Lettres, 1961. Édition entièrement revue sur les textes originaux et pourvue d'une introduction de grande qualité.

Contes et Nouvelles en vers, de Jean de La Fontaine, éd. Georges Couton, Paris, Garnier, 1961. L'introduction apporte des vues nouvelles sur l'origine des *Contes,* et sur l'art de la narration chez La Fontaine. Annotation précise et clarification opportune du vocabulaire utilisé par La Fontaine.

Contes et Nouvelles en vers, de Jean de La Fontaine, éd. Jean-Pierre Collinet et Nicole Ferrier, Paris, Flammarion, collection « GF », 1980. Avec une érudition précise et opportune, la préface et l'annotation replacent l'écriture des *Contes* dans le réseau contextuel de la littérature des « petits genres », ou de la tradition facétieuse.

II. ÉTUDES

1. *Biographies.*

Louis ROCHE, *La Vie de Jean de La Fontaine,* Paris, Plon-Nourrit, 1913.

Jean ORIEUX, *La Fontaine, ou La vie est un conte,* Paris, Flammarion, 1976.

2. *Ouvrages généraux sur l'œuvre de La Fontaine.*

Pierre CLARAC, *La Fontaine, l'homme et l'œuvre,* Paris, Boivin-Hatier, collection « Connaissance des Lettres », 1947. On préférera la seconde édition (1959).

Antoine ADAM, *Histoire de la littérature francaise au XVIIe siècle,* Paris, Domat, tomes II (1951), IV (1954), V (1956).

Pierre CLARAC, *La Fontaine par lui-même,* Paris, Seuil, collection « Écrivains de toujours », 1961.

Renée KOHN, *Le Goût de La Fontaine,* Grenoble, Allier, 1962.

Jean-Pierre COLLINET, *Le Monde littéraire de La Fontaine,* Paris, P.U.F., 1970. Voir également, du même auteur, l'édition des *Fables* publiée en 1974 dans la collection « Poésie/Gallimard ».

Georges MONGREDIEN, *Recueil des textes et des documents du XVIIe siècle relatifs à La Fontaine,* Paris, C.N.R.S., 1973.

3. *Ouvrages ou articles portant plus précisément sur les* Contes.

3.1. *La Fontaine, ses inspirateurs, ses modèles.*

Gaston PARIS, « La Source italienne de *La Courtisane amoureuse* », in *Raccolta di Studi critici dedicati ad. A. d'Ancona,* Florence, 1901, p. 375-385.

J. TIMM, *Erzähltechnik bei La Fontaine und Boccaccio. Ein Vergleich der* Contes *und ihrer Vorlagen in* Decameron, Diss., Hambourg, 1963.

S. PITOU, « Parabosco and *Les Remois* of La Fontaine », *Romance Notes,* printemps 1967.

Gérard GENOT, « La Fontaine et Boccace », in *Il Boccacio nella cultura francese,* Florence, Olschki, 1971.

Gérard GENOT, « Le Récit du déclassé, Boccace et La Fontaine », *Revue romane,* 7, 1972, p. 204-232.

3.2. *Théorie, techniques et esthétique de la narration dans les* Contes.

Walter PABST, *Novellentheorie und Novellendichtung,* Hambourg, 1953, p. 203-230 « La Fontaine ironisches Spiel mit der Antinomie ».

Fannie S. HOWARD, *Illusion and Reality in the* Contes *of La Fontaine* (voir *Dissertation Abstracts,* 31, 1970-1971, 2919 A).

John C. LAPP, *The esthetics of Negligence, La Fontaine's* Contes, Cambridge University Press, 1971.

J. C. CAULEY, *The* Contes *of La Fontaine : a study in narrative mode* (thèse), Wisconsin University, 1972.

J. C. CAULEY, *The Contes of La Fontaine : a study in narrative mode* (thèse), Fontaine », in *The French Short Story, Seventeenth Century French Literature Studies*, n° 2, 1975, p. 27-38.

Fannie S. HOWARD, « La Fontaine's *Le Tableau* : a consideration of the parallel of poetry and painting », in *The French Short Story, Seventeenth Century French Literature Studies*, n° 2, 1975, p. 15-26.

Fannie S. HOWARD, « La Fontaine on fiction writing : reality and illusion in the *Contes* », in *The French Short Story, Seventeenth Century French Literature Studies*, n° 2, 1975, p. 167-171.

Jane MERINO, « The Play of Deferred Communication in La Fontaine's *La Confidente sans le savoir* », *Papers on French Seventeenth Century Literature*, n° 11, été 1979, p. 107-112.

3.3. *Les éditions illustrées des* Contes *de La Fontaine.*

A. HÉDÉ-HAUY, *Les Illustrations des* Contes *de La Fontaine*, Paris, Rouquette, 1893.

3.4. *Les successeurs et continuateurs des* Contes *de La Fontaine.*

Reinhard Joachim LÜTHJE, *Die französische Versezählung nach La Fontaine. Studien zur Poetik und Geschichte des* Contes en vers, Hambourg, Romanisches Seminar der Universität, 1979.

NOTES

Ces notes ont moins pour objet d'alourdir le texte de La Fontaine d'une érudition historique et littéraire, parfois injustifiée, que de permettre à « l'honnête homme » du XXe siècle de lire les *Contes*, en percevant s'il se peut, comme son homologue du XVIIe siècle, les jeux du sens et les finesses de l'écriture. Archaïsmes, jeux de mots, proverbes détournés, préciosités, citations, pastiches, tout est mis en œuvre par le poète pour arracher du plaisir à l'exercice même du langage. C'est ce « plaisir du texte » que ces éclaircissements ont pour ambition de restituer.

Les définitions de mots ou d'expressions aujourd'hui disparus sont empruntées :

— soit à Richelet, *Dictionnaire francais*, Genève, J. H. Widerhold, 1680 (Richel.),

— soit à Furetière, *Dictionnaire universel*, La Haye, Rotterdam, A. et R. Leers (1690), deuxième édition, 1694. (Fur.)

CONTES ET NOUVELLES EN VERS

Première Partie

Page 27. AVERTISSEMENT

1. Cet avertissement figure dans les *Nouvelles en vers tirée* [sic] *de Bocace et de L'Arioste,* à Paris, chez Claude Barbin, 1665. Il a été supprimé dans toutes les éditions ultérieures.

2. *Dont ce livre fait part au public :* il s'agit de *Joconde* et de *Le Cocu, battu, et content.*

3. *Les vieilles traductions de Boccace :* il en existait deux. Celle de Laurent du Premierfait, 1485, et surtout celle d'Antoine Le Maçon, 1545, plusieurs fois réimprimée. Il semble que La Fontaine se soit servi plus tard de cette traduction dans sa réimpression de 1670, comme paraît l'attester une interprétation fondée sur une « coquille typographique » de cette

édition (voir, infra, *Nouveaux Contes, Le Roi Candaule, et le maître en droit*, p. 354, note 38).

4. *Térence :* La Fontaine avait déjà publié en 1654 une adaptation de *L'Eunuque* de Térence.

5. *Populo ut placerent quas fecisset fabulas :* citation de Térence, *L'Andrienne*, prologue, v. 3 : « En sorte que les pièces qu'il avait composées puissent séduire tous les publics. »

Page 29. PRÉFACE

1. Cette préface figure pour la première fois dans les *Contes et Nouvelles en vers de M. de La Fontaine*, Paris, Barbin, 1665.

2. *Fils de ses propres œuvres :* « chacun est fils de ses œuvres », proverbe castillan.

3. *Régner tour à tour :* La Fontaine passe en revue les modes successives des « petits genres » qui ont fleuri pendant la première moitié du siècle : le rondeau, court poème à forme fixe pratiqué par Vincent Voiture, la métamorphose qui, dès 1639, met en « action » des métaphores poétiques, les bouts-rimés, enfin, vers le milieu du siècle — poèmes constitués sur des rimes données d'avance —, qui donnent lieu à de véritables joutes de salon (voir Georges Mongrédien, *Les Précieux et les précieuses*, introduction et choix de textes de Georges Mongrédien, Paris, Mercure de France, 1939, nouvelle édition 1963).

Page 30.

4. *Cette seconde édition :* la première édition ne comprenait en effet que *Joconde* et *Le Cocu, battu, et content*. La seconde édition, publiée elle aussi en 1665, comprenait dix contes : *Joconde, Richard Minutolo, Le Cocu, battu, et content, Le Mari confesseur, Conte d'une chose arrivée à Château-Thierry, Conte tiré d'Athénée, Autre conte tiré d'Athénée* (*Les Deux Amis*), *Conte de ****, Conte du juge de Mesle, Conte d'un paysan qui avait offensé son seigneur*. A ces dix contes, La Fontaine devait ajouter, comme il s'en justifie un peu plus loin, l'*Imitation d'un livre intitulé Les Arrêts d'Amour, Les Amours de Mars et de Vénus*, et la *Ballade*.

5. *Horace : Épître aux Pisons* (Art poétique), v. 86-87.

6. *Quelques circonstances :* il existe dans la rhétorique traditionnelle des « circonstances » de personnes, des circonstances de temps, des circonstances de lieux. Étendre dans un récit ces « circonstances » est un des moyens utilisés par les rhéteurs pour « enrichir » un modèle.

Page 31.

7. *Cicéron : De Oratore*, I, XIX ; *Orator*, XXI, XXVI.

8. *Bientôt trouvé d'autres :* La Fontaine développera la même idée dans les *Fables*, II, 1, *Contre ceux qui ont le goût difficile*.

Page 33. JOCONDE

1. Avant de prendre place sous ce titre en tête du premier recueil de *Contes et Nouvelles en vers de M. de La Fontaine*, publié par Barbin en 1665,

cette nouvelle figurait, sous le titre *Joconde ou l'infidélité des femmes*, dans un minuscule recueil achevé d'imprimer en décembre 1664 chez le même libraire. Ce recueil séparé réunissait *Joconde, Le Cocu, battu, et content* et une version de *La Matrone d'Éphèse* qui n'est pas de la main de La Fontaine et peut être attribuée à Saint-Évremond ou, plus probablement, à La Valterie. En outre, en 1663, avait été publié chez Billaine un recueil d'*Œuvres* posthumes d'un poète sans renom, Bouillon, où figurait une traduction versifiée de la nouvelle de L'Arioste. Les beaux esprits disputèrent des mérites respectifs de la traduction de Bouillon et de l'adaptation de La Fontaine. La *Dissertation sur Joconde*, due à la plume de Nicolas ou de Gilles Boileau, devait trancher avec vigueur en faveur de la nouvelle de La Fontaine. Cette *Dissertation* circula d'abord manuscrite et ne devait être imprimée qu'en 1669, après la publication du second recueil des *Contes et Nouvelles* et du premier recueil des *Fables*.

C'est probablement à dessein que La Fontaine a conservé cette nouvelle en tête du recueil de 1665. Elle a valeur exemplaire, démonstrative, synthétique. Selon un procédé que le poète réutilisera à l'occasion dans les *Fables* (*Le Bûcheron et Mercure*, V, 1 ; *Les Animaux malades de la peste*, VII, 1 ; *Le Dépositaire infidèle*, IX, 1), tout le « personnel » des *Contes* peut s'y trouver rassemblé sur une même « affiche » : jeunes gens bien faits et personnages monstrueux, princes et manants, séducteurs et cocus, et femmes de toutes vertus et de toutes conditions. Astolphe et Joconde, qui évoquent déjà l'Axiochus et l'Alcibiades du *Conte tiré d'Athénée*, sont comme les deux faces d'un même personnage. Leurs destinées sont exactement parallèles ; toutefois, un léger décalage dans la chronologie fait de cet être double (Astolphe/Joconde) un personnage ambigu qui est, à chaque instant, lui-même et son contraire : beau et laid (lorsque Joconde est plongé dans le chagrin), amant et cocu, trompeur et trompé.

2. *Nouvelle tirée de L'Arioste :* La Fontaine a trouvé sa source dans *Orlando furioso (Roland furieux)* de L'Arioste, chant XXVIII, octaves 1-74. Il n'a pas toutefois, comme Bouillon, suivi au pied de la lettre son modèle. Il y a ajouté des « ornements », des « circonstances », comme il le fera dans les *Fables :* telles les lamentations de la femme de Joconde avant le départ à la Cour de celui-ci.

Page 34.

3. *Triomphait d'être inconsolable :* se glorifiait, se prévalait d'être inconsolable.

Page 36.

4. *La quarantaine :* les quarante jours de jeûne du carême.

Page 37.

5. *Au lansquenet :* jeu de cartes populaire, pratiqué par les soldats ou les petites gens.

6. *Que ta main étant faite :* qu'après avoir donné les cartes, achevé et emporté la partie.

7. *Adon :* Adonis.

Page 38.

8. *Joconde la trouva :* Joconde trouva la clef que Dorimène avait laissé tomber (anacoluthe).

9. *Des rois et des césars :* La Fontaine met dans la bouche de Joconde une parodie des généalogies bibliques, à laquelle déjà Rabelais s'était exercé (*Pantagruel*, chap. I).

Page 39.

10. *Sans en faire pire chère :* sans faire plus triste mine.

11. *Nous en ont donné d'une :* nous ont trompés, et nous ont battus dans une première manche.

Page 40.

12. *Bonnes lettres de change :* lettres accréditives permettant de se procurer de l'argent en tout pays auprès des banquiers.

Page 42.

13. *De prétendre le pas :* d'exiger la préséance.

14. *De la chape à l'évêque hélas ils se battaient :* expression proverbiale. Littéralement : ils se battaient pour un habit d'évêque. Ils se disputaient pour une chose qui était hors de propos et à laquelle nul ne pouvait prétendre.

Page 43.

15. *En quelque endroit :* dans les *Proverbes*, XXX, 18-19.

16. *Bien et beau :* bel et bien.

Page 44.

17. *Tant que le siège soit vacant :* jusqu'à ce que la place (généralement le siège épiscopal) soit libérée par celui qui l'occupe. La Fontaine joue sur les mots : le « siège » désigne ici une réalité plus prosaïque... et fort peu épiscopale.

Page 45.

18. *Dont peu de temps après on la vit mariée :* les écus constituèrent la dot du mariage.

Page 46.

19. *La constellation :* les conjonctions astrales qui régissent les dispositions amoureuses du cœur féminin.

20. *Rencontra :* tomba juste.

Page 47.

21. *Soulas :* contentement, joie, satisfaction (vieux mot).

Page 48. RICHARD MINUTOLO

1. *Nouvelle tirée de Boccace : Décaméron*, troisième journée, nouvelle 6 (*La Feinte par amour*). La Fontaine, comme pour la nouvelle précédente, ne s'est

pas privé d'enchérir sur son modèle : la célébration de Naples, cité de la galanterie, ne se trouve pas chez Boccace.

2. *Qui sût si bien le numéro :* « entendre le numéro, avoir de l'adresse et de l'intelligence pour certaines choses » (Richel.). Ici : qui eût autant d'adresse pour les jeux d'amour.

3. *Il feint d'être guéri :* de son mal d'amour, de sa passion pour Catelle.

Page 49.

4. *La galande :* la galante. Ici, en mauvaise part : la séductrice, l'aventurière.

5. *Janot le baigneur :* les propriétaires des établissements de bains servaient fréquemment d'entremetteurs et les bains étaient souvent utilisés comme maisons de rendez-vous.

Page 50.

6. *Sentant son cas :* se sentant coupable.

7. *La chambre noire :* allusion aux chambres de dévotion, dans les monastères, où le pécheur s'enfermait pour faire pénitence, en subissant le jeûne et en s'imposant des mortifications.

8. *Si la corde ne rompt :* sauf accident, si tout se déroule comme prévu. Cette expression est empruntée au langage des bateleurs et en particulier des funambules.

Page 51.

9. *A lui chanter sa gamme :* « chanter sa gamme à quelqu'un : le quereller, le reprendre » (Fur.).

10. *Gagner les pardons :* obtenir des indulgences.

11. *Tu te tiens en mue :* la mue est une cage circulaire où l'on isole les chapons pour l'engraissement. Catelle reproche à son mari d'être à son égard semblable à un chapon, c'est-à-dire de demeurer sexuellement sur la réserve, et de garder en fait vigueur et puissance pour une autre.

Page 52.

12. *Et bien de mon pays :* « tout neuf, fort niais » (Richel.). Ici : et bien « nigaude » (comme une paysanne).

13. *Ai-je failli :* ai-je commis une faute, ai-je eu tort ?

14. *En ce rencontre :* le mot « rencontre » pouvait être masculin jusqu'au XVIIe siècle. Il l'est demeuré dans la langue héraldique. Ici : en cette occurrence.

Page 53.

15. *Contente-toi :* sois satisfait avec ce que tu as obtenu.

16. *Aussi mauvais que lui :* on peut comprendre : « je risque d'être, dans un duel, aussi redoutable et dangereux qu'il l'est », ou peut-être, plus comiquement : « nous sommes aussi mauvais escrimeurs l'un que l'autre et nous risquons, par accident, de nous entre-tuer ».

Page 54.

17. *Peut passer à la montre :* bien qu'il ne soit pas d'une grande qualité, il est cependant digne de passer « à l'étalage »... et à la postérité.

Page 55. LE COCU, BATTU, ET CONTENT

1. *Nouvelle tirée de Boccace :* La Fontaine a repris, de façon plus légère, le thème traité par Boccace dans le *Décaméron* (septième journée, nouvelle 7). Ce thème, lieu commun des fabliaux, avait déjà inspiré, en 1641, Le Métel d'Ouville, dans son *Élite des contes.*

2. *Prou de pardons :* beaucoup d'indulgences.

3. *Peu ni point ne durait :* « on dit qu'un homme ne saurait durer en sa peau... pour dire qu'il est inquiet et inconstant » (Fur.). Ici, le héros ne peut « tenir en place » : il est agité par le désir.

Page 56.

4. *Pourchas :* chasse, quête.

5. *Ce fut beaucoup :* ce fut une prouesse.

Page 57.

6. *S'encorneta :* se couvrit d'une cornette, « coiffe de toile... dont se servent ordinairement les femmes la nuit » (Richel.).

7. *Garde n'avait :* il n'y avait aucun risque pour qu'il rencontrât quelqu'un.

Page 58.

8. *La Dieu merci :* par la merci, par la grâce de Dieu.

9. *De horions laidement l'accoutra :* lui infligea de vilains coups, le maltraita vilainement.

Page 59.

10. *Traitez-le ainsi que moi :* dans la métrique du vers, le « e » de « le » s'élide devant la voyelle initiale du mot suivant (« traitez-l'ainsi que moi »).

11. *Pas n'y faudrai :* je n'y manquerai pas.

Page 60. LE MARI CONFESSEUR

1. *Conte tiré des Cent Nouvelles Nouvelles :* nouvelle LXXVIII. Le thème est répandu chez les conteurs et les auteurs de fabliaux : Boccace s'en est lui aussi inspiré (*Décaméron,* cinquième journée, nouvelle 5).

2. *Le grand roi François :* François 1er.

3. *Dont il croyait :* il en induisait de ce fait...

4. *Muguets :* « galant, coquet, qui fait l'amour aux dames, qui est paré et bien mis pour leur plaire » (Fur.).

5. *Si j'étais crû :* n'aurais-je pas été élevé... ?

6. *Un jour de confrérie :* un jour où se confessaient les dévots d'un saint ou d'une sainte — dont l'épouse de Messire Artus faisait probablement partie.

Page 61.

7. *La kyrielle :* la série des invocations, la litanie des noms cités (à l'instar de la prière du « Kyrie »).

8. *M'a fait douter du badinage :* m'a fait deviner le tour que vous me jouez.

9. *Sot :* La Fontaine joue sur le double sens du mot à l'époque : un sot est un « niais » mais c'est aussi un « cornard » (Fur.), c'est-à-dire un cocu.

Page 62. CONTE D'UNE CHOSE ARRIVÉE À CHÂTEAU-THIERRY

1. Le nom de la ville natale de La Fontaine ne figure que sous l'initiale « C. » dans les premières éditions — antérieures à 1669. Ce conte est parfois désigné sous le titre *Le Savetier.* La Fontaine a probablement mis en vers une anecdote locale, qui lui avait déjà fourni le sujet de la farce-ballet *Les Rieurs du Beau-Richard* qui fut jouée et dansée par des amateurs, à Château-Thierry, vers le début de l'année 1660.
2. *Les bonnes gens :* le bonhomme et sa femme.
3. *Mi-muid de grain :* un demi-muid de grain. Le muid est une ancienne mesure qui représente approximativement cinq litres.
4. *Par bieu :* ou parbleu. On jurait « par bleu », pour « par Dieu », afin de ne pas blasphémer le nom de Dieu (voir aussi « Jarniquienne », je ne renie rien, pour « je renie Dieu »).
5. *Demandez la cédule :* « billets, promesses et reconnaissances qui sont sous seing privé » (Fur.). Il s'agit ici de la reconnaissance de dette du savetier.

Page 63.

6. *Si que... :* tant et si bien que...
7. *N'y manquez plus, sauf après de se taire :* en une autre occasion ne manquez pas d'en profiter, à condition, bien sûr, de n'en rien dire ensuite.
8. *Mais qu'en est-il ? or çà, belle, entre nous :* mais, entre nous, ma belle, n'est-ce pas ainsi que les choses se sont, en réalité, passées ?
9. *Illec :* en ce lieu (vieux mot déjà hors d'usage au XVIIe siècle).

Page 64. CONTE TIRÉ D'ATHÉNÉE

1. *Conte tiré d'Athénée : Banquet des sophistes,* XII, 9. La Fontaine a quelque peu modifié l'anecdote de son modèle pour éviter une évocation trop scabreuse de l'inceste. On peut presque voir ici une version galante de la très belle fable des *Deux Amis (Fables,* VIII, 11).
2. *Exploite :* fait des exploits, des prouesses.

Page 65. AUTRE CONTE TIRÉ D'ATHÉNÉE

1. *Autre conte tiré d'Athénée : Banquet des sophistes,* VIII, 5.
2. *Tout à l'heure :* à l'instant, sur-le-champ.

Page 66. CONTE DE ****

1. Ce conte a été publié, sous le titre *Historiette,* dans un recueil intitulé *Les Plaisirs de la Poésie galante, gaillarde et amoureuse,* qui ne porte ni lieu ni date d'édition, mais a vraisemblablement vu le jour vers 1664. Sœur Jeanne y apparaissait alors sous le nom de Sœur Claude.

2. *Ses sœurs à la grille :* à la grille du parloir, pour y recevoir leurs nombreuses visites.

3. *Et sa séquelle :* « suite, train » (Richel.). Les plaisirs et les peines que la fréquentation du monde ne manque pas d'apporter.

Page 67. CONTE DU JUGE DE MESLE

1. La Fontaine situe cette anecdote dans la petite bourgade de Mesle-sur-Sarthe, proche d'Alençon, à moins qu'il ne s'agisse du domaine de Mello, non loin de Chantilly, comme le pense Antoine Adam (*Romanciers du XVIIe siècle,* Bibliothèque de la Pléiade, 1958, p. 1465). Aussi peut-on penser qu'il s'est inspiré d'un fait réel comme, plus haut, dans le *Conte d'une chose arrivée à Château-Thierry.* Pourtant, il s'agit là d'une plaisanterie courante sur les gens de justice : on la trouve chez Rabelais (le juge Bridoye « sententioit les procès au sort des dés », *Le Tiers Livre,* XXXIX-XL), chez Furetière (*Le Roman bourgeois,* II, éd. Folio, 1981, p. 202) ou chez Sorel (*Francion,* XI).

2. *Si ne put onc :* aussi ne put-il jamais…

3. *Il avait bonne pince :* ce juge, comme bon nombre de ses collègues, était un « rapace », avide, tel Perrin Dandin dans la fable de *L'Huître et les Plaideurs* (IX, 9), du bien de ses plaignants. Ici, La Fontaine joue sur les mots : le juge de Mesle a « bonne poigne », et manie aussi fort bien la « pince à phynances ».

4. *Égard :* décision, sentence.

5. *Il n'est maille :* il n'y a rien d'original dans le procédé que j'utilise.

Page 68.
CONTE D'UN PAYSAN QUI AVAIT OFFENSÉ SON SEIGNEUR

1. Ce conte, qui, dans le manuscrit Conrart, porte le titre de *Conte d'un gentilhomme espagnol et d'un paysan son vassal* est très certainement inspiré d'une comédie de l'Italien Giordano Bruno, *Il Candelaio,* traduite en français et publiée en 1633 sous le titre *Boniface et le Pédant.* Molière en retient l'idée pour le premier intermède du *Malade imaginaire.* Le sort du paysan toutefois est ici plus pitoyable que dans le modèle italien : la victime n'a pas mérité un tel châtiment. Aussi a-t-on pu prêter à ce conte une portée politique qu'on entrevoit parfois aussi dans les *Fables.*

2. *La hart :* la corde, la pendaison.

3. *Trente aulx :* trente têtes d'ail.

Page 69.

4. *Pied-plat :* désigne le paysan, qui marche pieds nus ou avec des souliers plats. Les nobles au contraire portent des souliers à talon.

5. *La gorge m'ard* : la gorge me brûle.

6. *Le lampas* : primitivement « tumeur au palais de la bouche d'un cheval », et par extension, la gorge.

7. *Bon prou vous fasse* : grand profit, grand bien vous fasse.

8. *Que les aulx soient sur les coups précomptés* : que les têtes d'ail avalées soient préalablement déduites du nombre total de coups.

Page 70.

9. *C'est grand cas* : ce serait chose étonnante...

10. *Paillards* : « un fort paillard, un puissant coquin, un homme robuste » (Fur.). A proprement parler, le « paillard » est le rustre qui couche sur la paille.

11. *Mugot* : « magot, amas de quelque chose qu'on cache ; s'est dit par corruption de *mugot* » (Fur.) ; le mot *mugot* dérive du vieux verbe *mucher* ou *musser* qui signifie *cacher, dissimuler, « serrer »*.

12. *C'est tout mon fait* : c'est toute ma fortune (voir Molière, *L'Avare*, I, 4 : « Bien heureux qui a tout son *fait* bien placé ! »).

13. *Un trébuchet* : une balance portative pour vérifier le poids et donc la valeur des pièces.

14. *Émoucher* : « chasser les mouches »... à grands coups de bâton.

15. *Carolus* : pièce de monnaie, frappée sous le règne de Charles VIII, et marquée de son nom et d'une fleur de lis. Elle valait au début du XVIIe siècle dix deniers d'argent. Selon Furetière, elle était « hors d'usage » à son époque.

Page 71.

IMITATION D'UN LIVRE INTITULÉ LES ARRÊTS D'AMOUR

1. La Fontaine s'inspire ici du quinzième des *Arrêts d'Amour* de Martial d'Auvergne. Cet ouvrage, composé vers 1460-1465, regroupe cinquante et une sentences sur des contestations amoureuses, dans un style qui parodie la langue judiciaire. Ce maquillage allégorique de l'*ars amandi* en *ars judicandi* n'était pas pour déplaire aux précieux et La Fontaine s'essaiera encore à ce pastiche dans *Le Différend de Beaux Yeux et de Belle Bouche* (Troisième Partie, p. 258).

2. *Les Grands Jours* : « commission extraordinaire qu'on donne à des juges souverains pour aller dans une province faire la recherche et la punition des violences faites par les nobles, ou des concussions faites par les officiers » (Fur.).

3. *Partant conclut* : de ce fait, il conclut...

4. *D'autre part* : par la partie adverse.

5. *Du prince* : le prince du pays de Cythère, c'est-à-dire l'Amour, Cupidon.

Page 72.

6. *Leurs moyens* : leurs arguments et leurs témoignages.

7. *Avec dépens* : la « dame » a gagné le procès. L'amant sera donc

condamné à payer les dépens, c'est-à-dire à régler les frais de justice du procès.

8. *L'intérêt du prince :* voir supra note 5.

9. *L'emporta de quatre ou cinq voix :* le procès pouvait paraître douteux puisque la belle avait eu le tort d'accepter les présents de son amant. La décision finale constitue, selon La Fontaine, une sorte d'abus de pouvoir, à la limite de la légalité (« Souvent plus fort qu'aucunes lois »), où le prince, ici l'Amour, a mis toute son autorité et son prestige dans la balance. Cet arrêt d'amour ne serait-il que le négatif de l'arrêt d'inimitié pris par le jeune monarque contre le trop prodigue Fouquet ?

Page 73. LES AMOURS DE MARS ET DE VÉNUS

1. La Fontaine, pensionné de Fouquet, s'était engagé à remettre trimestriellement au surintendant un « tribut poétique ». Cette contribution avait pour objet de célébrer les splendeurs de Vaux, alors en voie d'achèvement. L'entreprise tournera court après l'arrestation du surintendant. La Fontaine publiera toutefois certains fragments de ce *Songe de Vaux :* ce morceau est le premier qui ait été publié (1665). Le poète reprend ici, poétiquement, la technique de l'*ekphrasis,* de la description d'art, et brode galamment sur le thème que lui fournissait la série de huit tapisseries qui, à Vaux, ornait la chambre des Muses. Ces tapisseries s'inspiraient elles-mêmes d'Homère (*Odyssée,* VIII) et surtout d'Ovide (*L'Art d'aimer,* II, et *Les Métamorphoses,* IV). Ces huit tapisseries avaient été tissées entre 1630 et 1640 dans les ateliers anglais de Mortlake, près de Londres. Elles reproduisaient des modèles flamands exécutés à Bruxelles vers le milieu du XVIe siècle — dont cinq pièces se trouvent aujourd'hui à Biltmore House, à Ashville, en Caroline du Nord. Les ateliers de Mortlake avaient produit des versions de cette série dès 1620 : l'une d'entre elles ornait la collection de Mazarin et fut plus tard envoyée en Suède. Les tentures des Amours de Mars et de Vénus furent tissées jusqu'en 1670 : le Victoria and Albert Museum de Londres abrite une suite datant de cette époque. Les tapisseries qui ornaient la chambre des Muses à Vaux entrèrent, après la chute du surintendant, dans les collections royales. Le Mobilier National en possède encore cinq. (Sur ce sujet, voir Ella S. Siple, « A Flemish Set of Venus and Vulcan tapestries », *Burlington Magazine,* LXXIII, novembre 1938, p. 212-221 ; et LXXIV, juin 1939, p. 268-279 ; voir aussi Jean de La Fontaine, *Le songe de Vaux,* édition illustrée avec introduction, commentaires et notes par Éleanor Titcomb, Genève, Droz, 1967.)

Le jeu illusionniste de la description d'art est fréquemment pratiqué dans la littérature du XVIe et du début du XVIIe siècle et n'est pas étranger à la très vieille technique des « arts de mémoire » (voir Frances A. Yates, *L'Art de la mémoire,* traduit de l'anglais, Paris, Gallimard, 1975). La Fontaine en joue subtilement dans *Les Amours de Psyché et de Cupidon* lorsque Psyché, dans le palais de l'Amour, est confrontée à une suite de tapisseries — probablement une série réellement existante des ateliers de Bruxelles — qui représente sa propre aventure.

2. *Gélaste montre à Acante :* La Fontaine se désigne lui-même poétique-

ment sous le nom d'Acante. On a pu reconnaître en Gélaste son ami Maucroix. Le « quatuor » d'amis qui anime *Le Songe de Vaux*, Acante, Gélaste, Ariste, Lycidas, préfigure celui qui soutient le récit des *Amours de Psyché et de Cupidon*, Acante, Polyphile, Ariste et Gélaste. L'identification des quatre personnages est souvent encore discutée.

3. *Cythérée :* Vénus, déesse de Cythère.

4. *Harnois :* description de la première tapisserie : « Mars revêtant son armure. »

Page 74.

5. *Contrescarpe :* terme technique de la fortification : talus ou mur qui borde, à l'extérieur, le fossé qui entoure un fort.

6. *Étale de beautés :* description de la seconde tapisserie : « Les Amours de Mars et de Vénus. »

7. *Doctrine :* au sens latin, « science ».

8. *Le plumet :* « cavalier qui porte des plumes..., particulièrement celui qui fait le fanfaron » (Fur.).

9. *Vulcan* : Vulcain, époux de Vénus.

10. *Ce mystère :* description de la troisième tapisserie : « Apollon révélant l'intrigue à Vulcain. »

11. *Il a martel en tête :* La Fontaine joue sur l'expression populaire. Le marteau qui « tombe des mains » de Vulcain se change, d'un vers à l'autre, en un instrument de torture... intellectuelle.

12. *Dans cet autre endroit :* description de la quatrième tapisserie : « Mars et Vénus surpris par Vulcain. » Le galant et la porteuse de lyre, introduits par La Fontaine, paraissent nés d'une « erreur de lecture » de la tapisserie. Le cartonnier, comme les peintres de la génération précédente, avait utilisé en effet la profondeur de l'image pour rendre compte de la chronologie. Mars et Vénus apparaissent en fait, par deux fois, dans deux scènes successives, représentées en perspective. Au premier plan, Vénus, qui porte une lyre, en compagnie de Mars, est surprise par Vulcain (« le galant » pour La Fontaine), qui les montre du doigt. Au second plan apparaît la dispute des époux.

Page 75.

13. *Met le tapis :* sur la table. Invite à sa table, reçoit volontiers...

14. *Mars et sa dame :* description de la cinquième tapisserie : « Neptune intercédant auprès de Vulcain pour les deux amants. » Cette tapisserie, qui n'est pas ici chronologiquement à sa place, représente la démarche, évoquée par Homère, mais non par Ovide, de Neptune et de Cupidon auprès de Vulcain, en faveur des deux amants pris au piège du filet. Cette tenture aurait donc dû trouver sa place après la représentation de Vulcain tendant le filet.

On aperçoit, sur le mur supérieur gauche, une peinture où sont figurés Mars et Vénus, non sur un lit de repos, mais pris, dans ce lit, au filet tendu par l'époux irrité. Au-dessous, les trois Grâces déplorent la faute de leur maîtresse. La Fontaine n'a probablement pas compris le sens de la scène principale, qui n'apparaît pas chez Ovide. En outre, les tapisseries de Mortlake ne comportaient pas, comme leurs modèles bruxellois, de légendes en latin. Aussi le poète, qui s'explique mal la présence de Neptune, néglige-t-il de l'évoquer. Il ne retient que le face-à-face de Vulcain et de Cupidon.

15. *Toison :* double allusion, à la fois mythologique à la Toison d'or, et gaillarde à la toison pubienne de l'épouse de Vulcain. L'assimilation est clairement faite dans un conte plus tardif, *La Chose impossible (Nouveaux Contes,* p. 385).

16. *Monarque des dieux :* description de la sixième tapisserie : « Vulcain se plaignant à Jupiter. »

Page 76.

17. *Momus :* Dieu de la moquerie et de la bouffonnerie.

18. *Bien et beau :* bel et bien.

19. *De deux amants qui reposent ensemble :* description de la septième tapisserie : « Vulcain tendant le filet. »

20. *Les noires sœurs :* les Furies, déesses de la vengeance.

21. *Semond :* mande, convoque, invite à venir.

22. *Le galant et la belle :* Description de la huitième tapisserie : « Les Dieux découvrant les deux coupables. »

23. *Secrètes raisons :* la principale en est la disgrâce et l'arrestation de Fouquet.

24. *Je l'achèverai :* La Fontaine, en fait, n'a jamais donné suite à ce projet.

Page 78. BALLADE

1. Cette ballade faisait probablement partie de la « pension poétique » servie à Fouquet. Elle lui fut sans doute offerte à l'occasion de l'année nouvelle.

2. *Je mis chez Cloris... :* comprendre : Hier, chez Cloris, je lançai (« mis... en train ») Alizon à parler de romans. *Alizon la sucrée :* La Fontaine s'amuse. Il prête à cette discoureuse « mielleuse » un nom construit sur le verbe grec « alidzô » : saler. Alizon est donc apparemment « sucrée », mais, comme on le constatera à la strophe 3, elle ne déteste pas quoiqu'elle le cache, le « sel » et le piquant des romans d'amour.

3. *La Légende dorée :* recueil de vies de saints composé vers 1260 par Jacques de Voragine.

4. *Messire Honoré :* Honoré d'Urfé, auteur de *L'Astrée* (1607-1627), que le jeune La Fontaine, comme toute sa génération, avait lu avec délectation.

5. *Avoir prise :* avoir querelle (cf. l'expression populaire « une prise de bec »).

6. *Les menteurs :* Alizon confond à dessein les deux sens du mot mensonge : sens moral (le péché de mensonge) et sens littéraire (le « mensonge » désigne au XVIIe siècle la fiction poétique ou romanesque, cf. *Fables,* II, 1, *Contre ceux qui ont le goût difficile,* v. 3-4 : « Je les

consacrerais aux mensonges d'Ésope : /Le Mensonge et les Vers de tout temps sont amis »).

7. *Pour vous trancher court :* pour aller droit au fait ; cf. Molière, *Le Misanthrope*, I, 1, v. 63-64 :

Je veux qu'on me distingue ; et, pour le trancher net,
L'ami du genre humain n'est point du tout mon fait.

Page 79.

8. *Ses péchés écrits :* Alizon a procédé, par écrit, à son examen de conscience, pour se préparer à la confession.

9. *Papelardie :* hypocrisie. Primitivement, le « papelard » est celui qui mange en cachette (« paper ») et avec gourmandise le lard interdit pendant le temps du carême.

10. *Maître Louis :* L'Arioste (Ludovico Ariosto), 1474-1533, auteur du *Roland furieux (Orlando furioso)*, 1516.

11. *Angélique endormie :* c'est l'une des scènes célèbres du *Roland furieux* (VIII, 48-50).

12. *Tels fatras :* à telles incohérences.

13. *Sans considérer censure ni demie :* sans tenir le moindre compte de la censure, sans même la prendre, pour moitié, en considération. La seule censure morale et idéologique de l'époque était la mise à l'Index de certains livres par le pape. La liste des ouvrages mis à l'Index était régulièrement publiée et diffusée dans l'Église. Sauf « dispense », comme le signale La Fontaine dans l'envoi de sa ballade, la lecture des ouvrages mis à l'Index constituait un péché et pouvait aboutir à l'excommunication.

14. *Oriane :* héroïne d'*Amadis de Gaule*, célèbre roman de chevalerie espagnol, publié en 1508 et traduit en français par Nicolas d'Herberay des Essarts.

15. *Chattemite :* au sens propre « chatte douce », « mot vieux et burlesque qui signifie hypocrite » (Richel.), cf. *Fables*, VII, 16, *Le Chat, la Belette, et le Petit Lapin*, v. 33-34 :

Un chat faisant la chattemite,
Un saint homme de chat, bien fourré, gros et gras.

16. *Un pain sur la fournée emprunta :* « il a pris un pain sur la fournée : ces mots se disent proverbialement d'un homme qui a fait un enfant à une fille avant la célébration du mariage » (Richel.). Ici la faute est attribuée à Oriane qui, de ses amours avec Amadis, conçut un enfant, Esplandian.

17. *L'auteur :* l'Espagnol Ordóñez de Montalvo, auquel est attribué l'*Amadis*, n'a probablement fait que refondre et adapter un matériau antérieur du XIIIe siècle, peut-être du Portugais Lobeira.

18. *Parmi ceux qu'on peut lire :* les ouvrages qui ne sont pas mis à l'Index.

19. *Clitophon : Les Aventures de Leucippe et de Clitophon*, d'Achille Tatios d'Alexandrie (IVe ou Ve siècle après J.-C.).

20. *Héliodore : Histoire de Théagène et de Chariclée* ou *Les Éthiopiques*, roman en dix livres d'Héliodore d'Émèse (IIIe siècle après J.-C.). *Leucippe et Clitophon* et *Les Éthiopiques* ont longtemps passé pour avoir été composés

sensiblement à la même époque et la question de l'antériorité d'un texte ou de l'autre était débattue au XVIIe siècle.

21. *Ariane :* roman héroïque de Jean Desmarets de Saint-Sorlin (1632).

22. *Polexandre :* roman de Marin le Roy de Gomberville (1637).

23. *Cléopâtre et Cassandre :* romans de Gautier de Coste de La Calprenède, en plusieurs volumes, publiés respectivement en 1642-1645 (*Cassandre*) et 1647-1658 (*Cléopâtre*).

24. *Cyrus : Artamène ou le grand Cyrus,* roman de Madeleine de Scudéry (1649-1653).

25. *La Carte du Tendre :* la célèbre carte des itinéraires amoureux de la préciosité figurait au tome I du roman *Clélie, histoire romaine,* de Madeleine de Scudéry (1654-1661).

26. *Et le frère et la sœur ont les cœurs partagés :* Georges et Madeleine de Scudéry, auteurs l'un et l'autre ou en collaboration des plus célèbres romans précieux, se sont partagés les suffrages du public.

27. *Perceval le Gallois :* ou *Conte du Graal,* roman de Chrétien de Troyes (vers 1182).

28. *Cervantès :* le succès du *Don Quichotte* fut tel qu'il fut traduit en français dès 1614 et en anglais dès 1617.

29. *Pour tout y comprendre :* Pour tout y inclure.

Page 80.

30. *Sans dispense :* voir plus haut note 13.

Deuxième Partie

Page 83. PRÉFACE

1. *Renaud d'Ast :* ou Regnault d'Ast, héros d'une nouvelle de Boccace (*Décaméron,* II, 2) reprise, dans cette deuxième partie, par La Fontaine sous le titre *L'Oraison de saint Julien* (p. 111).

2. *Quintilien :* dans son *Institution oratoire* (XI, 1), le rhéteur latin souligne que la rigoureuse application des règles de l'expression risque d'être pesante pour les œuvres de divertissement : « La simplicité, la négligence même conviennent aux œuvres légères. »

3. *Ni même en la régularité :* La Fontaine est naturellement poussé, dans ses goûts et son esthétique, vers l'irrégularité ou l'asymétrie. Voir, dans sa *Relation d'un voyage de Paris en Limousin,* lettre de Richelieu, 3 septembre 1663, les remarques qu'il développe à propos du château de Blois : « Il y a force petites galeries, petites fenêtres, petits balcons, petits ornements, sans *régularité* et sans ordre ; cela fait quelque chose de grand *qui plaît assez.* »

Page 84.

4. *Épigrammes :* les épigrammes des contemporains de La Fontaine, peut-être celles de Maynard.

5. *Istorum diligentiam :* citation légèrement déformée des vers 20-21 de

L'Andrienne de Térence (« Quorum aemulari exoptat neglegentiam/Potius quam istorum obscuram diligentiam ») « dont il aspire, en cette matière, à imiter la négligence, plutôt que l'obscure application de ces gens-là » (les poètes contemporains).

6. *Possible :* peut-être...

7. *Fabulas :* autre citation des vers 15-16 de *L'Andrienne* (« atque in eo disputant/Contaminari non decere fabulas »). Ici : « Il ne convient pas de déformer ainsi les intrigues. »

Page 85.

8. *Circonstances :* l'adjonction de « circonstances » (de personnes, de temps, de lieux) est un procédé d'enrichissement du discours dans la rhétorique traditionnelle. Voir La Fontaine, *Fables,* avertissement de la seconde édition (livre VII) : « Il a donc fallu que j'aie cherché d'autres enrichissements, et étendu davantage les *circonstances* de ces récits. » Sur ce sujet, voir Georges Couton, *La Poétique de La Fontaine,* Paris, P.U.F., 1957, p. 33.

9. *Crotesques :* orthographe ancienne pour « grotesques », figures décoratives capricieuses ou monstrueuses, lointainement imitées des peintures de la Rome antique et dont Jean Bérain fut, à l'époque de La Fontaine, l'un des maîtres.

10. *Moitié femme, moitié poisson :* rappel des cinq premiers vers de l'*Art poétique* d'Horace, où le poète évoque la peinture d'un monstre à tête de femme, à corps d'oiseau, à encolure de cheval et à queue de poisson.

Page 87. LE FAISEUR D'OREILLES ET LE RACCOMMODEUR DE MOULES

1. *Conte tiré des Cent Nouvelles Nouvelles, et d'un conte de Boccace :* le sujet de ce conte est assez largement répandu (Boccace, *Décaméron,* journée VIII, nouvelle 8, Straparole, Malespini, etc.). La Fontaine a sans doute repris l'idée de la troisième des *Cent Nouvelles Nouvelles (La Pêche de l'anneau),* mais il a ajouté, dans la première partie du récit, des traits empruntés aux *Nouvelles Récréations et joyeux devis* (IX) de Bonaventure des Périers, 1558.

2. *Marchandise :* partant en voyage pour affaires de commerce.

3. *Guise :* allure, façon.

4. *Autrement :* particulièrement.

Page 88.

5. *Un enfant monaut :* un enfant n'ayant qu'une seule oreille. L'adjectif a probablement été forgé par La Fontaine.

6. *Nice :* « vieux mot qui signifiait simple et niais » (Fur.).

7. *De grande affection :* avec énergie, avec ardeur, avec zèle.

8. *Ore :* tantôt...

9. *N'y plaignant :* sans mesurer chichement, en se montrant généreux.

10. *Bien tenue :* bien reconnaissante.

11. *Ouvré :* œuvré, travaillé.

Page 89.

12. *Jamais ne faux :* je ne rencontre jamais d'échec...

13. *La noise :* la querelle.
14. *Et quant au demeurant :* quant aux restes.

Page 90.

15. *Ruelle :* « l'espace qu'on laisse entre un lit et la muraille » (Fur.).

Page 91.

16. *Elle n'en peut mais :* (du latin « magis ») elle n'y peut rien, elle n'en est pas responsable.

Page 92.

17. *Moitié raisin, moitié figue :* « moitié de gré, moitié de force » (Fur.).
18. *Fèves pour pois, et pain blanc pour fouace :* la fouace est une galette de pain bis, cuite sous la cendre, consommée par les villageois. Sire Guillaume rend « au centuple » à son rival la monnaie de sa pièce, puisqu'il lui retourne des fèves pour des pois et du pain blanc pour du pain bis. L'expression « rendre du pain pour de la fouace », reprise aux Italiens (*pan per focaccia*), était courante au XVIIe siècle.
19. *Il aurait composé :* il aurait accepté, en capitulant, que son vainqueur lui coupe une oreille.

Page 93. LES FRÈRES DE CATALOGNE

1. *Nouvelle tirée des Cent Nouvelles Nouvelles :* ce conte s'inspire de la nouvelle XXXII des *Cent Nouvelles Nouvelles,* qui situe géographiquement cette anecdote à Ostellerie en Catalogne. La Fontaine l'a publié pour la première fois, anonymement, dans le *Recueil contenant Plusieurs Discours Libres et Moraux,* édité à Cologne en 1667, puis en 1668, dans le *Recueil des Contes du Sieur de La Fontaine, les Satyres de Boileau, et autres pièces curieuses,* publié par Jean Verhoeven à Amsterdam. Dans l'édition parisienne de 1669, La Fontaine a modifié quelques passages ou quelques expressions, en particulier le titre : *Les Frères de Catalogne* au lieu de *Les Cordeliers de Catalogne.* Bien que ces corrections ne voilent qu'imparfaitement la hardiesse du propos, on peut penser que La Fontaine a cherché à ne pas heurter de front les censeurs qui, quelques années plus tôt, s'étaient scandalisés du *Tartuffe* ou du *Dom Juan* de Molière. En outre, les critiques ou les plaisanteries adressées au clergé régulier appartenaient à une tradition satirique « gauloise » et, à ce titre, choquaient moins que les propos « libertins » de Molière.
2. *Des bons frères :* « des cordeliers » (1667).
3. *Ces frères :* « ces Pères » (1667).
4. *Travaillent :* « travailler à la vigne du Seigneur : c'est-à-dire travailler à l'instruction des fidèles et au salut des âmes » (Richel.). Le mot est ici à double entente.
5. *Dans l'ignorance :* « dans l'innocence » (1667).
6. *A coter :* à désigner précisément.
7. *Frères dîmeurs :* « frères mineurs » (1667). L'expression « frères mineurs » désignait ouvertement l'ordre des franciscains. L'ordre des

« frères dîmeurs » (c'est-à-dire habilités à prélever la dîme) n'a en revanche jamais existé.

8. *Il en plouvait :* « Peu de galants il s'en trouvait ; /De vieux maris, il en pleuvait » (1667).

9. *Fut bâtie :* il faut sans doute entendre que l'ordre des frères dîmeurs a établi une confrérie dans cette ville et bâti une chapelle ou un couvent pour celle-ci.

Page 94.

10. *Qui ne s'en mît :* qui n'entrât dans la confrérie.

11. *Au véritable point :* « La crainte donc d'être damnée / Fit qu'elles vinrent de bien loin » (1667).

12. *Droit authentique :* le clergé, au Moyen Age, s'est fondé sur les Écritures (*Deutéronome,* XIV, 22) pour justifier en droit l'obligation de la dîme. Au IXe siècle, des actes « authentiques » de la papauté — les Décrétales — rendent la dîme obligatoire. Le pouvoir civil a, en France, reconnu cette obligation : un édit royal de 1657 a, dix ans avant la première publication de cette nouvelle, réglé les modalités du prélèvement de la dîme.

13. *Les frères catalanois :* « Vers les enfants de saint François » (1667).

Page 95.

14. *Qui font à notre intention :* « Voici un beau mot de l'Apôtre / Qui fait à notre intention » (1667). L'apôtre ici désigné est sans doute saint Paul.

15. *Discrétion :* frère André retient des *Épîtres* de saint Paul les trois vertus théologales : la foi, l'espérance et la charité... mais, pour la besogne à laquelle il songe, il n'est nul besoin d'espérance. Aussi cette vertu cède-t-elle la place à la « discrétion », plus opportune en la circonstance.

16. *La gent qui n'aime pas la bise :* « Et notre Mère Sainte Église » (1667). Les Franciscains « n'aiment pas la bise » : ils sont en effet, été comme hiver, déchaussés.

Page 96.

17. *Trop bien :* bien au contraire...

18. *Trinquer :* tâter de... Le mot « trinquer », qui évoque le choc des coupes débordantes avant boire, comme le qualificatif de « frère Frappart » — qui suggère les « coups » qu'il pourra tirer —, constituent autant d'allusions gaillardes à la performance sexuelle (voir infra, p. 190, « aller au choc »).

19. *Frère Frappart :* le qualificatif désigne déjà chez Rabelais (*Le Quart Livre,* XV) un moine débauché.

20. *Frisques :* fraîches et vives.

21. *Aux sempiternelles :* aux plus âgées, aux plus décrépites.

Page 97.

22. *C'est un grand cas :* c'est tout de même bien étonnant...

Page 98.

23. *La baillie :* l'épouse du bailli, principal officier de justice de la ville.

24. *Son Altesse :* l'épouse du Prince (« Monseigneur »), qui est le suzerain de la ville.

Page 99.

25. *Chez l'échevin :* l'échevin est un magistrat élu, qui a la charge des affaires municipales.

26. *Ces cagots :* ces faux dévots (voir Molière, *Tartuffe*, I, 1 :

Quoi ! Je souffrirai, moi, qu'un cagot *de critique*
Vienne usurper céans un pouvoir tyrannique !)

27. *Que cette pépinière :* « que la gent cordelière » (1667).

28. *La penaille :* la canaille. Ces individus « dépenaillés ».

Page 100.

29. *Cocluchons :* « capuchons » (1667). Les deux mots sont synonymes.

Page 101. LE BERCEAU

1. *Nouvelle tirée de Boccace :* Boccace (*Décaméron,* journée IX, nouvelle 6) s'était probablement lui-même inspiré d'un fabliau de Jehan de Boves (*De Gombert et des deux clercs).*

2. *On gîtait :* on couchait, on passait la nuit.

3. *Il s'en piqua :* il s'en amouracha ; il fut séduit par son charme.

Page 103.

4. *A tenant :* « attenant » (1666), tout près de.

Page 104.

5. *Un tel rencontre :* une telle occasion. Le mot pouvait être masculin jusqu'au XVIIe siècle (voir note 14, p. 52).

Page 105.

6. *Le cuir plus doux :* le terme s'emploie au XVIIe siècle pour désigner la peau du corps humain : « Cette femme a le cuir fort doux et fort uni » (Fur.).

7. *Six postes :* les deux amants ont connu à six reprises l'amoureux transport, ils ont couru six fois la poste. La Fontaine joue peut-être également sur le double sens du mot poste : course, mais aussi posture (voir plus loin : « Et dans ce poste elle se sentit forte »).

8. *Tint quelque temps le loup par lès oreilles :* le proverbe latin « teneo lupum auribus », que Térence met dans la bouche d'Antiphon à l'acte III (sc. 2) du *Phormion,* signifie qu'une personne est embarrassée et ne sait comment agir pour se tirer du mauvais pas où elle se trouve.

9. *T'en tiendras-tu :* te retiendras-tu ?

Page 107. LE MULETIER

1. *Nouvelle tirée de Boccace : Décaméron,* troisième journée, nouvelle 2.
2. *Un roi lombard :* comme Astolphe, le héros du conte de *Joconde* (I, 1).
3. *Fit choir de son brandon :* laissa tomber une flammèche de sa torche.

Page 108.

4. *Cupidon :* l'idée platonicienne — revue et très fortement corrigée — que l'Amour est le meilleur des maîtres apparaît à plusieurs reprises dans les *Contes.* Elle inspirera plus tard à La Fontaine une fable : *Les Dieux voulant instruire un fils de Jupiter,* XI, 2.
5. *Maître ès arts :* le maître ès arts est un clerc qui a fait sa philosophie et ses humanités et a été reconnu apte à les enseigner à son tour.
6. *Si :* pourtant.
7. *Simarre :* sorte d'ample robe d'intérieur à traîne.

Page 109.

8. *Plus d'une traite :* la métaphore est identique à celle qu'on trouve plus haut dans *Le Berceau* (« six postes se sont faites »), voir supra p. 105, note 7.
9. *En pensement :* en réflexion. Se mit à songer.

Page 110.

10. *Comme l'on lui parlait :* d'après les propos de la femme. Les muletiers et autres garçons d'écurie étaient connus pour leurs performances sexuelles.
11. *Dedans sa conjecture :* il ne s'était pas trompé dans son hypothèse.
12. *Au déduit :* au plaisir amoureux.
13. *Qui l'a fait si se taise :* que celui qui est coupable se taise donc.

Page 111. L'ORAISON DE SAINT JULIEN

1. *Nouvelle tirée de Boccace : Décaméron,* deuxième journée, nouvelle 2. Ce conte est paru pour la première fois en 1666 sous le titre *Regnault d'Ast.*
2. *Brevets, oraisons, et paroles :* ces termes font partie du vocabulaire de la médecine magicienne ou de la médecine des charlatans. Les « *brevets* » sont des talismans qui prennent la forme d'un billet de parchemin couvert de mots magiques. Les « *oraisons* » sont des prières ou des invocations. Les « *paroles* » sont des formules magiques. Brevets, oraisons, paroles sont des « sorts », c'est-à-dire des procédés irrationnels et magiques. La Fontaine s'amuse, lui, à prendre « paroles » au sens de « mots d'amour ».
3. *Château-Guillaume :* Castel-Guglielmo, entre Ferrare et Vérone.

Page 112.

4. *Caractères :* lettres ou signes doués d'une vertu magique, par un pacte passé avec le diable.
5. *Les aucuns :* quelques-uns, certains.
6. *Sans pact ni demi :* sans même avoir à faire un pacte (avec le diable). Voir plus haut, *Ballade,* « sans considérer censure ni demie » (p. 79, note

13). L'orthographe « pact » pour « pacte » est archaïque à l'époque de La Fontaine.

7. *Du farcin* : l'une des maladies mortelles du cheval qui se manifeste par une ulcération cutanée.

8. *La mémarchure* : le boitement.

9. *Avec tout son latin* : qu'on songe aux citations latines dont Thomas Diafoirus encombre son discours à la scène 6 de l'acte II du *Malade imaginaire* de Molière.

Page 113.

10. *Que son cheval avait changé d'étable* : qu'il avait d'ores et déjà perdu son cheval, puisqu'il se trouvait en la compagnie de brigands.

11. *Casaque, habit* : Renaud d'Ast porte probablement sur ses chausses et sa chemise un pourpoint et un haut-de-chausses (habit) et pour voyager à cheval une sorte de cape (casaque) qu'il revêt sur l'habit.

Page 114.

12. *Donne des deux* : pique des deux éperons (pour lancer au galop sa monture).

13. *Du meilleur* : du meilleur vin.

14. *Qu'on eut fermé la porte* : la porte du mur d'enceinte de Castel Guglielmo.

15. *Ce peu d'allégeance* : ce modeste soulagement.

Page 115.

16. *Bons restaurants* : « aliment ou remède qui a la vertu de réparer les forces perdues d'un malade ou d'un homme fatigué » (Fur.).

17. *Ragoûts* : « ce qui est fait pour donner de l'appétit à ceux qui l'ont perdu soit par quelque indisposition, soit par la satiété » (Fur.).

Page 117.

18. *Il n'y va rien du nôtre* : je ne prends, de mon côté, aucun risque.

Page 118.

19. *La marchande* : celle qui joue habilement au « marchandage » du désir et de l'amour.

20. *La remembrance* : le souvenir, l'image que je conserve...

Page 119.

21. *La petite oie* : « se dit en matière d'amour des menues faveurs qu'on peut obtenir d'une maîtresse... comme baisers, attouchements, etc. » (Fur.).

22. *Se racquitter* : trouver un dédommagement ; rentrer en possession d'un bien qu'on a perdu (au jeu).

23. *D'amoureuse merci* : expression empruntée aux romans de chevalerie pour désigner les dernières faveurs de l'amour.

24. *La noix confite* : les noix confites passaient pour avoir des propriétés

aphrodisiaques. Mais ici l'expression désigne fort probablement les jeux de langue dans les baisers intimes, ou peut-être le cunnilingus.

25. *Au gouverneur :* prendre garde au gouverneur.

Page 120.

26. *Bastante :* suffisante.

27. *La caverne au Lion :* La Fontaine fait allusion à la fable d'Ésope, *Le Lion et le Renard,* qu'on retrouve chez Horace (*Épîtres,* I, 1, vers 73) et qui lui inspirera la fable *Le Lion malade et le Renard* (VI, 14). On entre aisément dans la caverne du lion, mais nul n'en sort.

28. *Harangua :* il était d'usage qu'on laissât un condamné à mort haranguer la foule qui se pressait pour son exécution. Voir, *Fables,* VI, 19, *Le Charlatan :*

> *Quelqu'un des courtisans lui dit qu'à la potence*
> *Il voulait l'aller voir, et que, pour un pendu,*
> *Il aurait bonne grâce et beaucoup de prestance ;*
> *Surtout qu'il se souvînt de faire à l'assistance*
> *Un discours où son art fût au long étendu.*

29. *Florès et caprioles :* « faire florès : faire de la dépense qui éclate » (Fur.). « Faire la capriole » (ou la cabriole) a bien sûr ici le sens de « faire des cabrioles de joie », mais signifie aussi « faire le grand saut », « se balancer au bout d'une corde ». D'où la réflexion du poète, en incise, au vers suivant : « mauvais présage ».

30. *Partir leur chevance :* partager leur butin. Le mot « chevance » est archaïque, mais assez fréquemment utilisé par La Fontaine : voir *Fables,* IV, 20, *L'Avare qui a perdu son trésor :*

> *Et rendre sa chevance à lui-même sacrée* (v. 15).

Page 121. LA SERVANTE JUSTIFIÉE

1. *Nouvelle tirée des Contes de la Reine de Navarre : Heptaméron,* nouvelle XLV.

2. *Me donne de pratique :* me donne l'occasion d'exercer mon talent.

3. *Vieux, des plus vieux : Les Cent Nouvelles Nouvelles* furent recueillies à la cour de Philippe de Bourgogne, au début de la seconde moitié du XVᵉ siècle, et offertes à celui-ci en 1462. Elles furent publiées pour la première fois par Antoine Vérard en 1486.

4. *Bien déduites :* bien racontées. Mais La Fontaine joue peut-être sur les mots. Le vieux terme « déduit » signifie le « plaisir amoureux », et c'est là, le plus souvent, l'objet de ces nouvelles.

5. *Un « c'était moi » :* cette réplique de comédie, qui revient avec un art consommé sous la plume de La Fontaine dans cette nouvelle, est empruntée à Marguerite de Navarre.

6. *Pleine de suc :* pleine de sève, expression imitée du « suci plenum » dont se sert Cherea, dans *L'Eunuque* de Térence, traduit et publié par La Fontaine en 1654, pour décrire la jeune fille qu'il aime.

7. *Bonne robe :* expression empruntée à l'italien (« buona roba »), au sens

propre « bonne marchandise » ; ici, au figuré, désigne une femme qui a « l'étoffe » et les qualités requises pour donner du plaisir amoureux.

Page 122.

8. *Couler la main au sein :* La Fontaine s'amuse, une fois encore, à jouer sur l'étymologie d'un mot : s'insinuer — « insinuare », proprement : entrer dans le sein de…

9. *Sur le marché :* la servante est rompue à l'art de la séduction. Elle sait, « par-dessus le marché », se faire désirer, en feignant un temps de se refuser ; sans toutefois y mettre trop d'obstination pour ne pas décourager son maître (« sans rien gâter »).

10. *Étrif :* lutte, querelle.

11. *Languarde :* bavarde, mauvaise langue.

Page 123.

12. *Brave :* élégante, bien vêtue.

13. *Cette piaffe :* cette arrogance, cette façon d'attirer l'attention. « Piaffe. Démarche fière qui marque de la vanité ou de la magnificence » (Fur.).

14. *Voire :* vraiment !

Page 124.

15. *Vous en tenez :* vous êtes atteinte ; vous êtes trompée.

Page 125. LA GAGEURE DES TROIS COMMÈRES

1. *Où sont deux nouvelles tirées de Boccace :* La Fontaine emprunte à Boccace le second épisode de la gageure (*Décaméron,* journée VII, nouvelle 9, *Le Poirier enchanté)* et le troisième *(Décaméron,* journée VII, nouvelle 8, *La Femme justifiée*). Aucune source précise n'a été trouvée pour le premier épisode. Mais ce genre de stratagème était fréquent dans la littérature gaillarde. L'idée même de la gageure est héritée d'un fabliau *Des trois dames qui trouvèrent l'anel* qui avait été, en 1641, adapté par Le Métel d'Ouville dans son *Élite des contes.*

2. *Une étrenne :* je le laisserais à bas prix, j'en ferais cadeau. (Au XVIIe siècle, « l'étrenne » est le premier objet vendu à l'ouverture d'une boutique, et, pour cette raison, le marchand consent en général un rabais sur celui-ci.)

3. *Ne me chaut :* je ne me soucie (du verbe « chaloir »).

4. *Un tel homme :* entendre : pour réussir à tromper sans risque un tel homme, il conviendrait de bien calculer son « coup » à l'avance, afin de disposer du temps et du lieu opportuns. (C'est à cela que je m'emploie.)

Page 126.

5. *Quelque peine légère :* quelque difficulté à surmonter.

6. *Triomphant :* se faisant fort de…, se faisant gloire de…

7. *Rapporterons :* emprunt à la langue judiciaire : « se dit particulièrement des juges qui font le rapport, le récit d'un procès » (Fur.).

8. *Rehausser le linge :* de soulever le « mouchoir » — qui couvre la poitrine — et les jupes de la servante.

Page 127.

9. *Et ne fait pas semblant de regarder :* et fait semblant de ne pas regarder.

10. *Il tourna :* emprunt à la langue judiciaire : « on dit dans les interrogatoires qu'on a tourné un homme dans tous les sens » (Fur.). Ici, il la « circonvient ».

11. *Merci de moi :* par ma grâce, par mes soins.

12. *Chambrière d'un liard :* chambrière à deux sous, chambrière de misère (le liard était une monnaie de cuivre qui valait le quart d'un sou).

13. *J'en suis d'avis :* c'est parfait. Je suis tout à fait d'accord (ironique).

14. *Qu'il m'en chaille :* que je m'en soucie (du verbe « chaloir »).

15. *Dirait-on qu'elle y touche ? :* croirait-on qu'elle est coupable ? (cf. « un air de ne pas y toucher »).

16. *Vos besognes :* vos hardes, vos vêtements.

Page 128.

17. *Elle a soin du ménage :* aux deux sens du mot ménage (la tenue de la maison, la vie du couple).

18. *Et de mise :* et de bonne mine, de belle allure.

Page 130.

19. *Voire :* vraiment ! (latin : *vero*).

Page 132.

20. *Déduits :* plaisirs d'amour.

21. *De quartier :* en service trimestriel auprès de son roi ou de son suzerain.

22. *Jà de par moi ne manquera l'affaire :* en aucun cas l'affaire n'échouera de mon fait.

23. *Querir pardons à Rome :* faire un pèlerinage auprès du pape à Rome afin d'obtenir des indulgences. Ici, au figuré : « qui n'allait pas chercher bien loin, qui ne se compliquait pas la vie ». L'expression est toutefois ensuite appliquée au sens propre à l'épouse qui prétexte des pèlerinages pour s'absenter du toit familial.

24. *Le vieux style :* c'est une excuse traditionnelle, une ruse déjà usée pour avoir trop servi. Le départ en pèlerinage est un prétexte en effet abondamment utilisé par les femmes infidèles dans les fabliaux et dans les comédies du XVIe ou du début du XVIIe siècle.

25. *Qui rendait à la porte :* qui allait jusqu'à la porte.

Page 133.

26. *Soulas :* plaisir.

Page 134.

27. *Par un des siens :* par un des valets de l'amant.

28. *Depuis naguère :* depuis peu.

29. *Entre-donné la foi :* promis mutuellement le mariage.

30. *L'époux, la fille ; et le valet, l'amant :* l'époux (Henriet Berlinguier) dota la servante ; et l'amant dota son valet.

31. *Moutier :* église cathédrale servie par un ordre monastique.

32. *Je m'en rapporte :* je suis incapable de trancher par moi-même ; je m'en rapporte au jugement de la commère Macée.

Page 136. LE CALENDRIER DES VIEILLARDS

1. *Nouvelle tirée de Boccace : Décaméron,* deuxième journée, nouvelle 10. Cette anecdote figure également dans les *Nouvelles Récréations et joyeux devis* de Bonaventure des Périers, nouvelle XCV, 1558.

2. *Ne se rapporte en rien :* dont chacune des pièces ne convient pas à l'autre, dont les pièces ne se correspondent pas, sont mal appariées.

3. *Fériable :* jour de fête susceptible d'être chômé. Le théologien Sanchez, dans son traité *De Matrimonio,* estime recommandable de s'abstenir du devoir conjugal les jours de fête religieuse.

4. *Du devoir :* du devoir conjugal.

Page 137.

5. *Féries :* on trouve « férie » dans l'édition de 1666.

6. *La légende : La Légende dorée* de la vie des saints par Jacques de Voragine (vers 1260).

Page 138.

7. *Les jours malencontreux :* les jours « néfastes », où il convient de ne rien entreprendre. Cette superstition, dont la tradition remonte à l'Antiquité gréco-romaine, était encore largement pratiquée au Moyen Age.

8. *Les affiquets :* les parures, les colifichets, « toutes les petites choses qui servent à parer les femmes et à en relever la beauté » (Richel.).

Page 139.

9. *Bien et beau :* bel et bien.

10. *Pagamin de Monègue :* Pagamin le Monégasque. Chez Boccace, il porte le nom de « Paganino ». L'altération du nom en Pagamin est due à la traduction française de Boccace utilisée par La Fontaine, celle d'Anthoine Le Maçon.

11. *Rouge partout :* dans les anciens calendriers, les jours de fête étaient inscrits à l'encre rouge afin d'être facilement distingués.

12. *De la ceinture, on le lui fit tomber :* le calendrier, rempart de sa chasteté et de son abstinence, lui tombe, comme la jupe, de la ceinture. L'expression est reprise à Boccace.

13. *A la table :* les deux amants ne suivent le calendrier que pour pratiquer le jeûne ou l'abstinence à table, les jours « maigres ».

Page 140.

14. *Lui mit la carte blanche :* le laissa libre de fixer à son gré le montant de la rançon.

15. *Bon bruit :* bonne réputation.

Page 141.

16. *Et là :* pour : eh là !
17. *Brave :* élégante.
18. *Penard :* « terme injurieux qu'on dit quelquefois aux hommes âgés » (Fur.).
19. *Drue :* en pleine jeunesse, florissante.

Page 142.

20. *Digeste :* recueil de règles et de préceptes juridiques.
21. *Du quart en sus comme la chose en va :* comment, depuis ce matin même, le nombre de nos rapports amoureux s'est encore accru d'un quart en plus de ce qu'il était (vocabulaire de la finance).
22. *Faire ici de la petite bouche :* faire une grimace de soupçon, une moue d'incrédulité. Cette réflexion suggère un « jeu de scène ».
23. *A tant :* là-dessus.

Page 144. A FEMME AVARE GALANT ESCROC

1. *Nouvelle tirée de Boccace : Décaméron,* huitième journée, première nouvelle. Le thème est fréquent dans les fabliaux. On le retrouve également dans *Les Cent Nouvelles Nouvelles* (nouvelle XVIII).
2. *Gratis est mort :* la gratuité a disparu. Tout amour est désormais vénal.
3. *Se content :* La Fontaine joue sur les mots : « conter » fleurettes, et « compter » les louis ou les écus.

Page 145.

4. *N'explique ses désirs :* n'expose sa passion... et ne fasse comprendre ses intentions.
5. *Le jeu, la jupe et l'amour des plaisirs :* les maisons de jeu (où le galant s'efforce de perdre pour laisser gagner sa bien-aimée), les boutiques des tailleurs, et les lieux de plaisir ou de distraction sont les places où les amants peuvent le plus aisément conquérir une belle... à condition d'expliquer « l'or en main » leurs désirs.
6. *Qu'il ne parlât :* qu'il ne proposât de l'argent, qu'il ne payât (nous dirions aujourd'hui, dans le langage populaire, « qu'il ne crachât »).
7. *(Ce fut le bon) :* ce fut le meilleur de l'histoire.

Page 147. ON NE S'AVISE JAMAIS DE TOUT

1. *Conte tiré des Cent Nouvelles Nouvelles :* nouvelle XXXVII. On retrouve l'anecdote chez Bonaventure des Périers.
2. *Il captivait :* il retenait prisonnière, il cloîtrait.
3. *Voulait savoir le nombre :* pour contrôler qu'elle n'en avait pas offert une mèche à un amant. « Les amants tiennent à grande faveur d'avoir des bracelets de cheveux de leurs maîtresses » (Fur.).
4. *Hors de gamme :* hors jeu, mis en échec.
5. *Toute vilaine :* toute souillée.

6. *Douagna :* duègne — c'est-à-dire « la vieille au corps tout rempli d'yeux ».

Page 148.

7. *Ami de là-dedans :* ami des propriétaires de cette maison.

Page 149. LE VILLAGEOIS QUI CHERCHE SON VEAU

1. *Conte tiré des Cent Nouvelles Nouvelles :* nouvelle XII.
2. *Lettres closes :* « secret d'une affaire dans lequel on ne peut pénétrer » (Fur.).

Page 150. L'ANNEAU D'HANS CARVEL

1. *Conte tiré de R. :* La Fontaine fait ici référence à Rabelais (*Le Tiers Livre,* XXVIII, *Comment frère Jean réconforte Panurge sur le doute de cocuage)* sans toutefois le citer nommément. (Dans une lettre à Saint-Évremond de 1687, il parlera de « maître François ».) L'anecdote est ancienne : on la trouve déjà dans les *Facéties* du Pogge, dans *Les Cent Nouvelles Nouvelles,* dans les *Satires* de L'Arioste et dans les *Novelle* de Malespini.
2. *La Légende : La Légende dorée* de la vie des saints, par Jacques de Voragine (vers 1260)

Page 151.

3. *Ayant tenu table :* ayant fait un long et copieux souper ; étant demeuré longtemps à table.
4. *Te gêne :* (sens fort) te torture.
5. *L'aumônier :* le charitable.
6. *Aggravés :* alourdis par le sommeil.

Page 152. LE GASCON PUNI

1. La Fontaine s'est sans doute souvenu d'un passage de *La Précaution inutile* de Scarron (*Nouvelles tragi-comiques,* 1655) ou d'une nouvelle de Bonaventure des Périers (*Nouvelles Récréations et joyeux devis,* 1658, CXXVIII). Mais ce conte se rattache à une très vieille tradition italienne, qu'on peut faire remonter jusqu'à Masuccio Salernitano (*Novellino,* 1476, XLI) et Parabosco (*Diporti,* 1550, I, 2).
2. *Sans affaire :* sans affaire de cœur, sans intrigue d'amour.
3. *A l'user :* à l'usage (amoureux).

Page 153.

4. *Une tonne :* un tonneau de grande taille.
5. *Une cornette :* « coiffes ou linges que les femmes mettent la nuit sur leur tête » (Fur.).

Page 154.

6. *Au grand lit :* au lit conjugal du maître et de la maîtresse.

Page 156. LA FIANCÉE DU ROI DE GARBE

1. La Fontaine trouvait sa source chez Boccace (*Décaméron,* deuxième journée, nouvelle 7), mais il s'est tant « écarté de [son] original », comme il le signale au vers 9, qu'il s'est abstenu, en sous-titre, de préciser, ainsi qu'à l'ordinaire, quel fut son modèle.

2. *Me mécroire :* me croire difficilement, refuser de me croire.

3. *En sa personne :* dans la personne de sa fiancée Alaciel.

Page 157.

4. *Qu'on n'y puisse être pris, la chose est toute claire :* nombre d'éditeurs ont corrigé « Qu'on y puisse être pris », et comprennent : « Qu'un amant, à l'occasion, puisse s'y laisser prendre, c'est chose évidente. » Mais la présence de la négation dans les éditions de 1666 et 1669 incline à penser que « on » désigne la femme coupable. Il faut alors entendre : « Il arrive qu'une femme ne soit pas convaincue d'avoir fauté, la chose est évidente, mais... »

5. *Garbe :* en langue arabe, le pays du soleil couchant.

6. *De l'Alcoran :* de l'Islam.

Page 158.

7. *De traite :* de parcours maritime, de voyage.

8. *Ayant pris le dessus du vent :* le vaisseau corsaire passe « au vent » du navire d'Alaciel et d'Hispal, pour l'immobiliser, et se laisse ensuite porter sur lui pour l'aborder.

Page 159.

9. *Mahom, Jupin, et Tarvagant :* Mahomet, Jupiter et Tarvagant (ou Tervagant). Ce sont les dieux invoqués par les « Infidèles » dans les chansons de geste du Moyen Age.

10. *Des nochers :* des pilotes des navires.

Page 160.

11. *Naviger :* terme employé par les gens de la ville pour le terme technique « naviguer », utilisé au XVIIe siècle par les seuls « gens de la mer ».

Page 161.

12. *Je ne prends point ici l'essor :* je ne m'envole pas loin de mon sujet, et, en même temps, « je ne suis pas dans les nuages », je ne dis pas n'importe quoi.

13. *D'amoureuse affaire :* propice aux rendez-vous galants.

Page 162.

14. *A l'aide d'un poinçon :* « C'est aussi ce qu'on appelle une aiguille de tête, dont les femmes se servent pour arranger leurs cheveux quand elles se coiffent » (Richel.). La Fontaine s'est peut-être souvenu pour cette scène d'un passage de *L'Astrée,* d'Honoré d'Urfé.

Page 163.

15. *A perdu ses gants :* a commencé par ôter ses gants, à les oublier, et a fini par perdre sa virginité. En même temps, au figuré, « perdre ses gants », c'est perdre sa retenue.

16. *Dont elle était à sa valeur tenue :* un bien dont elle était redevable au courage (la valeur) de son amant, qui le lui avait conservé.

Page 164.

17. *De fillage ou d'hyménée :* de célibat (état de fille) ou de mariage (état d'épouse).

18. *Je serai de près éclairée :* si je parais ne pas travailler à votre bonheur et à votre plaisir, c'est parce que je serai étroitement surveillée. « Éclairer : observer les actions de quelqu'un » (Richel.).

Page 165.

19. *Attendant qu'il fît beau :* attendant que le temps lui permît de revenir.

Page 166.

20. *Radouber :* réparer les coques.

21. *Fier :* terrible.

Page 167.

22. *Prend en gré :* accepte, supporte.

23. *Cet esclandre :* « vieux mot qui signifiait autrefois un accident fâcheux qui troublait et interrompait le cours d'une affaire » (Fur.).

24. *Commodités :* amabilité, et, sans doute ici, facilité.

Page 168.

25. *Repaît :* prend son repas.

26. *Mis sur cu :* « mettre un tonneau sur cul, c'est-à-dire le vider et le renverser après » (Fur.).

Page 169.

27. *Par compagnie :* pour se montrer bon convive, pour ne pas gâter la fête.

28. *Fit carrousse :* boire jusqu'au bout, à grandes rasades (de l'allemand « Gar aus » : « tout vide », équivalent de notre expression populaire « cul sec »). Voir Rabelais, prologue du *Tiers Livre :* « Je ne suis de ces importuns Lifrelofres, qui, par force, par oultraige et violence, contraignent les Lans et compaignons trinquer, voire *caros* et alluz, qui pis est. »

29. *D'immobiles appas :* La Fontaine formule l'objection des « bien-pensants » qui pourraient dédaigner de prendre un plaisir qu'on ne peut leur refuser, et de jouir d'une femme enivrée et endormie, impropre à « l'amoureux combat ». Cf. René Le Pays, *Amitiés, Amours et Amourettes,* Charles de Sercy, 1685, II, 17.

30. *Bacchus... et Morphée* : le vin et le sommeil.

31. *Un autrefois* : fois était à l'origine masculin.

Page 171.

32. *Et grand ménager de soupirs* : fort économe de soupirs, il se dispense des mièvres préalables amoureux et va droit au fait.

33. *Grêlé* : flétri, entamé.

34. *La crainte lui nuisait autant que le devoir* : la crainte qu'inspirait son humeur lui faisait autant de tort que la fidélité des épouses.

Page 172.

35. *Sur ses fins* : terme cynégétique. « On dit qu'un cerf est sur ses fins quand il est las et près d'être pris » (Fur.).

Page 173.

36. *Rogel et Galaor* : Rogel ou Roger est l'un des héros du *Roland furieux (Orlando furioso)* de L'Arioste. Galaor est le frère d'Amadis, dans l'*Amadis de Gaule* d'Ordóñez de Montalvo. Ces deux héros cèdent plus volontiers à leurs désirs qu'à leurs scrupules.

Page 175.

37. *Joppe* : Jaffa en Palestine.

Page 176.

38. *Phébus* : le soleil (voir la fable de *Phébus et Borée, Fables,* VI, 3).

39. *Un certain oiseau* : l'amour ailé. Mais aussi très probablement, dans une imagerie plus gaillarde, le sexe masculin (voir Boccace, *Décaméron, Le Rossignol,* V, 4).

Page 177.

40. *Filles maintenez-vous* : restez pucelles.

41. *L'accord* : les fiançailles.

42. *Rompez-lui toutes ses mesures* : « rompre la mesure, c'est faire manquer le coup de son ennemi en se reculant » (Richel.).

Page 179. L'ERMITE

1. Cette nouvelle apparaît pour la première fois dans le *Recueil contenant Plusieurs Discours Libres et Moraux,* publié à Cologne en 1667, puis dans le *Recueil des Contes du Sieur de La Fontaine, les Satyres de Boileau, et autres pièces curieuses,* publié à Amsterdam en 1668. Elle figure en 1667 aux côtés des *Cordeliers de Catalogne* et du *Muet de Boccace.* On en trouve en outre une copie dans les manuscrits de Conrart avec la mention *Nouvelle tirée des Cent Nouvelles Nouvelles.* La Fontaine a, de fait, suivi de plus près le modèle que lui offraient *Les Cent Nouvelles Nouvelles* (nouvelle XIV) que celui de Boccace (quatrième journée, nouvelle 2). Comme pour *Les Cordeliers de Catalogne,* La Fontaine a procédé, pour l'édition de 1669, à quelques corrections, destinées à émousser un peu les traits de sa satire monastique.

2. *Dame Vénus :* « Dame Luxure » (1667).

3. *Tout homme est homme, les ermites sur tous :* « et les moines sur tous » (1667). Réminiscence probable de Molière, *Tartuffe,* III, 3, v.966 :

Ah ! pour être dévot, je n'en suis pas moins homme.

4. *Gardez le froc :* prenez garde au froc, c'est-à-dire au moine.

5. *Maître Gonin :* la dynastie des Gonin, dont les premiers succès datent du règne de François Ier, régna jusqu'au XVIIe siècle sur l'art de l'illusion et de la prestidigitation. L'expression « un maître Gonin » désigne un « faiseur », un « manipulateur » et par là un homme rusé et dangereux.

6. *Vous en tenez :* vous aurez de quoi faire, vous aurez de la matière...

7. *La Légende : La Légende dorée* de la vie des saints, par Jacques de Voragine (vers 1260).

8. *Le cafard :* le faux dévot, l'hypocrite.

9. *Vous n'auriez dit qu'il eût mangé le lard :* vous l'auriez cru incapable de pécher, vous lui auriez donné le Bon Dieu sans confession. L'accusation d'avoir mangé le lard en carême est une réminiscence de Marot (*Ballade* XIV, et *Épître* XII).

Page 180.

10. *Peu d'entregent :* peu d'habitude du monde, peu de fréquentations

11. *Linceul :* drap.

12. *Pertuis :* orifice, trou.

13. *Tout du haut de la tête :* d'une voix haut perchée, à tue-tête.

Page 181.

14. *Partons bientôt, nous reviendrons au gîte :* partons sur l'heure, nous serons ainsi revenues pour coucher ici (« gîter »).

15. *D'un ton cas :* d'une voix cassée, brisée.

16. *La famille de Lucifer :* tous les démons.

Page 182.

17. *Son corset :* « corps de jupe sans manches... que portent les paysannes » (Fur.).

18. *Son demi-ceint :* « une ceinture d'argent avec des pendants que portaient autrefois les femmes des artisans et les paysannes » (Fur.).

19. *Ses pendants :* longs rubans, fixés à la ceinture, qui descendaient sur le devant de la robe.

20. *Cagot :* faux dévot, voir note 26 p. 99.

21. *Et de tirer des flammes :* l'ermite feint de se fouetter afin de « rédimer », par les indulgences ainsi acquises, l'âme d'un pécheur condamné aux flammes de l'enfer.

22. *Tout auprès :* juste à côté, de manière à faire illusion (« maître Gonin »), sans toutefois risquer de s'atteindre réellement.

23. *D'un bon Miserere :* ce ne fut qu'après qu'il a récité un *Miserere* (« Prends pitié... »). Le *Miserere* est la prière traditionnelle de la pénitence.

Page 183.

24. *Déconfortée :* déçue.
25. *Papelards :* hypocrites, voir note 9, p. 79.
26. *Du retour de matines :* après avoir dit l'office matinal.

Page 184.

27. *La signora :* en italien « la signora Madre », madame mère, la mère du pape.
28. *Des béguins :* des bonnets.
29. *La couple d'œufs :* selon une croyance populaire, l'absorption matinale de deux œufs assurait de la naissance d'un garçon.
30. *Les chapeaux :* de cardinal.

Page 185. MAZET DE LAMPORECHIO

1. Cette nouvelle, comme la précédente (voir note 1, p. 179), a été publiée pour la première fois dans le recueil de Cologne de 1667. Elle y figurait sous le titre *Le Muet de Boccace.* Elle est inspirée du *Décaméron,* troisième journée, première nouvelle.
2. *Sauf toutefois l'assistance divine :* à moins que la grâce divine n'intervienne directement (par un miracle).
3. *La guimpe :* morceau de toile blanche utilisé par les religieuses pour se couvrir la gorge et le cou. Par extension, comme le « froc » désigne les moines, la « guimpe » désigne les religieuses.
4. *Elles en ont affaire :* leur honneur et leur réputation leur importent (pour réussir un beau mariage).
5. *Pour un seul adversaire :* n'ont pas un seul adversaire ; ont plus d'un adversaire.

Page 186.

6. *Font souvent pis :* on peut penser que, après l'expression « se mordent les doigts », ce vers contient une suggestion gaillarde.
7. *Aguimpées, bien blanchement :* vêtues de leur guimpe immaculée.
8. *Léans :* dans ces lieux.
9. *Rendre le change :* de quoi répliquer (comparer avec l'expression populaire contemporaine « avoir du répondant »).
10. *L'éteuf :* la balle (au jeu de paume).
11. *Sans croix ne pile :* sans face ni pile, c'est-à-dire sans une pièce de monnaie, sans un sou vaillant. « On dit qu'un homme n'a ni croix ni pile pour dire qu'il n'a point d'argent » (Fur.).

Page 187.

12. *Tu n'auras pas œuvre faite :* tu n'auras pas la tâche facile, tu n'en viendras pas à bout. Ce vers ainsi que les trois précédents et les deux suivants sont à double entente. Le vocabulaire du jardinier est, s'il est pris au second degré, truffé d'évocations gaillardes.
13. *Le pater :* l'aumônier du couvent.

Page 188.

14. *Le badin :* le niais, le sot.

15. *Crainte du hâle :* le hâle était considéré au XVIIe siècle comme une atteinte à la beauté. Il est, surtout chez une femme, la marque d'une condition basse et vile. Dans le *Poème de la Captivité de saint Malc,* que La Fontaine publiera en 1673, l'héroïne, qui a fait vœu de chasteté et de sainteté, se laisse volontairement brunir pour altérer ses charmes :

En des lieux découverts, notre bergère assise
Aux injures du hâle exposait ses attraits (...)
Ses mains avec plaisir auraient détruit ses charmes :
Mais, n'osant attenter contre l'œuvre des Cieux,
Le soleil se chargeait de ce crime pieux.

On voit que les nonnes de ce couvent ne partagent pas cet esprit de sacrifice...

16. *Ce cabinet :* un cabinet de verdure, une tonnelle.

17. *Pourquoi :* aussi, c'est pourquoi.

Page 189.

18. *Tu serais honteuse :* après ce vers, on trouve, dans l'édition de 1667 :

Disant ces mots, elle éveilla Mazet
Qui se laissa mener au cabinet.

La suggestion malencontreuse du second vers est sans doute à l'origine de cette correction.

19. *Il fit chasse :* expression empruntée au jeu de paume : « Chasse morte : coup perdu » (Richel.). A comparer avec notre expression populaire contemporaine : « faire chou blanc ».

20. *Pitance :* portion qu'on donne à chaque repas dans les communautés religieuses.

21. *Restaurants :* mets revigorants. Voir note 16, p. 115.

22. *Le hère :* le malheureux.

Page 190.

23. *Sept :* sept poules à satisfaire.

24. *Pour le plus sûr :* pour plus de sécurité.

25. *Il les engea :* il les pourvut d'une engeance. (Se dit généralement en mauvaise part. Voir Molière, *Monsieur de Pourceaugnac,* I, 1 : « Votre père se moque-t-il de vouloir vous enger de son avocat de Limoges ? »)

Troisième Partie

Page 193. LES OIES DE FRÈRE PHILIPPE

1. *Nouvelle tirée de Boccace : Décaméron,* journée IV, préambule. L'anecdote est ancienne ; on la retrouve dans des recueils du Moyen Age comme les *Cento Novelle antiche.*

2. *Cajolerie :* les discours galants et hypocrites des soupirants.
3. *Aussi ne sont-ce fourmilières :* encore ne sont-ils pas légion.

Page 194.

4. *Contes bleus :* contes de bonne femme. Voir Molière, ***Tartuffe***, I, 1, v. 141-142 :

> *Voilà les* contes bleus *qu'il vous faut pour vous plaire,*
> *Ma bru.*

5. *Par avance :* comprendre : j'aurais bien aimé pouvoir vous rendre grâce de la faveur que vous me faites en lisant mon livre, avant de l'avoir écrit — c'est-à-dire quand j'étais jeune, et d'amoureuse façon...

Page 195.

6. *Cent choses à l'enfant :* appliquée à un garçon, cette éducation ne peut que rappeler celle qu'avait reçue (avec les mêmes effets en fin de compte) Agnès, l'héroïne de *L'École des femmes* de Molière (1662).

Page 196.

7. *La miche :* petit pain qu'on donne d'habitude aux pauvres ou aux vagabonds.
8. *Du haut de leur tête :* d'une voix haut perchée, à tue-tête.

Page 198. LA MANDRAGORE

1. *Nouvelle tirée de Machiavel : La Mandragola,* ou, originellement, la *Commedia di Callimaco e di Lucrezia,* comédie en cinq actes, avait été écrite par Machiavel vers 1518. Il n'en existait pas encore de traduction française et La Fontaine a probablement utilisé directement le texte italien.
2. *Matrones :* sages-femmes.
3. *Diseurs de mots :* diseurs de sorts, voir note 2, p. 111.
4. *Leurré :* terme de fauconnerie : dressé au leurre, adroit. Comprendre : il est aussi bien dressé aux choses de l'amour qu'aucun Français.
5. *Propre :* bien mis, élégant.

Page 199.

6. *Jusques au chien :* on retrouvera le même trait chez Molière, *Les Femmes savantes,* I, 3, v. 244, dans le portrait qu'Henriette brosse de Trissotin :

> *Et, pour n'avoir personne à sa flamme contraire,*
> *Jusqu'au chien du logis il s'efforce de plaire.*

7. *Jette son plomb :* terme de marine : après avoir sondé de toutes parts, fait porter son choix sur...
8. *Lucrèce :* l'épouse de Messire Nicia, qui porte un nom qui convient bien à son tempérament et à sa rigueur.
9. *L'envoya jouer :* repoussa ses avances (à comparer avec l'expression populaire contemporaine : « envoyer promener »).

Page 200.

10. *Un curieux :* un homme versé dans les sciences occultes, un connaisseur des secrets de la nature.

11. *Le grand Mogor :* le grand Mogol, dont Bernier, qui rentre en France en 1669 (et que La Fontaine fréquentera lorsqu'il sera l'hôte de Mme de La Sablière), est demeuré pendant de longues années le médecin personnel.

12. *Mandragore :* au Moyen Age, la mandragore suscite de nombreuses pratiques de sorcellerie ou de magie. La racine de mandragore, transformée en fétiche, passait pour procurer bonheur et richesse. La décoction de mandragore était reconnue pour avoir des propriétés aphrodisiaques.

13. *De jeunes frères plein :* vieille plaisanterie, empruntée à Rabelais, *Gargantua,* XLV : « Seulement l'ombre du clochier d'une abbaye est féconde. »

14. *Affronter :* à qui l'on osât faire un pareil affront ; que l'on osât ainsi offenser.

15. *Notre féal :* notre fidèle, notre dévoué.

Page 201.

16. *D'ailleurs :* d'autre part.

17. *Qu'est-il de faire :* que faut-il faire ?

18. *In anima vili :* dans une âme de basse extraction.

Page 202.

19. *Blondins :* galants jeunes et précieux.

20. *Je suis d'avis :* (ironique) cela serait parfait, vraiment, si nous choisissions un homme illustre…

21. *Ce pitaud :* « terme injurieux qu'on dit aux gens rustres, grossiers et incivils, qui ont des manières de paysans » (Fur.).

22. *De la confection :* une préparation.

Page 203.

23. *De prime face :* de prime abord, au début.

24. *Mâtin :* gros chien de garde.

25. *Roc :* pièce du jeu d'échec. « On l'appelle aussi la Tour » (Richel.). Dans sa colère, Lucrèce accumule les termes qui vont « par couple » dans le langage ordinaire, même si le second terme n'a, dans le cas précis, que peu de rapports avec sa situation.

26. *Elle donna les mains :* elle accepta, elle se résigna.

27. *De la faciende :* du complot, de la cabale.

Page 204.

28. *Et ce soir atournée :* et ce soir élégamment parée. Pour cette scène muette du sacrifice… peu douloureux de Lucrèce, La Fontaine s'est sans doute souvenu du « sacrifice » de Psyché. La situation est identique. La femme sacrifiée s'attend au pire ; elle croit devoir partager la couche d'un monstre ; et l'amant invisible qu'elle découvre ne laisse pas de lui être agréable et charmant.

29. *D'un honnête homme :* d'un homme « de condition ».

30. *Tandis :* pendant ce temps.

31. *Enrôlé :* il est enrôlé, comme un soldat, dans la troupe des victimes de « Messer Cocuage ».

32. *Pour le décoron :* pour le decorum, c'est-à-dire « pour la bienséance ».

Page 205.

33. *Approuvez son martyre :* ne vous refusez pas à un amour qui le met au supplice.

34. *Ingrate :* l'avaient conduite à ne pas rendre les faveurs dont elle était l'objet.

Page 206.

35. *Ses autres confrères :* en Cocuage.

36. *Une nuit d'embarras :* ce ne serait tout au plus qu'une nuit d'incommodements.

37. *L'on n'en donne à garder :* un homme auquel on n'en fait pas croire, qu'on ne trompe pas.

38. *La renchérie :* la prétentieuse, la dédaigneuse (celle qui s'estime trop cher et refuse les accommodements).

39. *C'est un beau champ :* c'est une belle occasion.

40. *Pécore :* « bête, stupide » (Fur.).

41. *Nargue :* fi de... Mot dont on se sert lorsqu'on veut marquer du mépris » (Richel.).

Page 207. LES RÉMOIS

1. La Fontaine n'indique pas de source. Peut-être a-t-il mis en vers une anecdote réelle du pays. La situation n'est pourtant pas sans évoquer certains conteurs italiens (Parabosco, dans ses *Passe-temps*, Boccace dans le *Décaméron,* VIII, 8, Bardello, III, 20, Straparole, II, 5, etc.). Plus récemment, on a mis en évidence la relation qui peut exister entre la nouvelle de La Fontaine et la *Farce du Poulier*.

2. *Honneur de la France :* elle est en effet la cité où sont sacrés ses rois.

3. *L'ampoule :* l'ampoule où se trouve conservé le saint chrême, l'huile utilisée pour le sacre des rois.

4. *Portaux :* portails. Ceux de la cathédrale de Reims.

5. *Galoises :* « vieux mot qui signifiait autrefois une jeune fille gaie et éveillée » (Fur.).

6. *Profession :* il pourrait s'agir d'une évocation du portraitiste Hélart, ami de Maucroix (voir Louis Paris, Maucroix, *Œuvres diverses,* 1854, p. CXIII-CXIV).

Page 208.

7. *Gémissements gaulois :* à l'ancien style !

8. *A frais communs :* les travaux de conquête de la dame étaient entièrement partagés.

9. *Sur les bords du Lignon :* la rivière au bord de laquelle Honoré d'Urfé a situé les scènes de son roman, *L'Astrée*. Il faut comprendre : « après *L'Astrée*, l'Amour noble et délicat a disparu ; il est mort et enterré ».

10. *Ni vent ni voie :* termes de vénerie. Les chiens peuvent suivre l'odeur (le vent) ou la trace sur le sol (la voie) de l'animal pourchassé. Ici : « ni vent ni voie » : plus trace d'amour.

Page 209.

11. *Le membre :* « un membre de mouton, c'est une éclanche, une épaule » (Fur.).

12. *Hâtier :* « grand chenet à plusieurs crans où on mettait plusieurs broches ensemble » (Fur.).

13. *On patine :* on lutine. « On dit qu'on patine une femme quand on lui manie le bras, le sein » (Fur.). La Fontaine joue peut-être sur les mots : il n'oublie pas que son héros est un peintre, habile entre tous à donner une « patine » à ses toiles.

Page 210.

14. *On fit raison :* faire raison, c'est boire à la santé de celui qui vient de lever son verre à la vôtre, afin de l'en remercier. C'est, comme on peut penser, un jeu qui risque de durer longtemps.

15. *Suffrages :* redevances annexes (terme de droit) ; ici « hommages ».

16. *Et dire au peintre rage :* et déclarer sa colère au peintre.

Page 211.

17. *A tard viendrait aussi bien la querelle :* d'ailleurs, la querelle viendrait trop tard, le mal étant déjà fait.

18. *Sans qu'il restait :* si ce n'est qu'il restait…

19. *On releva :* on remplaça les plats et on se remit à festiner.

Page 212.

20. *Ménagère :* économe.

21. *De lui tenir le pied :* pour entrer dans la danse de l'infidélité, comme on tient le pied d'une femme pour l'aider à monter sur un cheval.

22. *Méchef :* malheur, disgrâce.

23. *Venir à chef :* mener à bien, réaliser, venir à bout.

Page 213. LA COUPE ENCHANTÉE

1. Des fragments de ce conte ont dû, comme nombre d'autres œuvres au XVIIe siècle, circuler à l'état de copies manuscrites. L'un de ces manuscrits nous a été conservé à la Bibliothèque Sainte-Geneviève à Paris (yf n° 8, f°s 176-178). En 1669, un éditeur de Leyde, Jean Sambix le Jeune, publie une édition pirate des *Contes* de La Fontaine, où il inclut le prologue et un fragment de cette pièce, qui allait jusqu'au vers :

Qui vous donne cet air d'un vrai jour de printemps (p. 221).

Il était suivi d'un dialogue, que La Fontaine devait plus tard supprimer, et qu'on trouvera ci-après à la note 36. L'éditeur précisait : « Je ne vous aurais pas donné cette nouvelle imparfaite comme elle est, si je n'avais su de bonne part que son illustre auteur n'est pas dans le dessein de l'achever. »

La Fontaine s'irrite de cette publication anticipée. Il insère ce fragment dans l'édition officielle, chez Barbin, des deux premières parties des *Contes* (1669), et ajoute :

Sans l'impression de Hollande j'aurais attendu que cet ouvrage fût achevé, avant que de le donner au public ; les fragments de ce que je fais n'étant pas d'une telle conséquence que je doive croire qu'on s'en soucie. En cela et en autre chose cette impression de Hollande me fait plus d'honneur que je n'en mérite. J'aurais souhaité seulement que celui qui s'en est donné le soin n'eût pas ajouté qu'il sait de très bonne part que je laisserai cette nouvelle sans l'achever. C'est ce que je ne me souviens pas d'avoir jamais dit, et qui est tellement contre mon intention que la première chose à quoi j'ai dessein de travailler, c'est cette Coupe enchantée.

La Fontaine devait tenir parole. *La Coupe enchantée,* dans la forme achevée où nous la trouvons ici, devait être publiée en 1671 et insérée alors dans la Troisième Partie des *Contes.*

Le sujet en est emprunté à un passage célèbre du *Roland furieux (Orlando furioso)* de L'Arioste, aux chants XLII (69-103) et XLIII (1-50). Le prologue est inspiré de Rabelais (*Le Tiers Livre,* XXVIII, *Comment frère Jean réconforte Panurge sur le doute de cocuage*). En revanche, la vision « terrifique » et comique de l'armée, sans cesse accrue, des cocus, paraît être de l'invention de La Fontaine.

Page 214.

2. *Cocuage n'est point un mal :* cet éloge paradoxal du cocuage affecte la forme d'une ballade. L'éloge était un genre consacré de la rhétorique, et quelques auteurs s'étaient déjà amusé à le parodier, tels Francesco Berni (*Capitoli,* vers 1520), et, plus récemment Molière, par la voix de Sganarelle, laudateur du tabac, à l'acte I, scène 1 de *Dom Juan,* 1665.

3. *Chiorme :* italianisme (« ciurma ») : la troupe, la multitude des « blondins », c'est-à-dire des galants de votre femme.

Page 215.

4. *Le patron :* « chiourme » est habituellement employé en français pour désigner l'équipage des galériens, et « patron » désigne le pilote ou le commandant d'un navire. La Fontaine file une métaphore maritime.

5. *Je conclus en forme :* je tire la conséquence formelle des deux propositions précédentes, je conclus le syllogisme.

6. *Quelque monsieur Dimanche :* M. Dimanche, créancier de Dom Juan, apparaît à l'acte IV, scène 3, du *Dom Juan* de Molière.

7. *Nymphe :* « ce mot signifie quelquefois maîtresse, et surtout en poésie » (Richel.). Dans le roman pastoral, la nymphe est toutefois de plus haute condition que la bergère.

8. *Bergère :* « maîtresse de quelque galant qui est berger » (Richel.).

9. *Qui perdrait sa femme :* ce deuil évoque, à l'inverse, celui que peindra La Fontaine dans ses *Fables* (*La Jeune Veuve,* VI, 21).

Page 216.

10. *Hausser et baisser son mouchoir :* le mouchoir qui couvre la gorge. La jeune fille commence à avoir de la poitrine.

11. *La bavette :* la partie du tablier qui couvre la poitrine.

12. *Le serviteur :* ou bien, le « serviteur », formule pour prendre congé. En ce cas, il faudrait comprendre : « et puis, elle vous tire sa révérence », ou bien « le chevalier servant », « le premier galant ». Ce second sens paraît préférable.

13. *Chassant de race :* chassant d'instinct.

14. *Ne le prévînt :* ne le devançât (ne lui laissât pas le temps de lui choisir un mari).

15. *Un convent :* un couvent.

16. *Et qui gâtent l'esprit :* tel *L'Astrée* d'Honoré d'Urfé.

17. *Clothon :* l'une des trois Parques.

18. *Arachne :* jeune Lydienne, fille d'un tailleur de Colophon, Arachné excellait dans l'art du tissage et fut changée par Athéna en araignée.

19. *Son bien :* sa dot. La fille n'est pas au couvent pour devenir religieuse, mais seulement pour parfaire son éducation. Elle se mariera à la sortie du couvent.

20. *Lieux empruntés :* lieux de passage.

Page 217.

21. *Moustier :* église cathédrale, servie par des moines, où sera célébré le mariage.

22. *Cette fille légitimée :* avait légitimé cette fille. Bien qu'elle fût un enfant naturel, elle pouvait dès lors hériter. Après ce vers, on lisait, en 1669 :

> *Soit par affection, soit pour jouer d'un tour*
> *A des collatéraux, nation affamée,*
> *Qui, des écus de l'homme ayant eu la fumée,*
> *Lui faisaient* [sic] *réglément sa cour.*

23. *Douaire :* la partie de biens que le mari assure à son épouse, au jour du mariage, et que celle-ci conservera si elle lui survit.

24. *D'un et d'autre côté :* sur ses deux oreilles.

Page 218.

25. *Les Zéphyrs :* les brises.

26. *Les Borées :* les vents violents du nord.

27. *Elle allait au point, et ne marchandait pas :* elle allait droit au but qu'elle souhaitait (la satisfaction amoureuse) et ne faisait pas de demi-mesures.

28. *Ces maris :* de tels maris fidèles.

Page 219.

29. *L'Hippogriffe :* monstre mi-cheval, mi-griffon, qui dans les épopées et les romans de chevalerie pouvait emporter les héros dans les airs. Dans le *Roland furieux,* Roger et Astolphe sont ainsi emportés sur un cheval ailé.

30. *La lance enchantée :* autre allusion à un passage au *Roland furieux :* il s'agit de la lance magique qui jette à terre l'adversaire dès qu'elle le touche.

31. *On ne vivait pas comme on vit :* après ce vers, on trouvait, en 1669, les onze vers suivants :

Pour venir à ce que j'ai dit,
Il n'est herbe ni racine,
Pilule, ni médecine,
Philtre, charme, ni brevet,
Dont notre amante en vain ne tentât le secret,
Et ne fît jouer la machine ;
Des philtres elle en vint aux regards languissants,
Aux soupirs, aux façons pleines d'afféterie :
Quand les charmes sont impuissants,
Il ne faut pas que de sa vie
Une femme prétende ensorceler les sens.

Le texte reprenait ensuite :

Damon à ces ressorts opposait l'hyménée.

Trois vers plus haut, le mot [passer] était omis dans l'édition de 1671.

32. *Brevets :* formules magiques écrites sur un parchemin. Voir note 2, page 111.

33. *Éraste :* ce nom seul aurait dû suffire à intriguer le mari, puisqu'il signifie en grec « l'aimé » et « l'amant ».

Page 220.

34. *A désemparer :* à abandonner la partie, à quitter la place.

Page 221.

35. *Met la fleurette au vent :* La Fontaine parodie l'expression « mettre flamberge au vent » (tirer son fleuret), et féminise le « fleuret » en « fleurette » pour obtenir un tout autre sens : met la conversation au badinage galant.

36. Après ce vers, on trouve en 1669, le long fragment suivant :

Le feint Éraste en même temps
Lui présente un miroir de poche,
Caliste s'y regarde, et le galant s'approche,
Il contemple, il admire, il lève au ciel les yeux,
Il fait tant qu'il attrape un souris gracieux.
Mauvais commencement, ce dit-il en soi-même.
Hé bien poursuivit-il, quand d'un amour extrême
On vous aime,
A-t-on raison ? je m'en rapporte à vous.
Peut-on résister à ces charmes ?

Caliste

On sait bien, car comment ne pas devenir fous
Quand vos cœurs ont affaire à de si fortes armes ?

Sans mentir Messieurs les amants
Vous me semblez divertissants :
J'aurais regret qu'on vous fît taire.
Mais savez-vous que votre encens
Peut à la longue nous déplaire ?

Le feint Éraste

Et pouvons-nous autrement faire ?
Tenez, voyez encor ces traits.

Caliste

Je les vois, je les considère,
Je sais quels ils sont, mais après ?

Le feint Éraste

Après ? l'après est bon. Faut-il toujours vous dire
Qu'on brûle, qu'on languit, qu'on meurt sous votre empire ?

Caliste

Mon Dieu ! non je le sais, mais après ?

Le feint Éraste

Il suffit.
Et quand on est mort c'est tout dit.

Caliste

Vous n'êtes pas si mort que vos yeux ne remuent
Contenez-les de grâce, ou bien s'ils continuent,
Je mettrai mon touret de nez *.

Le feint Éraste

Votre touret de nez ? gardez-vous de le faire.

Caliste

Cessez donc et vous contenez.

Le feint Eraste

Quoi défendre les yeux ? c'est être bien sévère,
Passe encor pour les mains.

Caliste

Ah pour les mains, je crois
Que vous riez.

Le feint Éraste

Point trop.

Caliste

C'est donc à moi
De me garder.

Le feint Éraste

Ma passion commence
A se lasser par la longueur du temps.

* Espèce de masque ancien (note de La Fontaine).

Si mon calcul est bon, voici tantôt deux ans
Que je vous sers sans récompense.

Caliste

Quelle vous la faut-il ?

Le feint Éraste

Tout sans rien excepter.

Caliste

Un remerciement donc ne vous peut contenter ?

Le feint Éraste

Des remerciements ? bagatelles.

Caliste

De l'amitié ?

Le feint Éraste

Point de nouvelles.

Caliste

De l'amour ?

Le feint Éraste

Bon cela. Mais je veux du plus fin,
Qui me laisse avancer chemin
En moins de deux ou trois visites,
Moyennant quoi nous serons quittes.
Et si vous voulez mettre à prix cet amour-là,
Je vous en donnerai tout ce qui vous plaira ;
Cette boîte de filigrane.

Caliste

Le libéral amant qu'est Éraste ! voyez.

Le feint Éraste

Madame avant qu'on le condamne
Il faut l'ouvrir, peut-être vous croyez
Qu'elle est vide ?

Caliste

Non pas ; ce sont des pierreries !

Le feint Éraste

Ouvrez, vous le verrez.

Caliste

Trêve de railleries.

Le feint Éraste

Moi, me railler ! ouvrez.

Caliste

Et quand je l'aurais fait ?
Je ne sais qui me tient qu'avec un bon soufflet…
Mais non, si jamais plus cette insolence extrême…

Le feint Éraste

Je vois bien ce que c'est, il faut l'ouvrir moi-même.
Disant ces mots, il l'ouvre, et sans autre facon
Il tire de la boîte et d'entre du coton
De ces appeaux à prendre belles,
Assez pour fléchir six cruelles,
Assez pour créer six cocus,
Un collier de vingt mille écus.
Caliste n'était pas tellement en colère
Qu'elle ne regardât ce don du coin de l'œil.
Sa vertu, sa foi, son orgueil
Eurent peine à tenir contre un tel adversaire.
Mais il ne fallait pas sitôt changer de ton.
Éraste à qui Nérie avait fait la leçon...

C'est sur ce vers que s'achevait en 1669 le fragment donné par l'éditeur.

37. *Métail :* métal.
38. *Sur votre moustache :* en vous bravant.
39. *Du panache :* le panache, comme les cornes, est l'ornement du mari trompé.

Page 223.

40. *Messieurs de la grand'bande :* la grande troupe des cocus. Il se sait, d'ores et déjà, « enrôlé » (voir note 31 page 204).
41. *Argus :* prince argien aux cent yeux. Ici, au sens d'espions. (Voir p. 147, dans *On ne s'avise jamais de tout,* l'évocation de la « vieille au corps tout rempli d'yeux ».)
42. *Se précipiter :* primitivement « se jeter dans un précipice » ; d'où : « se tuer ».

Page 224.

43. *Une telle légende :* une liste si longue. « Légende se dit ironiquement d'un écrit long et ennuyeux à lire » (Fur.).
44. *Suffragant :* « archevêque coadjuteur, qui aide un autre prélat à faire ses fonctions » (Fur.).
45. *Vulcan :* Vulcain, l'époux malheureux de Vénus, est le patron des cocus, qu'il réunit sous sa bannière (voir, supra, *Les Amours de Mars et de Vénus,* p. 73).
46. *Sa morgue :* sa fière contenance. Les maris trompés « assument » avec fierté, chacun selon son caractère, l'état de cocuage.

Page 225.

47. *Règlent le pas :* décident de la préséance.

Page 226.

48. *Ne hasarda point :* ne tenta pas le sort.
49. *Convenant :* la convention qui avait été passée.

50. *L'ost :* l'armée. Il faut comprendre : peut-être Renaud eût-il été reconnu comme le plus cocu d'entre les cocus.

Page 227. LE FAUCON

1. *Nouvelle tirée de Boccace : Décaméron,* journée V, nouvelle 9.

2. *L'amant avare :* dans *Les Amours de Psyché et de Cupidon,* IIe partie, 1669.

3. *Plaindre :* économiser.

4. *Métail :* métal.

5. *Si :* pourtant.

6. *Fricassa :* « fricasser : consumer entièrement, perdre, manger tout à fait quelque bien » (Richel.).

7. *Belles comtés :* le mot comté était autrefois féminin (cf. Franche-Comté).

8. *Marquisats de Dieu :* (formule emphatique) marquisats dignes d'un dieu.

Page 228.

9. *A longue queue :* son titre de Seigneur était suivi d'une longue énumération de noms de fiefs. Peut-être La Fontaine s'amuse-t-il à suggérer un second sens gaillard à ces quelques vers.

10. *De tout :* toutes les éditions de 1671 portent « de tout », que certains éditeurs ont voulu corriger en « de tous ». Il faut peut-être comprendre : le plus zélé se contente, pour toute chose, en tout et pour tout, de dire « c'est dommage ».

11. *Le protestant :* celui qui a fait à une dame des serments et des protestations d'amour.

12. *Faiseur de devises :* comme l'emblème, la devise était un genre allégorique composé d'une image et d'une phrase qui donne la clef de cette représentation allégorique. Ce genre était fort à la mode au milieu du XVIIe siècle, et certains auteurs, comme le P. Ménestrier ou le P. Le Moyne, s'en étaient fait une spécialité. Accompagnée d'un discours moral, la devise devient un emblème, dont on pouvait faire des recueils. Ici, il s'agit plus probablement des artistes qui, pour certaines cérémonies ou pour la décoration intérieure des appartements, concevaient des devises à la gloire du maître.

13. *Gens du sacré vallon :* les poètes qui hantent le vallon sacré qui sépare les deux monts du Parnasse.

14. *Blanchir :* (terme d'artillerie) un boulet qui n'atteint pas le but et ne fait qu'effleurer la muraille ou la cuirasse laisse seulement sur celles-ci la trace blanche de la poudre. Par extension « ce mot exprime au figuré que les efforts que l'on fait pour attaquer ou persuader quelqu'un sont inutiles » (Fur.).

Page 229.

15. *La patente :* les lettres patentes érigeant officiellement une terre en marquisat ou en comté.

16. *Et les cadeaux :* au XVIIe siècle, ce mot a le sens de « fête, repas, partie de plaisir » offerts en hommage à une dame. Cf. Molière, *Les Amants magnifiques,* I, 1 : « Elles y ont reçu des cadeaux merveilleux de musique et de danse. »

17. *Fin :* « un cheval fin est un cheval de prix » (Fur.).

Page 230.

18. *Allait en croupe à la chasse avec lui :* réminiscence d'Horace, *Odes,* III, 1, v. 40. On retrouvera l'expression dans les *Épîtres* de Boileau, V.

19. *Arrivant le décès :* dans le cas où l'enfant viendrait à décéder.

20. *A faire gens de bon cœur détester :* à faire jurer et pester les gens de cœur. Détester est employé en ce sens au XVIIe siècle. Cf. *Fables,* VI, 18, *Le Chartier embourbé :*

Le voilà qui déteste et jure de son mieux.

Page 231.

21. *Médecine :* considère toute chose comme médicament, potion.

22. *C'est fait que de sa vie :* c'en est fait de sa vie.

23. *Repart :* réplique, fait cette « repartie ».

Page 232.

24. *Tandis :* pendant ce temps.

25. *Du demeurant :* des accessoires du dîner.

26. *Que je sois refusée :* que vous n'accédiez pas à ma demande.

Page 233.

27. *Que c'est d'aimer :* ce que c'est que d'aimer.

28. *En mon pailler :* en ma basse-cour.

29. *La bête :* les prédateurs (le renard, le loup, l'aigle).

Page 235. LA COURTISANE AMOUREUSE

1. La Fontaine ne cite pas son modèle. Peut-être s'est-il inspiré de la *Cortegiana innamorata* de Girolamo Brusoni (*Curiosissime Novelle amorose,* 1655). Le thème est ancien : il est illustré, dans l'Antiquité, par la conduite de la courtisane Laïs, que son amour pour Hippolochus remit dans le droit chemin de l'honnêteté. Le préambule, qui exalte la puissance de l'amour, n'est pas sans rappeler les v. 900-909 de *L'École des femmes* de Molière (III, 4), 1662.

2. *Qui n'est encor qu'à sa lecon :* bien qu'il ait l'allure d'un dieu-enfant, qui doit encore aller à l'école.

3. *Les Catons :* les moralistes austères.

4. *Des oracles :* des gens dont on respecte l'autorité et la science infinie.

5. *Hercule :* Hercule, par amour, fut réduit à filer la laine aux pieds de la reine de Lydie, Omphale.

6. *Polyphème :* le cyclope Polyphème tomba sous le joug amoureux de la nymphe Galatée. Voir Théocrite, VI et XI. La Fontaine peindra leurs amours dans son opéra *Galatée* (1682).

7. *L'un* : Polyphème.
8. *L'autre* : Hercule.
9. *Boccace : Décaméron,* cinquième journée, première nouvelle.
10. *Honnête homme* : au sens fort. A la fois civil, poli, galant, intelligent.

Page 236.

11. *Un homme du Conclave* : un cardinal. Les « Monseigneurs » sont les évêques non cardinaux.
12. *Un cardinal neveu* : neveu du pape — et donc peut-être appelé un jour, par *népotisme,* à régner sur le trône de Saint-Pierre.
13. *Faire ainsi la renchérie* : faire la difficile, la dédaigneuse.
14. *Incessamment* : sans cesse.
15. *Cadeaux* : fêtes, repas, parties de plaisir, voir note 16, p 229.

Page 237.

16. *En certaine ruelle* : au plus profond d'une chambre. La ruelle est l'espace qui, dans une chambre, sépare le lit du mur.

Page 238.

17. *Du métier de nymphe* : du métier d'hétaïre, de courtisane.
18. *Prévenir nos amours* : devancer nos inclinations.

Page 240.

19. *Passait la raillerie* : passait les bornes de la moquerie ou du simple badinage.
20. *Corps* : corsage.

Page 242.

21. *Dans son académie* : l'académie est le lieu d'apprentissage et de pratique d'un art ou d'un sport, réservé aux nobles ou aux personnes fortunées. Ici, le « collège d'Amour ».

Page 243.

22. *Un tel à toutes aventures* : un tel (noviciat) à toutes occasions.
23. *Possible* : peut-être.
24. *Aux éléments* : aux rudiments.

Page 244. NICAISE

1. La Fontaine ne cite pas sa source. Il s'est probablement, comme en d'autres occasions, inspiré de conteurs italiens : Girolamo Brusoni, *Curiosissime Novelle amorose,* Venise, 1655, seconde nouvelle, ou Francesco Doni, *La Seconda Libreria,* Venise, 1550.
2. *Avec droit* : « nice » signifiait en effet autrefois « niais », « sot », « innocent ».
3. *Bons frères* : « bons vivants », et, en particulier, experts en amoureux plaisir.

4. *Possible :* peut-être.
5. *Par les degrés :* par les grades universitaires.

Page 245.

6. *A meilleur titre :* à meilleur prix.

Page 246.

7. *Baisers à grosse usure :* des baisers que chacun payait en retour avec un fort intérêt, que chacun rendait au centuple.
8. *Calculateur que fût l'amant :* si calculateur que fût l'amant.
9. *Incessamment :* sans cesse.
10. *Prêt de :* prêt à, disposé à. Voir, *Fables, L'Oracle et l'Impie,* IV, 19, v. 13.

Il tenait un moineau, dit-on,
Prêt d'étouffer la pauvre bête
(...) Pour mettre Apollon en défaut.

Page 247.

11. *Au gros sas :* au gros tamis. Il faut comprendre : il est homme à ne pas regarder la chose de trop près.
12. *On la commence :* « commencer : ... donner les premières leçons » (Fur.). Comme en maint autre endroit, La Fontaine emploie à dessein un mot que le lecteur peut prendre, au second degré, dans un sens gaillard. Il s'amuse ensuite à faire des remontrances à son lecteur qui se serait trop aisément laissé tenter par cette interprétation scabreuse.
13. *Moutier :* église cathédrale, servie par des moines, où le mariage est célébré.
14. *A la chandelle :* tard dans la soirée.
15. *Dame :* le mari est un « parti d'importance ». Il est très probablement gentilhomme. La bourgeoise, qui n'avait droit qu'au titre de « demoiselle », peut donc désormais porter le titre de « dame ».

Page 248.

16. *Honnête homme :* au sens fort ; voir note 10, p. 235.

Page 250.

17. *Possible :* peut-être.
18. *Mon doigt au feu :* parodie gaillarde de l'expression « ma main au feu ». Comme, en d'autres circonstances, pour Hans Carvel (voir, supra, p. 150), la vérité ne s'appréhende — en toute certitude — que... du bout du doigt.
19. *Votre vent :* votre haleine.

Page 252. LE BÂT

1. Cette anecdote figure presque constamment dans les recueils facétieux français du XVIe et du XVIIe siècle, en particulier le *Formulaire fort récréatif de tous contrats, donations, testaments, codicilles et autres actes qui sont*

faits et passés devant notaire et témoings, fait par Brédin le Cocu, notaire rural et controlleur des basses marches du Royaume d'Utopie, Lyon, 1594 ; *Le Courrier facétieux,* Lyon, 1550 (« D'un drôle et de la femme d'un peintre ») ; *Les Contes aux heures perdues,* du sieur d'Ouville, 1652 ; *Le Moyen de parvenir* de Béroalde de Verville, II, 16, etc.

2. *En guise de cachet :* en guise de sceau, attestant, par son intégrité, la chasteté de l'épouse.

3. *Et du témoin :* et du repère.

Page 253. LE BAISER RENDU

1. La source précise de cette anecdote demeure inconnue. On trouve certaines analogies avec la troisième des *Cent Nouvelles Nouvelles (La Pêche de l'anneau)* ou avec la *Farce du gentilhomme et de Naudet.*

2. *Guillot :* nom traditionnel de paysan et plus précisément de berger. Voir *Fables, Le Loup devenu berger,* III, 3, v. 10 :

C'est moi qui suis Guillot, berger de ce troupeau.

3. *Que je la baise à la charge d'autant :* laisse-moi lui donner un baiser, à charge de revanche.

Page 254. ÉPIGRAMME

1. L'origine de ce conte est inconnue.

2. *Se sentant presser :* par la mort. Se sentant aux dernières extrémités.

3. *Mon cas :* mon fait, ma confession.

Page 255. IMITATION D'ANACRÉON

1. *Odes,* XXVIII *(Sur sa maîtresse).* La « pointe » finale est empruntée à l'*Ode* XXIX *(Sur Bathylle).*

Page 256. AUTRE IMITATION D'ANACRÉON

1. *Odes,* III. Cette pièce, aussi appelée *L'Amour mouillé,* a déjà, avant La Fontaine, inspiré d'autres poètes, tels Ronsard (*Odes,* II, 19, *Du malheur de recevoir*...) et Remy Belleau *(Songe ou devis d'Anacréon et d'Amour)* et même des prosateurs comme Mlle de Scudéry (*Clélie,* Courbé, 1661).

Page 257.

2. *Son armure :* son arc, ses flèches et son carquois.

Page 258. LE DIFFÉREND DE BEAUX YEUX ET DE BELLE BOUCHE

1. Ce pastiche galant de l'éloquence judiciaire est directement hérité du *Dialogue des Yeux et de la Bouche,* de Charles Sorel, publié dans le *Nouveau recueil des pièces les plus agréables de ce temps,* Sercy, 1644, et repris plus tard dans le *Recueil des pièces en prose les plus agréables de ce temps,* Sercy, 1659. Cette parodie précieuse s'apparente en outre aux *Arrêts d'Amour* de Martial d'Auvergne, que La Fontaine s'était déjà plu à imiter dans la première

partie de ses *Contes (Imitation d'un livre intitulé Les Arrêts d'Amour,* voir note 1, page 71).

2. *Pour les honneurs :* pour l'honneur d'être reconnu comme le plus puissant ressort de l'amour.

3. *Amathonte :* ancienne ville de l'île de Chypre où se trouvait un temple célèbre consacré à Adonis et Aphrodite.

Page 260.

4. *Maint objet tel quel :* nombre de femmes d'une beauté ordinaire ou médiocre.

5. *Passe à la montre :* est remarqué ; est jugé digne de figurer au nombre des objets admirables, bien qu'il soit d'un rang inférieur ; voir note 17, p. 54.

6. *Et le disons-nous pas :* les regards, à l'égal de la bouche, sont le véhicule des amoureuses pensées.

7. *Une intervenante :* une personne qui vient témoigner et soutenir une cause, de son propre chef, dans un procès. Ce « témoignage spontané » est la plus belle péroraison que pouvait trouver l'avocat.

8. *Que les papiers tombaient des mains :* les bulletins de vote des juges, soudain séduits par le regard enjôleur de « l'intervenante », leur échappent des doigts.

9. *S'allaient préoccupant :* se formaient, contre elle, un préjugé favorable aux regards de la dame.

Page 261. LE PETIT CHIEN QUI SECOUE DE L'ARGENT ET DES PIERRERIES

1. La Fontaine s'inspire d'un passage du *Roland furieux (Orlando furioso)* de L'Arioste, XLIII, 67-144.

2. *Thémis :* la Justice, et donc, ici, les gens de justice, friands de dons et « d'épices ».

Page 262.

3. *Magistrat :* échevin de la ville.

Page 263.

4. *Firent partie :* entreprirent d'un commun accord.

5. *L'affadissaient :* la dégoûtaient.

6. *Paladin :* preux chevalier errant. La Fontaine s'amuse : être un « paladin » est plus un état qu'un « métier ».

7. *Il ne plaignit :* il n'économisa, il ne fut avare de...

Page 264.

8. *Cadmus :* fondateur légendaire de Thèbes.

Page 265.

9. *Philomèle :* nom mythologique du rossignol (voir *Fables, Philomèle et Progné,* III, 15).

10. *Qu'une fée a bâti :* Mantoue passe pour avoir été fondée par la fée Manto, ou, plus précisément, par son fils Ocnus (voir Virgile, ***Énéide,*** livre X).

11. *Du Mince :* du Mincio, le fleuve qui baigne Mantoue.

12. *Téthys :* ici, la mer.

13. *Nous devenons serpents :* comme la fée Mélusine, dans le roman qui porte son nom.

Page 266.

14. *Guillot fait sauter Perronnelle :* Guillot et Perronnelle sont des noms traditionnels, dans la pastorale du berger et de la bergère. Voir supra, p. 253, *Le Baiser rendu.*

15. *Épagneux :* épagneuls (la consonne finale ne s'entendait pas dans la prononciation du XVIIe siècle).

Page 267.

16. *La monnoie :* elle a les moyens de l'acheter.

17. *Un bourdon :* un bâton de pèlerin.

Page 268.

18. *D'une ongle :* au XVIIe siècle, le mot était employé indifféremment au masculin ou au féminin.

19. *Fausse :* retorse, pleine de duplicité et de méchanceté.

Page 269.

20. *Régaler :* divertir, offrir un spectacle, une fête.

21. *Avec force pardons :* avec quantité d'indulgences, obtenues au prix au pèlerinage à Rome.

Page 270.

22. *Son vice-gérant :* « juge ecclésiastique qui tient la place de l'official » (Fur.). Ici, Atis.

23. *Prends ton temps :* saisis la meilleure occasion.

Page 272.

24. *La chevance :* « vieux mot et hors d'usage qui signifiait autrefois le bien d'une personne » (Fur.). Voir, *Fables, Les Souhaits,* VII, 6, v. 39 :

Et l'abondance, à pleines mains,
Verse en leurs coffres la finance,
En leurs greniers le blé, dans leurs caves les vins ;
Tout en crève. Comment ranger cette chevance ?

25. *D'enfant d'honneur :* de petit page, dont la fonction... peu honorable devait être précisée dans l'hémistiche suivant. La Fontaine le supprima et le remplaça par des points de suspension.

Page 273.

26. *A pensé :* a failli.

Page 274.

27. *Je le donne à Lucrèce :* je suis prêt à prendre le pari contre Lucrèce elle-même : en dépit de sa chasteté et de sa fermeté, elle aurait agi comme moi.

28. *Moins on doit s'assurer de nous :* plus on surveille ou on contraint une femme, moins on peut être sûr de sa fidélité.

Page 275.

29. *On quitta la campagne :* on mit fin aux hostilités.

30. *Il :* pronom volontairement ambigu. Il peut s'agir aussi bien du chien que de l'amant.

31. *Affaire :* aventure galante.

Page 276. CLYMÈNE

1. Cette comédie, qui n'est « pas faite pour être représentée », a vraisemblablement été placée à dessein par l'auteur, en 1671, en morceau final de cette troisième — et, à l'époque, ultime — partie des *Contes.* Elle vient en effet donner, au terme du parcours, la clef de la poétique des *Contes :* cet art du « déplacement », qui repose également sur une pratique maîtrisée de l'imitation, du pastiche, et sur une habileté consommée à déjouer les attentes du lecteur en dissociant le genre du style qui lui est coutumier (voir préface).

Les commentateurs se sont en général fondés sur le pluriel (« surintendants ») du vers 10 pour situer la composition de cette pièce avant 1659 (voir infra note 4). En ce cas, cette comédie figurerait, à l'aube de la carrière poétique de La Fontaine, l'éventail de ses « tentations » littéraires. Cette date peut cependant paraître bien précoce. Il est possible que le prologue ait été composé à cette date, et l'œuvre, alors laissée inachevée, poursuivie par la suite à la fois dans une intention démonstrative, et par souci de la performance poétique.

2. *Il ne la sait pas faire :* il ne sait pas faire l'amour. Il ne sait pas donner des témoignages sincères de passion amoureuse.

Page 277.

3. *A la cavalière :* faciles et sans beauté, de facture négligée ou approximative.

4. *Pour les surintendants :* jusqu'au 17 février 1659, Fouquet et Servien portaient l'un et l'autre le titre de « surintendant des finances ». Après la mort de Servien, à cette date, Fouquet demeure le seul à conserver ce titre. Mais, comme le fait observer Pierre Clarac (*Œuvres diverses,* p. 806), d'autres hauts personnages de l'État étaient appelés surintendants, par exemple « surintendant des bâtiments ».

5. *L'Hippocrène :* fontaine consacrée aux Muses, qui jaillissait au flanc de l'Hélicon, en Béotie.

6. *Acante :* dans *Le Songe de Vaux,* et *Les Amours de Psyché et de Cupidon,* La Fontaine semble s'être désigné lui-même sous ce nom.

7. *Clymène :* Clymène désigne, à plusieurs reprises dans l'œuvre de La

Fontaine, la femme aimée. Voir supra, p. 256-257, *Autre imitation d'Anacréon ;* voir également la destinataire des quatre élégies publiées en mars 1671 dans le recueil de *Fables nouvelles et autres poésies de M. de La Fontaine.*

Page 278.

8. *Églogue :* poème pastoral, à l'imitation de Virgile, souvent constitué de chants amœbées.

Page 279.

9. *Vous sortez de l'églogue :* après la série de vers à rimes plates, Terpsichore devait, comme Euterpe, continuer à utiliser les rimes croisées.

Page 280.

10. *Un ton qui nous touche :* un ton pathétique, celui de la comédie dramatique.

11. *Introduise Clymène :* mette en scène, interprète le personnage de Clymène.

Page 281.

12. *Traversé :* agité, bouleversé.

Page 282.

13. *De chacun :* de n'importe qui.

Page 283.

14. *Nos qualités ou nous :* Acante reprend à son compte la distinction précieuse figurée par les trois itinéraires de la *Carte du Tendre :* on peut aimer une personne pour ses actions (voie de la Reconnaissance), pour ses qualités (voie de l'Estime), ou pour sa personne même (voie de l'Inclination).

15. *J'y trouve du défaut :* j'y trouve un manque.

Page 284.

16. *Ce déchet :* cette diminution, cette dégradation.

17. *Du plaisant :* ton de la comédie.

Page 285.

18. *Vous l'entendez :* vous vous y entendez ; vous êtes très fort (ironique).

19. *A vous aimer de même :* c'est un excellent moyen, vraiment, pour me contraindre à vous aimer…

Page 287.

20. *Traiter de son amour :* vendre, céder son amour pour un baiser.

Page 288.

21. *Éprouvez-le :* faites-en l'expérience.

Page 290.

22. *Inégal :* instable, changeant, d'humeur inégale.

23. *Triolet :* « petit rondeau composé de cinq vers sur deux rimes » (Fur.).

24. *C'est trop ! vous nous deviez proposer un distique :* exclamation ironique. Il faut comprendre : c'est beaucoup trop ! Au train où vous allez, pourquoi ne pas vous contenter de deux vers ?

Page 291.

25. *Cyprine :* autre nom de Vénus.

26. *Je faille :* pour « je faux », je me méprends.

27. *Amathonte :* ancienne ville de Chypre, où se trouvait un temple dédié à Adonis et à Aphrodite.

28. *Je n'y vins nullement :* je n'y réussis pas ; je n'en vins nullement à bout.

Page 292.

29. *Maître Vincent :* Voiture, dont La Fontaine se proclamera toujours le disciple, comme celui de Marot et de Rabelais. Voir la lettre à Saint-Évremond du 18 décembre 1687 : « J'oubliais maître François, dont je me dis encore le disciple, aussi bien que celui à maître Vincent, et celui de maître Clément. »

30. *Dans la rivière :* Horace (*Épîtres,* I, XIX) évoque déjà le « troupeau servile » des imitateurs. Le saut de la « gent moutonnière » dans les flots est sans doute une réminiscence de Rabelais (*Le Quart Livre,* VIII, *Comment Panurge fit en mer noyer le marchand et les moutons*).

Page 293.

31. *Manquer :* ne pas réussir, ne pas atteindre le but qu'elle s'est fixé.

32. *Dans le grand :* dans le grand syle, le style élevé (« genus grande », par opposition au « genus humile »).

Page 294.

33. *User d'une défaite :* user d'un faux-fuyant.

34. *Qui vous duisent :* qui vous plaisent, qui vous conviennent.

35. *Les auteurs qui sur lui se conduisent :* tel, bientôt, Boileau dans ses *Satires* (1674).

Page 295.

36. *L'hiver vient aussitôt :* l'hiver de la vie — la vieillesse — ne tarde pas à se saisir de vous. Comparaison fréquente chez les poètes.

37. *La morale d'Horace :* la morale épicurienne, ramassée dans la célèbre formule — grossièrement interprétée — du « Carpe diem » : « profite du jour présent ».

38. *Aimez si fort à rire :* Érato est d'abord la muse de la poésie élégiaque. Mais elle sait au besoin inspirer les poètes satiriques ou comiques. Scarron l'invoque dans son *Virgile travesti.*

Page 296.

39. *Pour éviter le nom de Précieuse :* la morale précieuse rejette la passion amoureuse pour lui substituer une relation maîtrisée, plus sociale que sentimentale, d' « amitié amoureuse ».

40. *Oriane épousa Monseigneur Amadis :* elle ne le fit qu'après avoir « emprunté un pain sur la fournée », selon l'expression même de La Fontaine (voir supra, *Ballade,* p. 79, note 16), c'est-à-dire après avoir conçu un enfant, Esplandian, de ses amours avec Amadis.

Page 297.

41. *Mettre la presse :* presser de ses ardeurs, poursuivre.

42. *Maître Clément :* Clément Marot, voir supra, p. 292, note 29.

Page 298.

43. *Notre cabale :* notre confrérie (des poètes). Le mot n'a pas ici de sens péjoratif.

Page 299.

44. *Morphée :* dieu des Songes. Il faut comprendre : qui n'endorme tous ses auditeurs.

45. *Reployer :* replier, ranger, remballer.

46. *Non pas double :* comme le double sommet du Parnasse.

47. *Est morfondue :* s'ennuie à attendre en vain.

Page 300.

48. *N'est plus maintenant en usage :* une poésie vibrante et touchante comme celle d'Orphée dont les vers, dit-on, « attiraient après lui les rochers et les bois » (Tristan).

49. *Son succès :* celui de ma peine.

50. *Aux oreilles des dieux :* réminiscence de Virgile, *Bucoliques,* III, 73.

51. *Des plaisirs compagnons des autels :* les plaisirs que seuls les dieux savent retirer des sacrifices célébrés sur leurs autels.

Page 303.

52. *La naïve blancheur :* la blancheur native.

53. *Thétis :* Néréide, mère d'Achille, Thétis est surnommée par Homère « Thétis aux pieds d'argent ».

Page 304.

54. *Je ne saurais faillir :* je ne saurais commettre un mauvais choix.

55. *J'ai parcouru :* du regard.

56. *Prince à diadème :* prince régnant, arborant la couronne qui marque l'exercice de son pouvoir.

57. *Trop bien :* alors qu'on peut, en revanche, baiser aisément d'autres appas.

58. *Et tout à l'heure :* et sur-le-champ.

59. *M'amuser :* m'abuser, me tromper.

Page 305.

60. *Un dieu s'en mêle-t-il :* encore, au nombre des deux, se trouve-t-il un dieu.

61. *Daphné :* les amours de Daphné et d'Apollon inspireront, en 1674 à La Fontaine, un livret d'opéra.

NOUVEAUX CONTES

Page 309. COMMENT L'ESPRIT VIENT AUX FILLES

1. Aucune source assurée n'a pu être mise en évidence pour ce conte Peut-être peut-on le rapprocher des *Heures perdues de R. D. M.* (René de Menou), *cavalier francais,* 1615, X.

Page 310.

2. *De détourner :* de ses occupations, de prendre le temps d'un tel personnage, de le distraire.

3. *Marchande :* cliente, acheteuse.

Page 312.

4. *Tout le phébé :* ou « fébé » ; tout le secret de la chose (du nom donné à la galette des rois, qui recèle en son centre la fève).

Page 313. L'ABBESSE

1. Ce conte s'inspire librement de la vingt et unième des *Cent Nouvelles Nouvelles.* Le prologue reprend et résume les chapitres VI, VII et VIII du *Quart Livre* de Rabelais. Cette anecdote avait d'ailleurs été probablement empruntée par Rabelais à Folengo *(Histoire macaronique de Merlin Coccaie).*

2. *D'avoir mon compte :* de m'y retrouver. Il faut comprendre : dans un cas comme dans l'autre, le raisonnement que je tiens sur la force de l'exemple se trouve prouvé.

3. *Ouailles :* brebis, moutons.

4. *Maître François :* Rabelais. Voir supra note 29, p. 292.

5. *L'oracle :* Bacbuc, l'oracle de la Dive Bouteille.

6. *Navigeait :* naviguait. « Naviger » est le terme utilisé par les gens de la ville, par opposition au terme du métier « naviguer ».

Page 314.

7. *Nef :* vaisseau.

8. *Venir à chef :* parvenir, réussir.

9. *Aumaille :* « ce mot se dit des brebis et des bêtes à cornes ; mais il est très vieux » (Richel.).

10. *Au diable l'un :* formule insistante de négation. Nous dirions : « du diable s'il en resta un seul ».

11. *Il va boire au godet :* il est précipité dans les flots.

12. *Pâles couleurs :* ce terme était utilisé au XVIIe siècle pour désigner l'anémie ou la jaunisse. « C'est ordinairement la maladie des filles », précise Richelet. La faculté débattait encore à l'époque de l'importance de l'abstinence sexuelle dans ce genre de maladie.

13. *Gente :* agréable, séduisante.

Page 315.

14. *Comme la mort :* il faut comprendre : un tel remède serait vraiment peu recommandable s'il produisait des effets pires encore que la mort.

15. *Cent secrets :* vous utilisez cent remèdes en cachette.

16. *Protesta :* fit serment, jura.

17. *Bonne lame :* « une personne vive et adroite » (Fur.), et sans doute aussi « propre à l'amoureux combat ». Cette métaphore est empruntée à l'art de l'escrime.

Page 316.

18. *Discrète :* « une religieuse ancienne qu'on donne pour assistante à une supérieure dans la conduite d'une communauté » (Fur.).

19. *Et des noirs et des blancs et des tannés :* expression à double entente. Elle peut aussi bien désigner la couleur de la peau, ... que les différents ordres monastiques : moines portant l'habit noir (bénédictins), l'habit blanc (augustins), ou la robe brune (franciscains).

20. *Recipe :* terme latin qui ouvre les ordonnances médicales (« Prenez... »). « Se prend aussi pour l'ordonnance même » (Richel.).

21. *L'impression :* le préjugé, la méfiance.

22. *Et si quelque autre chose :* et toute autre chose qui se puisse imaginer de plus riant.

Page 318. LES TROQUEURS

1. Ce conte a été, primitivement, publié séparément dans un feuillet qui ne porte ni date ni nom d'éditeur. Le titre en était : « *Les Trocqueurs, conte par M.D.L.F.* » Cette publication séparée doit probablement être datée de 1672 : c'est en effet la date que porte une version manuscrite du même morceau, retrouvée dans le recueil de Trallage (Bibliothèque de l'Arsenal, ms. 6541). Pour la publication dans le recueil de 1674, La Fontaine a procédé, sur son texte, à quelques modifications mineures, que nous signalons en note.

Il affirme s'être inspiré dans ce conte d'un fait divers récent, dont aurait eu à connaître le Parlement de Rouen. L'éditeur Walckenaer, au XIXe siècle, affirmait avoir retrouvé les minutes de cet arrêt. Toutefois, le thème du troc des épouses est fréquent dans la littérature facétieuse, tel le *Formulaire récréatif de Brédin le Cocu.*

2. *Indult :* privilège accordé par le pape (en particulier pour pouvoir nommer à certains bénéfices).

3. *Dieu nous changeants* : dans l'édition primitive non datée, on trouvait, à la place des quatre vers précédents :

Tel bref en bref après bon examen
Nous envoyer ferait grand bien en France.

4. *Pays de sapience* : pays de prudence ou de matoiserie. L'expression est proverbiale pour qualifier la Normandie. « Être du pays de sapience, c'est être du pays des faux et rusés Normands » (Richel.).

Page 319.

5. *Changé* : « troqué » (éd. primitive).
6. *Pargué* : déformation volontaire de « par Dieu » (on évitait de blasphémer le nom de Dieu).
7. *Sera-ce trop* : « serait-ce trop » (éd. primitive).
8. *Pour le retour* : pour la monnaie, pour le supplément.
9. *But à but* : terme à terme, sans supplément d'aucune sorte.
10. *Raisonnant* : « réjoui » (éd. primitive).
11. *Jà* : jamais.
12. *Chat en poche donner* : « chat en poche acheter » (éd. primitive). Acheter un chat en poche, c'est-à-dire dans un sac, c'est acheter une marchandise sans l'avoir vue. Vendre chat en poche, c'est conclure volontairement un marché de dupes.
13. *Trop bien* : bien au contraire.
14. *Ni suros ni malandre* : ce marché est un authentique marché de maquignons. Les maladies auxquelles il est ici fait allusion sont des maladies du cheval. Le suros est une tumeur à la patte, et la malandre une gale du jarret.
15. *C'est basme* : c'est baume. La forme « basme » se trouve chez Marot (*Rondeaux*, XLI, XLIII).
16. *Ambroise* : ambroisie. L'ambroisie est la nourriture infiniment douce des dieux de l'Olympe.

Page 320.

17. *Une noise* : un motif de contestation, un différend.
18. *Top... masse* : « tope » (éd. primitive). Ces termes s'échangent entre les deux partenaires qui trinquent pour conclure un marché. On « tope là » pour accepter la « masse », c'est-à-dire l'enjeu.
19. *La soulte* : le supplément à payer pour rétablir l'égalité.
20. *Allaient leur grand chemin* : étaient « bien en selle », étaient pleinement valides, pouvaient durer.
21. *Le clerc* : le vicaire.
22. *Ce* : « le » (éd. primitive).
23. *Planter le piquet* : établir son camp, s'établir.

Page 321.

24. *Sa défunte* : « la défunte » (éd. primitive). Tiennette est sa « défunte » épouse, puisque, par le contrat de troc, elle n'a plus lieu de porter ce titre.

25. *Sous la coudrette :* sous la coudraie, sous les noisetiers.
26. *Ne se souvint :* « ne se souvient » (éd. primitive).
27. *Dont :* grâce à quoi.
28. *En vint au point :* passa à l'acte (amoureux).
29. *Ou :* « et » (éd. primitive).
30. *En :* « à » (éd. primitive).
31. *On y fit chère :* on s'y régala.
32. *Friand :* « savant » (éd. primitive).
33. *Privilège :* l'ancienne coutume de Normandie prévoyait que chacun des contractants pouvait se dédire dans les vingt-quatre heures qui suivaient la signature d'un contrat. Étienne a cependant ici largement outrepassé le délai, puisque plus d'un mois s'est écoulé depuis le troc.
34. *L'exploit :* l'acte de mise en demeure, signifié par huissier.

Page 322.

35. *Promoteur :* procureur de la juridiction ecclésiastique qui soutient que le litige est de sa compétence, et non de celle de la juridiction laïque.
36. *Vendique :* revendique.
37. *Sauf la coudraie* · en conservant toutefois la possibilité de rencontrer Tiennette sous la coudraie.
38. *Sans le dédit :* à l'exception du dédit final.
39. *Pour en devoir l'exemple à d'autres gens :* pour mériter d'avoir été montée par d'autres que des paysans.
40. *De n'en avoir les gants :* de ne pas l'avoir imaginée moi-même le premier. En Espagne, le « paraguante » est l'équivalent du « pourboire » français. Il récompense le messager qui le premier apporte une bonne nouvelle.
41. *Changement :* échange.
42. *Trop bien :* bien au contraire.
43. *Au Sénat :* au Parlement.
44. *Aura du moins sa gamme :* sera réprimandé, recevra un avertissement. « Chanter sa gamme à quelqu'un, le quereller, le reprendre » (Fur.).
45. *Barreau :* « bureau » (éd. primitive).
46. *Qui fasse aller cette affaire au bonnet :* « qui fasse aller la chose du bonnet » (éd. primitive). Qui obtienne la condamnation du notaire par consentement unanime des juges, qui se prononcent, en « opinant du bonnet », c'est-à-dire en acquiesçant d'un geste de la tête.

Page 323. LE CAS DE CONSCIENCE

1. Cette anecdote piquante et un rien polissonne a été rapprochée de multiples sources (Plutarque, Brantôme), et principalement de la cinquante et unième nouvelle du *Grand Parangon des Nouvelles nouvelles* de Nicolas de Troyes. Elle demeure toutefois, dans son ton comme dans sa forme, très originale.
2. *Ilie :* mère de Romulus et Rémus.

3. *Tout ce qu'on voulait :* La Fontaine cite approximativement deux vers d'Horace (*Satires*, II, v. 125-126) :

Haec ubi supposuit dexterum corpus mihi laevo
Ilia et Egeria est : do nomen quod libet illi.

(Quant cette fille love son flanc gauche contre mon flanc droit, c'est Ilie et Égérie : je lui donne le nom qui me plaît.)

4. *Apollon :* dieu des poètes.

5. *Le nomenclateur :* au second chapitre de la *Genèse* (versets 19-20), Dieu, qui a créé tous les êtres vivants, laisse à Adam le soin de désigner chaque espèce par un nom. Adam est donc « nomenclator » : donneur de noms.

6. *Parrains du Roi :* les poètes donnent au Roi un surnom louangeur comme le parrain d'un enfant lui donne son prénom.

Page 324.

7. *Sylvanire :* Sylvanire est l'un des personnages de *L'Astrée* d'Honoré d'Urfé. C'est en outre le titre d'une « fable bocagère » en vers du même auteur (1625). Sylvanire est enfin l'héroïne d'une tragi-comédie de Mairet (1631), qui porte ce nom pour titre.

8. *Le grand druide Adamas :* l'un des personnages de *L'Astrée*, d'Honoré d'Urfé.

9. *La parangon :* le modèle, l'exemple parfait. Le mot peut s'employer au féminin dans la langue des diamantaires ou des bijoutiers.

10. *Drue :* vive, gaillarde.

11. *Dès auparavant :* depuis longtemps auparavant.

12. *La manière :* la manière de cacher aux yeux les défauts physiques.

13. *Une jalousie :* une fenêtre, munie de volets à l'italienne, permettant de voir sans être vu.

14. *Drète :* droite.

15. *D'Annette :* en 1674, on trouve « Annete » afin de rimer « pour les yeux » avec « drète ».

Toute cette scène est, sur le mode burlesque, le « négatif » d'un épisode mythologique : Actéon surprenant Artémis au bain.

16. *Pensa :* faillit.

Page 325.

17. *C'eût été grand cas :* il eût été bien extraordinaire que…

18. *Idées :* ce mot est à double sens. A la fois les « visions », et en même temps les « fantasmes » que cette vision a pu faire naître chez Annette.

19. *Gardées :* retenues, refusées.

20. *Comme un passe-volant :* pour faire croire que leur compagnie était complète, les capitaines, lors des revues, faisaient « passer » plusieurs fois des faux soldats, qui n'étaient pas enrôlés. Il convenait toutefois de veiller à placer le « passe-volant » en un coin où on ne le remarque pas.

21. *Faire aucunement cadrer :* proportionner approximativement.

Page 326.

22. *Aucuns des vins :* nombre de vins. On devine comment se fait « l'approbation ».

23. *Sans permuter pas une :* dans le cours des propos de table, les convives se proposent cent fois d'échanger leurs bénéfices, sans jamais le faire réellement. Le mot « permuter » est emprunté au vocabulaire ecclésiastique.

24. *Santés :* chacun lève son verre à la santé des autres convives. Il faut comprendre : les libations furent innombrables.

Page 327.

25. *Jusqu'au fruit :* « dessert de fruit qu'on sert après la viande » (Richel.).

26. *Rétracter :* restituer.

27. *Lui pensa reprocher :* fut sur le point de lui reprocher.

Page 328. LE DIABLE DE PAPEFIGUIÈRE

1. La Fontaine a trouvé sa source chez Rabelais, *Le Quart Livre,* XLV *(Comment Pantagruel descendit en l'isle des Papefigues),* XLVI *(Comment le petit diable fut trompé par un laboureur de Papefiguière)* et XLVII *(Comment le diable fut trompé par une vieille de Papefiguière).*

2. *Papimanie :* la « benoiste isle des Papimanes », ou sectateurs du Pape, évoquée par Rabelais au chapitre XLVIII du *Quart Livre (Comment Pantagruel descendit en l'isle des Papimanes).*

3. *Mingrelet :* maigrelet (forme populaire).

4. *Firent la figue :* se moquèrent. La moquerie en ce cas s'accompagne d'un geste obscène, la « figue » désignant les testicules de l'homme (on jure : « Par ma figue »)

Page 329.

5. *Ses commensaux :* « officiers du roi qui ont bouche à la cour » (Fur.).

6. *Ne sont point apocryphes :* sont bien authentiques (et ont été faits d'après nature).

7. *Verser :* retourner avec le soc de la charrue, labourer.

8. *Des gens de l'Évangile :* des pauvres d'esprit, reconnus comme bienheureux dans l'Évangile selon saint Matthieu (V, 3) (« Beati pauperes spiritu »).

9. *Que sur les choux :* citation de Rabelais, *Le Quart Livre,* XLV : « un petit Diable (lequel encores ne sçavait ne tonner ne gresler fors seulement le persil et les choux) ».

10. *Interdit :* mesure par laquelle l'Église excommuniait une ville ou une province, en y interdisant la célébration du culte et l'administration des sacrements.

11. *Notre police :* nos lois, notre autorité.

12. *Touselle :* « sorte de froment qui a une tige assez haute, un épi qui n'a point de barbe et qui renferme un grain plus gros que celui du froment » (Richel.).

Page 330.

13. *L'août :* la moisson (qui a lieu au mois d'août).

14. *Sciée :* « scier..., couper le blé et autres grains avec la faucille » (Richel.).

Page 331.

15. *De pécune :* d'argent (mot burlesque).
16. *Se solaciait :* « s'esbaudissait » (vieux mot), prenait du bon temps.
17. *Par bieu :* juron pour pardieu. On évitait de jurer le nom de Dieu, par crainte du péché de blasphème. Mais ce scrupule est comique... dans la bouche d'un diable.
18. *Galons-le :* « galer... battre » (Fur.), rosser.
19. *Lequel aura de nous deux belle amie :* qui, de nous deux, sera le vainqueur. Dans les tournois, les chevaliers s'affrontaient pour emporter les faveurs d'une « belle amie ».

Page 332.

20. *Ceci :* les griffes.
21. *Trop bien :* tout au contraire.
22. *Il n'en viendra pas faute :* nous n'en aurons pas besoin pour le reste de notre histoire.
23. *Vade retro :* pour *Vade retro Satanas* (« arrière Satan »), Matthieu, IV, 10. C'est aussi la formule des exorcismes.
24. *Affolée :* blessée, estropiée. « Affoler une jambe, la blesser » (Fur.).

Page 333.

25. *Chommèrent :* célébrèrent comme une fête religieuse, en chômant ce jour-là.

Page 334. FÉRONDE OU LE PURGATOIRE

1. La Fontaine n'indique pas « conte tiré de Boccace ». La source directe de ce conte se trouve cependant dans la huitième nouvelle, troisième journée du *Décaméron (Le Ressuscité).* La Fontaine s'en était déjà librement inspiré dans sa fable de *L'Ivrogne et sa femme* (III, 7).
2. *Le Vieil de la Montagne :* la figure du « vieux de la Montagne », chef fanatique de la secte des Ismaéliens, connue sous le nom d'Assassins (ou Hachchāchīn, fumeurs de haschisch), a été popularisée par les récits de Marco Polo (*Relation,* XL, XLI), et par certains chroniqueurs des Croisades comme Joinville.
3. *Son législateur :* Mahomet. La secte des Assassins est une secte musulmane de rite chi'ite. Les drogues — en particulier le haschisch — leur apportaient un avant-goût, artificiel, du paradis.
4. *Maillés :* (vocabulaire de la chasse) le perdreau, lorsqu'il grandit, perd son duvet jaunâtre pour un plumage moucheté ou « maillé ». C'est le moment où le perdreau peut être chassé, et où il constitue, sur la table, un excellent gibier.
5. *A couper :* en masse, en abondance.

Page 335.

6. *Le faux Mahom :* l'imposteur Mahomet.

7. *Tendrons d'entrer en danse :* La Fontaine se pastiche plaisamment lui-même. Voir supra, Seconde Partie, *La Servante justifiée,* p. 121 :

Fleurs de voler ; tétons d'entrer en danse.

8. *Pourpris :* enclos. « Le céleste pourpris : le paradis » (Fur.).

9. *La machine ronde :* la terre. Voir *Fables,* I, 16, *La Mort et le Bûcheron,* v. 8 :

En est-il un plus pauvre en la machine ronde ?

10. : cette ponctuation, absente dans l'édition de 1674, est indispensable à la compréhension du texte. C'est pourquoi nous la restituons.

11. *Manant :* villageois, roturier.

12. *Du tracas :* des affaires.

13. *D'un abbé blanc :* un abbé portant l'habit blanc de l'ordre des augustins ou des dominicains.

14. *Si qu'il y faut :* tant et si bien qu'il y faut.

15. *Son fait :* son bien, son argent. Voir *Fables, Le Berger et le Roi,* X, 9, v. 62 :

Son fait, *dit-on, consiste en des pierres de prix.*

Page 336.

16. *Un joli chaperon :* une jolie femme. Par synecdoque, la femme est désignée ici par son bonnet.

17. *Parentèle :* parenté (terme juridique).

18. *De race :* d'instinct. La Fontaine se cite encore une fois. Voir supra, Troisième Partie, *La Coupe enchantée,* p. 216, note 13 : « sa fille chassant de race ».

19. *Prétextait :* justifiait ses allées et venues sous le prétexte de...

20. *Plaignait :* économisait, était avare de...

21. *La receveuse :* la femme du receveur, c'est-à-dire de l'intendant qui exploite la terre du seigneur.

22. *Rompait les chiens :* « détourner ailleurs la conversation » (Fur.). Ici, il faut comprendre : intervenait, les surprenait, les interrompait.

23. *D'imposer mains :* La Fontaine s'amuse. L'imposition des mains est le geste traditionnel de l'ordination. Il signifie ici tout simplement que Féronde bat sa femme.

24. *A chausser difficiles :* expression proverbiale. Difficiles à contenter... et à tromper.

Page 337.

25. *Da :* pour « oui-da ». Affirmation renforcée.

26. *M'enrôler :* dans l'armée.

27. *Je m'en rapporte :* je m'en remets au jugement de plus compétents que moi.

28. *L'on chante :* ce vers et les vers suivants évoquent la fable de *L'Ivrogne et sa femme,* III, 7.

29. *Novice de léans :* novice de ce lieu (du monastère). L'expression « frère Jean » est une réminiscence de Rabelais (frère Jean des Entommeures).

Page 338.

30. *Dix coups pour un noir :* dix coups de fouet pour avoir soupçonné un moine noir (bénédictin), dont la moralité pourrait plus aisément être mise en doute.

31. *Léans :* en ce lieu, au monastère.

Page 339.

32. *Pater abbas :* le père abbé (en latin d'église).

33. *Calcul :* sur la date de naissance de l'enfant et la probabilité qu'il aurait d'en être réellement le père. Réminiscence de Rabelais, *Gargantua,* III : Gargantua a été porté onze mois dans le ventre de sa mère. Rabelais justifie le fait par une accumulation comique de citations des meilleurs auteurs et conclut : « Moyennant lesquelles lois, les femmes veuves peuvent franchement jouer du serrecropière à tous envis et toutes restes deux mois après le trépas de leurs maris. »

34. *Te-deums :* des « te-deum », cantique d'actions de grâces.

35. *A renfort :* en grand nombre, ou peut-être « rinforzando », à pleine voix.

36. *On se vouât :* on vînt faire des vœux.

37. *A tant :* là-dessus.

Page 340. LE PSAUTIER

1. Ici directement imité de Boccace (*Décaméron,* neuvième journée, nouvelle 2, *Le Psautier de l'abbesse*), ce conte a en fait une origine plus ancienne. On le retrouve dans le roman de *Renard le contrefait* (vers 1330), dans les nouvelles de Morlini (nouvelle XL), et dans *Le Grand Parangon des Nouvelles nouvelles,* de Nicolas de Troyes.

Comme il lui arrive souvent dans les *Fables,* La Fontaine joue, dans le prologue, à se citer lui même et à récapituler, comme à la parade, tous ses contes de la même veine.

2. *Les voix :* les suffrages.

3. *Mazet le compagnon :* voir supra, Deuxième Partie, le conte de *Mazet de Lamporechio,* p. 185.

4. *D'un mal opiniâtre :* voir supra, *Nouveaux Contes,* le conte de *L'Abbesse,* p. 313.

5. *Sœur Jeanne ayant fait un poupon :* voir supra, Première Partie, *Conte de ****,* p. 66.

6. *Rabattre :* rabaisser, tenir pour rien, passer sous silence.

Page 341.

7. *Qui pour cela d'un seul point n'avancait :* qui, pour autant, ne recueillait pas la moindre faveur du jeune homme.

8. *Léans :* en ce lieu, au couvent.

9. *Trop bien :* bien au contraire.
10. *Ombrage :* soupçon.

Page 342.

11. *Psautier :* voile plié que les religieuses portaient sur la tête.
12. *Grègues :* haut-de-chausses.
13. *Catus :* tout le cas. La Fontaine se moque des sœurs qui jargonnent en latin... macaronique.
14. *Cette voirie :* cette créature abjecte. « On appelle populairement chienne de voirie ceux qu'on veut injurier » (Fur.). Nous dirions aujourd'hui : « cette traînée ».
15. *Notre institut :* notre institution, notre règle.
16. *Devant :* avant.
17. *Branler :* bouger.

Page 343.

18. *L'aiguillette :* lacet ferré aux deux extrémités. Il était probablement utilisé pour fermer la braguette du haut-de-chausses, ce qui renforce l'effet comique de la scène.
19. *Des deux :* du voile qu'elle a retiré et du haut-de-chausses qu'a retiré son amant.
20. *Sa gamme :* « chanter sa gamme à quelqu'un, le quereller, le reprendre » (Fur.).
21. *Son troc :* son interversion malencontreuse.
22. *Devant qu'on eût tant de voix ramassées :* avant qu'on ait recueilli les avis de chacune des sœurs composant le chapitre.

Page 344.

23. *D'ailleurs :* par un autre moyen.
24. *Préciput :* prélèvement sur le bien de la communauté avant tout partage (terme juridique).

Page 345. LE ROI CANDAULE, ET LE MAÎTRE EN DROIT

1. La Fontaine s'est inspiré d'un passage célèbre d'Hérodote (I, 7-12), pour l'histoire du roi Candaule et de Gygès. Il a trouvé en revanche chez Giovanni Fiorentino (*Il Pecorone*, I, 2), et sans doute aussi chez Straparole (*Facétieuses nuits*, IV, 4) la source de l'histoire du maître en droit.

Comme dans le conte de *L'Abbesse* (voir supra p. 313, La Fontaine utilise ici une construction en diptyque dont il fait grand usage dans les *Fables*. Cette dynamique binaire où chaque *exemplum* vient successivement éclairer un aspect de la *propositio* est l'un des ressorts favoris de la rhétorique du poète.

2. *Passe infiniment :* et le dépasse infiniment.

Page 346.

3. *Le modeste :* le réservé, le pudique.
4. *Le beau cuir :* la belle peau, voir supra note 6, p. 105.

Page 347.

5. *Y vient de cire :* y vient « fort à propos » (Fur.).

6. *De l'intelligence :* se mit de la partie. La Fontaine choisit l'interprétation galante de l'histoire de Gygès, qui suppose l'existence d'une liaison amoureuse entre Gygès et la reine.

7. *Du grand catalogue :* la liste d'enrôlement des cocus (voir supra, Troisième Partie, *La Coupe enchantée,* p. 223).

Page 348.

8. *In petto :* en secret.

9. *Confrère de Vulcan :* Vulcain, époux malheureux de Vénus, est le patron des cocus. Voir supra, Première Partie, *Les Amours de Mars et de Vénus,* p. 73.

10. *Jusqu'au bonnet :* jusqu'à ce que tout le monde le sache. (Il porte, moralement, le bonnet à cornes du cocu. Le bonnet est toujours l'emblème d'une profession ou d'un état.)

11. *Cocyte :* fleuve des Enfers.

12. *D'un coup :* on lui fit boire un coup de trop. Ce coup était mortel. Le breuvage était empoisonné.

13. *Mon texte :* la *propositio,* le texte de base de la démonstration, résumé dans le v. 1 :

Force gens ont été l'instrument de leur mal.

14. *Qui du tien et du mien tire son origine :* la notion de propriété et les contestations qu'elle ne manque pas de susciter sont à l'origine du droit.

15. *Faisait le goguenard :* aimait à rire et à se moquer.

16. *Son étamine :* son tamis, son filtre. Il faut comprendre : rien ne lui échappait.

17. *Du tiers et du quart :* « tout le monde indifféremment » (Richel.).

Page 349.

18. *Notre féal :* notre dévoué, notre fidèle. Le maître en droit use délibérément à l'égard de son élève de la langue juridique.

19. *De relais :* au chômage.

20. *Bartole :* célèbre jurisconsulte italien (1314-1357), dont les commentaires étaient en usage dans toutes les classes de droit.

21. *Non pas pour une :* non pas une seule, voir supra note 5, p. 185.

22. *Pour la somme :* pour de l'argent.

23. *Des Argus :* des espions, des duègnes qui surveillent les épouses (voir supra, Deuxième Partie, *On ne s'avise jamais de tout*).

24. *En tant :* autant.

25. *Sur la moustache :* en bravant, voir supra, note 38, p. 221.

Page 352.

26. *A toutes ses facons :* (terme d'agriculture) a bénéficié de tous les soins, est « à point » comme une terre qu'on a travaillée, ameublie, retournée.

27. *Une chambre haute :* une chambre de domestique. Les maîtres sont logés au rez-de-chaussée, les serviteurs à l'étage ou sous les combles.

28. *Faire un vasselage :* primitivement, « vasselage » signifie « exploit, prouesse ». Ici, il faut comprendre : faire un éclat, faire une « sortie » dont elle se souvienne longtemps.

29. *Confrère :* membre de la confrérie des cocus.

30. *Bien conseillé :* bien inspiré.

31. *Au benoît état de cocu :* dans l'ordre (de chevalerie) béni du Cocuage.

Page 353.

32. *En prévenant :* en devançant.

33. *Surprise :* embarrassée, gênée.

34. *Bouge :* réduit servant de garde-robe ou parfois d'alcôve pour coucher un serviteur.

35. *Le Cardinal préfet :* le cardinal, chargé, à Rome, des problèmes municipaux et de la police de la ville.

Page 354.

36. *Chuchillement :* chuchotement.

37. *Se joint en cause :* s'associe à la plainte et porte témoignage à l'encontre du mari.

38. *Saint-Croissant en Vavoureuse :* en fait, Saint-Croissant en Vaucreuse. Ce nom, qui évoque une réalité plus gaillarde que la silhouette d'un saint, trouve son origine dans une plaisanterie logée par Boccace dans le conte d'*Alaciel ou la fiancée du roi de Garbe* (*Décaméron,* deuxième journée, nouvelle 7). Alaciel affirme à son père qu'elle est longtemps demeurée au couvent de « San Cresci in Valcava », « pour lequel saint les femmes de ce pays-là ont une très grande dévotion ». La traduction d'Anthoine Le Maçon, au XVIe siècle (« Saint-Croissant en Vaucreuse »), a malheureusement, dans l'édition de 1670 utilisée par La Fontaine, souffert d'une coquille typographique. Le « c » de Vaucreuse a été remplacé par un « o », soit Vauoreuse, d'où, compte tenu de l'équivalence du « v » et du « u », « Vavoreuse », que La Fontaine, pour rendre sans doute la plaisanterie plus « savoureuse », transforme en « Vavoureuse ».

Page 355. LE DIABLE EN ENFER

1. La Fontaine a trouvé sa source chez Boccace, *Décaméron,* troisième journée, nouvelle 10, *La Caspienne ou la nouvelle convertie.*

2. *Une belle :* la force insurmontable de l'appétit amoureux et la nécessité de fuir les « belles » pour éviter la tentation sont deux idées empruntées à *L'Astrée* d'Honoré d'Urfé.

3. *Il en avint :* il en advint.

4. *Sans faute :* La Fontaine joue sur l'apparente synonymie des mots « péché » et « faute », employés ici dans des sens différents. Il faut comprendre : ce trafic fut un plaisir sans partage (sans faute), si l'on excepte le fait qu'il s'agit d'un péché.

5. *Un péché que cela :* quel dommage que boire frais ne soit pas un péché ! Enfreindre un interdit accroîtrait encore le plaisir de la chose. La Fontaine

n'approuve pas cette conduite. Il refuse de prendre en considération le plaisir qui peut naître de la conscience du péché.

6. *Encor que l'on soit saint :* il faut se tenir sur ses gardes, même si l'on mène la vie exemplaire d'un saint.

Page 356.

7. *Possible :* peut-être.
8. *Dieu gard :* puisse Dieu garder…
9. *Lettres closes :* mystères, choses secrètes ou inconnues.

Page 357.

10. *Haire :* large ceinture de crin que le pénitent porte pour se mortifier. Voir Molière, *Tartuffe,* III, 2 :

Laurent, serrez ma haire avec ma discipline.

11. *Tout blanc de son épée :* « on dit qu'un homme se fait tout blanc de son épée pour dire qu'il se promet de faire bien des choses où souvent il ne peut pas réussir » (Fur.).

12. *Son fruit n'en fût marqué :* son enfant n'en portât la trace visible, selon la croyance ancestrale aux effets des « envies ».

13. *Et me tire du pair :* et je deviens un exemple inimitable, je n'aurais plus de « pair », d'égal en sainteté.

14. *Sous même toit :* Rustic reproduit volontairement la situation à laquelle sont confrontés malgré eux les chastes personnages du *Poème de la captivité de saint Malc* (1673). L'issue en est bien différente.

Page 358.

15. *Quelle apparence :* quelle idée.
16. *Le frater :* le frère (en latin).
17. *Tout à l'heure :* à l'instant.

Page 359.

18. *En cas que sainte soit :* afin de devenir une sainte. Alibech pouvait atteindre la sainteté soit par la chasteté (en demeurant vierge), soit par le martyre : il ne lui reste plus désormais que cette dernière solution.

19. *Dont :* à l'épreuve de cette leçon…
20. *Je suis en soin :* je m'interroge, je suis préoccupé par…

Page 360.

21. *Chartre :* prison (vieux mot, dérivé du latin « carcer »).
22. *Festinée :* fêtée.
23. *Dieu doint :* puisse Dieu donner…

Page 361. LA JUMENT DU COMPÈRE PIERRE

1. Ce conte est directement inspiré de Boccace (*Décaméron,* neuvième journée, nouvelle 10). On retrouve en outre cette anecdote dans *Le Grand Parangon des Nouvelles nouvelles.*

2. *Sur la vendange :* expression proverbiale qui signifie « ne parler que du vin, ne parler que de boire » (Richel.).

3. *Son louchet :* sa bêche.

Page 362.

4. *Ce rustic :* cette beauté grossière et paysanne.

5. *Devant que son palais s'en sente :* avant qu'il ne l'ait mangé. Cette description pittoresque est une réminiscence de Rabelais, prologue de *Gargantua :* « Mais veistes vous oncques chien rencontrant quelque os médullare ? (...) Si veu l'avez, vous avez peu noter de quelle dévotion il le guette, de quel soing il le garde, de quelle ferveur il le tient, de quelle prudence il l'entomme, de quelle affection il le brise et de quelle diligence il le sugce. »

6. *Bas-breton :* c'était parler un jargon qu'elle n'entendait pas. La Basse-Bretagne est considérée comme le « bout du monde », pays arriéré, patoisant et grossier (voir *Fables,* VI, 18, *Le Chartier embourbé*).

7. *Et très grande sottise :* il faut comprendre : Pierre était un sot. Sans doute avait-il assez d'esprit pour ne pas tomber tête la première et se maintenir en vie ; mais on ne pouvait guère lui en demander plus.

Page 363.

8. *Tout mon vaillant :* toute ma richesse.

9. *Ne nous faudra :* ne nous manquera pas.

10. *D'abondant :* en plus, outre cela.

11. *Tout ton tracas :* toutes tes affaires, toute ta production.

12. *Du logis :* Ce texte, qui figure dans l'édition de 1674, n'a guère de sens. Dès 1710, les éditeurs ont corrigé en « du marché », ou « au logis » (mais en ce cas, il y a redondance avec « chez toi »).

13. *Un sage homme :* un homme de science.

14. *Les mots :* les formules magiques.

15. *La guise :* la manière, probablement le rituel des gestes qui doivent accompagner la formule magique.

Page 364.

16. *Sus :* allons !

17. *Et ces manches :* « demi-manches de toile fine » (Richel.) portées, à l'ancienne mode, indépendamment du corps d'habit.

18. *Une telle vergogne :* une telle honte.

19. *Voilà grande besogne :* que d'embarras, que d'histoires pour si peu de chose !

20. *D'étrange :* d'étranger.

Page 365.

21. *Une queue à la bête :* l'équivoque traditionnellement obscène du mot « queue » nous laisse imaginer quelle « queue » Messire Jean pouvait attacher à la « bête ».

22. *Me braire :* me faire des reproches, me blâmer.

Page 366.

23. *Un grison :* un âne.

Page 367. PÂTÉ D'ANGUILLE

1. Ce conte est inspiré de la dixième des *Cent Nouvelles Nouvelles.* Le prologue est construit comme une ballade scandée par le retour de la formule « Diversité, c'est ma devise ».

2. *Un tantet bise :* un tantinet bise, quelque peu bise. La Fontaine poursuit la métaphore du pain. L'épithète « bis » désigne ordinairement un pain grossier de farine et de son. Appliqué à une personne, cet adjectif signifie que celle-ci « n'a pas ce grand éclat, cette vivacité de blancheur qui serait à désirer » (Fur.).

3. *Jà :* déjà.

4. *Un petit bec :* un petit « oiseau ». Le terme traduit la légèreté, la vivacité, peut-être le « caquet » de la jeune femme, et sans doute aussi le piquant de son « minois ».

Page 368.

5. *Empaumé :* terme de chasse. Les chiens qui suivent une piste et harcèlent le gibier « empaument la voie ». Ici le maître a « empaumé », c'est-à-dire a séduit, le bel « oiseau » de son valet.

6. *Vendiqua :* revendiqua, réclama.

7. *Chanta goguette :* « Dire des injures » (Fur.), blâmer, réprimander (voir « chanter sa gamme », supra note 20, p. 343).

8. *Cette antienne :* cette formule traditionnelle, à conserver en mémoire et à répéter sans cesse.

Page 369.

9. *Et quoi :* pour eh quoi !

10. *De par l'autre :* de par le diable.

11. *Déduit :* divertissement, amusement.

12. *Ragoût :* plat favori, plaisir culinaire.

Page 370.

13. *Le change :* le changement.

14. *De mots dorés :* pastiche des épithètes homériques (paroles ailées, paroles d'or, etc.). Mais l'adjectif désigne ici prosaïquement les « arguments sonnants et trébuchants ». Accompagner les mots d'amour de largesses financières est le plus sûr moyen de convaincre les belles... et au besoin d'adoucir leurs époux.

15. *Mon entente :* ce que j'entends par là, quelle est ma conviction.

Page 372. LES LUNETTES

1. La Fontaine s'inspire des *Nouvelles Récréations et joyeux devis* de Bonaventure des Périers, LXII. L'allégorie de l'androgyne et des deux lacets est lointainement héritée du *Banquet* de Platon à travers toute la littérature

facétieuse (*Le Moyen de parvenir*, XLIII, *les Fantaisies, imaginations, parades* de Bruscambille, Rouen 1612 ; les *Fantaisies* de Tabarin, Paris, 1622, XLV, etc.).

2. *J'avais juré* : voir supra p. 340, *Le Psautier*.

3. *Guimpe* : morceau de toile dont les religieuses se couvrent le cou et la gorge. Par synecdoque, la guimpe désigne les ordres religieux féminins, comme le froc désigne les moines.

4. *Guimpe sous la presse* : La Fontaine joue triplement sur le mot « presse ». Les linges empesés étaient mis autrefois sous une « presse à plier ». Mais, par la grâce du poète qui les introduit dans ses vers, la guimpe passe sous la presse à imprimer. Enfin, par la grâce de leurs amants, les nonnes subissent la « pression », tant physique que morale, de l'élan amoureux.

5. *Si* : toutefois, cependant. Ce mot introduit l'objection d'un interlocuteur imaginaire, auquel La Fontaine répondra ensuite : « Le moyen ?... »

6. *Je n'aurais jamais fait* : je n'aurais jamais terminé.

7. *Quelque cas* : quelque occasion.

8. *Font des rechutes* : retombent naturellement sur ce sujet. La Fontaine joue une fois encore sur les mots. On évoque habituellement la « chute » — c'est-à-dire le trait final — d'un discours ou d'un poème, et la « rechute » fatale de la maladie. Ici, les chutes des poèmes se transforment en fatales « rechutes ».

9. *De ses flûtes* : expression proverbiale, qui équivaut à « chassez le naturel, il revient au galop ».

10. *Que tout ne fût* : il avait tout au plus quinze ans.

11. *Dont* : grâce à quoi.

Page 373.

12. *Antique la tourière* : âgée, la sœur gardienne de la porte d'entrée.

13. *La feinte ouaille* : la feinte brebis, la fausse nonne.

14. *Ouï dire* : d'après les meilleurs auteurs. La Fontaine brode malicieusement autour du thème de l'androgyne évoqué par Platon dans *Le Banquet* (189-193).

Page 374.

15. *Ces trois sœurs* : les trois Grâces, servantes de Vénus, la « fille de l'onde ».

16. *Chiches et fiers appas, que le soleil ne voit qu'au nouveau monde* : ces appas trop rarement entrevus (chiches) et pourtant redoutables (fiers) que seules les sauvageonnes des Amériques exposent à tous les regards.

Page 375.

17. *La question* : la torture.

18. *Tout à l'heure* : à l'instant, sur-le-champ.

19. *La lunetière* : la « porteuse de lunettes ». Réminiscence de Rabelais, *Le Quart Livre*, v, « Cette aureille lunetière ».

20. *Guerdonné* : récompensé (vieux mot).

21. *Les disciplines :* instruments de mortification, comme le cilice (voir supra note 10, p. 357.

22. *Pitoyables :* accessibles à la pitié, susceptibles d'éprouver de la commisération.

23. *Marjolet :* « mot vieux et burlesque pour dire damoiseau » (Richel.).

24. *Joueur de quilles :* réminiscence de Marot (*Épîtres,* XXVII, *Au roi pour avoir été dérobé),* qui décrit ainsi son voleur, le valet de Gascogne :

Prisé, loué, fort estimé des filles
Par les bordeaulx, et beau joueur de quilles.

Le jeu de quilles a, depuis l'origine, une signification gaillarde.

Page 376.

25. *Le rebours :* le contraire.

26. *Scrupule toi :* il faut comprendre : Comment ! Tu éprouves un scrupule, toi qui…

27. *Franc du collier :* courageux, plein d'ardeur… et capable de satisfaire les femmes. Un rien de « machisme » dans cette remarque.

28. *Si la corde ne rompt :* sauf accident imprévu. Expression proverbiale empruntée au langage des bateleurs et des funambules.

29. *Se montrer :* se faire reconnaître.

Page 377.

30. *Je… ferai :* pour « je… foutrai ». Les points de suspension sont destinés à faire entendre au lecteur le terme qu'a employé le meunier, pour être « intelligible ».

31. *L'anguillade :* fouet fait de peaux d'anguilles.

32. *Gent :* agréable, propre, bien fait (mot vieux et burlesque).

Page 378. JANOT ET CATIN

1. *Qu'ils sont de Crétin : Le Blason des fausses Amours* (1486) est en fait de Guillaume Alexis. *Le Loyer des folles Amours* a été attribué par certains commentateurs à Octavien ou à Mellin de Saint-Gelais. Son auteur véritable est toutefois, comme le suppose justement La Fontaine, Guillaume Crétin.

2. *De blanc satin :* réminiscence de Marot, *Épigrammes,* LXXVIII, *Du Beau Tétin :* « Tétin de satin blanc tout neuf ».

3. *Pour le certain :* assurément.

4. *La bachelette :* le terme ne doit pas être pris ici comme le féminin de « bachelier » (jeune homme, étudiant). La « bachelette » est seulement l'objet d'amour du « bachelier ».

5. *Votre coq :* ce mot dissimule une équivoque gaillarde.

Page 379.

6. *De ma fressure :* de mes entrailles.

7. *En tel détroit :* en telle extrémité.

8. *Je quis :* (de quérir) je cherchai.

9. *L'étrif :* le combat, la dispute.

10. *Ratelle* : rate (diminutif).

11. *Apprentif* : apprenti.

12. *Je vous affie* : je vous jure, je vous affirme.

13. *A l'étour* : « vieux mot et hors d'usage qui signifiait dans les anciens romans combat, assaut de villes » (Fur.).

14. *Qu'à vous férir n'ait le bras gourd* : qu'il n'ait pas le bras engourdi pour vous frapper.

15. *Le contemner* : le défier, le braver, le mépriser.

Page 380.

16. *Ne ma sentence* : ni mon opinion.

17. *D'amour ès lacs* : dans les pièges, dans les rêts, de l'amour.

18. *En conscience* : une pointe de casuistique ici chez Catin. Si elle doit succomber à l'amour, du moins souhaite-t-elle commettre ce péché (*offense*) malgré elle, et non sciemment (*en conscience*).

19. *Cet altercas* : cette contestation.

20. *Qui après muse* : « tel refuse qui après muse : vieux proverbe qui se dit des personnes qui regrettent en vain les bonnes occasions dont ils n'ont pas su profiter » (Richel.).

21. *Dont bien peu chault* : ce qui importe peu à l'amant avisé (*homme caut*), qui sera allé entre-temps chercher meilleure fortune ailleurs.

22. *Caut* : sensé, avisé.

23. *Ne me reviennent* : ne sont mon fait.

24. *Douleurs et plours* : il faut comprendre : bientôt viennent les douleurs et les pleurs, qui proviennent eux-mêmes du sentiment de l'occasion (*temps*) perdue.

25. *Tant que* : en attendant que, avant que.

Page 381.

26. *Déduit* : plaisir, divertissement.

27. *Mes mains fourrois* : je laissais mes mains s'égarer… dans le corsage de Catin.

Page 382. LE CUVIER

1. L'anecdote est empruntée à Apulée (*L'Ane d'or ou Les Métamorphoses*, IX), peut-être par l'intermédiaire de Boccace (*Décaméron*, huitième journée, nouvelle 2, *Perronnelle ou la femme avisée*).

2. *Ne vous faudront* : ne vous manqueront.

3. *Apprentif* : apprenti.

Page 383.

4. *Cuvier* : tonneau de grande capacité probablement destiné à la fermentation des moûts.

5. *Six écus* : l'écu valait trois livres ou trois francs.

6. *Le marchand* : l'acquéreur, le client.

7. *Le galant a bon foie* : « on dit proverbialement… " vous avez bon foye "… quand un homme est paisible… ou quand on parle de lui avec

ironie » (Fur.). Nous dirions : « Voyez, Monsieur se prélasse. »

8. *Je suis d'avis :* ironique. Un mari tel que celui-ci ne mérite guère de conserver une épouse aussi laborieuse.

Page 385. LA CHOSE IMPOSSIBLE

1. Aucune source n'a été clairement identifiée pour ce conte. On l'a toutefois rapproché d'un passage du *Théâtre d'honneur et de chevalerie* d'André Favyn, Paris, 1620 (pour l'interprétation de l'institution de la Toison d'or).

2. *Charme :* miracle, enchantement.

3. *Par tel si :* sous cette condition.

Page 386.

4. *Incessamment :* sur-le-champ.

5. *De pardons :* d'indulgences obtenues au prix d'un pèlerinage auprès du pape à Rome. Ce qui ne laisse pas d'être surprenant pour un diable...

6. *Du verger de Cypris :* le verger de Vénus. Ce terme désigne, comme le « joli jardinet de la Belle Heaulmière » chez Villon, la toison pubienne.

7. *Un duc autrefois :* Philippe le Bon, duc de Bourgogne, institua en 1429 l'ordre de la Toison d'or. Selon une interprétation galante, que La Fontaine reprend ici, la « toison d'or » ainsi honorée n'aurait été, à l'origine, que le « jardin de Cypris » de la maîtresse du duc.

Page 387.

8. *L'annelure :* l'ondulation, la frisure.

9. *Victus :* vaincu (en latin). Le diable, qui, à détordre le poil, a « perd son latin », le retrouve en rendant l'instrument de son échec.

10. *Le luiton :* le lutin (forme archaïque).

Page 388. LE MAGNIFIQUE

1. La Fontaine s'est inspiré de Boccace (*Décaméron,* troisième journée, nouvelle 5, *Le Magnifique)* et peut-être aussi du *Grand Parangon des Nouvelles nouvelles* (75) de Nicolas de Troyes.

2. *Magot :* homme disgracieux et simiesque.

3. *Du libéral :* du généreux, du dispendieux.

Page 389.

4. *Bail :* La Fontaine joue sur les mots. « On a appelé aussi autrefois bail un mari parce qu'il a la tutelle et l'administration des personnes et biens de sa femme » (Fur.). La Fontaine, lui, feint de prendre ce mot au sens du vieux verbe « bailler » : donner.

5. *Trop bien :* bien au contraire.

6. *Le surplus :* le paroxysme, l'excès.

7. *Au médecin :* à la femme d'Aldobrandin, seule susceptible d'apporter remède à son mal.

8. *Si :* pourtant, toutefois.

9. *Cheval d'amble :* cheval dressé à marcher l'amble, c'est-à-dire en levant conjointement à chaque pas les deux pattes du même côté.

Page 390.

10. *La haquenée* : « la haquenée est un cheval qui va l'amble » (Fur.).
11. *J'en suis d'avis :* (ironique) c'est parfait, vraiment !
12. *Qu'il en mévienne :* qu'il en mésadvienne, que la chose tourne mal.
13. *A son dam :* à ses dépens ; c'est-à-dire « tant pis pour lui ! »
14. *Sus :* allons !
15. *Un long narré :* un long exposé.

Page 391.

16. *Tout le menu :* tout le détail.
17. *Ce chemin que l'on fait en six mois :* discret rappel de l'aventure amoureuse qui est à l'origine de la carte du Tendre. Paul Pellisson, épris de Mlle de Scudéry, s'était vu imposer par celle-ci un terme de six mois pour parcourir « le chemin qu'il y avait de Particulier » (ami particulier) « à Tendre » (Tendre ami).
18. *Et ne prétend qu'aucune repartie soit du marché :* et prétend qu'aucune repartie ne soit du marché. C'est-à-dire : il n'accepte pas, dans notre marché, que vous me donniez la moindre réponse.
19. *Passades :* (terme d'équitation) allées et venues — sans doute sous la fenêtre de la dame.
20. *Devises :* allégories amoureuses, composées d'une image et d'une formule — parfois énigmatique —, que le chevalier porte sur ses armes en hommage à la dame qu'il aime (voir supra, Troisième Partie, *Le Faucon,* note 12, p. 228.

Page 392.

21. *Viendra comme de cire :* sera tout à fait approprié.
22. *Ne se tiendra :* ne se retiendra.
23. *Sa monture :* la haquenée qu'il a gagnée dans le marché.
24. *Vos douagnas :* vos duègnes. Elles surveillent l'épouse pour le compte du mari. Voir supra. Deuxième Partie, *On ne s'avise jamais de tout,* p. 147.
25. *Je l'ai gagné :* je l'ai gagné à notre cause, je me suis attiré ses bonnes grâces (par mes libéralités).
26. *Qui parle :* qui parlez (tour populaire).
27. *Vous me la donnez bonne :* vous me la baillez belle, vous me leurrez.
28. *Hannit :* hennit.
29. *Poisson :* par son mutisme.
30. *Or sus, j'en tiens :* allons, je suis grugé !

Page 393.

31. *J'y tiendrai l'œil :* je continuerai à veiller, à me méfier.
32. *Quelque rubrique :* « finesse et tours » (Richel.).
33. *Dormitifs* : rappel du vers :

> *Vos douagnas en leur premier sommeil...*

Une fois les duègnes réveillées, on les invite à retourner au lit avec, pour somnifères, des... arguments sonnants et trébuchants.

Page 394. LE TABLEAU

1. La Fontaine s'est essayé ici au genre de la description d'art (*ekphrasis*). Il a décrit plaisamment, avec le même soin attentif que Félibien mettait à décrire un tableau, une peinture ou une gravure exécutée d'après l'un des *Ragionamenti* de L'Arétin (I, 1). Il ne s'est pas privé de puiser aussi dans le modèle littéraire, mais il est toutefois probable que la peinture qui lui a servi d'intermédiaire a réellement existé.

2. *On m'engage :* on peut penser qu'au cours des conversations mondaines — chez la duchesse de Bouillon, Marie-Anne Mancini, ou chez Mme de La Sablière —, La Fontaine livrait en première lecture certains de ses contes. En retour, ses interlocuteurs pouvaient lui suggérer de versifier tel ou tel morceau « osé ».

3. *Agnès :* allusion à *L'École des femmes* (1662) de Molière.

4. *Ce n'est pas coucher gros :* ce n'est pas mettre un gros enjeu sur le tapis.

5. *Catulle :* La Fontaine attribue à Catulle une épigramme latine anonyme (*Priapeia*, VIII) où figurent les deux vers dont il s'est inspiré ici :

> *Nimirum sapiunt videntque magnam*
> *Matronae quoque mentulam libenter.*

(Même les matrones apprécient assurément et contemplent volontiers ce gigantesque membre viril.)

6. *Fait au fruit de Vénus par la main de Junon :* le sexe démesuré de Priape, né des amours de Vénus et de Bacchus, était dû, selon certaines légendes, à la vengeance de Junon.

Page 395.

7. *Du busque :* du busc, lame de baleine ou de métal destinée à renforcer le corset des femmes. Celles-ci, au besoin, pouvaient s'en servir pour frapper sur les doigts d'un galant trop entreprenant.

8. *Et sacrificateurs :* et prêtres.

9. *Bacheliers :* étudiants en théologie et en droit canon.

Page 396.

10. *Quelque :* sans doute faut-il corriger en « quelques ».

11. *Une assignation :* un rendez-vous, qui prend toutefois les allures d'une convocation judiciaire (le « bachelier » est étudiant en droit).

12. *Met Vénus en train bien souvent :* le boire (Bacchus) et le manger (Cérès) sont bien souvent les ressorts de l'amour (Vénus). L'expression se trouve déjà chez Rabelais, *Le Tiers Livre*, XXXI : « L'antique proverbe nous le désigne on quel est dict : Que Vénus se morfond sans la compaignie de Cérès et Bacchus. »

13. *Des lacs d'amour :* entrelacements et plus particulièrement initiales entremêlées, signifiant l'union des amants.

14. *Guimpe :* morceau de toile dont les religieuses se couvrent le cou et la gorge.

15. *Scapulaire :* pièce d'étoffe que les religieuses portent sur le dos et la poitrine

Page 397.

16. *Un Mazet :* La Fontaine utilise le nom du héros d'un conte antérieur (voir supra, Deuxième partie, *Mazet de Lamporechio,* p. 185 pour désigner, d'une façon générale, un serviteur de couvent.

17. *Dépositaire :* « religieuses qui ont... une clef des archives et des titres du couvent » (Richel.).

18. *La professe :* la professe est une religieuse qui, au terme de son noviciat, a prononcé les vœux qui l'engagent.

19. *Ce pitaud :* ce rustre.

Page 398.

20. *L'affaire :* allusion à l'une des anecdotes de la vie d'Ésope. Le Phrygien avait, à la demande de son maître Xantus, amené chez celui-ci un paysan « qui ne se mettait en peine de rien ». Le paysan mange et boit chez Xantus, sans se soucier des critiques du maître. Lorsque, à la fin du repas, Xantus mécontent propose qu'on punisse la cuisinière en la jetant au bûcher, le paysan suggère d'aller quérir sa propre femme pour ne faire « qu'un bûcher pour toutes les deux ». Voir La Fontaine, *Fables,* édition présentée, établie et annotée par Jean-Pierre Collinet, Poésie/Gallimard, 1974, *La Vie d'Ésope le Phrygien,* tome I, p. 41-42.

21. *Son office de mazet :* le héros de *Mazet de Lamporechio* a en quelque sorte donné son nom à l' « ordre » des rustiques chevaliers... servants des nonnains. La dignité dans cet ordre est attestée par un « brevet ».

22. *Le galant cathédral :* le galant, qui était auparavant assis sur la chaise. La Fontaine détourne l'adjectif « cathédral » de son sens habituel pour lui restituer celui que l'étymologie (*cathedra* = chaise) aurait pu lui prêter. Mais, en même temps, cette épithète vient à point nommé rappeler la vocation religieuse des « intervenantes » et du lieu où se déroule la scène.

Page 399.

23. *Perdit la tramontane :* perdit le nord. La tramontane (tramontana stella) désigne « l'étoile d'au-delà des monts », c'est-à-dire l'étoile polaire.

24. *S'emparant du timon :* « prenant la barre ». La Fontaine poursuit la métaphore de la navigation maritime annoncée au vers précédent. On imagine toutefois aisément le sens libre que l'on peut donner à cette « étoile d'au-delà des monts » et à cette « barre ».

25. *Qu'elle ait :* cette exclamation est à mettre dans la bouche de sœur Claude. Il faut comprendre : qu'elle fasse donc ce qu'elle veut, qu'elle me menace ! (je n'abandonnerai pas la place).

26. *Bellone :* déesse de la guerre.

Page 400.

27. *Corps de cuirasse :* partie de la cuirasse qui protège le thorax et l'abdomen.

28. *Avec le dieu de Thrace :* avec Mars. Voir supra, Première Partie, *Les Amours de Mars et de Vénus,* p. 73.

29. *Gravé notre tableau :* selon Homère, Vulcain avait lui-même forgé les

armes d'Achille, en particulier un bouclier orné de scènes finement ciselées, dont la description occupe un chant de l'*Iliade* (chant XVIII).

30. *Déchet :* déchoit, s'affaiblit. La peinture n'est qu'un pâle reflet de l'action réelle. La description n'est à son tour qu'un pâle reflet de la peinture.

31. *Longtemps au filet :* « mettre un cheval au filet, c'est l'attacher la croupe tournée vers la mangeoire pour l'empêcher de manger » (Fur.). Au sens large : « Demeurer au filet, c'est demeurer sans rien faire » (Richel.).

DERNIERS CONTES

I. Contes publiés en 1682

Page 403. LA MATRONE D'ÉPHÈSE

1. Ce conte a circulé, sous forme manuscrite, dès 1680. Il a été publié pour la première fois avec le conte suivant, *Belphégor,* dans le *Poème du Quinquina et autres ouvrages en vers de M. de La Fontaine,* Paris, Barbin et Thierry, 1682. La Fontaine a repris ces deux contes en 1694 et les a joints au douzième livre de ses *Fables.* Ils sont cependant, par leur inspiration et leur langue, dans la droite ligne des *Contes,* même si leur caractère scandaleux est considérablement émoussé.

2. *Rebattu :* le thème apparaît pour la première fois chez Pétrone (*Le Satiricon,* 111-112). Mais il a été repris, adapté, tourné en mille façons littéraires : fabliau, conte, fable (Phèdre, Camérarius). On le trouve chez Brantôme (*Les Dames galantes,* VII), chez Du Souhait (*Histoires comiques,* 1612), et même chez l'abbé de Pure (*La Prétieuse,* 1657, 3e partie). Saint-Évremond en avait publié en 1664 chez Barbin une version qui, adaptée probablement par La Valterie, avait été jointe à la première édition des *Contes* de La Fontaine (*Joconde, Le Cocu, battu, et content ;* voir supra, *Joconde,* p. 33, note 1).

3. *Car c'est chose infinie :* voir *Fables,* II, 1, *Contre ceux qui ont le goût difficile.*

4. *Patron :* son nom était révéré comme celui d'une sainte sous le patronage de laquelle devaient se ranger les femmes honnêtes.

5. *Ceux de la Prudoterie :* Mme de Sottenville, dans *George Dandin* de Molière (1668), est née « De la Prudoterie ». Voir *George Dandin,* I, 4 : « De la maison de la Prudoterie, il y a plus de trois cents ans qu'on n'a point remarqué qu'il y ait eu de femme, Dieu merci, qui ait fait parler d'elle. »

Page 404.

6. *Du demeurant :* du bien échu en héritage.

7. *Mettait tout en alarme :* comparer avec *Fables,* VI, 21, *La Jeune Veuve.*

8. *Un peu de faste :* un peu d'exagération, de « montre ».

9. *Sa douleur rengrégée* : « rengréger : augmenter le mal » (Richel.).
10. *Ce complot* : cette résolution.
11. *Jusques à l'effet* : jusqu'à la réalisation effective.
12. *Nourrie* : élevée.
13. *Était crue* : avait grandi, s'était accrue.

Page 406.

14. *Un tel tempérament* : un tel accommodement.

Page 408.

15. *Mettre au patibulaire* : mettre au gibet, à la potence.
16. *Goujat* : valet d'armée.

Page 409. BELPHÉGOR

1. Pour la publication de ce conte, voir supra, *La Matrone d'Éphèse*, note 1, p. 403.

Comme le signale La Fontaine, cette nouvelle est tirée de Machiavel (*Novella piacevolissima*, 1545). Le sujet avait été accommodé par de multiples auteurs, tel Straparole (*Facétieuses nuits*, II, 4). Tanneguy Le Fèvre avait donné en 1661 une traduction de la nouvelle de Machiavel *(Le Mariage de Belfégor)*, reprise et probablement adaptée par Donneau de Visé dans ses *Diversités galantes* (G. Quinet, 1665).

2. *A Mademoiselle de Champmeslé* : La Fontaine écrit « Chammelay ». La célèbre tragédienne aurait, selon Furetière (*Second factum*, Amsterdam, Henry Desbordes, 1686), contribué à diffuser et à vendre les exemplaires des *Nouveaux Contes*, interdits par le lieutenant de police en 1675. Cette dédicace lui en serait le remerciement. Lorsque cette nouvelle a été réinsérée dans le dernier livre des *Fables*, la dédicace et le prologue ont été supprimés. Le texte commençait donc à :

Un jour Satan, monarque des enfers...

3. *Notre los* : notre louange.
4. *J'eusse plus présumé* : si j'avais cru davantage au succès de mes vœux.

Page 410.

5. *En plein consistoire* : le mot s'applique d'ordinaire à l'assemblée des cardinaux convoquée par le pape. La Fontaine s'amuse.
6. *Mainte et mainte remise* : de nombreuses lettres de change à « remettre » en main propre aux banquiers que La Fontaine qualifie, non sans malice, de « correspondants des enfers ».

Page 411.

7. *Il n'en mit guère* : il ne mit pas un grand espace (de temps), un grand intervalle.
8. *Apollon l'encensa* : les poètes le célébrèrent dans leurs œuvres.
9. *Je l'ai jà dit* : je l'ai déjà dit. Notamment dans *Le Magnifique*, p. 388, *Pâté d'anguille*, p. 367, *Le Petit Chien qui secoue de l'argent et des pierreries*, p. 261, etc.

10. *En journaux :* le journal est le registre comptable en partie double où sont inscrites les opérations en crédit ou en débit de la journée.

Page 412.

11. *Cadeaux :* repas, fête. Voir supra, p. 229, note 16.
12. *Appetissaient :* amenuisaient, réduisaient.
13. *Il n'y plaint rien :* il n'est avare de rien, il n'économise rien.
14. *Dont :* de la procédure notariale avant le mariage.
15. *En prenant le revers :* en prenant le contraire de la simple foi, c'est-à-dire de la confiance mutuelle en la parole donnée. La procédure naît de la suspicion qui pousse à établir des conventions écrites.

Page 413.

16. *Le cœur fait tout :* réminiscence de Molière, *Mélicerte* (1666), II, 3 :

C'est le cœur qui fait tout ; et jamais la richesse
Des présents...

17. *Qu'ainsi ne soit :* pour se convaincre qu'il n'en est pas autrement...
18. *La noise :* la dispute.
19. *Le jeu, la jupe ou quelque ameublement :* La Fontaine paraît vouloir se citer. Voir supra, Deuxième Partie, *A femme avare galant escroc,* p. 144, note 5. L' « ameublement » désigne les tissus d'ameublement (tentures et sièges).

Page 414.

20. *Infaillible accident :* il faut comprendre : de sa ruine, qui devait inéluctablement survenir.
21. *De net :* une fois payées les charges et les dettes.
22. *Incertaine ressource :* voir *Fables,* IV, 2, *Le Berger et la Mer :*

La mer promet monts et merveilles ;
Fiez-vous-y, les vents et les voleurs viendront.

Page 415.

23. *S'y remparer :* s'y retrancher, en faire une place forte.
24. *L'ambassadeur :* des enfers.
25. *Ouvrage fantastique :* ouvrage surnaturel.

Page 416.

26. *La hart :* la corde, munie d'un nœud coulant, de la pendaison.
27. *Alléguait les trois fois :* se retranchait derrière l'engagement qu'il avait pris de sortir seulement trois fois d'un corps étranger.
28. *Comme il allait haranguer l'assistance :* c'était l'ultime droit du condamné. Voir supra, Deuxième Partie, *L'Oraison de saint Julien,* p. 120, note 28.

Page 417.

29. *Ici-bas :* aux enfers.

30. *Ce n'était pas merveilles :* ce n'était guère étonnant.

31. *Un diable :* un diable… pire que lui, son épouse !

32. *Toujours sur un ton :* toujours sur le même ton, celui des reproches.

33. *Enfiler la venelle :* fuir à la dérobée, prendre un chemin de traverse (pour échapper à son poursuivant).

34. *Encore en change-t-on :* de bourreau, de persécuteur.

35. *Quelque saint :* « quelques gens » (édition des *Fables,* 1694).

36. *Job :* Job supporta avec résignation, sans jamais s'irriter contre Dieu, les épreuves qu'il lui imposa. Mais aucune épreuve n'était aussi terrible que… supporter Mme Honnesta.

37. *Votre ascendant :* « pente naturelle, humeur, inclination » (Richel.).

II. Contes publiés en 1685

Page 418. LA CLOCHETTE

1. Les cinq contes regroupés ici *(La Clochette, Le Fleuve Scamandre, La Confidente sans le savoir, Le Remède, Les Aveux indiscrets)* ont été publiés pour la première fois dans le recueil des *Ouvrages de prose et de poésie des sieurs de Maucroix et de La Fontaine,* Paris, Barbin, 1685.

Aucune source sûre n'a été établie pour *La Clochette.*

2. *De renoncer à tout conte frivole :* pour être reçu à l'Académie, La Fontaine avait dû reconnaître le caractère scandaleux de ses contes et promettre de ne plus en écrire à l'avenir. Mais cette promesse reste discrète. La Fontaine ne l'a, en aucun cas, « hautement proclamé en ses vers ». Tout juste s'est-il contenté de quelques regrets dans sa *Ballade au Roi* (pour prier Louis XIV de lever son opposition à son entrée à l'Académie) en 1683, et dans son *Discours à Madame de la Sablière,* 1684, publié en 1685.

3. *Les neuf Sœurs :* les Muses. Il faut comprendre : les cerveaux des poètes.

4. *Tempérament :* accommodement, moyen terme.

5. *Ores ce sont suppôts de sainte Église :* il faut comprendre : aujourd'hui, le terme de « bachelier » s'applique uniquement aux bacheliers en théologie ou en droit canon. Autrefois, le terme « bachelier » désignait seulement un jeune homme *(jouvenceau).*

Page 419.

6. *Gent :* agréable, propre (mot vieux et burlesque).

7. *Io :* fille d'Inachus, qui fut changée en génisse par Jupiter. Ce mot désigne ici simplement une vache.

8. *Ont avancé le temps :* depuis 1639, les filles étaient considérées comme nubiles à l'âge de douze ans.

9. *Sur le rez de la nuit :* au crépuscule.

10. *Le demeurant :* le reste du troupeau.

11. *Étoupé :* bouché avec de la filasse de chanvre.

Page 421. LE FLEUVE SCAMANDRE

1. Pour la publication de ce conte, voir supra, *La Clochette*, p. 418, note 1.

La Fontaine s'inspire de la dixième des lettres attribuées à l'orateur Eschine. Le prologue développe à nouveau les précautions oratoires déjà prises dans *La Clochette.*

2. *Un orateur* : Eschine (vers 390-314 avant J.-C.).

Page 422.

3. *A notre emploi* : à l'exercice de la poésie.

4. *Murs élevés et détruits par des dieux* : les murailles de Troie passaient pour avoir été construites par Apollon et Poséidon. En revanche, la destruction de Troie par les Grecs a été favorisée par Héra.

5. *Cent beautés* : cent beautés du corps de la jeune fille. Cette scène de délicat « voyeurisme » est déjà fréquente dans la littérature ancienne (Actéon découvrant Diane au bain, chez Ovide, *Les Métamorphoses*). On la retrouve dans la pastorale (Le Tasse), et le roman du XVIIIe siècle (*L'Astrée* d'Honoré d'Urfé). La Fontaine s'est déjà amusé à reconstituer cette scène en inversant les rôles habituellement tenus par chacun des sexes (voir supra, *Nouveaux Contes, Le Cas de conscience*, p. 323.

6. *Était rempli de ces divinités* : on croyait à l'existence, et à la présence sur terre, de ces divinités.

7. *Mercure* : divin entremetteur de Jupiter, Mercure, expert en bons tours, est le dieu du commerce, du calcul, de la ruse ou de la supercherie.

8. *Galatée* : fille de Nérée et de Doris, cette nymphe est dite « plus blanche que les cygnes » par Virgile (*Bucoliques*, VII, 37). La Fontaine lui a consacré un livret d'opéra (1682) inspiré d'Ovide.

Page 423.

9. *Vous garderez* : vous aurez garde à, vous veillerez à...

10. *Sous l'orme* : anachronisme volontaire. Les places d'église françaises sont très souvent ornées d'un orme. L'antique hyménée se transforme brusquement, au détour d'un chemin, en noces de village.

11. *Aucuns* : quelques-uns.

12. *A grand'erre* : à toutes jambes.

Page 424.

13. *Un très méchant parti* : la France de 1685 devient de plus en plus dévote. La plaisanterie galante de Cimon passerait pour un sacrilège et serait sévèrement punie.

14. *Tous temps, toutes maximes* : d'autres temps, d'autres principes ; autant d'époques différentes, autant de morales.

Page 425. LA CONFIDENTE SANS LE SAVOIR OU LE STRATAGÈME

1. Pour la publication de ce conte, voir supra, *La Clochette*, p. 418, note 1.

Cette anecdote apparaît pour la première fois dans le *Décaméron* de Boccace (troisième journée, nouvelle 3, *Le Confesseur complaisant sans le savoir*). Boccace devait donner ainsi un modèle à Lope de Vega *(La Discreta enamorada)* et à Bonaventure des Périers *(Nouvelles Récréations et joyeux devis,* CXIV) et, plus près de La Fontaine, à Molière pour *L'École des maris* (1661) : Sganarelle y joue, sans le savoir, le rôle d'intermédiaire de l'amour.

2. *Qu'il en batte une :* qu'il mette le siège à l'une.

3. *Aminte à Géronte :* La Fontaine choisit pour ses personnages des noms significatifs empruntés à la pastorale (*Aminta* du Tasse, 1573), « l'amante », et à la comédie, Géronte, « le vieillard ».

Page 426.

4. *Prend le fatal moment :* saisit le moment marqué par la destinée.

5. *Versât ses soins :* épanchât ses peines, ses soucis.

Page 427.

6. *Tout vilain cas... est reniable :* toute mauvaise action est à désavouer (expression proverbiale).

7. *Qu'on vous fît votre sauce :* qu'on vous réprimande vertement.

Page 428.

8. *Une langue de fer :* réminiscence de Virgile, *Énéide,* VI, 625-627 :

> *Non mihi si linguae centum sint, oraque centum*
> *Ferrea vox, omnes scelerum comprendere formas,*
> *Omnia poenarum percurrere nomina possim.*

(Aurais-je cent langues, cent bouches et une voix de fer, que je ne pourrais embrasser les multiples formes des crimes et énumérer la totalité des peines.)

Page 429.

9. *Je ne me sens presque pas de colère :* j'arrive à peine à me maîtriser, sous l'effet de la colère.

10. *De commettre Géronte :* n'était ma crainte de compromettre Géronte ; si je ne redoutais pas de mettre Géronte dans une situation délicate.

11. *Trébuchet :* piège pour prendre les oiseaux de petite taille.

12. *S'enfuirait avec sa courte honte :* « on dit qu'un homme s'en retourne avec sa courte honte, pour dire qu'il a reçu l'affront de n'avoir pu réussir en quelque entreprise » (Fur.).

13. *Trop bien :* bien au contraire.

Page 431. LE REMÈDE

1. Pour la publication de ce conte, voir supra, *La Clochette,* p. 418, note 1.

Aucune source littéraire n'a été identifiée pour ce conte. Peut-être La Fontaine, comme il le prétend, s'est-il inspiré d'une anecdote réelle, ou a-t-il brodé librement sur le thème de la mésaventure de Mme de Brégis : un passant, qui s'était habilement substitué à sa femme de chambre, lui administra, à son insu, le clystère qu'elle devait prendre. Cette anecdote avait déjà au XVIIe siècle inspiré quelques facéties ou farces.

2. *Pays de sapience :* qualification proverbiale de la Normandie. Voir supra, *Nouveaux Contes, Les Troqueurs,* p. 318, note 4.

3. *Gens pesant l'air :* gens d'une haute subtilité.

Page 432.

4. *Tout duit :* tout convient, tout réussit.

5. *Comptant :* argent comptant, biens mobiliers.

6. *Les biens du siècle d'or :* les biens de l'âge d'or (qui n'étaient pas des biens matériels).

7. *Paroles de présent :* la procédure habituelle du mariage était autrefois celle des « paroles de présent ». Les deux époux, après l'union religieuse, se présentaient devant le notaire et déclaraient se prendre mutuellement pour époux. Ils stipulaient sur un fait présent *(de praesenti).* Cette procédure n'avait plus cours au XVIIe siècle. La déclaration devant le notaire était faite en présence du prêtre et avant de contracter l'union religieuse. Le contrat de mariage était donc passé en vertu d'un acte futur *(de futuro).* Les mariages sont dès lors conclus par « paroles de futur » (Fur.). La Fontaine joue toutefois ici sur les mots. Il est probable qu'il veut seulement laisser entendre que les promis ont « pris un pain sur la fournée » comme Amadis et Oriane dans le « vieux roman » d'*Amadis de Gaule* (voir supra, Première Partie, *Ballade,* p. 79, note 16).

8. *Table d'attente :* au sens propre « des pièces de marbre... destiné(e)s à recevoir des inscriptions... qu'on doit remplir en achevant un ouvrage » (Fur.). Ici, au sens d' « antichambre » du mariage.

9. *L'esprit manceau :* l'esprit normand est naturellement circonspect et temporisateur.

10. *Les doubles clefs :* les doubles des clefs.

Page 433.

11. *Un remède :* « un lavement qu'on prend souvent par délicatesse » (Fur.).

12. *L'Aurore aux doigts de rose :* formule habituelle chez Homère.

13. *Remède en main :* « remède » désigne ici la seringue à lavement.

14. *Il s'en rencontra deux :* la chambre était isolée par une double porte.

15. *Tenir bonne mine :* faire bonne contenance.

16. *Ce que Brunel à Marphise montra :* dans l'*Orlando inamorato (Roland amoureux),* III, II, 6, de Francesco Berni, Brunel, poursuivi par Marphise, lui montre « il fondo delle rene », c'est-à-dire... son derrière.

Page 435. LES AVEUX INDISCRETS

1. Pour la publication de ce conte, voir supra, *La Clochette,* p. 418, note 1.

Ce conte a probablement été inspiré à La Fontaine par *L'Élite des contes* du sieur d'Ouville *(Naïveté d'une jeune femme à son mari la première nuit de ses noces).* Mais des anecdotes assez proches de celle-ci peuplent toute la littérature facétieuse (*Les Cent Nouvelles Nouvelles,* VIII ; *Novelle* de Malespini, 18 ; *Les Sérées* de Guillaume Bouchet, V ; *Le Moyen de parvenir* de Béroalde de Verville, etc.).

2. *Paris sans pair :* expression proverbiale résultant d'un jeu de mots ou de lettres (P-A-R-I / P-A-I-R).

3. *Fille à pourvoir :* d'un mari.

4. *Du comptant et du bien :* des biens mobiliers (argent) et immobiliers (terres, domaines, maisons, etc.).

5. *Se promettaient la vigne de l'abbé :* ou, plus souvent, « la vigne de l'évêque ». Cette expression proverbiale s'applique aux époux qui ont passé dans l'entente et la joie leur première année de mariage et dont l'union s'annonce toute de félicité.

Page 436.

6. *Plein d'ire :* rempli de colère.

7. *Je suis bâté :* pour « je suis cocu » ; voir supra, Troisième Partie, *Le Bât,* p. 252.

8. *La mégnie :* la famille au sens latin (parents et domestiques).

9. *Et tout son domestique :* et tout son personnel domestique, ou les gens qui vivent dans sa demeure.

Page 437.

10. *A forligné :* a fauté, s'est écartée du droit chemin tracé par ses ancêtres. Voir Molière, *George Dandin,* I, 4 : « Je l'étranglerais de mes propres mains, s'il fallait qu'elle forlignât de l'honnêteté de sa mère. »

11. *Mécroire :* refuser de croire, ne pas croire.

12. *Il tua son cheval :* allusion à un passage d'*Orlando furioso (Roland furieux)* de L'Arioste (XXIX, 63-72). Roland, jaloux des faveurs obtenues par son rival Médor, tue son cheval. Il traîne ensuite, non pas le cadavre de ce cheval, mais celui de la jument d'Angélique, sans s'être aperçu qu'elle était morte.

Page 438.

13. *Gardez de faire aux égards banqueroute :* gardez-vous de tout perdre par un ridicule scrupule.

CONTES POSTHUMES

Page 441. LES QUIPROQUOS

1. Ce conte a été publié, par les soins de Mme Ulrich, dans les *Œuvres posthumes* de Jean de La Fontaine, Paris, Guillaume de Luyne, 1696. Selon Walckenaer, il aurait été composé pour celle-ci.

Cette anecdote est répandue dans toute la littérature facétieuse, d'un fabliau d'Enguerrand d'Oisy, *Le Meunier d'Aleus*, au *Facétieux réveil-matin* (1654), en passant par les *Facéties* du Pogge, *Les Cent Nouvelles Nouvelles* (IX), les *Ragionamenti* de L'Arétin (II), les *Novelle* de Malespini (XCVI), l'*Heptaméron* de Marguerite de Navarre (VIII), *Le Grand Parangon des Nouvelles nouvelles* (XXXV), de Nicolas de Troyes, ou *Les Sérées* de Guillaume Bouchet.

La Fontaine s'est sans doute plus directement inspiré des *Cent Nouvelles Nouvelles* ou de l'*Heptaméron*.

2. *Suppose :* substitue. Voir *Fables*, IX, *Discours à Madame de la Sablière*, v. 73-74 :

> *L'animal chargé d'ans, vieux cerf et de dix cors,*
> *En suppose un plus jeune...*

Page 442.

3. *Joueur de passe-passe :* l'Amour, dans la tradition littéraire et surtout iconographique, a les yeux bandés (Voir *Fables, l'Amour et la Folie*, XII, 14). Il reste néanmoins expert à jouer mille tours, comme un prestidigitateur, un « Maître Gonin ».

4. *Lève la paille :* « on dit d'une chose excellente... qu'elle lève la paille par allusion avec l'ambre... » (Fur.). L'ambre frotté se charge d'électricité statique et a la vertu d'attirer des brindilles de paille ou des poussières de son.

5. *Controuvé :* forgé, inventé.

6. *Gente :* agréable, propre (mot vieux et burlesque).

Page 443.

7. *Un échevin :* officier municipal chargé en particulier du contrôle des transactions commerciales, et de la fixation des tarifs et des taxes.

8. *Certain remède :* certain lavement. Voir supra, *Le Remède*, p. 433, note 11.

9. *Chanter sa gamme :* « chanter sa gamme à quelqu'un, le quereller, le reprendre » (Fur.).

Page 444.

10. *Communiquer :* partager.

11. *Quelle apparence :* quelle idée !

12. *Deux Gascons :* en réalité un Marseillais et un Gascon. Les deux personnages sont toutefois dotés l'un et l'autre de l'humeur bravache et volontiers séductrice des Gascons.

13. *De ne lui point manquer :* de le satisfaire. Dans l'édition de 1696, ce vers demeure sans rime. L'éditeur Walckenaer, au XIXe siècle, donnait, selon le manuscrit qu'il a eu entre les mains, le texte suivant :

> *Même un clin d'œil qu'il put bien remarquer*
> *L'en assura. Les amis disputèrent*
> *Touchant le pas et longtemps contestèrent.*

14. *Touchant le pas :* à propos de la préséance, afin de savoir qui, le premier, prendrait « le plaisir qu'Amour leur promettait ».

15. *Ne fit l'honneur de la maison* : en tant que propriétaire des lieux, et donc qu'hôte, le mari aurait dû s'effacer devant son ami. Mais cette politesse n'était pas là de saison.

16. *Le précurseur* : celui que le sort avait désigné pour être le premier.

Page 445.

17. *Trop bien* : bien au contraire.

18. *Change* : changement, substitution.

19. *A la soubrette* : la femme attribue l'inhabituelle ardeur amoureuse de son mari à l'illusion qu'il doit avoir d'être en compagnie de la soubrette.

20. *Pensa* : faillit, fut sur le point de...

Page 446.

21. *Fit conscience* : eut scrupule, eut des remords de...

22. *Mouvoir* : soulever.

23. *Des confrères* : de la grande confrérie des Cocus.

24. *Le talion* : la loi du talion, qui exige une vengeance identique au crime.

25. *Aurait été permis* : il faut comprendre : on peut se demander si la dame ne pouvait pas prétendre que sa vengeance, selon la loi du talion, n'avait pas été complète : en effet, son mari la trompait en sachant qu'il la trompait. Elle, l'a trompé en ignorant qu'elle le faisait. N'est-elle donc pas en droit de recommencer l'aventure avec le Gascon,... cette fois en pleine connaissance de cause ?

Page 447. CONTE TIRÉ D'ATHÉNÉE

1. Ce petit conte, probablement composé vers 1663, avait été soumis par La Fontaine à Conrart. Les recueils Conrart de la Bibliothèque de l'Arsenal (ms. 5418) en conservent une copie manuscrite. C'est le texte reproduit ici. Ce conte a été imprimé pour la première fois, avec quelques variantes, et sans être attribué à La Fontaine, dans les *Œuvres choisies* de Jean-Baptiste Rousseau, Paris, 1714, où il paraît sous le titre *Belles-Fesses*.

L'anecdote est empruntée à Athénée, *Banquet des sophistes,* XII, 13.

[illegible] par leur sujet.

[illegible] peut-être le premier [illegible]

[illegible]

[illegible] conteur [illegible] [illegible] [illegible]

Dans [illegible] un peu [illegible] demander si la [illegible] ne pouvait [illegible] compagnie [illegible] du salon [illegible]

[illegible]

CONTE TIRÉ D'ATHÉNÉE

[illegible] par La Fontaine [illegible] Contes [illegible] de la [illegible] [illegible] [illegible] avec [illegible] [illegible]

TABLE ALPHABÉTIQUE DES CONTES

CONTES ET NOUVELLES EN VERS

Première Partie

Deuxième Partie

Troisième Partie

NOUVEAUX CONTES

DERNIERS CONTES

Contes publiés en 1682

Contes publiés en 1685

CONTES POSTHUMES

DOSSIER

DU MÊME AUTEUR

Dans la même collection

FABLES. *Édition présentée et établie par Jean-Pierre Collinet*

COLLECTION FOLIO

Dernières parutions

2405. Mario Vargas Llosa — *Éloge de la marâtre.*
2406. Zoé Oldenbourg — *Déguisements.*
2407. Joseph Conrad — *Nostromo.*
2408. Guy de Maupassant — *Sur l'eau.*
2409. Ingmar Bergman — *Scènes de la vie conjugale.*
2410. Italo Calvino — *Leçons américaines (Aide-mémoire pour le prochain millénaire).*
2411. Maryse Condé — *Traversée de la Mangrove.*
2412. Réjean Ducharme — *Dévadé.*
2413. Pierrette Fleutiaux — *Nous sommes éternels.*
2414. Auguste Le Breton — *Du rififi chez les hommes.*
2415. Herbert Lottman — *Colette.*
2416. Louis Oury — *Rouget le braconnier.*
2417. Angelo Rinaldi — *La confession dans les collines.*
2418. Marguerite Duras — *L'amour.*
2419. Jean-Jacques Rousseau — *Julie ou la Nouvelle Héloïse, I.*
2420. Jean-Jacques Rousseau — *Julie ou la Nouvelle Héloïse, II.*
2421. Claude Brami — *Parfums des étés perdus.*
2422. Marie Didier — *Contre-visite.*
2423. Louis Guilloux — *Salido* suivi de *O.K., Joe !*
2424. Hervé Jaouen — *Hôpital souterrain.*
2425. Lanza del Vasto — *Judas.*
2426. Yukio Mishima — *L'ange en décomposition (La mer de la fertilité,* IV).
2427. Vladimir Nabokov — *Regarde, regarde les arlequins !*

2428.	Jean-Noël Pancrazi	*Les quartiers d'hiver.*
2429.	François Sureau	*L'infortune.*
2430.	Daniel Boulanger	*Un arbre dans Babylone.*
2431.	Anatole France	*Le Lys rouge.*
2432.	James Joyce	*Portrait de l'artiste en jeune homme.*
2433.	Stendhal	*Vie de Rossini.*
2434.	Albert Cohen	*Carnets 1978.*
2435.	Julio Cortázar	*Cronopes et Fameux.*
2436.	Jean d'Ormesson	*Histoire du Juif errant.*
2437.	Philippe Djian	*Lent dehors.*
2438.	Peter Handke	*Le colporteur.*
2439.	James Joyce	*Dublinois.*
2441.	Jean Tardieu	*La comédie du drame.*
2442.	Don Tracy	*La bête qui sommeille.*
2443.	Bussy-Rabutin	*Histoire amoureuse des Gaules.*
2444.	François-Marie Banier	*Les résidences secondaires.*
2445.	Thomas Bernhard	*Le naufragé.*
2446.	Pierre Bourgeade	*L'armoire.*
2447.	Milan Kundera	*L'immortalité.*
2448.	Pierre Magnan	*Pour saluer Giono.*
2449.	Vladimir Nabokov	*Machenka.*
2450.	Guy Rachet	*Les 12 travaux d'Hercule.*
2451.	Reiser	*La famille Oboulot en vacances.*
2452.	Gonzalo Torrente Ballester	*L'île des jacinthes coupées.*
2453.	Jacques Tournier	*Jeanne de Luynes, comtesse de Verue.*
2454.	Mikhaïl Boulgakov	*Le roman de monsieur de Molière.*
2455.	Jacques Almira	*Le bal de la guerre.*
2456.	René Depestre	*Éros dans un train chinois.*
2457.	Réjean Ducharme	*Le nez qui voque.*
2458.	Jack Kerouac	*Satori à Paris.*
2459.	Pierre Mac Orlan	*Le camp Domineau.*
2460.	Naguib Mahfouz	*Miramar.*
2461.	Patrick Mosconi	*Louise Brooks est morte.*
2462.	Arto Paasilinna	*Le lièvre de Vatanen.*
2463.	Philippe Sollers	*La Fête à Venise.*

2464. Donald E. Westlake — *Pierre qui brûle.*
2465. Saint Augustin — *Confessions.*
2466. Christian Bobin — *Une petite robe de fête.*
2467. Robin Cook — *Le soleil qui s'éteint.*
2468. Roald Dahl — *L'homme au parapluie et autres nouvelles.*
2469. Marguerite Duras — *La douleur.*
2470. Michel Foucault — *Herculine Barbin dite Alexina B.*
2471. Carlos Fuentes — *Christophe et son œuf.*
2472. J.M.G. Le Clézio — *Onitsha.*
2473. Lao She — *Gens de Pékin.*
2474. David McNeil — *Lettres à Mademoiselle Blumenfeld.*
2475. Gilbert Sinoué — *L'Égyptienne.*
2476. John Updike — *Rabbit est riche.*
2477. Émile Zola — *Le Docteur Pascal.*
2478. Boileau-Narcejac — *...Et mon tout est un homme.*
2479. Nina Bouraoui — *La voyeuse interdite.*
2480. William Faulkner — *Requiem pour une nonne.*
2482. Peter Handke — *L'absence.*
2483. Hervé Jaouen — *Connemara Queen.*
2484. Ed McBain — *Le sonneur.*
2485. Susan Minot — *Mouflets.*
2486. Guy Rachet — *Le signe du taureau (La vie de César Borgia).*
2487. Isaac Bashevis Singer — *Le petit monde de la rue Krochmalna.*
2488. Rudyard Kipling — *Kim.*
2489. Michel Déon — *Les trompeuses espérances.*
2490. David Goodis — *Le casse.*
2491. Sébastien Japrisot — *Un long dimanche de fiançailles.*
2492. Yukio Mishima — *Le soleil et l'acier.*
2493. Vladimir Nabokov — *La Vénitienne et autres nouvelles.*
2494. François Salvaing — *Une vie de rechange.*
2495. Josyane Savigneau — *Marguerite Yourcenar (L'invention d'une vie).*
2496. Jacques Sternberg — *Histoires à dormir sans vous.*
2497. Marguerite Yourcenar — *Mishima ou la vision du vide.*
2498. Villiers de L'Isle-Adam — *L'Ève future.*

2499. D. H. Lawrence — *L'Amant de Lady Chatterley.*
2500. Collectif — *Mémoires d'Europe I.*
2501. Collectif — *Mémoires d'Europe II.*
2502. Collectif — *Mémoires d'Europe III.*
2503. Didier Daeninckx — *Le géant inachevé.*
2504. Éric Ollivier — *L'escalier des heures glissantes.*
2505. Julian Barnes — *Avant moi.*
2506. Daniel Boulanger — *La confession d'Omer.*
2507. Nicolas Bréhal — *Sonate au clair de lune.*
2508. Noëlle Châtelet — *La courte échelle.*
2509. Marguerite Duras — *L'Amant de la Chine du Nord.*
2510. Sylvie Germain — *L'Enfant Méduse.*
2511. Yasushi Inoué — *Shirobamba.*
2512. Rezvani — *La nuit transfigurée.*
2513. Boris Schreiber — *Le tournesol déchiré.*
2514. Anne Wiazemsky — *Marimé.*
2515. Francisco González Ledesma — *Soldados.*
2516. Guy de Maupassant — *Notre cœur.*
2518. Driss Chraïbi — *L'inspecteur Ali.*
2519. Pietro Citati — *Histoire qui fut heureuse, puis douloureuse et funeste.*
2520. Paule Constant — *Le Grand Ghâpal.*
2521. Pierre Magnan — *Les secrets de Laviolette.*
2522. Pierre Michon — *Rimbaud le fils.*
2523. Michel Mohrt — *Un soir, à Londres.*
2524. Francis Ryck — *Le silencieux.*
2525. William Styron — *Face aux ténèbres.*
2526. René Swennen — *Le roman du linceul.*
2528. Jerome Charyn — *Un bon flic.*
2529. Jean-Marie Laclavetine — *En douceur.*
2530. Didier Daeninckx — *Lumière noire.*
2531. Pierre Moinot — *La descente du fleuve.*
2532. Vladimir Nabokov — *La transparence des choses.*
2533. Pascal Quignard — *Tous les matins du monde.*
2534. Alberto Savinio — *Toute la vie.*
2535. Sempé — *Luxe, calme & volupté.*
2537. Abraham B. Yehoshua — *L'année des cinq saisons.*
2538. Marcel Proust — *Les Plaisirs et les Jours* suivi de *L'Indifférent* et autres textes.

2539. Frédéric Vitoux — *Cartes postales.*
2540. Tacite — *Annales.*
2541. François Mauriac — *Zabé.*
2542. Thomas Bernhard — *Un enfant.*
2543. Lawrence Block — *Huit millions de façons de mourir.*
2544. Jean Delay — *Avant Mémoire (tome II).*
2545. Annie Ernaux — *Passion simple.*
2546. Paul Fournel — *Les petites filles respirent le même air que nous.*
2547. Georges Perec — *53 jours.*
2548. Jean Renoir — *Les cahiers du capitaine Georges.*
2549. Michel Schneider — *Glenn Gould piano solo.*
2550. Michel Tournier — *Le Tabor et le Sinaï.*
2551. M. E. Saltykov-Chtchédrine — *Histoire d'une ville.*
2552. Eugène Nicole — *Les larmes de pierre.*
2553. Saint-Simon — *Mémoires II.*
2554. Christian Bobin — *La part manquante.*
2555. Boileau-Narcejac — *Les nocturnes.*
2556. Alain Bosquet — *Le métier d'otage.*
2557. Jeanne Bourin — *Les compagnons d'éternité.*
2558. Didier Daeninckx — *Zapping.*
2559. Gérard Delteil — *Le miroir de l'Inca.*
2560. Joseph Kessel — *La vallée des rubis.*
2561. Catherine Lépront — *Une rumeur.*
2562. Arto Paasilinna — *Le meunier hurlant.*
2563. Gilbert Sinoué — *La pourpre et l'olivier.*
2564. François-Marie Banier — *Le passé composé.*
2565. Gonzalo Torrente Ballester — *Le roi ébahi.*
2566. Ray Bradbury — *Le fantôme d'Hollywood.*
2567. Thierry Jonquet — *La Bête et la Belle.*
2568. Marguerite Duras — *La pluie d'été.*
2569. Roger Grenier — *Il te faudra quitter Florence.*
2570. Yukio Mishima — *Les amours interdites.*
2571. J.-B. Pontalis — *L'amour des commencements.*
2572. Pascal Quignard — *La frontière.*
2573. Antoine de Saint-Exupéry — *Écrits de guerre (1939-1944).*

2574.	Avraham B. Yehoshua	*L'amant.*
2575.	Denis Diderot	*Paradoxe sur le comédien.*
2576.	Anonyme	*La Châtelaine de Vergy.*
2577.	Honoré de Balzac	*Le Chef-d'œuvre inconnu.*
2578.	José Cabanis	*Saint-Simon l'admirable.*
2579.	Michel Déon	*Le prix de l'amour.*
2580.	Lawrence Durrell	*Le sourire du Tao.*
2581.	André Gide	*Amyntas.*
2582.	Hervé Guibert	*Mes parents.*
2583.	Nat Hentoff	*Le diable et son jazz.*
2584.	Pierre Mac Orlan	*Quartier Reservé.*
2585.	Pierre Magnan	*La naine.*
2586.	Naguib Mahfouz	*Chimères.*
2587.	Vladimir Nabokov	*Ada ou l'Ardeur.*
2588.	Daniel Boulanger	*Un été à la diable.*
2589.	Louis Calaferte	*La mécanique des femmes.*
2590.	Sylvie Germain	*La Pleurante des rues de Prague.*
2591.	Julian Gloag	*N'éveillez pas le chat qui dort.*
2592.	J.M.G. Le Clézio	*Étoile errante.*
2593.	Louis Malle	*Au revoir, les enfants.*
2595.	Jean-Bernard Pouy	*L'homme à l'oreille croquée.*
2596.	Reiser	*Jeanine.*
2597.	Jean Rhys	*Il ne faut pas tirer les oiseaux au repos.*
2598.	Isaac Bashevis Singer	*Gimpel le naïf.*
2599.	Andersen	*Contes.*
2600.	Jacques Almira	*Le Bar de la Mer.*
2602.	Dominique Bona	*Malika.*
2603.	John Dunning	*Les mécanos de la mort.*
2604.	Oriana Fallaci	*Inchallah.*
2605.	Sue Hubbell	*Une année à la campagne.*
2606.	Sébastien Japrisot	*Le passager de la pluie.*
2607.	Jack Kerouac	*Docteur Sax.*
2608.	Ruth Rendell/Helen Simpson	*Heures fatales.*
2609.	Tristan L'Hermite	*Le Page disgracié.*
2610.	Alexandre Dumas	*Les Trois Mousquetaires.*
2611.	John Updike	*La concubine de saint Augustin* et autres nouvelles.
2612.	John Updike	*Bech est de retour.*
2613.	John Updike	*Un mois de dimanches.*

2614. Emmanuèle Bernheim — *Le cran d'arrêt.*
2615. Tonino Benacquista — *La commedia des ratés.*
2616. Tonino Benacquista — *Trois carrés rouges sur fond noir.*
2617. Rachid Boudjedra — *FIS de la haine.*
2618. Jean d'Ormesson — *La gloire de l'Empire.*
2619. Léon Tolstoï — *Résurrection.*
2620. Ingmar Bergman — *Cris et chuchotements* suivi de *Persona* et de *Le lien.*
2621. Ingmar Bergman — *Les meilleures intentions.*
2622. Nina Bouraoui — *Poing mort.*
2623. Marguerite Duras — *La Vie matérielle.*
2624. René Frégni — *Les nuits d'Alice.*
2625. Pierre Gamarra — *Le maître d'école.*
2626. Joseph Hansen — *Les ravages de la nuit.*
2627. Félicien Marceau — *Les belles natures.*
2628. Patrick Modiano — *Un cirque passe.*
2629. Raymond Queneau — *Le vol d'Icare.*
2630. Voltaire — *Dictionnaire philosophique.*
2631. William Makepeace Thackeray — *La Foire aux Vanités.*
2632. Julian Barnes — *Love, etc.*
2633. Lisa Bresner — *Le sculpteur de femmes.*
2634. Patrick Chamoiseau — *Texaco.*
2635. Didier Daeninckx — *Play-back.*
2636. René Fallet — *L'amour baroque.*
2637. Paula Jacques — *Deborah et les anges dissipés.*
2638. Charles Juliet — *L'inattendu.*
2639. Michel Mohrt — *On liquide et on s'en va.*
2640. Marie Nimier — *L'hypnotisme à la portée de tous.*
2641. Henri Pourrat — *Bons, pauvres et mauvais diables.*
2642. Jacques Syreigeol — *Miracle en Vendée.*
2643. Virginia Woolf — *Mrs Dalloway.*
2645. Jerome Charyn — *Elseneur.*
2646. Sylvie Doizelet — *Chercher sa demeure.*
2647. Hervé Guibert — *L'homme au chapeau rouge.*
2648. Knut Hamsun — *Benoni.*
2649. Knut Hamsun — *La dernière joie.*
2650. Hermann Hesse — *Gertrude.*
2651. William Hjortsberg — *Le sabbat dans Central Park.*

2652. Alexandre Jardin — *Le Petit Sauvage.*
2653. Philip Roth — *Patrimoine.*
2655. Fédor Dostoïevski — *Les Frères Karamazov.*
2656. Fédor Dostoïevski — *L'Idiot.*
2657. Lewis Carroll — *Alice au pays des merveilles. De l'autre côté du miroir.*
2658. Marcel Proust — *Le Côté de Guermantes.*
2659. Honoré de Balzac — *Le Colonel Chabert.*
2660. Léon Tolstoï — *Anna Karénine.*
2661. Fédor Dostoïevski — *Crime et châtiment.*
2662. Philippe Le Guillou — *La rumeur du soleil.*
2663. Sempé-Goscinny — *Le petit Nicolas et les copains.*
2664. Sempé-Goscinny — *Les vacances du petit Nicolas.*
2665. Sempé-Goscinny — *Les récrés du petit Nicolas.*
2666. Sempé-Goscinny — *Le petit Nicolas a des ennuis.*
2667. Emmanuèle Bernheim — *Un couple.*
2668. Richard Bohringer — *Le bord intime des rivières.*
2669. Daniel Boulanger — *Ursacq.*
2670. Louis Calaferte — *Droit de cité.*
2671. Pierre Charras — *Marthe jusqu'au soir.*
2672. Ya Ding — *Le Cercle du Petit Ciel.*
2673. Joseph Hansen — *Les mouettes volent bas.*
2674. Agustina Izquierdo — *L'amour pur.*
2675. Agustina Izquierdo — *Un souvenir indécent.*
2677. Philippe Labro — *Quinze ans.*
2678. Stéphane Mallarmé — *Lettres sur la poésie.*
2679. Philippe Beaussant — *Le biographe.*
2680. Christian Bobin — *Souveraineté du vide suivi de Lettres d'or.*
2681. Christian Bobin — *Le Très-Bas.*
2682. Frédéric Boyer — *Des choses idiotes et douces.*
2683. Remo Forlani — *Valentin tout seul.*
2684. Thierry Jonquet — *Mygale.*
2685. Dominique Rolin — *Deux femmes un soir.*
2686. Isaac Bashevis Singer — *Le certificat.*
2687. Philippe Sollers — *Le Secret.*
2688. Bernard Tirtiaux — *Le passeur de lumière.*
2689. Fénelon — *Les Aventures de Télémaque.*
2690. Robert Bober — *Quoi de neuf sur la guerre ?*
2691. Ray Bradbury — *La baleine de Dublin.*
2692. Didier Daeninckx — *Le der des ders.*
2693. Annie Ernaux — *Journal du dehors.*

2694. Knut Hamsun — *Rosa.*
2695. Yachar Kemal — *Tu écraseras le serpent.*
2696. Joseph Kessel — *La steppe rouge.*
2697. Yukio Mishima — *L'école de la chair.*
2698. Pascal Quignard — *Le nom sur le bout de la langue.*
2699. Jacques Sternberg — *Histoires à mourir de vous.*
2700. Marguerite Yourcenar — *Conte bleu.*
2701. Calvin — *Œuvres choisies.*
2702. Milan Kundera — *L'art du roman.*
2703. Milan Kundera — *Les testaments trahis.*
2704. Rachid Boudjedra — *Timimoun.*
2705. Robert Bresson — *Notes sur le cinématographe.*
2706. Raphaël Confiant — *Ravines du devant-jour.*
2707. Robin Cook — *Les mois d'avril sont meurtriers.*
2708. Philippe Djian — *Sotos.*
2710. Gabriel Matzneff — *La prunelle de mes yeux.*

Impression B.C.I. à Saint-Amand (Cher),
le 4 avril 1995.
Dépôt légal : avril 1995.
1er dépôt légal dans la collection : septembre 1982.
Numéro d'imprimeur : 1/951.
ISBN 2-07-037404-1./Imprimé en France.